权威·前沿·原创

皮书系列为
"十二五"国家重点图书出版规划项目

中国社会科学院创新工程学术出版资助项目

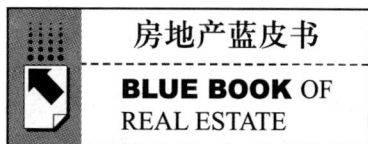

房地产蓝皮书

BLUE BOOK OF
REAL ESTATE

中国房地产发展报告
No.10

ANNUAL REPORT ON THE DEVELOPMENT
OF CHINA'S REAL ESTATE (No.10)

主　编／魏后凯　李景国
副主编／尚教蔚　李恩平　李　庆

社会科学文献出版社
SOCIAL SCIENCES ACADEMIC PRESS (CHINA)

图书在版编目（CIP）数据

中国房地产发展报告 . 10/魏后凯，李景国主编. —北京：社会
科学文献出版社，2013.4
（房地产蓝皮书）
ISBN 978 - 7 - 5097 - 4490 - 1

Ⅰ. ①中… Ⅱ. ①魏… ②李… Ⅲ. ①房地产业 - 经济发展 -
研究报告 - 中国 Ⅳ. ①F299.233

中国版本图书馆 CIP 数据核字（2013）第 067811 号

房地产蓝皮书
中国房地产发展报告 No. 10

主 编／魏后凯 李景国
副 主 编／尚教蔚 李恩平 李 庆

出 版 人／谢寿光
出 版 者／社会科学文献出版社
地 址／北京市西城区北三环中路甲 29 号院 3 号楼华龙大厦
邮政编码／100029

责任部门／皮书出版中心 (010) 59367127 责任编辑／陈 颖
电子信箱／pishubu@ ssap. cn 责任校对／杜若普
项目统筹／邓泳红 陈 颖 责任印制／岳 阳
经 销／社会科学文献出版社市场营销中心 (010) 59367081 59367089
读者服务／读者服务中心 (010) 59367028

印 装／北京季蜂印刷有限公司
开 本／787mm×1092mm 1/16 印 张／23.25
版 次／2013 年 4 月第 1 版 字 数／375 千字
印 次／2013 年 4 月第 1 次印刷
书 号／ISBN 978 - 7 - 5097 - 4490 - 1
定 价／79.00 元

《中国房地产发展报告 No. 10》
编委会

主要编撰者简介

魏后凯 经济学博士，现任中国社会科学院城市发展与环境研究所副所长，研究员、博士研究生导师，西部发展研究中心主任，享受国务院颁布的政府特殊津贴。兼任中国区域科学协会、中国区域经济学会副理事长，中国城市规划学会区域规划与城市经济学术委员会、中国地质矿产经济学会资源经济与规划专业委员会副主任，10 多所大学兼职教授。主要从事城市与区域经济学、产业经济学研究。公开出版独著、合著学术专著 12 部，主编学术专著 10 余部，发表中英文学术论文 300 多篇。

李景国 中国社会科学院城市发展与环境研究所研究员，中国社会科学院研究生院教授、博士研究生导师，中国城市经济学会理事，曾在国外留学、做访问学者。主要研究领域：区域与城镇规划、土地与房地产。主持完成的各类课题、出版的著作和发表的论文中 6 项获省部级科技进步奖、优秀成果奖和对策研究奖等奖项。

尚教蔚 女，经济学博士，中国社会科学院城市发展与环境研究所副研究员，硕士研究生导师。近年来主要从事房地产金融、房地产政策、住房保障、城市经济等方面的研究。2003 年开始组织参与房地产蓝皮书编撰工作。主要学术论文 30 多篇，专著 1 部。主持并参与多项部委级课题。

李恩平 经济学博士，中国社会科学院城市发展与环境研究所副研究员。近年主要研究方向为城市经济、房地产经济，发表学术论文 20 多篇，出版个人专著 1 部。代表性作品：《韩国城市化路径与发展绩效：一个后发经济体成败的考察》（专著）、《经济转型与利率传导机制的变化》（论文）。

李　庆　高级工程师。1990年毕业于青岛建筑工程学院工业与民用建筑专业，曾任中国社会科学院计划局计划处副处长，2004年至今在中国社会科学院城市发展与环境研究所城市规划研究室和房地产研究室从事研究工作，主要研究方向为城市基础设施和房地产市场。除参与中国房地产蓝皮书和中国城市蓝皮书的历年编写外，还借助基本建设管理和房地产项目管理的实际经验，参与并完成了大量研究课题。

摘　要

《中国房地产发展报告 No.10》秉承客观公正、科学中立的宗旨和原则，追踪我国房地产市场最新资讯，深度分析，剖析因果，谋划对策，展望未来。全书分为房地产发展总报告和专题报告两部分，总报告侧重于分析和展望房地产业和房地产市场的总体发展，专题报告重点研究房地产的主要次级市场发展和热点问题。

2012 年，欧债危机蔓延，发达经济体经济低迷、增长乏力，新兴经济体经济增速回落，国内经济上半年增速放缓，下行压力加大。面对国内外复杂经济形势的挑战，党中央、国务院对房地产市场坚持继续调控不放松，实施差别化信贷政策，抑制投资投机需求与支持自住需求"两手抓"，严厉调控的主要目标基本实现。同时，强调落实保障性住房的资金，并加大保障性住房管理和分配的透明度。

从全国范围看，房价增速基本得到控制，全国商品房均价增速略高于 2011 年。同时，受调控影响，房地产开发投资增速明显下降，商品房竣工面积增速和土地购置面积大幅下降，新开工面积呈负增长，商品房与住宅全年成交量增长缓慢。从 35 个大中城市看，2012 年商品房均价增速、投资增速与全国特点一致，商品房均价最高的城市为深圳、增速则西宁居首，房地产开发和住宅投资增速贵阳均为第一、南宁和北京最低且为负增长。商品房销售面积增速比 2011 年有较大幅度提高，太原最高，西宁最低。商品房、住宅竣工面积增速减缓，二者增速海口最高。土地购置面积为负增长并延续下降态势，杭州、宁波下降幅度达到 70％ 及以上。新开工面积呈现负增长，西宁增速最高、海口最低。

展望 2013 年，中国经济有望逐步回稳复苏，国家经济政策将遵循党的十八大精神向促进城镇化、改善民生倾斜，房地产政策及调控也将围绕这一主题展开。由于供需总量和结构矛盾积累多年，房地产市场利益分化将加剧，部分城市房价上涨压力依然较大，部分城市则存在一定的房地产泡沫化风险，调控难度进一步增大。2013 年房地产市场走势将取决于具体政策措施选择和执行力度，城市间房产市场分化将加剧：大都市区可能迎来较高的房价增长，多数中小城市房价走势可能相对平稳，少数甚至可能有所回调。

关键词：房地产市场　房地产调控　保障性住房

Abstract

Based on the principals of objectivity, fairness scientific soundness and neutrality, *Annual Report on the Development of China's Real Estate* (*No. 10*) traces the latest information of real estate market of China, analyzes its driving forces and influences, offers possible policy suggestions, and forecasts its future development. This book is divided into two parts. general reports and special reports. General reports focus on the analysis and forecast of overall development of real estate industry and market in China, while the special reports emphasize on the fundamental secondary markets and hot topics.

In 2012, the debt crises spred in the whole European continent, the developed economies experienced depressed and sluggish growth, while the economic growth rates of emerging economies were declining. As to domestic aspects, economic growth slowed down in the first half of the year, and the downward pressure was increasing. Facing the challenges of complex domestic and international economic situations, CPC Central Committee and the State Council persisted in severe real estate regulation policies and differentiated credit policy. Government restrained the speculative and investment demand, and supported the owner-occupation demand as well. The main goals of real estate regulations have been achieved in general. Moreover, Chinese government highlighted the importance to fulfill the funds of affordable housing, and increased the transparency of management and distribution of affordable housing.

On the national level, the growth rate of housing prices has been controlled in general. The growth rate of national average price of commodity housing was slightly higher than that of 2011. Influenced by regulation policies, the growth rate of real estate investment decreased significantly; the growth rate of commodity housing completion volume and the area of land purchased declined substantially; the new construction area of commodity housing decreased; and the trading volume of commodity and residential housing increased slowly.

According to the statistical data of 35 megaand medium-sized cities in 2012, the growth rate of commodity housing price and real estate investment of 35 cities was consistent with that of the whole country. Shenzhen ranked first in the average housing price, while Xining was the city with the highest growth rate of housing price. As to the growth rate of real estate development and residential investment, Guiyang ranked first, while Nanning and Beijing ranked last with negative growth. The growth rate of commodity housing trading volume increased greatly compared with that of 2011, and Taiyuan ranked first while Xining ranked last. The growth rate of commodity and residential housing declined slowly with the highest rate in Haikou. The growth of area of land purchased was negative and this trend is likely to continue; Hangzhou and Ningbo experienced a decrease of 70% or more. New construction area declined in 2012 with the highest growth rate in Xining and the lowest rate in Haikou.

Looking forward to 2013, China's economy is expected to recover gradually and stably. Following the guiding principles of the 18th National Congress of the CPC, national economic policies will tend to promote urbanization and improve people's livelihood. Real estate policies and regulations will also focus on these themes. Because of the accumulated contradictions between supply and demand as well as structural contradictions, the interest differentiation of real estate market will be exacerbated: some cities will face upward pressure of housing prices, and some cities will confront the risk of real estate bubble to a certain extent. Therefore, the difficulty of real estate regulations will increase further. The general trend of real estate market in 2013 depends on the selection and enforcement of specific policies. The market differentiation among cities will be aggravated: in mega-cities, housing prices will increased significantly; in most medium-sized and small cities, housing prices are expected to be relatively stable; in few cities, housing prices may be callback.

Key Words: Real Estate Market; Real Estate Regulations; Affordable Housing

目 录

B Ⅳ 市场篇

B Ⅴ 管理与保障篇

B Ⅵ 区域篇

B Ⅶ 国际借鉴篇

B Ⅷ　热点篇

皮书数据库阅读**使用指南**

CONTENTS

B I　General Reports

B II　Land

B Ⅲ   Finance

B Ⅳ   Market

B Ⅴ   Affordable Housing and Management

B Ⅵ   Regions

B Ⅶ　International Experiences

B Ⅷ　Hot Topics

总 报 告

General Reports

B.1
2012 年房地产市场形势分析
及 2013 年预测

总报告编写组 *

2012 年，欧债危机蔓延，发达经济体经济低迷、增长乏力，新兴经济体经济增速回落，国内经济上半年增速放缓，下行压力加大。面对国内外复杂经济形势的挑战，党中央、国务院对房地产市场坚持继续调控不放松，实施差别化信贷政策，抑制投资投机需求与支持自住需求"两手抓"，严厉调控的主要目标基本实现。同时，强调落实保障性住房的资金，加大保障性住房管理和分配的透明度。

从全国范围看，房价增速基本得到控制，全国商品房均价增速略高于 2011年。同时，受调控影响，房地产开发投资增速明显下降，商品房竣工面积增速和土地购置面积大幅下降，新开工面积呈负增长，商品房与住宅全年成交量增长缓慢。从 35 个大中城市看，2012 年商品房均价增速、投资增速与全国特点一致，商品房均价最高的城市为深圳、增速则西宁居首，房地产开发和住宅投资增速贵阳均为第一、南宁和北京最低且为负增长。商品房销售面积增速比 2011 年有较

---

* 报告执笔：李景国、尚教蔚、李思平、董昕、景娟；审定：魏后凯、李景国。

大幅度提高，太原最高，西宁最低。商品房、住宅竣工面积增速减缓，二者增速海口最高。购置土地面积为负增长并延续下降态势，杭州、宁波下降幅度达到70%及以上。新开工面积呈现负增长，西宁增速最高、海口最低。

展望2013年，中国经济有望逐步回稳复苏，国家经济政策将遵循党的十八大精神向促进城镇化、改善民生倾斜，房地产政策及调控也将围绕这一主题展开。由于供需总量和结构矛盾积累多年，房地产市场利益分化将加剧，部分城市房价上涨压力依然较大，部分城市则存在一定的房地产泡沫化风险，调控难度进一步增大。2013年房地产市场走势将取决于具体政策措施选择和执行力度，城市间房产市场分化将加剧：大都市区可能迎来较高的房价增长，多数中小城市房价走势可能相对平稳，少数甚至可能有所回调。

一 2012年房地产政策走势与市场特征

（一）2012年房地产政策走势

2012年，面对日趋严峻的国际经济形势和国内改革发展稳定的繁重任务，党中央、国务院团结带领全党全国各族人民，以加快转变经济发展方式为主线，及时加强和改善宏观调控，把稳增长放在更加重要的位置，经济社会发展呈现稳中有进的良好态势。一方面，房地产政策继续严格调控的基调，坚持抑制投机需求与支持自住需求"两手抓"，加强对房地产市场的监控，并继续实施差别化信贷政策；另一方面，住房与城乡建设部、中国人民银行等多部委强调落实保障性住房的资金，并加强保障性住房管理和分配的透明度。

1. 坚持严格的房地产调控，抑制投机需求和支持自住需求"两手抓"

2012年房地产调控政策的主要目的有两个：一方面抑制不合理需求，严厉打击市场投资投机行为，促使住房属性从投资品向居住品的转变；另一方面，支持合理的住房需求，即自住性需求，从而保障房地产市场的正常运转。整体而言，2012年的房地产调控政策稳中趋紧，在保障经济发展的背景下坚持调控不放松，不断修改和完善，增加了政策的弹性。

（1）坚持抑制投机需求，并加强监管

2012年，中央和相关部委多次强调房地产调控不放松，巩固调控成果。

中央提出，房地产调控的目标有两个：一是促使房价合理回归不动摇，二是促进房地产市场长期、稳定、健康发展。7 月，国土资源部、住房与城乡建设部发布《关于进一步严格房地产用地管理巩固房地产市场调控成果的紧急通知》，强调要坚持调控不放松，不断巩固调控成果，坚决防止房价反弹。住房与城乡建设部、财政部等有关部委及地方政府相继辟谣否认政策放松，强调当前各地要坚决按照中央要求，继续坚定不移地抓好房地产市场调控各项政策措施的贯彻落实工作，特别是严格执行差别化住房信贷、税收政策和住房限购等措施，巩固调控成果。

为进一步推动房地产市场调控政策措施的落实，坚决抑制投机投资性需求，巩固房地产市场调控成果，国务院从 7 月下旬开始，派出 8 个督察组，对北京市等 16 个省份贯彻落实国务院房地产市场调控政策措施情况开展专项督察。重点是检查住房限购措施的执行情况，差别化住房信贷政策的执行情况，住房用地供应和管理情况，税收政策执行和征管情况。对落实房地产市场调控政策措施有偏差、不到位的，国务院督察组督促进行整改。9 月，国家发展与改革委员会发出《关于立即开展商品房销售明码标价专项检查工作的通知》，以商品住房为重点，对所有在售楼盘进行专项检查。

（2）支持自住需求，地方出台各类微调政策

2012 年，以首次置业为代表的合理住房需求受到政府的支持。2011 年底召开的全国住房城乡建设工作会议在部署 2012 年重点工作时指出，支持居民的合理购房需求，优先保证首次购房家庭的贷款需求。中国人民银行、住房与城乡建设部、国家发展与改革委员会等部门多次表示支持首套房贷，北京等多个城市的首套房贷利率从 2011 下半年的基准利率下浮至 8.5 折，针对首套房贷，政策松动迹象明显。

与此同时，地方政府积极出台各类房地产微调政策，鼓励合理的自住性住房需求（见表1）。北京、厦门、天津、上海等地在 2011 年末或 2012 年初调整了普通住宅标准。公积金政策松绑运用最广，乐山、连云港、厦门率先于2012 年 1 月为公积金政策松绑，公积金贷款额度上限大幅提升，异地购房公积金还贷也逐渐铺开；其后，该政策迅速在全国各城市铺开，4 月和 5 月是高潮期，每个月有超过 10 个城市推广公积金政策松绑。但是，扬州等地出台的

减税或补贴政策、上调限价、户籍放松等政策，被业界认为是变相松绑。这些触及限价、限购等根本性调控政策的措施很快被叫停。

表1 2012年地方政府支持合理自住需求政策一览

方式	时间	城市
普通住宅标准调整	2011年11月	北京
	2012年1月	厦门
	2012年2月	天津、上海
公积金政策松绑	2012年1月	乐山、连云港、厦门
	2012年3月	信阳
	2012年4月	日照、南昌、蚌埠、济南、克拉玛依、大连、滨州、遂宁、宿州、江门、郑州、武汉
	2012年5月	常州、南宁、漳州、沈阳、芜湖、乌鲁木齐、永州、临沂、莆田、池州
	2012年6月	西安
	2012年10月	济南、贵阳、武汉
	2012年11月	镇江、昆明

（3）货币政策微调力度逐步加大，继续严格执行差别化信贷政策

在货币政策适度宽松的形势下，货币政策预调微调力度持续加大，2012年中国人民银行分别在2月、5月两次下调银行存准率，6月和7月中国人民银行两次降息0.25，并且扩大金融机构存贷款利率浮动区间，贷款利率浮动区间的下限调整为基准利率的0.7倍。

各金融机构继续严格执行差别化住房信贷政策，继续抑制投资投机性购房。一方面，支持和鼓励合理需求，首套房贷款利率全面回落至基准利率，但首付款比例维持不变；另一方面，打击投机行为，遏制房价的不正常上涨，提高二套房的贷款利率和首付比例，严格限制或停止三套及以上房屋的贷款。2012年末，个人住房贷款同比增长12.9%，已经连续7个月回升，比5月末的最低点提高2.6个百分点，比年初增加8419亿元[①]。

2. 落实保障性住房建设资金，加大分配和退出信息公开力度

2012年，保障性住房建设速度趋缓，建设目标减少为700万套，最终开工

---

① 中国人民银行货币政策分析小组：《中国货币政策执行报告：2012年第四季度》，中国人民银行网站（http://www.pbc.gov.cn），2013年2月6日。

建设 781 万套。一方面，政府试图开拓保障性住房的资金来源，鼓励以多种方式引导民间资本进入保障性住房建设，并推广"限地价、竞保障房面积"供地新模式；另一方面，加强对保障性住房的管理，加大了保障性住房分配和退出信息公开力度，确保公开透明。

（1）保障性住房建设速度趋缓

2012 年，保障性安居工程开工总量基本确定在 700 万套，对 2012 年内竣工的保障性安居工程总量目标，确定为 400 万套。这一指标，随着陆续与地方签订工作责任书的进度，而有所浮动。

《中华人民共和国 2012 年国民经济和社会发展统计公报》显示，2012 年全年新开工建设城镇保障性安居工程住房 781 万套（户），基本建成城镇保障性安居工程住房 601 万套，超额完成了 2012 年保障性住房的建设目标。

（2）多部委强调落实保障房建设资金

住房与城乡建设部、中国人民银行、财政部等多部委发文支持保障房建设，强调落实保障性住房的资金。1 月，财政部发布《关于切实做好 2012 年保障性安居工程财政资金安排等相关工作的通知》，要求切实落实资金来源，确保不留资金缺口。3 月，住房与城乡建设部发布《关于做好 2012 年城镇保障性安居工程工作的通知》，要求拓宽资金来源渠道，做好建设资金安排，指导市县做好2012 年保障性安居工程建设投资需求测算，合理确定年度投资规模，并具体分解落实到各类建设项目。6 月，住建部、发改委等七部委联合发布《关于鼓励民间资本参与保障性安居工程建设有关问题的通知》，鼓励以多种方式引导民间资本参与保障性安居工程建设，落实民间资本参与保障性安居工程建设的支持政策，同时营造民间资本参与保障性安居工程建设的良好环境。8 月，财政部会同住房与城乡建设部印发了《中央补助城市棚户区改造专项资金管理办法》，提出各地区应当按照"专项管理、分账核算、专款专用、跟踪问效"的原则，加强城市棚改补助资金管理，确保资金安全、规范、有效使用。

（3）推广"限地价、竞保障房面积"供地新模式

在国家大力推进保障房建设的主导思想下，各地保障房用地的计划供应量都占到相当大的比例。北京最早在 2010 年 11 月就以"限地价、竞保障房面积"的方式推出过一块居住用地。即国土部门事先针对出让地块设置价格上限，当企

业竞价达到上限价格时即停止竞价。在此价格基础上，竞买人转为现场投报配建保障性住房的面积，投报面积多者胜出。继北京之后，广州、杭州、成都等多个城市率先对土地出让方式进行改革，效仿北京，在普通商品房建设用地供应中推广"限地价、竞保障房面积"的供地模式。该模式将土地成本转化为增加建设保障房，可以认为是政府对保障房建设的一项政策优惠，不仅能有效避免地价过高，同时将开发商对土地的竞争转移到对保障性住房的配建上。

（4）加大保障性住房管理和分配透明度

中央和各部委要求加强保障性住房的管理，加大保障性住房分配和退出信息的公开力度。住房与城乡建设部在 3 月发布了《关于做好 2012 年城镇保障性安居工程工作的通知》，要求保障性安居工程要做好信息公开工作，主动接受社会监督。5 月，国家发改委发布了《公共租赁住房管理办法》《关于做好 2012 年住房保障信息公开工作的通知》，11 月，住房与城乡建设部发布了《住房保障档案管理办法》，提出建立健全监管机制，加强分配和运营管理，做好信息公开工作，主动接受社会监督；建立住房保障档案信息公开和查询制度，规范公开和查询行为，依法保障住房保障对象的合法权益。

（二）2012 年房地产市场特征

1. 全国商品房均价增速略高于 2011 年，东部地区房价高于中西部地区，西部地区房价增速高于中东部地区

由于受到 2011 年限购政策的持续影响，2012 年全国商品房均价走势平稳，全年房价增速略高于 2011 年，其中住宅与商业营业用房均价有较大的上涨，办公楼均价略有下降。房价地区差异显著，东部地区房价高于中西部地区，而西部地区房价增速高于中东部地区。除上海等 5 个省份，其余省份商品房均价都有不同程度的上涨。

（1）全国商品房均价增速略高于 2011 年，住宅与商业营业用房均价上升较快，办公楼均价略有下降

2012 年全国商品房销售均价为 5791 元/平方米，同比增长 8.1%，比 2011 年增加 1.2 个百分点，但比 2001～2010 年的平均增速低 1 个百分点。

不同类型的商品房价格变化趋势差异较大。住宅销售价格较 2011 年有较

大的上涨，2012 年均价为 5430 元/平方米，同比增长 8.8%，比 2011 年高 2.7 个百分点；商业营业用房均价稳步上涨，2012 年均价为 8488 元/平方米，同比上升 6.28%。另一方面，办公楼销售均价略有下降，2012 年均价为 12327 元/平方米，同比下降 0.17%。

（2）东部地区房价高于中西部地区，西部地区房价增速高于中东部地区

2012 年东部地区商品房销售均价为 7217 元/平方米，高于全国平均水平，也高于中部（4320 元/平方米）和西部地区（4661 元/平方米）。

但是，西部地区商品房销售均价增速远远高于中部和东部地区。2012 年西部地区房价较 2011 年同比增长 9.5%，比全国平均水平高 1.4 个百分点；中部地区房价同比增长 6.3%，东部地区同比增长 6.7%，均低于全国平均水平，更远低于西部地区。

（3）除上海等 5 个省份，其余省份商品房均价都有不同程度的上涨

商品房销售均价变化的地区差异显著（见图 1）。上海、天津、海南、吉林、西藏等 5 个省份商品房均价下降。其中，海南省跌幅最大，2012 年商品房均价为 7893.80 元/平方米，同比下降 11.74%。上海市商品房销售均价为 14061.37 元/平方米，同比下降 3.7%，增速比 2011 年低 4 个百分点。但是，上海市商品住宅销售均价比上年略有上升，2012 年均价为 13869.88 元/平方米，同比上升 2.2%，增速比 2011 年高 8.1 个百分点。上海市商品住宅价格的复苏，表明特大型城市实施住房限购政策的作用正在逐渐减弱。

商品房均价涨幅超过 10% 的省份有河北（12.43%）、福建（11.36%）、山西（12.78%）、江西（14.29%）、湖北（12.4%）、广西（11.42%）、四川（10.80%）、云南（15.78%）、青海（24.64%）、新疆（10.42%）。其中，青海是商品房销售均价上涨最快的省份，同比上涨 24.64%，增速比 2011 年高 16 个百分点。

包括北京在内的其余 16 个省份商品房均价平稳上升，涨幅低于 10%。其中，北京市商品房销售均价为 17021.63 元/平方米，居全国各省市之首，同比上涨 1.01%，增速比 2011 年高 6.3 个百分点。其中，商品住宅销售均价为 16553.48 元/平方米，同比上涨 6.67%，增速比 2011 年高 16.2 个百分点。这也说明了北京市限购政策的作用正在逐步减弱。

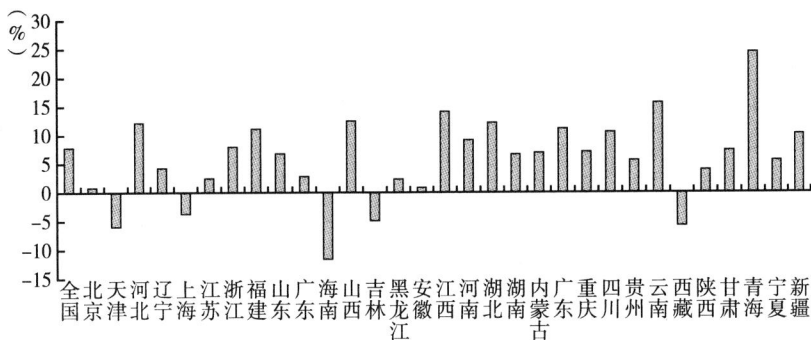

图1　2012年全国各省份商品房销售均价增速比较

2. 全国商品房成交量先降后升，地区差异显著

全国商品房成交量全年增长缓慢。受2011年严厉调控政策的影响，2012年全国房地产市场开局较为低迷，商品房成交量大幅下滑。自2012年年中开始，由于原有调控政策实施已久，同时暂无新的调控政策出台等原因，房地产市场开始回暖，商品房成交量开始上升。不同类型的商品房成交量增长情况差异较大，住宅成交量平稳上升，办公楼成交量大幅上涨，商业营业用房销售面积大幅减少。商品房成交量的地区差异显著，北京等10个省份成交量大幅度上升，上海等8个省份成交量略有上升，内蒙古等13个省份成交量下降。

（1）全国商品房成交量先降后升，全年增长缓慢，住宅成交量平稳上升，办公楼成交量大幅上涨，商业营业用房销售面积大幅减少

2012年全国主要城市继续实施限购政策，全国商品房成交量增长缓慢。2012年全国商品房销售面积达11.13亿平方米，同比增长1.8%，增速比2011年回落2.6个百分点。全国商品房成交量先降后升，1～10月，商品房成交量同比呈负增长态势，从11月开始同比增长由负转正。

不同类型的商品房成交量变化显著不同。住宅是最主要的商品房类型，2012年住宅销售面积为9.85亿平方米，占商品房成交总量的88.5%，成交量同比增长2.0%，增速比2011年回落1.4个百分点。办公楼销售面积达2253.65万平方米，同比增长12.4%，增速比2011年增加6.3个百分点。商业营业用房销售面积为7759.28万平方米，同比减少1.4%，增速比2011年减少13.9个百分点。

（2）商品房成交量东部地区增速上升，中部地区增速下降，西部地区呈负增长态势

全国商品房成交量区域差异明显（见表 2）。东部地区商品房成交量增速上升，2012 年销售面积为 5.3 亿平方米，同比增长 5.7%，增速比 2011 年增加 7.1 个百分点。中部地区商品房成交量增速明显下降，全年销售面积为 3.0 亿平方米，同比增长 2.0%，比 2011 年回落 10.1 个百分点。西部地区商品房成交量呈负增长态势，销售面积为 2.8 亿平方米，同比下降 5.3%。

表 2　2012 年东、中、西部地区商品房及住宅销售面积增长情况

地区	商品房		住宅	
	销售面积(万平方米)	同比增长（%）	销售面积(万平方米)	同比增长（%）
东部地区	53223.76	5.7	46648.67	6.4
中部地区	30139.86	2.0	26917.09	2.1
西部地区	27940.03	−5.3	24901.75	−5.5
全　国	111303.65	1.8	98467.51	2.0

住宅销售面积占商品房销售面积的比重很高，东、中、西部分别为 87.6%、89.3% 和 89.1%，与 2011 年基本持平。因此，住宅成交量的区域差异与商品房整体成交量的区域差异类似，同样体现为东部地区成交量增速上升，中部地区成交量增速明显下降，西部地区呈负增长态势。

（3）多数省份商品房成交量上升，少数省份成交量下降

从全国范围来看，2012 年商品房成交量上升的省份数量（18 个）大于成交量下降的省份数量（13 个）（见图 2）。

商品房成交量上涨幅度超过 10% 的省份包括北京、福建、西藏、江苏、辽宁、浙江、山西、黑龙江、贵州和甘肃，而上涨幅度低于 10% 的省份有上海、天津、广东、海南、吉林、安徽、湖南和云南。其中，北京涨幅最大，商品房销售面积为 1943.74 万平方米，同比上升 35.1%；住宅销售面积为 1483.37 万平方米，同比上升 43.3%。江苏和辽宁则是商品房销售总量最大的两个省，分别为 9019.18 万平方米、8827.95 万平方米。

特别需要指出的是北京、江苏和浙江。由于限购政策的实施，这三个省份

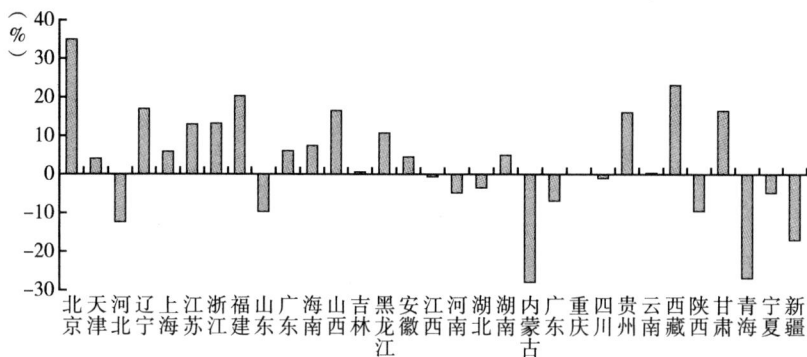

图2　2012年全国各省商品房成交量增速比较

2011年商品房成交量大幅度下降，跌幅均超过10%；但在2012年，三省份的商品房成交量飞速上升，涨幅均高于10%。由此可见，限购政策的作用正在逐步减弱。

包括内蒙古在内的其他13个省份商品房成交量下降。其中降幅最大的是内蒙古和青海，同比分别下降28.1%和26.9%。

3. 房地产开发指标总体增速下降

受到2011年开始的严格房地产调控政策的影响，房地产投资指标总体增速呈下降态势。房地产投资增速大幅下降，但房地产投资的增速仍高于住宅投资的增速；虽然房地产开发资金增速下降，但销量回升对企业资金状况的改善作用明显。

（1）房地产投资增速下降明显，东部增速低于中部和西部

2012年全国房地产投资开发总额达7.2万亿元，同比增长16.2%，增速比2011年低11.9个百分点。其中，东部地区同比增长13.9%，低于中部（18.3%）和西部地区（20.4%）。这说明房地产投资的重点正在逐步从东部向中部和西部地区转移。只有内蒙古一个省份的房地产投资呈下降趋势，2012年内蒙古房地产投资总额为1291亿元，同比减少18.8%。

2012年全国住宅投资总额4.94万亿元，同比增加11.4%，增速比2011年减少18.9个百分点。其中，东部地区同比增长9.6%，低于中部（12.2%）和西部地区（15.5%）。北京、上海、内蒙古和广西四个省份的住宅投资总额

低于 2011 年，同比分别下降 8.5%、0.9%、20.9% 和 0.9%。

2011 年住宅投资的增速高于房地产投资增速，但是 2012 年房地产投资的增速高于住宅投资增速。2012 年住宅投资占房地产投资的比重为 68.8%，比 2011 年降低了 2.9 个百分点。这说明，由于限购政策的影响，房地产企业正在逐步减少对住宅的投资。

（2）房地产开发资金增速下降，但预付款和按揭贷款回升幅度较大

2012 年，房地产开发企业总资金来源合计达 9.65 万亿元，同比增长 12.7%，增速比 2011 年低 4.8 个百分点，为 2005 年以来的第二低值。

从资金来源来看，2012 年利用外资总额达 402.09 亿元，同比下降 48.8%。除此之外，其他各类资金来源均同比上涨，其中与销售相关的定金及预付款、个人按揭贷款同比分别增长 18.2% 和 21.3%，增速比 2011 年分别高 1.6 个和 30.2 个百分点，表明销售状况好转是开发企业资金状况在 2012 年好转的主要原因。

4. 竣工面积增速下降，其余房地产供给指标呈负增长

受房地产投资指标总体增速下降的影响，2012 年房地产竣工面积增速下降，土地购置面积大幅度下降，新开工面积亦呈现负增长态势。

（1）土地购置面积大幅下降

2012 年全国土地购置面积大幅度下降，总面积为 3.57 亿平方米，同比下降 19.5%。其中，东部地区土地购置面积为 1.59 亿平方米，同比减少 24.8%，下降幅度最大；西部地区同比减少 12.0%，中部地区同比减少 17.0%。

在全国土地购置面积大幅度下降的情况下，2012 年全国仍有 7 个省份的土地购置面积同比上升，分别是江苏、山西、吉林、河南、重庆、甘肃、青海。其中涨幅最大的是青海（40.6%）。其余省份土地购置面积均同比下降，其中跌幅最大的是西藏（-76.7%）和天津（-60.4%）。

（2）竣工面积增速大幅下降

2012 年全国商品房竣工面积达 9.94 亿平方米，同比增长 7.3%，增速比 2011 年低 10.3 个百分点。

各种类型商品房竣工面积增速均低于 2011 年。2012 年住宅竣工面积为

7.90亿平方米，同比增长6.4%，增速比2011年低10.7个百分点；办公楼竣工面积为2315万平方米，同比增长2.1%，增速比2011年低22.7个百分点；商业营业用房竣工面积为1.02亿平方米，同比增长8.0%，增速比2011年低6.4个百分点。

分区域来看，西部地区房屋竣工面积同比增长17.7%，远高于中部（2.2%）和东部地区（5.7%）。河北、上海、浙江、福建、山西、江西、内蒙古、贵州、西藏、青海等省份竣工面积呈负增长态势，其中西藏竣工面积下降最多，同比减少57.5%。其余省份的竣工面积均有不同程度的增长。

（3）新开工面积呈负增长态势

2012年全国新开工房屋面积达17.7亿平方米，同比减少7.3%，增速比2011年降低了24.2个百分点。

从不同类型的商品房来看，商品住宅新开工面积呈负增长态势，而办公楼和商业营业用房的新开工面积增速下降。2012年，住宅新开工面积为13.07亿平方米，同比下降11.2%；办公楼新开工面积为5986万平方米，同比增长10.9%，增速比2011年低36.3个百分点；商业营业用房新开工面积为2.20亿平方米，同比增长6.2%，增速比2011年低12.4个百分点。住宅新开工面积占房屋新开工面积的73.8%，比2011年下降了3个百分点。这主要是由于严厉的房地产调控政策，房地产开发企业对住宅的开工动力相对降低。

分区域来看，东部地区房屋新开工总面积和住宅新开工面积下降的幅度较大，分别下降12.0%和14.9%，下降幅度高于中部（−3.4%、−8.9%）和西部地区（−1.7%、−6.5%）。辽宁、海南、山西、河南、湖北、贵州、云南、陕西、甘肃、西藏、青海等省份的商品房新开工面积呈增长趋势，其中涨幅最大的是西藏（400.1%）和山西（46.2%）。其余省份的商品房新开工面积均为负增长，跌幅最大的是内蒙古（−34.2%）和河北（−31.7%）。

二 35个大中城市房地产市场主要指标比较

35个大中城市房地产市场指标比较，主要以2012年6个指标增速比较为主，只有住宅增速增加了不同时期年均增速的比较，同时增加了 2012 年各城市不同用途住房均价的比较。总体上，6 个指标呈现出"两增、两缓和两降"特征。"两增"的指标是房价增速、销售面积增速增加；"两缓"的指标是竣工面积增速、投资增速减缓；"两降"指标是购置土地面积增速、新开工面积增速下降。

2012 年 35 个大中城市房地产市场 6 个主要指标比较的具体情况是：不同用途房价均价深圳第一，商品房、住宅均价增速西宁、兰州分别最高；商品房、住宅销售面积增速太原、厦门分别最高；房屋、住宅竣工面积增速海口最高；房地产开发投资、住宅投资增速贵阳最高；购置土地面积增速南京最高、宁波最低；新开工面积增速西宁最高、海口最低。此外，不同时期住宅均价年均增速大多数城市超过了 10%。

（一）2012 年 35 个大中城市商品房均价增速略超 2011 年，商品房均价最高的城市是深圳，商品房增速最高的城市是西宁

1. 2012 年 35 个大中城市商品房均价增速比 2011 年高出 2.2 个百分点

2012 年 35 个大中城市商品房平均价格为 8145 元/平方米，同比增长 6.9%，增速超过 2011 年 2.2 个百分点，均价高出全国同期商品房 2354 元/平方米。其中住宅、办公楼、商业用房分别为 7650 元/平方米、14612 元/平方米、12891 元/平方米，分别增长 8.0%、-1.5%、5.6%，增速比 2011 年分别高 4.3 个百分点、低 10.8 个百分点、高 0.2 个百分点，住宅、办公楼、商业用房均价分别高出全国同期住宅 2220 元/平方米、办公楼 2306 元/平方米、商业用房 3870 元/平方米。充分体现出 35 个大中城市房价在全国的主导地位。

2. 35 个大中城市商品房、住宅、办公楼、商业用房均价深圳均居首位

2012 年 35 个大中城市商品房、住宅均价超过其平均价格 8145 元/平方米[①]、7650 元/平方米的各有 10 个城市，全部为东部城市。深圳各种用途的房均价在 35 个大中城市中均为第一。商品房、住宅均价最高的深圳分别是银川

---

① 本部分在对 35 个大中城市房地产主要指标比较中多数采用增速比较，房价指标增加了各城市均价比较。在比较分析中，以 35 个大中城市各项指标的平均值作为主要标准，将全部城市分为超过平均值和低于平均值两大类。

的 4.28 倍、4.54 倍。在 35 个大中城市中，商品房均价低于 5000 元/平方米的4 个城市，西部城市占 3 个；住宅均价低于 5000 元/平方米的 6 个城市，西部城市占 5 个。在 4 个一线城市中，深圳商品房均价居第一，北京居第二，上海居第三，广州居第五，引领了 35 个大中城市的房价。

办公楼均价超过平均价格 14612 元/平方米的 10 个城市中，西部城市只有南宁位于第六，价格最高的深圳是最低的银川的 8.75 倍。商业用房均价超过平均价格 12891 元/平方米的 17 个城市中，东部城市占 11 个，中部城市为 4 个，西部城市仅为 2 个，价格最高的深圳是最低的石家庄的 3.42 倍（见表 1）。

3. 35 个大中城市商品房均价增速西宁居首位

2012 年，35 个大中城市商品房均价增速超过平均值的城市有 17 个，西宁最高，为 29.4%[①]，增速超出最低的长春 39 个百分点。商品房均价增速超过平均增速 1 倍的城市有 6 个，东部城市只有厦门，其余全为西部城市。商品房均价增速低于平均值的城市有 18 个，其中有 8 个城市为负增长，东部城市占4 个。住宅均价增速超过平均值的 11 个城市中，增速最高的兰州比最低的长春高 39.9 个百分点。住宅均价增速超过平均值 1 倍的 5 个城市中，只有郑州为中部城市，其余全为西部城市。增速低于平均值的城市有 24 个，其中负增长的城市有 10 个，东部城市就占 6 个（见表 3）。

2012 年，35 个大中城市办公楼、商业用房均价增速起伏较大，二者均各有 2 个增速超过 100% 的城市，其中办公楼为西部城市西宁和南宁，增速最高的西宁比最低的银川高出 341.7 个百分点；商业用房为东部城市海口和中部城市太原，增速最高的海口比最低的福州高出 170.3 个百分点。办公楼均价增速超过平均增速的城市有 23 个，其中增速超过 20% 的城市有 13 个，一线城市深圳、广州均在其中。北京、上海处于 13 个负增长的城市中。商业用房均价增速超过平均增速的城市有 16 个，其中增速超过平均值 2 倍的有 13个城市，包括西部的 7 个城市。4 个一线城市均处于负增长的 16 个城市中（见表 3）。

---

① 本部分增速为名义增长率。

表 3　2012 年 35 个大中城市不同用途房价、增速比较

城市	2012 年均价（元/平方米）								2012 年增速（%）							
	商品房	排序	#住宅	排序	#办公楼	排序	#商业用房	排序	商品房	排序	#住宅	排序	#办公楼	排序	#商业用房	排序
平均	8145	—	7650	—	14612	—	12891	—	6.9	—	8.0	—	-1.5	—	5.6	—
北京	17022	2	16553	2	22114	4	20476	2	1.0	27	6.67	15	-6.7	26	-17.8	33
天津	8218	10	8010	10	13349	13	13008	17	-6	33	-6.3	33	49.9	7	15.9	12
石家庄	4931	32	4714	32	8386	30	7238	35	4.0	20	8.3	11	-11.3	28	-10.6	29
太原	6805	17	6405	17	10470	20	20087	4	-0.2	28	-1.7	27	6.9	20	122.4	2
呼和浩特	5445	30	4798	31	7267	34	10890	24	24.7	2	17.8	5	10.9	18	37.9	4
沈阳	6321	20	5989	19	11288	18	9712	28	7.4	15	6.7	14	57.3	5	7.9	15
大连	8004	12	7584	11	15465	10	12657	18	-0.6	29	-4.4	32	18.84	15	14.6	13
长春	5540	28	5273	27	8669	26	7324	34	-9.6	35	-11.7	35	-11.6	29	-6.3	25
哈尔滨	5518	29	5113	29	8224	31	9503	30	2.2	22	-2.0	29	18.841	14	0.7	19
上海	14061	3	13870	3	21000	5	16218	10	-3.7	31	2.24	23	-19.2	34	-16.9	32
南京	10106	9	9675	9	16491	8	17847	6	8.54	10	15	6	-14.7	32	6.9	16
杭州	13449	4	13293	4	17246	7	12549	19	1.2	26	4.3	20	0.7	22	-24.4	34
宁波	11240	7	11385	7	9438	23	15158	11	1.9	25	0.9	25	-13.3	31	24.7	7
合肥	6156	22	5754	21	8527	28	12288	22	-2.7	30	2.6	22	7.7	19	-2.3	22
福州	11188	8	10645	8	16489	9	16780	8	9.9	7	11.4	8	4.2	21	-27.4	35
厦门	12280	6	12953	5	13760	11	20448	3	16.3	5	-3.5	31	67.1	3	-0.5	20

续表

城市	2012年均价（元/平方米）								2012年增速（%）							
	商品房	排序	#住宅	排序	#办公楼	排序	#商业用房	排序	商品房	排序	#住宅	排序	#办公楼	排序	#商业用房	排序
南昌	6419	19	5880	20	11174	19	9035	32	8.1	12	10.5	9	16.0	17	-14.0	31
济南	6832	15	6651	15	10086	21	12546	20	2.0	24	-0.2	26	16.2	16	8.9	14
青岛	8056	11	7583	12	11703	16	14189	12	7.5	14	5.8	16	-0.7	23	19.8	9
郑州	6253	21	5643	22	9455	22	13683	13	9.8	8	20.3	3	-5.9	25	-1.1	21
武汉	7344	13	6895	13	13403	12	13155	15	2.1	23	3.3	21	37.4	9	-6.81	26
长沙	6101	23	5603	24	12243	14	13067	16	4.1	19	2.22	24	22.9	11	-6.84	27
广州	13163	5	12001	6	22736	3	18058	5	8.8	9	9.8	10	22.3	13	-8.8	28
深圳	19590	1	18996	1	41786	1	24769	1	-8.2	34	-9.7	34	65.4	4	-11.3	30
南宁	6003	24	5619	23	19467	6	12503	21	15.5	6	12.5	7	128.5	2	24.2	8
海口	6821	16	6512	16	30295	2	17020	7	2.8	21	-1.9	28	22.5	12	142.9	1
重庆	5080	31	4805	30	11495	17	9576	29	7.31	17	7.0	12	-1.6	24	17.8	11
成都	7288	14	6678	14	9208	25	16284	9	8.51	11	5.0	19	-8.6	27	31.0	5
贵阳	4846	33	4473	33	9430	24	10446	27	-4.4	32	-2.5	30	44.9	8	-3.5	23
昆明	5745	25	5405	26	8447	29	10530	26	21.8	3	18.8	4	56.8	6	46.7	3
西安	6634	18	6224	18	8572	27	13571	14	7.8	13	6.8	13	-12.9	30	-3.7	24
兰州	5698	26	5421	25	8214	32	9502	31	20	4	28.2	1	-18.1	33	3.4	17
西宁	4718	34	4304	34	7896	33	10950	23	29.4	1	25.2	2	305.3	1	17.9	10
银川	4575	35	4187	35	4775	35	7583	33	4.6	18	5.2	18	-36.4	35	26.9	6
乌鲁木齐	5639	27	5255	28	11806	15	10721	25	7.33	16	5.7	17	33.6	10	1.0	18

（二）35 个大中城市不同时期住宅均价年均增速大多超过 10%，东部城市占据各时期的第一

1. 2009～2012 年 35 个大中城市住宅均价年均增速超过平均值的有 25 个城市，福州第一

2009～2012 年间，35 个大中城市住宅均价年均增速超过平均值 10.5% 的有 25 个城市，位列前三的城市是福州（19.4%）、南京（19.1%）、呼和浩特（17.6%），增速最高的福州比最低的大连高出 11.6 个百分点。在一线城市中，上海、深圳住宅均价年均增速超过 10%，分别为 14.3% 和 10.3%，而北京、广州低于 10%，分别为 9.2% 和 8.1%（见表 4）。这期间 35 个大中城市住宅均价年均增速低于全国同期住宅均价年均增速 0.5 个百分点，尽管如此，因为 35 个大中城市房价基数大，其价格上涨的绝对幅度仍高于全国。

2. 2004～2012 年 35 个大中城市住宅均价年均增速超过平均值的有 32 个城市，福州仍为第一

2004～2012 年间，35 个大中城市住宅均价年均增速超过平均值 10.8% 的城市有 32 个，位列前三的城市是福州（19.3%）、宁波（18.1%）、厦门（17.3%），最后三个城市是银川（10.3%）、哈尔滨（9.9%）、沈阳（9.0%），增速最高的福州是最低的沈阳的 2.14 倍。4 个一线城市北京、深圳、广州、上海均超过 12%，分别为 15.7%、14.11%、12.987% 和 12.0%（见表 4）。这期间 35 个大中城市住宅均价年均增速高出全国同期住宅均价年均增速 0.2 个百分点。

3. 2000～2012 年 35 个大中城市住宅均价年均增速超过平均值的有 30 个城市，宁波第一

2000～2012 年间，35 个大中城市住宅均价年均增速超过平均值 8.9% 的城市有 30 个，位列前三的城市是宁波（15.2%）、福州（14.8%）、西安（14.0%），最后五个城市是昆明（8.88%）、长春（8.5%）、哈尔滨（8.4%）、石家庄（7.17%）和沈阳（7.16%）。4 个一线城市上海、深圳、北京、广州均超过平均值，分别为 12.21%、10.8%、10.01% 和 8.93%（见

表4）。这期间35个大中城市住宅均价年均增速高出全国同期住宅均价年均增速0.3个百分点。

从不同的时期（2009～2012年、2004～2012年、2000～2012年）看，35个大中城市住宅均价年均增速均超过2012年8%的平均增速。三个时段中，2004～2012年住宅均价年均增速的平均值最高。

表4　35个大中城市不同时期住宅均价年均增速比较

单位：%

城市	2009～2012年	排序	2004～2012年	排序	2000～2012年	排序
平　　均	10.5	—	10.8	—	8.9	—
北　京	9.2	32	15.7	5	10.01	22
天　津	9.4	31	14.37	11	10.6	18
石家庄	15.7	5	12.994	19	7.17	34
太　原	14.4	10	12.6	21	13.0	6
呼和浩特	17.6	3	15.8	4	11.34	12
沈　阳	11.6	22	9.0	35	7.16	35
大　连	7.8	35	12.16	27	9.992	24
长　春	12.1	19	11.5	29	8.5	32
哈尔滨	9.8	29	9.9	34	8.4	33
上　海	14.3	11	12.0	28	12.21	9
南　京	19.1	2	14.38	10	9.98	25
杭　州	12.8	15	15.42	6	13.1	5
宁　波	13.6	13	18.1	2	15.2	1
合　肥	13.8	12	13.2	18	9.999	23
福　州	19.4	1	19.3	1	14.8	2
厦　门	9.7	30	17.3	3	12.4	7
南　昌	15.0	8	12.25	25	13.2	4
济　南	12.5	17	12.48	23	11.1	14
青　岛	12.2	18	14.2	12	12.3	8
郑　州	11.9	20	12.5	22	10.92	16
武　汉	10.2	27	14.6	9	11.26	13
长　沙	15.3	7	13.5	17	10.3	19
广　州	8.1	34	12.987	20	8.93	30
深　圳	10.3	26	14.11	13	10.8	17

续表

城市	2009~2012 年	排序	2004~2012 年	排序	2000~2012 年	排序
南　宁	10.8	25	11.2	30	10.2	21
海　口	10.1	28	14.09	14	10.94	15
重　庆	16.2	4	15.4	7	12.17	10
成　都	8.7	33	14.9	8	11.5	11
贵　阳	11.8	21	11.1	31	9.2	28
昆　明	11.5	23	10.9	32	8.88	31
西　安	13.4	14	13.953	16	14.0	3
兰　州	15.4	6	13.955	15	10.2	20
西　宁	11.2	24	12.4	24	9.9	26
银　川	12.7	16	10.3	33	9.1	29
乌鲁木齐	14.7	9	12.21	26	9.5	27

（三）35 个大中城市商品房销售面积增速比 2011 年有较大幅度提高，其增速太原最高、西宁最低

2012 年，35 个大中城市商品房销售面积为 3.98 亿平方米，占全国同期商品房销售面积的 35.8%，同比增长 7.3%，增速高出 2011 年 7.7 个百分点，是全国同期的 4.1 倍。其中住宅销售面积为 3.2 亿平方米，占全国同期商品房销售面积的 35.4%，同比增长 8.5%，增速高出 2011 年 10.5 个百分点，是全国同期的 5.3 倍。2012 年，35 个大中城市的商品房、住宅销售面积平均增速均由 2011 年的负增长转为正增长。北京、上海、广州商品房和住宅销售面积增速均由负转正，其中北京上涨幅度最大，增速分别比 2011 年高 47.3 个百分点和 57.2 个百分点。2012 年商品房、住宅销售面积增速负增长的城市分别比 2011 年减少 4 个和 9 个。

2012 年 35 个大中城市商品房、住宅销售面积增速超过平均值的城市均为 17 个，北京、广州均在其中。商品房、住宅销售面积增速超过平均值 4 倍的城市均为 7 个，太原、厦门分列第一，分别比最低的西宁高 83.6 个百分点和 111.5 个百分点，北京分列第 7 和第 5 位。2012 年，商品房、住宅销售面积增速最低的 3 个城市分别是石家庄、乌鲁木齐、西宁和西安、乌鲁木齐、西宁（见表 5）。销售面积增速的大幅提高对房价上涨有一定的助推作用。

表5 2012年35个大中城市商品房销售面积增速比较

单位：%

城　　市	商品房	排序	#住宅	排序	城　　市	商品房	排序	#住宅	排序
平　　均	7.3	—	8.5	—	平　　均	7.3	—	8.5	—
北　　京	35.1	7	43.3	5	青　　岛	-7.7	28	-8.4	31
天　　津	4.2	22	10.7	17	郑　　州	-7.8	29	-6.1	30
石　家　庄	-16.6	33	-11.0	32	武　　汉	18.6	12	17.6	12
太　　原	50.3	1	60.6	2	长　　沙	1.2	24	-0.6	26
呼和浩特	6.3	18	1.4	23	广　　州	11.6	16	13.8	14
沈　　阳	14.1	14	13.0	15	深　　圳	5.8	21	4.0	21
大　　连	18.3	13	16.0	13	南　　宁	-11.6	31	-6.0	29
长　　春	3.3	23	-1.4	27	海　　口	20.4	10	30.2	10
哈　尔　滨	19.7	11	12.1	16	重　　庆	-0.2	25	1.0	25
上　　海	6.0	20	6.2	18	成　　都	6.28	19	6.1	19
南　　京	23.9	9	28.7	11	贵　　阳	26.8	8	32.7	9
杭　　州	48.0	2	53.7	3	昆　　明	-6.2	27	-1.8	28
宁　　波	12.1	15	33.9	8	西　　安	-13.3	32	-17.1	33
合　　肥	-0.3	26	5.6	20	兰　　州	45.2	3	49.6	4
福　　州	35.5	6	38.0	6	西　　宁	-33.3	35	-35.0	35
厦　　门	38.16	5	76.5	1	银　　川	-7.9	30	1.1	24
南　　昌	38.2	4	36.5	7	乌鲁木齐	-20.2	34	-20.0	34
济　　南	10.6	17	3.9	22	—	—	—	—	—

（四）35个大中城市房屋、住宅竣工面积增速减缓，二者增速海口最高

2012年，35个大中城市房屋竣工面积为3.8亿平方米，占全国同期商品房竣工面积的38.2%，同比增长9.5%，增速低于2011年6.4个百分点，但比全国同期高2.2个百分点。其中住宅竣工面积为2.9亿平方米，占全国同期商品房竣工面积的36.6%，同比增长9.3%，增速低于2011年6.7个百分点，但比全国同期高2.9个百分点。2012年35个大中城市房屋、住宅竣工面积负增长的城市比2011年分别增加4个和5个。广州、上海处于房屋、住宅竣工面积负增长的城市中。

2012年35个大中城市房屋、住宅竣工面积增速超过平均值的城市分别为15个和17个，各城市之间增速差别较大，最高的海口分别是最低的厦门的

13.5 倍和 9.4 倍。房屋、住宅竣工面积增速超过平均增速 4 倍的城市分别有 5 个和 6 个，前三位城市分别是海口、乌鲁木齐和西安（见表 6）。

表 6　2012 年 35 个大中城市竣工面积增速比较

单位：%

城　　市	房屋	排序	#住宅	排序	城　　市	房屋	排序	#住宅	排序
平　　均	9.5	—	9.3	—	平　　均	9.5	—	9.3	—
北　　京	6.5	16	15.7	14	青　　岛	31.01	7	38.3	6
天　　津	20.9	11	16.3	12	郑　　州	-8.2	28	-20.0	32
石 家 庄	-20.6	34	-23.3	33	武　　汉	-9.9	29	-7.1	25
太　　原	0.7	19	-3.8	23	长　　沙	-1.9	23	-2.8	22
呼和浩特	11.9	14	9.8	16	广　　州	-0.1	20	-5.1	24
沈　　阳	4.2	17	2.4	19	深　　圳	31.0	8	24.4	9
大　　连	-20.5	33	-26.3	34	南　　宁	17.7	12	15.3	15
长　　春	22.2	10	18.2	11	海　　口	404.4	1	401.3	1
哈 尔 滨	48.4	4	44.3	5	重　　庆	16.5	13	19.8	10
上　　海	-3.3	24	-2.2	21	成　　都	35.5	6	35.0	7
南　　京	45.4	5	57.6	4	贵　　阳	-3.6	25	-0.4	20
杭　　州	-13.8	31	-19.2	31	昆　　明	11.3	15	15.68	13
宁　　波	-0.3	21	9.5	17	西　　安	67.8	3	59.6	3
合　　肥	3.1	18	9.2	18	兰　　州	-5.0	26	-7.9	26
福　　州	-1.3	22	-12.1	28	西　　宁	-16.4	32	-12.4	29
厦　　门	-29.9	35	-42.8	35	银　　川	28.7	9	33.4	8
南　　昌	-6.3	27	-16.4	30	乌鲁木齐	102.3	2	95.7	2
济　　南	-11.1	30	-11.9	27	—	—	—	—	—

（五）35 个大中城市投资增速呈下降态势，房地产开发投资、住宅投资增速贵阳均居首位，南宁、北京最低并为负增长

2012 年，35 个大中城市房地产开发投资、住宅投资分别为 3.6 万亿元和 2.3 万亿元，同比增长 17.6% 和 12.0%，增速分别比 2011 年低 5.2 个和 14.3 个百分点，投资额分别占全国同期房地产开发投资、住宅投资的 49.7% 和 46.8%。总体上，投资增速呈下降态势。值得注意的是住宅投资，其增速是 2011 年的 45.6%，有 26 个城市住宅投资增速比 2011 年出现不同程度的下降，下降幅度最大的城市是福州，达 84.6 个百分点。这种情况在一定程度上会影响今后 2～3 年的住房供应。

2012 年，35 个大中城市房地产开发投资增速超过平均值的有 21 个城市，其中增速超过平均值 1 倍的 6 个城市依次是贵阳、昆明、深圳、哈尔滨、呼和浩特和兰州。增速低于 10% 的有 8 个城市，上海（5.7%）、广州（5.0%）、北京（3.9%）均在其中，而长春（-2.5%）、南宁（-7.6%）则为负增长。住宅投资增速超过平均增速的有 18 个城市，一线城市只有深圳位居第五；超过平均增速 2 倍的有 4 个城市，分别是贵阳、西宁、兰州和昆明。住宅投资增速低于 10% 的有 15 个城市，其中有 6 个城市的住宅投资为负增长，上海、北京均在其中，增速最高的贵阳比最低的北京高 96.3 个百分点（见表 7）。

表 7 2012 年 35 个大中城市房地产开发投资增速比较

单位：%

城　　市	投资	排序	#住宅	排序	城　　市	投资	排序	#住宅	排序
平　　均	17.6	—	12.0	—	平　　均	17.6	—	12.0	—
北　　京	3.9	31	-8.5	35	青　　岛	18.6	19	3.9	27
天　　津	16.6	22	22.3	11	郑　　州	18.2	21	8.2	21
石　家　庄	5.6	29	7.9	22	武　　汉	22.8	16	32.6	7
太　　原	15.7	23	4.6	26	长　　沙	11.7	26	1.2	29
呼和浩特	35.7	5	23.8	10	广　　州	5.0	30	4.8	25
沈　　阳	15.3	24	5.6	24	深　　圳	43.1	3	34.4	5
大　　连	26.1	11	21.4	12	南　　宁	-7.6	35	-5.6	32
长　　春	-2.5	34	-1.9	31	海　　口	21.4	17	12.1	18
哈　尔　滨	38.3	4	27.2	9	重　　庆	24.5	13	18.7	14
上　　海	5.7	28	-0.9	30	成　　都	19.0	18	13.1	17
南　　京	11.5	27	3.7	28	贵　　阳	95.7	1	87.8	1
杭　　州	33.2	8	33.7	6	昆　　明	45.2	2	37.0	4
宁　　波	24.3	14	31.4	8	西　　安	27.5	10	20.1	13
合　　肥	2.7	32	-7.5	33	兰　　州	35.5	6	44.2	3
福　　州	0.9	33	-7.6	34	西　　宁	35.1	7	71.8	2
厦　　门	18.4	20	16.5	16	银　　川	28.4	9	18.0	15
南　　昌	23.0	15	7.2	23	乌鲁木齐	13.6	25	10.3	19
济　　南	25.5	12	10.2	20					

（六）35 个大中城市购置土地面积出现负增长并延续下降态势，杭州、宁波下降幅度超过 70%

2012 年，35 个大中城市土地购置面积为 1.1 万亿平方米，占全国同期土地购置面积的 30.2%，增速为 – 19.7%，低于全国同期 0.2 个百分点，比 2011 年低 9.7 个百分点，下降态势明显。各城市增速差别很大，南京、深圳增速超过 140%，增速最高的南京比最低的宁波高 341.8 个百分点。有 23 个城市土地购置面积为负增长，下降幅度超过 40% 的有 13 个城市，比 2011 年多了 7 个城市。

2012 年，35 个大中城市中购置土地面积下降幅度超过平均值的城市有 15 个，一线城市深圳列在其中；有 14 个城市增速下降超过平均下降幅度的 2 倍多，一线城市北京、上海、广州均在其中；而天津、青岛、杭州、宁波增速下降更为严重，是平均下降幅度的 3 倍多（见表 8）。毋庸置疑，35 个大中城市购置土地面积的负增长将影响今后 3 ~ 5 年的住房供给。

表 8　2012 年 35 个大中城市购置土地面积增速比较

单位：%

城　市	增速	排序	城　市	增速	排序	城　市	增速	排序
平　　均	– 19.7	—	平　　均	– 19.7	—	平　　均	– 19.7	—
北　京	– 39.7	22	宁　波	– 74.0	35	南　宁	– 47.2	28
天　津	– 60.4	32	合　肥	1.0	12	海　口	– 8.7	13
石家庄	– 38.1	21	福　州	– 41.5	25	重　庆	31.2	7
太　原	– 41.4	24	厦　门	35.6	6	成　都	– 40.2	23
呼和浩特	– 44.5	27	南　昌	– 38.0	20	贵　阳	– 36.8	18
沈　阳	7.2	9	济　南	42.2	5	昆　明	4.7	10
大　连	– 16.6	14	青　岛	– 64.0	33	西　安	– 36.8	19
长　春	3.8	11	郑　州	61.1	3	兰　州	– 41.8	26
哈尔滨	– 56.5	30	武　汉	14.9	8	西　宁	54.7	4
上　海	– 52.8	29	长　沙	– 29.3	17	银　川	– 24.4	16
南　京	267.8	1	广　州	– 57.8	31	乌鲁木齐	– 19.6	15
杭　州	– 70.0	34	深　圳	147.7	2	—	—	—

（七）35 个大中城市新开工面积呈现负增长，西宁增速最高、海口最低

2012 年，35 个大中城市房屋新开工面积 6.2 万亿平方米，占全国同期房屋新开工面积的 34.9%，同比下降 7.8%，增速比 2011 年低 20.6 个百分点，

低于全国同期 0.5 个百分点。其中，住宅新开工面积 4.2 万亿平方米，占全国同期住宅新开工面积的 32.0%，同比下降 14.5%，增速比 2011 年低 21.5 个百分点，低于全国同期 3.3 个百分点。35 个大中城市房屋、住宅新开工面积出现负增长的城市比 2011 年分别多 13 个和 11 个。

2012 年，35 个大中城市房屋、住宅新开工面积增速相差较大，增速最高的西宁分别比最低的海口高 121.6 个百分点和 116.1 个百分点。房屋、住宅新开工面积增速超过平均值的城市分别为 16 个和 17 个。一线城市只有深圳的房屋、住宅新开工面积增速较高，均列第二。房屋新开工面积增速低于平均值 1/3 的城市有 10 个，住宅新开工面积增速低于平均值 1/2 的城市有 12 个，北京、上海、广州均在其中（见表9）。新开工面积的负增长对于今后 1～2 年的住房供给会有一定影响。

表9 2012 年 35 个大中城市新开工面积增速比较

单位：%

城　　市	房屋	排序	#住宅	排序	城　　市	房屋	排序	#住宅	排序
平　　均	-7.8	—	-14.5	—	平　　均	-7.8	—	-14.5	—
北　京	-24.1	27	-37.3	33	青　岛	-3.0	16	-6.3	16
天　津	-22.2	22	-26.5	22	郑　州	16.7	9	0.6	12
石家庄	-37.6	34	-36.9	32	武　汉	3.4	14	4.9	8
太　原	17.5	8	-4.8	15	长　沙	-23.9	26	-36.2	31
呼和浩特	-26.6	28	-30.0	25	广　州	-26.7	29	-32.5	27
沈　阳	28.6	5	25.0	5	深　圳	68.3	2	53.0	2
大　连	10.3	13	1.3	11	南　宁	-20.6	20	-22.8	20
长　春	-21.8	21	-29.8	24	海　口	-39.6	35	-44.0	35
哈尔滨	-27.7	32	-33.5	29	重　庆	-14.8	18	-16.7	18
上　海	-26.9	30	-37.8	34	成　都	11.7	12	-1.0	14
南　京	-29.8	33	-34.8	30	贵　阳	56.5	3	27.5	4
杭　州	-27.2	31	-28.8	23	昆　明	37.8	4	42.1	3
宁　波	-22.6	23	-22.5	19	西　安	15.6	10	7.5	7
合　肥	-23.0	25	-31.9	26	兰　州	22.5	6	23.1	6
福　州	-8.1	17	-8.4	17	西　宁	82.0	1	72.1	1
厦　门	-22.7	24	-33.5	28	银　川	-16.8	19	-25.8	21
南　昌	17.5	7	0.1	13	乌鲁木齐	13.8	11	3.2	10
济　南	1.4	15	3.4	9					

三　当前房地产市场存在的突出问题

当前中国房地产市场存在的突出问题主要有以下几方面。

（一）住房价格继续上涨压力较大

2012 年的房地产宏观调控政策，在支持自住性购房的同时，坚持抑制投机投资性购房不动摇，严守限购政策，叫停地方政府涉及放松限购的政策。尽管如此，住房价格仍出现明显反弹，2012 年国民经济和社会发展统计公报显示，70 个大中城市新建商品住宅销售价格月环比上涨的城市个数年末为 54 个。国家统计局对全国 70 个大中城市住宅价格的月度统计数据还表明，住宅价格出现环比上涨的时间集中于 2012 年 5 月、6 月和 7 月，二手住宅价格出现上涨的时间略早于新建住宅；一些中等城市的新建住宅价格和二手住宅价格也开始出现环比上涨，但时间上一般晚于大城市，这也反映出对移民具有较大吸引力的一线城市、热点城市和区域中心城市，其房价上涨压力更大。就全国平均状态而言，2013 年房价仍有较大上涨压力，主要原因如下。

一是，住房价格长期以来并没有明显下降，2012 年下半年特别是年末住宅销量同比明显回暖，房价上涨预期加大。二是，近两年市场观望气氛浓厚，自住性需求逐步积累，在房价上涨预期的影响下，积累可能释放。三是，随着限购、限贷、限价等楼市调控政策出台时间的延长，政策对市场的影响逐步减弱。四是，2012 年房地产开发企业当年到位资金比上年增长了 12.7%，商品房销售额比上年增长 10%，其中住宅销售额增长 10.9%，到位资金和销售情况好转，企业的资金压力有所缓解，开发商以价换量的动力减弱。五是，近两年楼市成交低迷，导致土地市场持续冷清，开发商拿地不积极，房屋新开工面积和土地购置面积出现负增长，由此在一些区域可能会形成新的供不应求。2012 年，房屋新开工面积比上年减少了 7.3%，其中，住宅的新开工面积更是下降了 11.2%；土地购置面积比上年减少了 19.5%。2012 年下半年以来，土地价格和溢价率都明显上涨，年末甚至"地王"再现，不仅加重了房价上涨的社会预期，而且可能直接推动房价上涨。

（二）自住性购房存在过早、过大现象

需求方面较为突出的问题是自住性住房需求存在一定误区。在限购政策没有放开、政策支持自住性住房的情况下，住房价格出现明显反弹离不开自住性住房需求的推动。过早、过大购房的行为，放大了自住性住房需求。

自住性住房中很大一部分是购置婚房，先购房后成家的传统住房消费观念促使部分工作尚不稳定的青年人借助父母的资助过早地购置房产。据有关调查报告显示，北京首套房贷者的平均年龄只有 27 岁，而在英国为 37 岁，在德国和日本为 42 岁；调查还显示，年轻人急于买房的首要原因是"结婚的需要"；其次是"住房保障体系不到位，缺乏安全感"；以及"租房价格贵，居住条件不稳定"，"房价涨得太快"，"提高生活质量的需要"，"年轻人之间的攀比心理"，"父母的支持"，等等①。过早购房致使住房需求提前释放，也对住房价格的上涨产生了一定的刺激作用。在限购的政策下，也有部分购房者为了规避购房套数的限制，或者是考虑到换房的交易税费较高，从而选择了购买超过其当前需求的住房。例如，未结婚或刚结婚的青年人，购买了三居室或更大面积的住房，以备将来若干年以后才可能出现的居住需求。过早、过大购房的行为在一定程度上不必要地扩大了自住性住房需求，有待于政策的合理引导。

（三）保障性住房的融资、分配、管理问题突出

2008 年第四季度以来，保障性住房建设规模空前。2010 年我国基本建成各类保障性住房和棚户区改造住房 370 万套，2011 年又基本建成城镇保障性安居工程住房 432 万套，2012 年则基本建成城镇保障性安居工程住房 601 万套。在大规模建设保障性住房的同时，保障性住房的融资、分配、管理等方面则存在着一系列问题，亟待解决。

首先，保障性住房建设资金的中央财政支持力度有限，地方政府的财政压力大。全国保障性住房的财政支出中，2010 年中央财政支出占 16%、地方财

---

① 向楠：《调查称北京首次购房者平均年龄 27 岁，比日德早 15 年》，http：//sjz. focus. cn/news/2012 - 04 - 18/1923954. html，2013 年 3 月 16 日。

政支出占 84%，2011 年中央财政支出占 9%、地方财政支出占 91%。可见，承担保障性住房建设资金筹集压力的主要是地方政府，而对于财政收支剪刀差长期存在的地方政府来说，同时承受了双重压力，一是土地出让等财政收入的减少，二是住房建设等财政支出的增加，这也加剧了保障性住房建设资金的融资难度。

其次，保障性住房大量建设后，分配与管理的问题日益突出。一些保障性住房分配不公的事件屡有发生，例如，开着豪车入住经济适用房，限价房成为当地某些领导干部的福利房，利用虚假户口等骗购保障性住房等问题都曾出现过。保障性住房管理方面较为突出的问题有：尚未建立健全有效的退出机制，享受保障性住房待遇的家庭在经济状况好转不再符合保障性住房的相关标准时，管理部门无法及时获知其经济收入的变化，也缺乏相应的行政执法手段将保障性住房收回；保障性住房的日常管理维护也存在困难，按现行的商品房物业运营模式为保障性住房提供物业服务，存在收费难、无法维持运转成本等问题。

（四）"开发、流转重，保有轻"的税费结构抑制交易而助长多套持有

房地产业税费结构不合理的问题，主要体现在两方面：一是税与费之间的结构不合理；二是开发、流转环节与保有环节之间的结构不合理。

税与费之间的结构不合理是指我国房地产业的政府收费项目种类远高于税收项目种类。我国房地产业涉及的税收项目主要包括：耕地占用税、土地增值税、城市土地使用税、房地产税、契税、营业税、城市维护建设税、企业所得税、个人所得税、印花税等约十种。而房地产业涉及的收费项目包括土地登记费、城市市政公用基础设施配套费、建设工程质量监督费、工程定额测定费、建筑施工安全监督管理费、白蚁防治费、房屋所有权登记费、门（楼）牌收费等三十余种必须缴纳的行政事业性和经营服务性收费，涉及国土、建设、房管、规划、环保、公安等多个部门。收费项目政出多门，很多收费项目未纳入财政预算管理，缺乏有效的监督机制，乱收费现象较为严重，既加重了企业和个人的负担，也容易导致腐败滋生和财政收入流失。

开发、流转环节与保有环节之间的结构不合理是指我国房地产业的开发、流转环节税负较重，而保有环节税负较轻。在开发、流转环节征收的税种有土地增值税、契税、营业税、城市维护建设税、企业所得税、个人所得税、印花税等。而在保有环节征收的税种仅有房产税和城镇土地使用税两种，而且目前除了重庆、上海等房产税试点城市外，个人所有非营业用的房产免征房产税。从财政收入上看，2011年房产税和城镇土地使用税占地方税收收入的5.7%，而仅土地增值税和营业税（按商品房销售额估算）两个开发、流转环节的税种就占地方税收收入的12.1%。"开发、流转重，保有轻"的税制模式，一方面增加了房地产交易成本，降低了房地产交易的积极性，尤其是抑制了相当一部分二手住房的交易；另一方面助长了持有多套房产坐收增值收益的投机投资行为，不利于闲置土地资源与房产资源的有效利用。

（五）房地产经纪行业经营不规范

近年来，一线城市二手房成交量已接近或超过新房。随着二手房交易量的增加，房地产经纪在房地产业发展中的作用日益凸显。然而，目前房地产经纪行业的经营不规范，违法违规现象较多，涉及房屋中介类的投诉已经成为消费申诉举报的热点。

房地产经纪的违法违规行为包括：发布虚假广告或利用虚假信息招揽业务；隐瞒有关重要事项促成房地产交易；未落实资金监管制度，侵占、挪用房地产交易资金，拖延支付客户押金；违反出租房屋限制条件、改变房屋内部结构分割出租，将存在建筑安全隐患的房屋出租给他人；利用合同格式条款侵害消费者合法权益，伪造、变造合同示范文本；未取得房地产经纪资格证书而从事房屋租赁经纪活动，租借房地产经纪资格证书；泄露或者不当使用委托人的个人信息或者商业秘密；为交易当事人规避房屋交易税费等非法目的，就同一房屋签订不同交易价款的合同提供便利；为不符合交易条件的保障性住房和禁止交易的房屋提供经纪服务；等等。房地产经纪机构及从业人员的经营行为不规范，其原因包括：行业准入门槛低，个人信用制度和企业信用制度缺乏，相应法律法规不健全，行业自律不足，监管力度不够，等等。

四   2013 年房地产政策展望和市场预期

随着宏观经济探底并逐步复苏，2013 年中国房地产市场将逐渐回暖，国家房地产调控也将进一步强化。

（一）2013 年宏观经济走势及其对房地产市场的影响

1. 2013 年宏观经济展望

中国经济 2012 年三季度探底后，有望在 2013 年逐步复苏。

（1）受国际、国内经济复苏影响，2013 年中国 GDP 增速有望高于 2012 年。从经济增长趋势看，经历连续 10 个季度下滑后（2010 年一季度至 2012 年三季度），中国 GDP 增速在 2012 年四季度止跌回稳（四季度增长 7.8%，略高于三季度 7.7%），表明上一轮的经济调整基本结束，新一轮经济增长正在酝酿，2013 年回稳趋势有望延续。从国内经济增长动力看，经济结构调整升级成效在部分省份已经彰显，产业结构明显改善，落后产能被逐步淘汰，新兴产业增长迅速，开始成为推动经济增长的新动力；在党的十八大精神指引下，城镇化和土地等领域一系列制约经济增长的制度障碍也有望得到破解，制度改革与创新有望推动中国经济再创辉煌。从国际经济形势看，困扰美国经济的失业形势和房地产市场均明显好转，欧债危机也有所缓和，除日本外，主要资本主义国家经济回稳复苏明显，有望在 2013 年为中国经济创造一个较好的国际经济环境。

（2）受美日量化宽松货币政策影响，2013 年中国可能面临较高的通胀压力。继美国政府多次量化货币之后，日本安倍政府上台后积极推行弱势日元，企图以日元贬值推动日本经济复苏；经历重重欧债危机后，欧元及欧元区主要货币均出现大幅贬值。为应对欧美日货币贬值，其他经济体也必将纷纷仿照货币贬值，自 2013 年初以来，印度、英国均紧急宣布降息或货币贬值，俄罗斯、土耳其等国央行则紧急增持黄金储备，德国更是掀起一轮"黄金回家"浪潮。随着各国滥发主权货币，必然迫使人民币升值并恶化中国出口贸易条件，也促使国际热钱涌进国内市场，倒逼央行增发货币，引发通胀风险。

2. 2013 年宏观经济对房地产市场的影响

房地产市场与宏观经济息息相关。宏观经济通过对开发投资、市场销售以及市场心理预期等多方面对房地产市场产生影响。

（1）经济增速回稳形成居民收入增长和增长预期，有利于消费性购房需求积累。经济增速回稳有利于居民收入增长，增加准备购房家庭的购房款储蓄积累，也有利于增强对未来收入增长的预期，既增强预期购房家庭申请按揭借贷购房信心，也增强了银行对购房家庭按揭购房放贷信心。无论是收入储蓄积累还是购房按揭信贷信心提升，均将有利于消费性购房需求积累和释放。

（2）经济复苏预期有利于引导闲置资本进入生产性领域，并缓和房地产投机需求增长压力。经济复苏意味着生产性领域商机呈现，是追加生产投资和创业投资的好时机，这将有利于引导闲置资本进入生产性领域，股市和债市也将逐步活跃起来，居民储蓄的可选择投资渠道增长和拓宽。闲置资本可投资渠道拓宽，必将缓解为保值增值形成的房地产投机性需求增长压力。

（二）2013 年房地产政策展望

1. 房地产政策方向

房地产市场供需总量和结构矛盾积累多年，2013 年调控难度进一步增大，同时，党的十八大后国家经济政策向促进城镇化和改善民生倾斜，预期房地产调控方向也将围绕这一主题展开。

（1）房地产市场利益分化加剧，调控难度增大。经历 2008～2009 年 V 形调整以及 2012 年小幅波动，房地产市场格局发生了较大变化，市场利益分化加剧，调控难度增大。其一，存量二手住房在高价位水平出现了一定的换手率，房价涨跌对住房持有者与潜在购房需求者带来明显不同的福利效应，房价下跌给广大无房家庭带来明显的购房机会，但也为广大住房持有者特别是高位接盘的居民家庭带来明显的财富缩水效应，住房持有和交易的市场利益分化加剧。其二，2012 年在不少城市，无论房价还是地价均创出新高。但在高位房地价格下，2013 年房地价格变化对不同开发经营模式的开发企业影响完全不同：对囤地囤房企业，房价从而地价增长越快，前期所囤压房地资产增值利益越大；而对快速周转开发的企业，房价从而地价快速增长，意味着购地成本越来越大，未来房屋销售风险也越来越大，房价增长形成对囤地囤房企业的逆向激励效应，也形成对快速周转开发企业的"驱逐良币效应"。

（2）房地产调控目标向促进城镇化与改善民生主题倾斜。党的十八大后，促进城镇化与改善民生被提到国家经济社会发展的战略高度，预期 2013 年及以后的较长时期内，房地产调控也必将围绕着促进城镇化与改善民生的国家发展主题展开：考虑民生主题，房地产特别是住房的居住消费功能将被强调，住房投资和投机性需求将被进一步打压；考虑城镇化主题，城乡建设用地有望统筹调控，一些人口快速增长的城镇化地区，建设用地特别是居住用地供应控制有望减轻，部分住房严重供不应求的城市，可能加快居住用地入市供应。2013 年 2 月 20 日国务院常务会议精神（见当天新华网电，媒体称为"新国五条"）及随后 3 月 26 日发布的国办发 17 号文（媒体称为"新国五条细则"），实际上已经很明显地体现了这一战略高度，调控方向基本上聚焦稳定房价、抑制投机、增加供给。

2. 若干代表性房地产政策展望

国办发 17 号文确立了全年房地产调控目标和方向，但具体的政策条文，有的还有待进一步细化，有的则可能对当前市场形势把握不很准确，引起了较大的社会争议，具体的政策实施还需要在调控实践中不断完善。

（1）存量住房交易所得税。国办发 17 号文提出对存量住房交易征收 20%个人所得税，但该措施能否有效推行，能否起到应有的调控效果，还需要进一步细化和其他政策措施的配合。其一，由于存量住房持有伴随了大量的装修成本、房贷利息、购房款的投资机会成本等，存量住房交易所得收入如何鉴定存在诸多的技术难题，如果延续以前依据总房价比率征税，则等于直接的加价行为，成为房价增长的直接推手，与调控目标相背离；其二，由于相当比重的城市存量住房交易可能属于一卖一买的住房改善行为，"一刀切"的征税方案是对消费性自住需求的抑制，但如果实施差别化的减免方案，则纳入税负减免的改善性住房交易的时段维度、空间维度和数量面积维度如何鉴定又存在技术难题；其三，如果没有住房持有环节税费调控的有效配合，针对交易环节的个人所得税很容易通过抬升房价由卖方转嫁给买方，成为房价增长推手。因此，我们预期该政策措施可能由各城市地方政府选择性地试点实施，政策的执行力度可能根据其调控效果逐渐调整。

（2）住房持有税。继上海、重庆征收房产税试点一年多后，2013年在房价增长较快的部分城市，房产持有税有望进一步推广。实际上，2013年2月20日国务院常务会议已经把"扩大个人住房房产税改革试点范围"列为"坚决抑制投机投资性购房"的重要手段，只不过随后的17号文强调了对存量住房交易征收20%的个人所得税，其对加快推进房产税试点工作的内容被社会舆论相对忽视。不同于上海仅对增量市场、重庆仅对高档市场的试点模式，新推广的房产持有税将面对包括普通住房在内的各类存量住房，针对过度住房持有家庭（豪宅持有和多套住房持有）实施，新税功能定位将侧重调控住房分配，投机性的多套住房持有将是重点征税对象，但可以肯定广大市民自住性的普通住房将在税负赦免行列。相对于住房交易环节的个人所得税，开征住房持有税只需要确定单位面积税额和赦免资格，技术难度并不大，并且即使当前征税方案存在不合理，也可以在下一个征税年度加以调整，造成的税负不公程度有限，更由于广大的自住性住房持有家庭在税负赦免之列，征税引起的社会反对可以达到最小化。我们预期2013年中期以后，当交易环节的所得税调控效果不理想甚至助长房价、恶化市场环境时，一些大都市区住房持有税政策有望加快实施。

（3）限购限贷。2012年三季度以来，不少城市房价再次抬升，并且有增幅加大趋势，可以预期2011年以来实施的限购政策在2013年还将延续。贯彻17号文精神，2012年部分实施变相松绑突破的城市可能在中央政府压力下，重归从紧；银行对购房信贷的限制将进一步加大力度，二套房首付比例可能提高，部分城市三套及以上住房可能禁贷。

（4）住房保障。随着就业主导型城镇化向居住主导型城镇化的转型，城镇住房保障的重要性不断增强。2013年住房保障政策可能有两个方向：其一，保障性住房建设总量可能与上年持平或略有增长，但保障性住房建设主体和建设模式可能多元化；其二，住房保障体系改革可能有所突破，在有条件的城市，有望开展由砖头补贴向人头补贴试点，第三方金融支持补贴可能得到重视，遭到广泛质疑的职工导向的住房公积金制度改革可能突破。

（三）2013 年房地产市场预测

1. 房地产需求

受宏观经济复苏影响，2013 年房地产投机性需求增长压力可能有所缓解，但消费性自住购房需求有望加大释放。

（1）投资、投机性需求增长压力可能略有缓解。房地产投资、投机性需求取决于资本市场，2013 年中国资本市场格局可能有利于缓解房地产投机性需求增长压力。其一，经历 2008 年以来的经济调整，特别是近两年不少行业企业赢利下降，一些行业还出现了较大的亏损，使得中国国内闲置资本增长积累有所放缓；其二，2012 年四季度国民经济摆脱增速下滑趋势，国内外市场均显示了较强的经济复苏信号，生产性领域商机开始显现，生产性行业的新增投资和追加投资，有利于分流资本市场的闲置资本，缓解以保值增值为目的的房地产投机性需求增长压力；其三，国家加大对投机、投资性购房抑制力度，也直接压缩了投机、投资性资本进入房地产特别是住房市场的操作空间。

（2）消费性需求有望加大释放，购房决策取决于房价变化。如上所述，经济复苏必将促进居民收入增长和收入增长预期，一方面，收入储蓄积累直接推动潜在的消费性购房需求，无房家庭的首套住房购买和现有住房条件较差家庭的改善性住房购买需求将呈现快速释放；另一方面，收入增长预期也为家庭购房的按揭融资带来有利条件，家庭按揭融资信心和银行按揭信贷信心均增加。当然，具体的购房决策还取决于房价实际变化，当房价增长过快特别是超过收入增长时，潜在的消费性需求可能重新被抑制，当房价微调或温和增长时，实际购房决策可能集中实施。

2. 房地产供给

受 2012 年房地产投资相对低迷和 2012 年末房地产交易量大幅放大影响，2013 年新增房产供给将相对偏紧，但存量住房供给则取决于调控政策走向。

（1）存量供给取决于调控政策走向。一方面，2013 年存量住房供应存在加大释放的潜力。受经济复苏影响，生产性领域投资机会和资本市场投资渠道增多，一些投资投机性存量住房持有者存在转换资产持有形态寻找新投资机会的冲动，一些城市近几年内房价涨幅数倍之巨，多套住房持有者巨额的财富积累已经形成，其对未来住房市场价格变化风险担忧和获利了结心态增强，再加上中央加大反腐力度，官员财产公开制度实施预期增强，部分多套住房持有官员所持过量住房也可能加速入市；另一方面，实际的存量住房供应取决于调控政策走向。如果严格实施"一刀切"的 20% 个人所得税政策，政策实施后最初几个月的观望期内，存量住房供应将急剧下降，政策实施数月后，在房价增长推动下，存量住房供应还将逐渐恢复；如果调控政策重点转向持有环节税政策，则可能促使存量住房供应在中短期内加大释放。

（2）新增供给可能略有下滑或与上年大致持平。2011 年末至 2012 年上半年房地产市场景气下降，房地产开发企业市场预期趋紧，导致 2012 年房地产新开工面积增幅大大下降，2012 年前三季度土地购置面积绝对量大幅下降，这将影响 2013 年新增房产供给，同时 2012 年四季度房产市场回暖，成交量大幅增长，新建房产去库存化明显，考虑房产建设周期，预期 2013 年可供销售的新增房产供给可能有所下滑，或者与上年持平。

3. 房地产行业

房地产行业 2013 年将延续 2012 年的重组格局，行业整体暴利将逐渐消退，行业内市场垄断程度将进一步提升，企业间业绩加剧分化。

（1）房地产行业整体暴利将逐渐消失，企业超额赢利将主要取决于其对市场节奏的把握和开发经营成本的节约。经过多年调控，我国房地产开发环节规范化程度大大提高，一级市场土地供应基本上透明化，房地产开发的资本准入和退出管理也更加标准化、科学化，房地产开发的行业利润将逐渐向社会平均利润看齐，行业高利润也将逐渐与行业高风险相匹配。行业内企业超额赢利将主要取决于企业经营成本的节约和市场机会的把握。

（2）市场垄断程度将进一步提升，行业内企业绩效将加剧分化。由于行业整体暴利逐渐消退，行业内企业绩效分化加剧，部分能有效获得低利融资、有效把握市场节奏的企业将继续保持利润高速增长，而市场融资成本高、对市场节奏反应较慢的企业将逐渐面临利润大幅下降甚至亏损。与行业内企业绩效分化加剧相对应，行业的市场垄断程度将进一步加剧，大型企业因规模效应拥有更好的融资能力和研发优势将获得更高赢利率，而中小企业市场劣势将日益加剧，随着赢利下降甚至亏损将逐渐面临破产、倒闭压力，被迫退出市场。

4. 房地产交易

2013 年房地产市场交易取决于具体政策措施选择和执行力度，部分城市房产价格可能出现较大幅度的攀升，存量住房交易量在 20% 个税政策实施后可能出现较大萎缩，新建住房交易量可能略有上升，但受制于新建住房供给能力，城市间市场分化加剧。

（1）房价走势取决于具体的政策措施选择和执行力度：如严格执行"一刀切"的 20% 个税政策，则总体房价可能出现较大幅度攀升，如政策实施重心转向持有环节税，则总体房价可能保持平稳态势或略有回调。

严格执行"一刀切"的 20% 个税政策可能成为房价上涨推手。一方面，在刚性需求推动下，二手住房价格将在原有价位上税负加成直接推高二手房价，而二手房价增长对新建住房定价形成参照上涨效应；另一方面，部分原本在存量住房市场实现的刚性购房需求被迫进入新建住房市场，造成新建住房供需压力，形成需求拉动型的新建住房价格增长。

如果国家调控政策重心由交易环节的个税转向持有环节税，总体房价则可能保持平稳态势或略有回落。开征房产持有税并取缔或大幅降低包括个税在内的交易环节诸类税费，可以通过增加多套住房持有成本，盘活多套住房持有家庭的存量住房供应，缓解由于城镇化形成的短期内城镇住房供不应求压力。

（2）城市间房产交易市场分化将加剧：大都市区可能迎来较高的房价增长，而多数中小城市房价走势可能相对平稳甚至有所回调。

经过多轮福利分房和城市改扩建置换性分房，当前城市绝大多数原有居民家庭都形成了自住性住房持有，不少家庭甚至持有多套住房，城市新增自住性购房需求主要来源于新增人口和家庭，其中各类移民人口和家庭是需求主体。而在中小城市与大都市区，自住性购房需求的移民人口和家庭存在性质差异。

在中小城市，可能产生自住性购房需求的移民人口和家庭主要是来自农村地区的乡—城移民，沿海城市以跨区就业的"农民工"家庭为主，内地城市则以周边农村相对富裕的农民家庭为主，这些乡—城移民整体上属于中国社会的中低收入人群，其购房决策也多以原居住所在地的农村建房成本作为参照，对房价敏感度较高，需求价格弹性明显。受金融危机影响，一些城市近几年投机、投资性购房增长较快，推动了房价的过快增长，而乡—城移民自住性购房需求被驱逐，导致存量住房出现了较高的空置率，个别城市甚至形成所谓的"鬼城""空城"现象。在这些城市，只有房价合理回调，给自住性购房需求有效的市场进入机会，才有可能逐步消化前期累积的市场泡沫风险并促进居住城镇化的有序进行。

在大都市区，由于其较高的总体生活成本和住房价格，来自农村的乡—城移民人口不大可能真正购房居住，但其多样化的就业机会和消费服务供给，对来自中小城市的高收入特别是高学历人群则具有较大的移民吸引力。中国是一个有 13 亿人口的大国，即使是占比很小的高收入人群，也是一个庞大的人口规模。因此，在像北京、上海这样的全国性政治、经济、文化中心，当然也包括一些地区性的大都市，来自全国中小城市高收入的移民人口和潜在移民人口形成巨大的自住性或"潜在自住性"购房需求，可能导致这些大都市区房价在一个较长时期内背离本市居民平均收入，而向全国最富裕人群收入看齐，其房价可能存在一个持续增长阶段。

五 政策建议

实施限购等严厉房地产调控以来，调控的短期目标基本实现，投资、投机性需求在限购城市已基本被挤出市场，全国商品房价格过快上涨的趋势得到遏制。但是，不仅房价合理回归、房地产市场健康发展的长期调控目标任重道远，而且 2013 年房价仍有较大上涨压力。经济转型要求主动降低过快的增长速度，宏观经济也已企稳回升，使楼市调控减少了后顾之忧。未来应继续实施限购、限贷、限价、征收利得税等措施，坚持遏制投机、投资性需求不动摇，必要时需强化这些措施的力度，扩大房产税试点，避免积累的自住需求爆发性释放，以巩固前期调控成果，防止房价大幅反弹。同时，应根据房地产市场情况合理制订各城市土地年度供应计划，重视保障房公平分配和法规建设，积极探索房地产市场长期平稳健康发展的机制和体制。

（一）因地制宜制订土地供给计划

就全国而言，近两年严厉调控使购房者观望气氛浓厚，房地产市场不景气，开发企业对市场前景不乐观，购置土地意愿不强，当年土地购置面积增速下降，2012 年 1～10 月甚至出现同比 18% 的负增长，比 2011 年同期减少 6089 万平方米。当年土地购置面积是反映房地产市场的重要指标，对房产市场具有重要影响和先行性指标的意义，当年土地购置量是次年新开工面积的基础，会影响到其后两三年的市场供给，并会影响购房者的预期。事实上，2005 年以来商品住宅销售面积一直超过竣工面积，2005～2009 年住宅竣工套数为 2258 万套，而同期销售为 2914 万套，二者之差为 -656 万套。2010 年和 2011 年全年分别相差 -31836 万和 -25338 万平方米，2012 年 1～10 月相差 -23300 万平方米。就全国平均状态而言，持续的求大于供是推动价格上涨的重要因素。

但是，城市间房地产市场已开始出现分化，各城市应根据其人口增长、经济发展等状况，建立房地产市场与经济发展、收入增长、土地市场、城镇化进程、保障房建设、金融体系安全等因素的协调发展体系，确定土地供应目标，制订适合自身的土地投放计划，并公之于众，稳定房地产市场预期。

一线城市、热点城市、区域中心城市及其他房价上涨速度过快的城市，应增加土地供给，制定房地产开发流程规范，管控房地产开发进程，加强对出让土地开发和房屋建设进程的监管，处罚故意延缓开发进程的企业，保障出让土地开发产品及时入市；采取分割卖地、竞配建、严格准入等多种方法防止"地王"出现；加强对土地的统筹管控，积极利用和充分盘活存量土地；依法依规处置收回闲置土地，严防和打击囤地行为。

在库存高、房价泡沫明显的三、四线城市，管理部门应对房地产市场做好调查研究，并根据人口、经济和城市发展制订房地产发展规划，根据规划科学合理供地，平衡市场供求，防止以盲目发展房地产拉动经济增长的冲动，保持市场供求的基本平衡和稳定；及时公布市场信息，避免消费者盲目购房，杜绝浪费资源；既要防止部分投资投机性需求被挤向未限购的三、四线城市，又要控制商品房空置率；研究和建立市场预警体系，及时发布市场警示信息，防止市场大起大落。

（二）确保保障房分配公平

大规模的保障性安居工程已进入竣工和交付入住阶段，社会各界对分配问题格外关注。分配问题解决不好，就会造成新的不公和社会矛盾，确保公平分配是关系保障性安居工程成败及可持续发展的"生命线"。因此，需要地方政府规范分配程序，下大力气做好分配工作，使真正的住房困难群众受益，真正把保障性住房建设成果转化为惠民成果。

第一，要公开透明。规范准入条件、分配政策、分配程序、投诉处理等规章，明确分配对象、分配过程，公开分配房源、分配结果。利用网络、报纸、电视、广播等媒体公开各环节规章、运作及结果，方便群众及时了解和社会监督。

第二，要建立多部门的家庭住房和经济状况联动审核及信息共享机制。随着开放搞活，部分居民收入来源多样化、隐蔽化，单凭收入证明难以反映其真实收入情况。社区公示、邻里查证咨询等审核方式有时也难以发挥应有的作用。需要建立金融（包括证券）、车管、房管、税务、工商、社保、公积金、户籍管理等与个人财产、经商活动、家庭经济状况等密切相关的部门信息的互动共享机制，充分整合、核对申请家庭的信息，以利于进行综合审核。

第三，严格处罚、动态监管。规范处罚规章，严格对违规分配、违规获得保障房的处罚措施，明确处罚执行部门，对瞒报收入、权力寻租、徇私舞弊、利用规章漏洞转移资产或恶意骗保者做到零容忍。健全纠错机制，及时纠正分配过程中发现的各类问题。设立举报电话、信箱等，加大社会监督力度，严厉查处住房保障工作机构内部人员失职渎职、贪腐违法行为。保障房主管部门应通过家庭住房、经济状况等信息共享平台，及时跟踪掌握保障对象入住保障房后的家庭经济情况变化，定时定期对已经入住保障房的家庭收入和经济状况进行核查，严格退出机制，建立健全退出办法及对拒不退出人员的处罚办法。

第四，加快保障房立法。保障房的建设是安居工程、民生工程、惠民工程，工程大，涉及面宽、政策性强，投资多，周期长，涉及亿万人的利益。需要将保障房的建设、使用、管理等纳入法制轨道，使其有章可循、有法可依，推动保障房建设、使用、管理在阳光下运作，做到公开、透明、公正。

（三）探索解决农民工住房问题的多种途径

城市农民工是一个数量庞大的群体，绝大多数农民工收入低、无力购房，大部分甚至无力租住城市租赁房，通常只能租住在空间狭窄、设施简陋、基础设施不完善、房租便宜的城乡接合部，居住条件差。解决好农民工的住房、定居问题，直接关系城镇化进程和质量，是农民工市民化的难点，也是城镇化健康发展的关键。但受限于农民工收入、政府经济实力等，农民工住房问题需要多途径逐步解决。

一是，完善农民工租赁房市场。城乡接合部或城中村的租赁房，租金低廉，适合农民工的收入，农民工可和房主直接谈租，方式灵活。现阶段应探索将农民工出租屋纳入保障性住房体系，探索由用工单位集体租赁等模式，规范农民工住房租赁市场，允许城乡接合部的农民和集体组织利用集体建设用地建设出租屋，为出租屋建设做好相关服务和支持，改善农民工集中租住区居住环境，缓解城市政府建设保障房的资金压力。

二是，推进和健全涵盖农民工的城镇住房保障体系。目前，虽有一些城市已提出将农民工纳入城镇住房保障体系，但限制条件过多，门槛过高，农民工基本仍被排除在城镇住房保障体系之外。应鼓励有条件的城市将有稳定职业并在城市居住一定年限的农民工逐步纳入城镇住房保障体系，推进农民工市民化进程。

三是，探索建立农民工公共租赁房制度。在工业园区、产业聚集区等农民工较集中的区域建设农民工经济租用房，鼓励企业、社会机构和集体将闲置房等改建或投资建设适合农民工居住的租赁房。

四是，推进农民工住房公积金制度。2005 年建设部、财政部、中国人民银行发布的《关于住房公积金管理若干具体问题的指导意见》，已在政策上明确了农民工缴存公积金的权利。但企业积极性不高、农民工流动性大且对公积金认识不足，该项制度仍需强力推进实施。应因地制宜逐步完善农民工公积金政策，强化企业责任，虽然农民工目前还不具备利用公积金购房的条件，但可用于租房。

总之，农民工住房问题需要多途径、多层次逐步解决，既要顺应城镇化趋势，有利于农民工市民化，符合农民工流动特点，也需要与住房政策体系有效衔接。

（四）探索土地"年租制"

土地"批租制"将70年的土地出让金一次性收缴，摊入建房成本、抬高房价，并已成为地方政府土地财政依赖的主要根源之一。由此驱动一些地方政府为在任期内增加财政收入、提升政绩，违规违法出让国有土地，寅吃卯粮，竭泽而渔。

应继续探索年租模式土地批租，试点土地出让"批租制"改为"年租制"。把一次性土地出让巨额收入分散到70年期限内，对政府而言，不仅保证了土地财政收入细水长流，而且随着土地增值，还能够持续不断地取得土地的增值收益，使地方政府的土地收益长期稳定，逐年增长，更具可持续性，也真正实现土地增值收益归所有权者，降低炒房收益，遏制炒房动力。

实施"年租制"，使居民住房的土地租金逐年提高，如与房产税叠加，将促使居民住房消费更加合理。对开发企业而言，可大幅降低开发门槛，减小融资压力，缓解房地产开发商资金问题，增加市场供给，降低房地产开发的金融风险。

与批租制相比，年租制将大幅减少地方政府一次性土地收入，会给城市建设资金带来压力，影响城市发展，应根据各地经济发展的不同情况，对中西部不发达城市和其他地区还没有形成产业支撑的城市，或城镇化进程尚处于起步阶段的地区可考虑采取"批租制"，在发达城市则可采用"年租制"。

（五）防止城镇化沦为"房地产化"

城镇化是未来经济发展的重要驱动力，是现代化建设的重要内容之一，也是扩大内需的最大潜力所在。但传统的粗放型城镇化难以为继，城镇化需要与城镇经济发展相协调，与工业化、信息化、农业现代化同步，走"多元、渐进、集约、和谐、可持续"的新型城镇化道路，着力提高城镇化质量。新型城镇化要满足进城人员的综合需求，而不仅仅是住房问题。城镇化需要房地产支撑，但仅有或单纯靠房地产发展并不能推动城镇化，要防止城镇化沦为房地产化。

第一，结合国情，通过各类、各级媒体宣传新型城镇化，使全社会了解新型城镇化的科学含义，防止对城镇化的片面理解甚至肆意曲解。尤其要通过培训、专题研讨等方式，使各级政府政策制定者、决策者深刻理解新型城镇化的科学含义。

第二，编制城镇化规划的同时配套编制房地产发展规划。城镇化对我国社会经济发展具有战略意义，为保证新型城镇化的实施，应编制新型城镇化发展规划，制定促进城镇化发展的政策意见，并在编制城镇化规划、制定促进城镇化发展的政策意见的同时，配套编制房地产发展规划，对各区域城镇化进行指导和宏观管理，使房地产发展与城镇化相协调。

第三，科学编制城市规划。科学合理制订城市建设和发展规划，防止规划编制中的长官意志，把好规划审查关，严格按照规划进行城市建设，确保规划的严肃性，防止和避免盲目追求城市规模扩张。探索城市建设投资主体转向专业从事基础设施等建设的社会投资方，以市场化方式遏制地方政府"造城"冲动。政府要加强监督，创造一个公平多元的新型城镇化投资环境。

第四，严格征地范围。彻底改变土地城镇化快于人口城镇化的现象，土地的农转非与人口的农转非挂钩。严防城镇化沦为地方政府获取土地财政的手段，防止以新型城镇化的名义大规模圈地，禁止违背农民意愿逼迫农民进城、上楼等，防止农村"被城镇化"。

第五，始终坚持房地产调控。推进新型城镇化，重在提高城镇化质量，重在解决人的城镇化。在推进城镇化过程中，应始终坚持房地产调控，杜绝大拆大建，防止以"拆房、建房、卖房"推进所谓的城镇化，预防借城镇化盲目造城、炒作房地产、造成房地产泡沫，将城镇化和房地产引入良性发展轨道。

B.2
2012年房地产政策回顾与评析

董　昕*

摘　要：

　　本文系统地梳理了2012年全国层面和地方层面出台的房地产政策，并按财政政策、金融政策、土地政策等类别加以划分。在此基础上，从政策目标、政策类型、政策效果等几方面对2012年的房地产政策进行评析。从政策目标来看，房价调控和保障性住房建设是政策的两大重点；从政策类型来看，需求管制是控制房价的主要手段，财政政策是住房保障的关键；从政策效果来看，鼓励自住性住房需求的政策效果显著，保障性住房建设目标提前完成，房地产市场的信贷环境有所好转，但土地市场成交量明显萎缩。

关键词：

　　房地产政策　政策目标　政策类型　政策效果

一　2012年房地产政策回顾①

（一）全国层面

1. 财政政策

2012年全年保障性安居工程开工总量基本确定在700万套，竣工总量确

---

* 董昕，中国社会科学院城市发展与环境研究所经济学博士、助理研究员，主要研究方向为土地与住房问题。

① 相关政策资料来源于住房与城乡建设部、国家发展与改革委员会、财政部、国土资源部、中国人民银行等部门的官方网站。

定为 400 万套。完成此项计划的关键就是资金能否到位。因此，2012 年房地产领域财政政策的重点就是解决保障性安居工程的资金问题。

首先是资金来源方面。财政部在 1 月就发布了《关于切实做好 2012 年保障性安居工程财政资金安排等相关工作的通知》，提出 2012 年中央财政安排保障性安居工程补助资金将大于 2011 年；省级财政也要加大对本地区财政困难市、县支持力度，省级安排的补助资金要比 2011 年有所增加；市县财政部门要切实加大公共预算安排用于保障性安居工程资金规模，确保土地出让收益和住房公积金增值收益按规定用于保障性安居工程建设。6 月，住建部等七部委联合发布《关于鼓励民间资本参与保障性安居工程建设有关问题的通知》，鼓励和引导民间资本通过直接投资、间接投资、参股、委托代建等多种方式参与廉租住房、公共租赁住房、经济适用住房、限价商品住房和棚户区改造住房等保障性安居工程建设。

其次是资金使用与管理方面。1 月，财政部《关于切实做好 2012 年保障性安居工程财政资金安排等相关工作的通知》中提出，要"加强资金监督管理，确保资金专款专用"。6 月，财政部在《中央补助廉租住房保障专项资金管理办法》中明确了中央补助廉租住房保障专项资金的用途，即在优先满足发放廉租住房租赁补贴的前提下，可用于购买、改建或租赁廉租住房支出。为规范城市棚改补助资金管理，提高资金使用效益，8 月，财政部会同住建部印发了《中央补助城市棚户区改造专项资金管理办法》，提出各地区应当按照"专项管理、分账核算、专款专用、跟踪问效"的原则，加强城市棚改补助资金管理，确保资金安全、规范、有效使用。

财政政策对保障性住房建设的支持还体现在税费减免方面。1 月，《关于切实做好 2012 年保障性安居工程财政资金安排等相关工作的通知》中提出，要"落实税费优惠政策，努力降低保障性安居工程成本"，具体来说，一是保障性安居工程建设、运营、管理涉及的各项行政事业性收费和政府性基金免缴政策；二是保障性安居工程建设用地，实行行政划拨方式供应，除依法支付土地补偿费、拆迁补偿费外，免缴土地出让收入；三是涉及的营业税、房产税、城镇土地使用税、土地增值税、印花税、契税等税收减免优惠政策。

2. 金融政策

在 2 月初召开的 2012 年中国人民银行（以下简称"央行"）金融市场工作座谈会上，央行部署了 2012 年金融市场和信贷政策工作重点及落实措施，明确提出要"继续落实差别化住房信贷政策，完善融资机制，改进金融服务，加大对保障性安居工程和普通商品住房建设的支持力度，满足首次购房家庭的贷款需求"。

央行在 2 月、5 月先后两次下调存款类金融机构人民币存款准备金率 0.5 个百分点。两次下调后，中国大型金融机构的存款准备金率降至 20%，中小型金融机构的存款准备金率则降至 16.5%。这是在 2011 年 6 月存款准备金率升至历史高位（大型金融机构 21.5%、中小型金融机构 18%）后，央行第二次和第三次下调存款准备金率[①]，其目的在于增加货币供给以利于经济增长。截至 2012 年 5 月底，广义货币（M2）余额约为 90 万亿元，比 2011 年底增加了 5.7%。

6 月和 7 月，央行又两次下调金融机构人民币存贷款基准利率并调整利率浮动区间。6 月，央行将金融机构一年期存、贷款基准利率分别下调 0.25 个百分点，其他各档次存贷款基准利率及个人住房公积金存贷款利率相应调整；同时，将金融机构存款利率浮动区间的上限调整为基准利率的 1.1 倍，下限调整为基准利率的 0.8 倍。这是自 2010 年起央行连续 5 次加息后的首次减息，金融机构一年期贷款基准利率降为 6.31%；也是央行首次双向扩大存贷款利率浮动区间，标志着利率市场化的改革加速。随后，央行又发特急文件（银发〔2012〕142 号文）明确在允许金融机构对企业贷款利率浮动区间下限放宽至基准利率 0.8 倍的同时，对个人住房贷款利率浮动区间的下限仍为基准利率的 0.7 倍。7 月，央行再次下调金融机构人民币存贷款基准利率，金融机构一年期存款基准利率下调 0.25 个百分点，一年期贷款基准利率下调 0.31 个百分点，其他各档次存贷款基准利率及个人住房公积金存贷款利率相应调整；同时，将金融机构贷款利率浮动区间的下限调整为基准利率的 0.7 倍，个人住房贷款利率浮动区间不作调整；并强调金融机构要继续严格执行差别化的各项住

---

① 央行还曾在 2011 年 12 月下调过一次存款准备金率。

房信贷政策，继续抑制投机投资性购房。

3. 土地政策

国土资源部在 2 月《关于做好 2012 年房地产用地管理和调控重点工作的通知》中，提出要科学合理地编制 2012 年住房用地供应计划：计划总量原则上应不低于过去 5 年年均实际供应量，其中保障性住房、棚户区改造住房和中小套型普通商品住房用地不低于总量的 70%；合理增加普通商品住房用地，严格控制高档住宅用地，不得以任何形式安排别墅类用地。

为避免开发商囤地，促进已出让用地尽早开发，以增加市场供给量，6 月，国土资源部发布了《闲置土地处置办法》。《办法》自 2012 年 7 月 1 日起施行，具体规定了闲置土地的定义，指国有建设用地使用权人超过国有建设用地使用权有偿使用合同或者划拨决定书约定、规定的动工开发日期满 1 年未动工开发的国有建设用地；或已动工开发但开发建设用地面积占应动工开发建设用地总面积不足 1/3 或者已投资额占总投资额不足 25%，中止开发建设满 1 年的国有建设用地。除属于政府、政府有关部门的行为造成动工开发延迟的情形外，未动工开发满 1 年的，按照土地出让或者划拨价款的 20% 征缴土地闲置费；未动工开发满 2 年的，无偿收回国有建设用地使用权。

由于 5 月份以来，部分城市商品房销售量明显回升，新建住宅价格出现环比上涨，土地市场也随之出现了一些波动，部分城市再现高价地。7 月，国土资源部、住建部发布《关于进一步严格房地产用地管理巩固房地产市场调控成果的紧急通知》，强调要坚持调控不放松，不断巩固调控成果，坚决防止房价反弹；具体措施包括：加大住房用地供应力度，应保尽保保障性安居工程用地，进一步加大普通商品住房用地的供应力度；把握好土地出让节奏、时序和价格，防止出现商服和住宅高价地；严格执行《闲置土地处置办法》等现有政策。

9 月，国土资源部《关于严格执行土地使用标准　大力促进节约集约用地的通知》要求严格执行国家发布的《限制用地项目目录》和《禁止用地项目目录》《工业项目建设用地控制指标》，公路、铁路、民用航空运输机场、电力、煤炭、石油和天然气工程项目建设用地等控制指标，房地产用地宗地规模、容积率控制等各类土地使用标准，以便控制建设用地规模，促进土地节约集约利用。

为加强土地储备机构、业务和资金管理，规范土地储备融资行为，11 月国土资源部、财政部、中国人民银行、中国银监会联合发布《关于加强土地储备与融资管理的通知》，《通知》对土地储备机构管理、储备土地前期开发管理、土地收储及管护、土地储备融资、土地储备资金管理等方面都提出了规范措施，并提出要合理确定储备土地规模结构，严格控制土地储备总规模和融资规模。

4. 其他政策

2012 年的其他相关政策围绕着住房保障和房价调控两个重点展开。

关于住房保障。国家发改委在 2 月发出了《关于发展改革系统要继续加大工作力度切实做好 2012 年保障性安居工程建设工作的通知》。住建部在 3 月发布了《关于做好 2012 年城镇保障性安居工程工作的通知》；5 月发布了《公共租赁住房管理办法》及《关于做好 2012 年住房保障信息公开工作的通知》；11 月发布了《住房保障档案管理办法》。国务院在 7 月印发了《国家基本公共服务体系"十二五"规划》，明确提出"十二五"时期基本住房保障服务的国家基本标准，要"增加廉租住房不低于 400 万套，新增发放租赁补贴不低于 150 万户，增加公共租赁住房不低于 1000 万套，改造棚户区居民住房不低于 1000 万户，改造农村危房 800 万户以上，基本完成 24.6 万户游牧民的定居任务"。

关于房价调控。针对 2012 年上半年房地产市场出现的销量增加、价格上涨的态势，为巩固房地产市场调控成果，国务院决定从 7 月下旬开始，派出 8 个督察组对 16 个省份贯彻落实国务院房地产市场调控政策措施情况开展专项督察。9 月，国家发改委发出《关于立即开展商品房销售明码标价专项检查工作的通知》，以商品住房为重点，对所有在售楼盘进行专项检查。

（二）地方层面

2012 年，数十个城市先后对房地产政策进行了微调。房地产政策的调整方式包括放宽公积金政策、调整普通住房价格标准、减税或补贴、放松户籍等。大多数地方政府的微调政策得到了中央政府的认可，也有部分地方政府的微调政策被中央政府叫停。

获准的微调政策是旨在鼓励自住性住房需求的政策措施，主要方式是放宽住房公积金政策和调整普通住房价格标准。放宽公积金政策的具体做法有提高公积金贷款额度、上调公积金缴存基数、容许公积金二次放贷、降低公积金首付比例等。调整公积金政策是此轮微调政策中使用最多的调整方式，大多数对房地产政策进行微调的城市采取了这种方式，具体包括济南、武汉、南昌、郑州、沈阳、乌鲁木齐、南宁、西安、厦门、大连、连云港、信阳、日照、蚌埠、常州、漳州、滨州、江门、临沂、莆田、芜湖等。调整普通住房价格标准是指通过上调政府住房指导价格，扩大普通住宅的范围，以便更多的住房住户可以享受到普通住房契税、营业税减征等优惠政策。厦门、天津、上海、北京等城市都对普通住房价格标准进行了调整。

被叫停的微调政策则主要是涉及放松限购、限价政策的政策措施。如2012 年 2 月，上海市房管局官方曾确认，外地户籍家庭持长期居住证满三年，可享受上海本地户籍居民的同等购房资质，即可以在沪购买第二套房。但随后被叫停，上海市政府下发《关于进一步严格执行房地产市场调控政策完善本市住房保障体系的通知》（沪府办发〔2012〕7 号），重申要严格执行住房限购政策，明确本市户籍居民家庭是指"具有本市常住户口的居民家庭，以及有本市单位职工集体户口的居民家庭"。又如 7 月份，珠海市住房和城乡规划建设局会议曾决定，缩小限购范围，限购范围从香洲主城区，缩小至东起梅花路与情侣路交界处，北到中珠交界线，西到前山河，南到海岸线；限价不再作为调控的主要手段。但被紧急叫停，珠海楼市的双限政策维持原状不变。

二 2012 年房地产政策评析

对 2012 年房地产政策的评析将从政策目标、政策类型、政策效果等几方面进行。

（一）政策目标方面

1. 房价调控和保障性住房建设是政策的两大重点

与办公、商业等其他类型的物业相比，住房在整个房地产市场中占有主体地位，住房政策也是房地产政策的主要组成部分。市场交易与政府保障是住房资源配置的两大途径。具有住房支付能力的消费者通过市场获取住房，住房支付能力不足的消费者则需要政府提供实物或货币形式的住房保障。住房政策也可以就此分为市场调控和住房保障两大方面。

市场调控方面的政策目标主要是促进房价的合理回归。中央经济工作会议就提出，2012 年要坚持房地产调控政策不动摇，促进房价合理回归。2012 年中央政府和地方政府的多项政策指向鼓励自住性住房需求、抑制房地产投机投资需求，其最终目的也是控制房价。

住房保障方面的政策目标则主要是解决中低收入家庭的住房问题。国务院2011 年 9 月《关于保障性安居工程建设和管理的指导意见》提出，保障性安居工程建设的总体要求是到"十二五"期末，全国保障性住房覆盖面达到20% 左右，力争使城镇中等偏下和低收入家庭住房困难问题得到基本解决。

因而，房价调控和保障性住房建设也就成为 2012 年房地产政策的两大重点。

2. 房地产调控服务于宏观经济增长的需要

多年来，中国的房地产政策一直服务于宏观经济增长的需要，房地产调控的目标也服从于宏观调控的总体目标，2012 年也是如此。

2012 年，世界经济复苏依然艰难曲折，中国宏观经济在外需持续萎靡、内需有效需求不足的情况下，面临着较大的下行压力。2012 年的全国规模以上工业[1]增加值同比增长 10.0%，相比 2010 年的 15.7%、2011 年的 13.9%，增速持续回落，尤其是在 2012 年的 3、4 月间全国规模以上工业增加值的增幅明显下降（如图 1 所示）[2]。中国经济运行进入了新的调整期，"稳增长、调结构、促转型"成为国内宏观调控的目标所在。

在经济下行压力加大、"稳增长"成为宏观经济政策首要目标之时，央行在 2012 年先后两次下调存款类金融机构人民币存款准备金率，而后又两次下调金融机构人民币存贷款基准利率，房地产企业资金链的紧张状况也随之得到

---

① 从 2011 年起，规模以上工业企业起点标准由原来的年主营业务收入 500 万元提高到年主营业务收入 2000 万元。

② 数据来源：国家统计局。

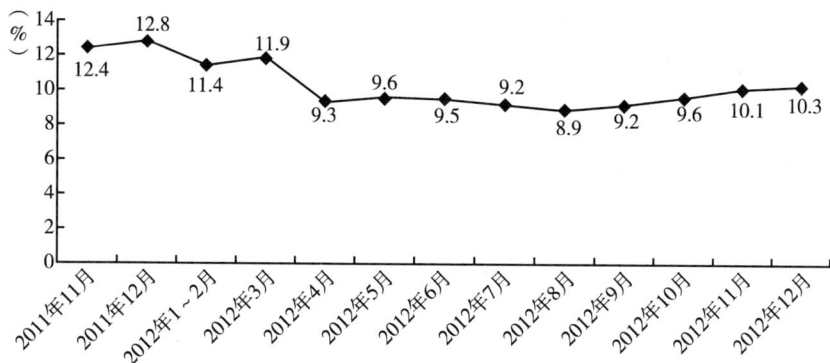

图 1　规模以上工业增加值同比增长速度

一定程度的缓解。中央政府和地方政府也出台了一系列鼓励自住性住房需求的政策，以利于扩大内需、稳定增长。这再一次证明，房地产调控是服从于宏观调控目标的，是服务于宏观经济增长需要的。

（二）政策类型方面

1. 需求管制是控制房价的主要手段

在公共管理领域，政策工具可以被划分为三类，即管制类、激励类、信息传递类。管制类政策工具的目的是要让行为者的行为规范化，具有强制性的特征；激励类政策工具是通过补贴等激励来对人们的行为施加影响，不具有强制性；信息传递类政策工具则是通过信息传递这一"软工具"来影响目标群体的行为，通常要与"硬"政策结合起来才有效①。

此轮房地产调控政策的核心就是"限购""限价""限贷"。实质上，"限购"是通过限定市场准入条件对房地产市场的需求方进行管制；"限价"是对房地产市场进行的价格管制；"限贷"既包括对市场供给方房地产开发企业的贷款限制，也包括对市场需求方购房者的贷款限制，是涉及供求双方的管制类政策工具。与 2011 年全国 657 个城市宣布年度房价控制目标形成反差的是，2012 年对外公布了年度房价控制目标的城市寥寥无几②，"限价"

① 顾建光、吴明华：《公共政策工具论视角述论》，《科学学研究》2007 年第 1 期。
② 宋尧：《消失的房价控制目标》，《经济观察报》2012 年 7 月 9 日。

已经不再是房价调控的主要手段。随着货币政策多次降低准存率、降低利率，以及公积金政策的放松，"限贷"政策在一定程度上有所松动。只有"限购"政策得到坚守，部分城市涉及放松限购的微调政策都被中央政府叫停。由此可见，以"限购"为核心的需求管制依然是政府控制房价的主要手段。

2. 财政政策是住房保障的关键

保障性住房是政府提供的实物形式的住房保障，而住房保障归根到底是一种政府补贴，政府补贴的资金来源于财政，因而财政政策是住房保障的关键。根据补贴对象的不同，住房保障又可以分为供给方补贴（又称"补砖头"）和需求方补贴（又称"补人头"）。政府提供保障性住房就属于"补砖头"的供给方补贴，而直接向中低收入者发放住房券、住房补贴等则属于"补人头"的需求方补贴。

中国的住房保障方式主要以"补砖头"的供给方补贴形式出现，一是通过减免政府土地出让收入对保障性住房供给进行补贴，二是直接拨付财政资金新建或收购保障性住房。2012年房地产的政策重点之一便是保障性住房建设，与此相应的是政府在资金来源方面、资金使用与管理方面、税费减免方面都出台了相应的财政政策，以支持保障性住房的建设。

（三）政策效果方面

1. 鼓励自住性住房需求的政策效果显著

2012年，商品房销售面积为11.13亿平方米，比上年同期增加1.8%；商品房销售额为6.45万亿元，比上年同期增加10.0%；商品房销售均价为5791元/平方米，比上年同期上涨8.1%。其中，商品住宅销售面积为9.85亿平方米，比上年同期增加2.0%；商品住宅销售额为5.35万亿元，比上年同期增加10.9%；商品住宅销售均价为5430元/平方米，比上年同期上涨8.7%[①]。2012年12月，70个大中城市中，与11月相比，新建商品住宅价格上涨的有54个、下降的有8个、持平的有8个；二手住宅价格上涨的有46个、下降的

---

① 数据来源：国家统计局。

有 15 个、持平的有 9 个①。在限购政策未变的情况下，市场的成交量与成交价格明显上涨，与自住性购房需求的释放有直接关系，这显示了一系列鼓励自住性住房需求的政策效果显著。

2. 保障性住房建设目标提前完成

2012 年，全国计划新开工城镇保障性安居工程 700 万套以上，基本建成 500 万套。2012 年 1～10 月，全国城镇保障性安居工程新开工 722 万套，基本建成 505 万套，完成投资 1.08 万亿元②，意味着提前两个月超额完成了全年的保障房建设计划。这和住建部、财政部、国土资源部、央行等多部委出台的多项支持保障房建设的政策措施密不可分。如财政部在年初就提出 2012 年中央财政安排保障性安居工程补助资金将大于 2011 年；国土资源部在年初也提出确保保障性安居工程住房用地；央行部署 2012 年的工作重点时强调要加大对保障性安居工程和普通商品住房建设的支持力度；住建部作为保障房建设的主管部门，更是出台了一系列关于保障房建设多个方面的政策措施。

3. 房地产市场的信贷环境有所好转

2012 年，央行两次下调存款准备金率 0.5 个百分点，又两次降低存贷款基准利率，并将金融机构贷款利率浮动区间的下限先后调整为基准利率的 0.8 倍和 0.7 倍，标志着中国"稳增长"导向下货币政策的调整。房地产企业的信贷环境也随之逐渐好转，全国房地产开发企业当年到位资金 9.65 万亿元，比上年增长 12.7%。其中，国内贷款 1.48 万亿元，增长 13.2%；利用外资 402 亿元，下降 48.8%；自筹资金 3.91 万亿元，增长 11.7%；其他资金 4.23 万亿元，增长 14.7%③。与此同时，央行还强调要"满足首次购房家庭的贷款需求"，个人住房贷款利率和住房公积金贷款利率也随基准利率的下调而下降，而且对个人住房贷款利率浮动区间的下限为基准利率的 0.7 倍，加之多个地方政府放宽公积金政策，提高公积金贷款额度，使得购房者的信贷环境也随之好转。这从房地产开发投资资金来源中个人按揭贷款额的增加也可以得到印证，2012 年全国房地产开发企业当年到位资金中个人按揭贷款额为 1.05 万亿

---

① 数据来源：国家统计局官方网站，http://www.stats.gov.cn/tjfx/jdfx/t20130118_402867118.htm。

② 数据来源：住建部官方网站，http://www.mohurd.gov.cn/zxydt/201211/t20121108_211906.htm。

③ 数据来源：国家统计局官方网站，http://www.stats.gov.cn/tjfx/jdfx/t20130118_402867172.htm。

元，占全部资金来源的 11%，比上年增长了 21.3%①。由此可见，在金融政策的调整下，房地产市场供需双方的信贷环境都有所好转。

4. 土地市场成交量明显萎缩

2012 年，土地购置面积为 3.57 万公顷，比上年同期减少 19.5%；土地成交价款为 7410 亿元，比上年同期减少 16.7%；土地成交均价却上涨了 3.5%②。土地市场成交量明显下降，与土地供应计划完成情况直接相关。2012 年 4 月，《全国住房用地供应计划公告》显示，2012 年全国住房用地计划供应 17.26 万公顷，其中，计划供应保障性安居工程用地 5.01 万公顷，占住房用地供应计划的 29.1%。上半年，全国 31 个省（区、市）和新疆建设兵团住房用地供应计划已落实 4.72 万公顷，计划落实率不足三成；其中，全国保障性安居工程用地任务完成 1.52 万公顷，计划落实率勉强超过 30%。在此情况下，8 月份国土资源部对年初确定的住房用地供应计划进行了调整，其中 20 个地区计划量减少，5 个地区计划量增加。调整后的住房用地供应计划全国合计总量为 15.93 万公顷，其中，保障性安居工程计划用地为 4.76 万公顷③。虽然，目前尚无法取得对全年的住房用地供应计划完成情况的数据，但鉴于 2010 年和 2011 年的计划完成率只有 67.9% 和 62.3%④，2012 年的供地完成情况也不容乐观。土地市场成交量的明显减少，将给后期的房地产市场价格带来更大的上涨压力。

Review and Analysis of Real Estate Policies in 2012

Dong Xin

Abstract: This paper reviewed the real estate policy in 2012 both from central government and local government, and divided the policy into categories such as

---

① 数据来源：国家统计局官方网站，http://www.stats.gov.cn/tjfx/jdfx/t20130118_402867172.htm。
② 数据来源：国家统计局。
③ 数据来源：国家统计局官方网站，http://www.mlr.gov.cn/zwgk/zytz/201208/t20120810_1130583.htm。
④ 数据来源：国家统计局官方网站公布的数据及相应计算。

fiscal policy, monetary policy, land policy and etc. On this basis, the real estate policy was analyzed from different aspects. From the policy objectives, the price control and the construction of affordable housing are the two priorities of the policy. From the types of policy, demand control is the primary means to control housing prices, and the fiscal policy is the key to the construction of affordable housing. From the effects of policy, the policies that encourage the owner-occupied housing demand and the affordable housing construction worked well, and the credit environment was getting better, but the volume of land market dropped significantly.

Key Words: Real Estate Policy; Policy Objectives; Types of Policy; Effects of Policy

土 地 篇
Land

B.3
2012 年房地产用地市场回顾及
2013 年展望

张红星*

摘　要：

　　受宏观经济及房地产市场的影响，2012 年房地产用地交易量下降，交易呈季节性波动，并存在地域性差异，地价运行较为平稳，已供土地开工建设速度加快。政策方面，调控重点在于满足合理用地需求、稳定地价、加快土地开发建设。2013 年房地产用地市场会保持稳中有增态势，交易量、地价都会有所上升，但幅度可能不会太大。

关键词：

　　房地产　土地市场　土地政策

---

* 张红星，郑州市社会科学院经济所助理研究员，中国社会科学院城市发展与环境研究所博士生，主要研究领域为城市经济、房地产市场。

一　2012 年房地产用地市场概况

2012 年，房地产用地市场交易量比上年有较大幅度下降，且呈现明显的季节性特征和地域性特征，土地成交金额也相应下降。全年地价运行较为平稳，地价年度涨幅仍处于近 10 年来的历史低位，仅略高于 2008 年。住宅用地保持低位运行，高价地远少于往年。已供土地开工建设速度加快，可望及时形成房屋供应。

（一）房地产用地市场交易量下降

2012 年房地产用地市场交易量下降。根据国家统计局数据，2012 年全年，全国房地产开发企业土地购置面积 31638 万平方米，同比下降 19.5%（见表1）。

表1　2012 年各月全国房地产开发企业土地购置面积

月份	1~2 月	3 月	4 月	5 月	6 月	7 月	8 月	9 月	10 月	11 月	12 月
土地购置面积（万平方米）	4684	3175	1798	3875	4011	1439	4642	2409	1626	3979	4029
增速环比（%）	—	-32	-43	116	4	-64	223	-48	-33	145	1

资料来源：根据国家统计局数据整理。

住房用地方面。国土资源部年初公布 2012 年全国住房用地计划供应 17.26 万公顷，与 2011 年全国住房用地计划实际落实量（13.59 万公顷）相比，增加 27.0%。计划供应保障性安居工程用地 5.01 万公顷，占住房用地供应计划的 29.1%，超过 2011 年 1000 万套保障性安居工程用地实际落实量（4.81 万公顷）。8 月，根据上半年住房用地供需和已供土地开发利用情况，对年初确定的住房用地供应计划进行了调整，其中 20 个地区计划量减少，5 个地区计划量增加。调整后的住房用地供应计划全国合计总量为 15.93 万公顷，其中，保障性安居工程计划用地为 4.76 万公顷。根据国土资源部 12 月公布的数据，截至 11 月底，住宅用地供应 9.14 万公顷，同比减少 15.3%，降幅较上半年收窄 6.4 个百分点。

已供土地开发建设速度加快，可望及时形成房屋供应。截至 11 月底，全国未竣工房地产用地 46.87 万公顷，其中在建 33.46 万公顷，与年初相比增加了 30.6%，未开工 13.41 万公顷，减少了 40.0%；全国住宅用地中在建面积 26.16 万公顷，增加了 30.4%，未开工面积 10.05 万公顷，减少了 42.4%。保障性安居工程落地任务 10 月底即提前完成，落实率超过 100%。

（二）房地产用地交易呈现季节性波动

从土地交易的时间分布看，2012 年土地市场波动较大。1~4 月，土地成交量逐月下降；5、6 月份有所回升，但 7 月份又迅速下降；8 月份交易量猛增，9、10 月复归于平淡；进入 11 月后，交易趋于活跃，成交量有所扩大（见图 1）。地价也出现上升势头。从全国房地产企业土地购置面积各月环比数据来看，最低是 7 月份，为 -64%；最高为 8 月份，达 223%（见图 2）。从同比数据来看，2012 年 4 月份之前全国房地产企业土地购置面积与 2011 年相比迅速下降，4 月末同比增速为 -19.3%；5、6、7 月份下降幅度有所减缓，但未能扭转增速下滑的趋势，7 月末达到全年最低点 -24.3%；8 月份以后以回升为主，至 11 月份同比下滑 14.8%；但 12 月份再次下滑，全年同比下降 19.5%（见图 3）。

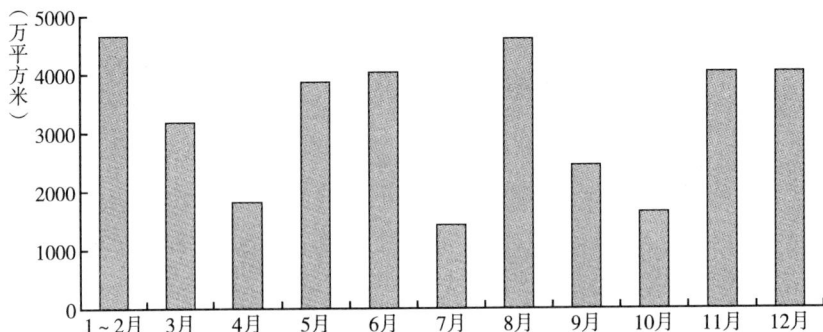

图 1 2012 年各月全国房地产开发企业土地购置面积

资料来源：根据国家统计局数据整理。

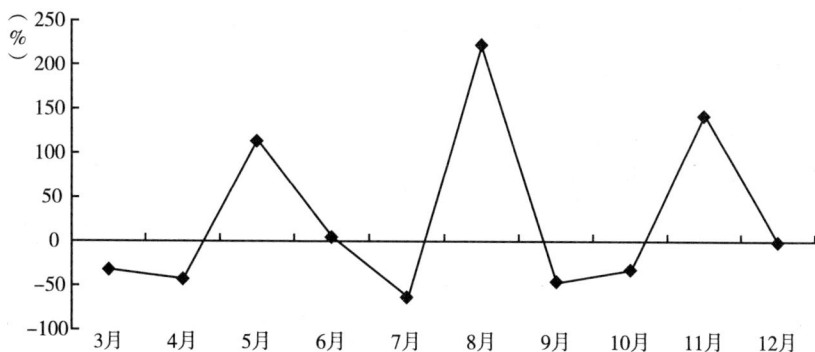

图2　2012 年各月全国房地产开发企业土地购置面积环比增速

资料来源：根据国家统计局网站数据整理。

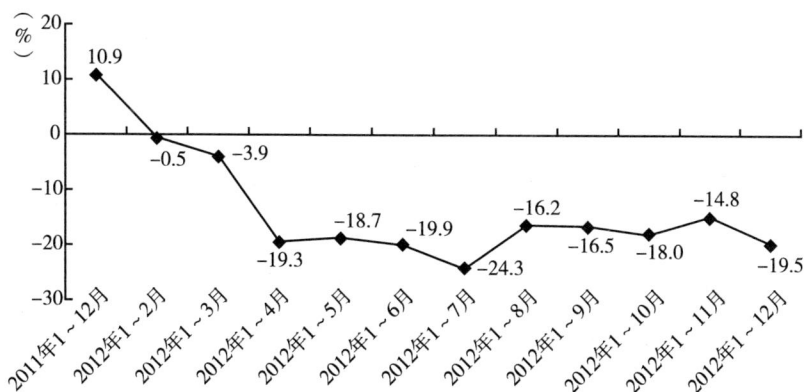

图3　2012 年全国房地产开发企业土地购置面积同比增速

资料来源：国家统计局网站《2012 年全国房地产开发和销售情况》。

（三）房地产用地交易存在地域性差异

2012 年，土地市场依然呈现区域性市场的特征，不同区域、不同城市土地市场呈现出一定差异。从区域看，中西部土地成交量较 2011 年同比下降 9%，幅度相对不大；环渤海、东北、长三角、珠三角等区域均出现大幅度下降，其中东北地区降幅将近 50%。11 月后，部分地区住宅用地市场开始回升，从四季度数据看，珠三角地区住宅用地成交 1417 万平方米，同比增长 50%，回升较快；中西部地区四季度同比增长 11%，也出现明显回升；但其他地区依然是同比下降状态。

就土地交易的城市分布而言，全国 300 个主要城市各类用地共成交近12 亿平方米，与 2011 年相比成交量下降 14.6%；其中住宅用地成交 3.8亿平方米，与 2011 年相比成交量下降 23.1%。一、二线城市成交量年内增幅较大，尤其是北京、上海等热点城市下半年以来热度提高；重点二线城市成交活跃，但三、四线城市市场明显清淡。2012 年全年住宅用地成交面积前 20 名城市中，仅有上海属于一线城市，南通、徐州、盐城和常州四市为三、四线城市，其余 15 个城市均为二线城市。居首位的重庆市成交面积超过 2000 万平方米，武汉和沈阳也都在 1000 万平方米以上（见图 4）。

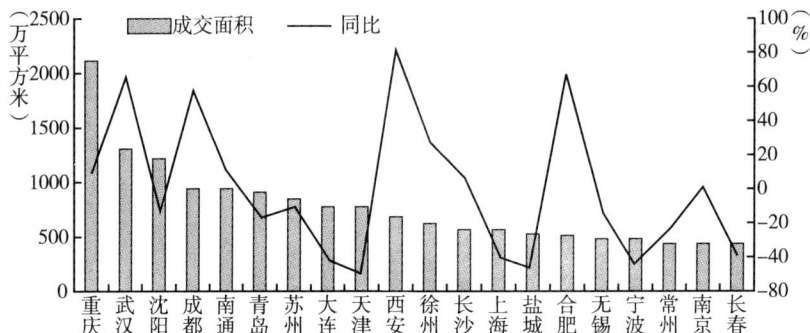

图 4　2012 年全国住宅用地成交面积前 20 城市

资料来源：中国指数研究院《2012 年土地市场热点：全国供求减少，房企布局回归一二线城市》。

（四）房地产用地成交价款下降，地价基本稳定

1. 房地产用地成交价款低于上年

2012 年全国房地产开发企业购置土地成交价款累计 7410 亿元，同比下降16.7%（见图 5）。

2. 全年地价小幅上涨

全国主要监测城市综合地价季度环比增速持续回升；季度同比增速由降转

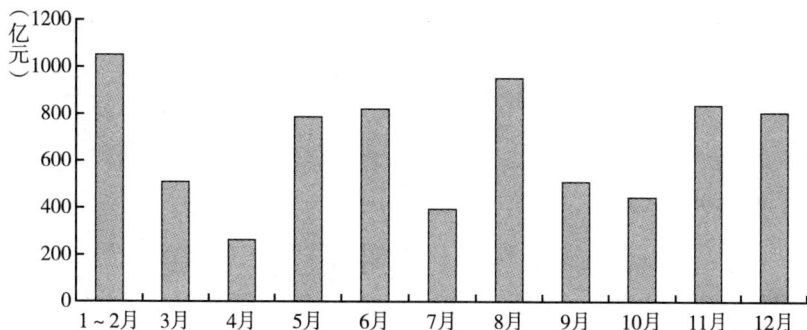

图 5　2012 年各月土地成交价款

资料来源：根据国家统计局数据整理。

升，全年增幅处于历史低位。第四季度末，全国主要监测城市综合、商服、住宅地价同比增长率分别为 2.61%、3.34%、2.26%，地价同比增速开始加快，较上一季度分别上升 0.84、0.19 和 1.23 个百分点，是继 2011 年底增速连续五个季度回调以来的首次由降转升，但地价年度涨幅仍处于近 10 年来的历史低位，仅略高于 2008 年。

表 2　2012 年全国主要监测城市分类、分季度地价

单位：元/平方米

	综合地价	商服地价	住宅地价
第一季度	3057	5705	4516
第二季度	3069	5728	4522
第三季度	3093	5793	4564
第四季度	3129	5843	4620

资料来源：根据中国土地勘测网（http://www.clspi.org.cn）数据整理。

3. 住宅地价低位运行

住宅用地基本保持平稳，高价地远少于往年，整体仍在低位运行。

表3 2012 年全国住宅用地成交总额前 10 名排行

排名	城市	宗地名称	土地面积（平方米）	成交总额（万元）	规划建筑面积（平方米）	楼面单价（元/平方米）
1	南京	下关区滨江江边路以西 2 号地块	598972	562000	724787	7754
2	上海	徐汇区滨江 XH129B－02、XH129D－01 地块	66530	450000	166325	27055
3	上海	杨浦区平凉街道 22、23 地块	71160	325940	200287	16274
4	天津	河西区卫津南路与吴家窑大街交口	79956	297000	228000	13026
5	大连	中山区 青云街	176600	290879	744000	3910
6	佛山	佛山市南海区桂城街道 A18 街区地块	89850	284000	538997	5269
7	深圳	南山区后海中心区(商业服务业设施用地＋居住用地)	44001	265300	490000	5414
8	长沙	岳麓区岳麓大道与潇湘大道交汇处西南角(滨江新城 B7 北)	199204	264045	996020	2651
9	北京	北京市海淀区万柳地区居住用地(六郎庄搬迁平衡资金用地)项目	38870	263000	77739	33831
10	北京	朝阳区来广营乡土地储备项目 A4 和 B4 地块	107036	237000	189256	12523

资料来源：根据中国土地挂牌网数据整理。

表4　2012 年全国住宅用地单价前 10 名排行

排名	城市	宗地名称	土地面积（平方米）	成交总额（万元）	规划建筑面积（平方米）	楼面单价（元/平方米）
1	北京	北京市海淀区万柳地区居住用地（六郎庄搬迁平衡资金用地）项目	38870	263000	77739	33831
2	成都	成华区锦电东苑地块	21533	69088	21533	32085
3	上海	徐汇区滨江 XH129B － 02、XH129D － 01 地块	66530	450000	166325	27055
4	北京	东城区香河园 3 号居住及商业金融用地项目	32647	191500	74371	25749
5	杭州	上城区南星单元 D－02 地块	24423	153800	68384	22491
6	上海	浦东新区浦兴社区 Y000902 编制单元 19－04 地块	17193	67100	30948	21682
7	北京	朝阳区孙河乡北甸西村二类居住用地	104788	147000	72923	20158
8	上海	闸北区 470 街坊 6 丘地块	57249	183000	91367	20029
9	杭州	三堡单元 R21－02 地块	29318	198839	102613	19378
10	杭州	三堡单元 R21－01 地块	28723	193185	100531	19217

资料来源：根据中国土地挂牌网数据整理。

二 影响 2012 年房地产用地市场的政策因素分析

2012 年, 国土资源部按照国务院统一部署, 坚持房地产用地市场管理和调控方向不改变、态度不动摇、力度不放松, 强调要执行好现有土地供应政策, 均衡供地, 稳定地价, 防违规用地、防异常交易, 处置闲置土地和打击囤地炒地, 稳定土地市场。针对各地的土地市场情况, 积极推行了多项政策措施(见表 5)。

表 5　2012 年房地产用地调控政策措施一览

政策措施	主要内容和落实概况
《关于做好 2012 年房地产用地管理和调控重点工作的通知》	严格落实党中央的各项调控政策措施, 巩固已有调控成果, 加大监管及调控力度, 促进房价向合理水平回归; 以保障性安居工程用地的落实为重点, 继续做好住房用地供应工作; 争取保持土地市场运行平稳, 避免土地价格和供应结构、总量大起大落, 合理引导市场预期; 以促进形成住房有效供应为重点, 继续做好已供住房用地的监管工作, 同时加强住房宗地供应以及开发利用的动态监测监管, 并严格督促按合同约定的条件建设及开工、竣工, 打击违法转让土地行为, 及时发现处置闲置土地
发布全国住房用地计划	全年供应住房用地 17.26 万公顷, 与 2011 年全国住房用地计划的实际落实量(13.59 万公顷)相比, 增加了 27.0%, 比前五年年均实际供应量(8.73 万公顷)增加近一倍。其中, 中小套型商品房用地和保障性安居工程用地方面, 全国计划供应 13.68 万公顷, 共占全国住房用地供应计划的 79.3%, 比 2011 年提高 0.7 个百分点
《关于进一步严格房地产用地管理巩固房地产市场调控成果的紧急通知》	坚持调控不放松, 严防房价反弹。采取的主要措施有: 加强住用地供应力度, 提升计划完成率; 把握好土地出让价格、时序和节奏, 防止出现住宅和商服高价地, 扰乱市场预期; 要求各级主管部门对普通商品住房和保障性住房建设项目设立审批快速通道, 促进已供土地及时形成有效供给

续表

政策措施	主要内容和落实概况
调整住房用地供应计划	其中 20 个地区计划量减少,5 个地区计划量增加。住房用地供应计划全国合计总量调整后为 15.93 万公顷,其中包括保障性安居工程计划用地 4.76 万公顷。住房用地计划总量调整后与历年实际计划完成相比,仍然大大超过历史最高,可以满足全年住房用地有效需求。保障性安居工程计划用地调整后,比年初预测需求量高 72.5%,可以确保保障性安居工程用地需求。棚户区、改造住房用地计划保障性住房及中小套型普通商品住房用地调整后占计划供应总量的 78.8%,符合宏观调控对计划安排结构相关要求
加大闲置土地处置力度	一是颁布了新的《闲置土地处置办法》(国土资源部令第 53 号);二是每周、每月将违约违规用地和闲置土地预警信息打包发给各省,督促各地及时处理违规违约行为;三是每季度通报各省闲置土地和未竣工项目情况;四是对重点城市和部分影响较大的房地产企业的合同履约情况进行核查清理,促进项目按时开工、竣工;五是组织房地产用地开发利用情况沟通会,与闲置土地面积较大的 18 个省 46 个城市国土部门负责同志面对面沟通情况,核实数据,提出整改要求。多措并举,有力地促进了已供土地的开发利用。截至 11 月底,全国闲置房地产用地 1.1 万公顷,其中包括闲置住宅用地 7461 公顷
单列保障性安居工程计划指标	民生建设用地优先安排,对保障性安居工程用地采取计划指标单列;确保棚户区改造住房和保障性住房建设用地、农村危房改造用地;增加中小套型的限价普通商品房及公租房用地,保障医疗卫生、文化教育及公共服务用地
加强企业行为管理	国土资源部建立了大地块和房地产大企业跟踪督察制度,在土地市场动态监测与监管系统设立"房地产大企业和大地块监管专栏",对履约建设情况跟踪督察,每月汇总更新,及时向社会公布专栏信息,接受社会监督;同时,国土资源部还对各省级国土资源主管部门提出要求,建立本地区的房地产企业诚信系统,把有违法违规违约行为的企业排进诚信风险企业名单,并禁止存在诚信风险的企业在一定期限内参加土地竞买
调查违规供地和违约房地产用地	国土资源部依托舆情监测信息和土地市场动态监测监管系统,对部分地块的出让公告、成交结果公示以及出让合同等文件进行分析,要求相关省(区、市)国土资源主管部门核查处理涉嫌违规的地块

总体来看，房地产用地市场的管理调控取得了比较好的效果：一是提前完成了保障性安居工程的落地任务。10月底以前，包括新疆生产建设兵团在内的全国30个省（区、市，不含西藏），中央下达的保障性住房所需用地都得到提前落实。二是基本稳定住以住宅用地为主的房地产用地供应总量。到11月底，房地产用地供应总量为13.34万公顷，同比减少8%；中间包括住宅用地供应9.14万公顷，同比减少15.3%。三是保持了地价基本稳定。前三季度，住宅地价基本稳定，环比增长率分别为-0.04%、0.13%、0.92%，同比增长率分别为3.7%、1.77%、1.03%。同比增幅持续放缓，环比增速虽逐季略有回升，但主要监测城市多在1%以内，涨幅不大；四是已供土地开发建设加快，正在加速转化为房屋供应。截至11月底，全国还没有完成竣工的房地产用地共有46.87万公顷，其中33.46万公顷处于建设之中，比年初增加了30.6%，13.41万公顷尚未开工，减少了40.0%；住宅用地方面，全国未开工面积10.05万公顷，降低了42.4%，在建面积26.16万公顷，增加了30.4%。

三　影响2012房地产用地交易的经济因素分析

（一）宏观经济形势及其影响分析

当前，中国仍处于城镇化、信息化、工业化和农业现代化进程中，经济有望继续保持平稳较快增长。但从另一方面来看，中国经济发展面临的国内外环境依然复杂。国际金融危机以来，世界经济正在经历一个相对放缓、自我调整的过程，我国外需受到国际金融危机的持续影响尽显疲弱。而国内经济趋稳的基础还不够稳固，储蓄率过高、消费率偏低的结构不平衡问题仍比较突出。在国际国内多重结构性、周期性因素的共同作用下，我国经济潜在增长水平可能会有一个阶段性放缓的过程。

2012年，我国宏观经济增速持续下滑，年中在"稳增长"政策作用下，宏观经济出现好转，四季度增速企稳回升。经国家统计局初步核算，全年国内生产总值519322亿元，按可比价格计算，比上年增长7.8%；分季度看，一季度同比增长8.1%，二季度增长7.6%，三季度增长7.4%，四季度增长

7. 9%。

由于外贸形势复杂严峻，2012 年进出口增速比上年回落 16.3 个百分点，仅比上年增长 6.2%。促进投资依然是"稳增长"的重要手段。在多种政策措施作用下，实现全年固定资产投资（不含农户）364835 亿元，比上年名义增长 20.6%（扣除价格因素实际增长 19.3%）。虽然增速比上年回落 3.4 个百分点，但基本保持稳定增长，没有出现大的波动。

与投资需要相适应，土地供应稳中有增。2012 年国有建设用地供应 69.04 万公顷，同比增加 17.5%，保持了自 2008 年以来的连续增长趋势；但由于需求制约，增速较 2011 年回落 19.7 个百分点。2012 年全国土地出让面积和合同成交价款分别为 32.28 万公顷和 2.69 万亿元，同比分别减少 3.3% 和 14.7%，而 2011 年二者同比增幅均在 15% 左右。由此可见，2012 年房地产用地市场呈现"前低后高"态势，交易量比上年有所下降，与宏观经济走势是一致的。

（二）金融因素影响分析

2012 年，中国人民银行继续实施稳健的货币政策，保持合理的市场流动性，引导货币信贷和社会融资规模平稳合理增长，争取实现经济增长、物价稳定和风险防范三者的平衡。12 月末，广义货币（M2）余额 97.42 万亿元，比上年末增长 13.8%，增速比上年末加快 0.2 个百分点；12 月末，人民币贷款余额 62.99 万亿元，人民币存款余额 91.74 万亿元。全年新增人民币贷款 8.20 万亿元，比上年多增 7320 亿元；新增人民币存款 10.81 万亿元，比上年多增 1.17 万亿元。全年来看，银行体系流动性较为充裕。

保持流动性宽松的同时，为了促进宏观经济稳定增长，年内央行两次下调存款类金融机构人民币存款准备金率、两次下调金融机构人民币存贷款基准利率，而且 6 月 8 日的降息为时隔三年半以来的第一次。尽管这些调整幅度并不太大，但是改变了人们对经济增长的预期，也调动了各地建设投资的积极性，促进了全社会固定资产投资的稳定、增长。宽松的金融环境下，许多房地产企业及其他企业的资金重新进入土地市场，提升了土地市场的交易热度。

另外，国土资源部、证监会和银监会继续加强联动，在新开发项目贷款的发放上，银监会对于涉嫌炒地行为和土地闲置的房地产开发企业进行限制；而在其再融资、上市或审批重大资产重组时，证监会则予以限制。从金融角度对稳定地价、防异常交易、处置闲置土地和打击圈地炒地进行的具有针对性的调控，促进了土地市场的平稳运行。

（三）房地产市场影响分析

伴随着国民经济的稳步增长，我国城镇化仍处于快速推进阶段。2012年末，城镇人口占总人口比重达到52.57%，比上年末提高1.30个百分点。国民经济的增长和城镇化水平的提高为房地产业增长提供了基础性支持。出于国民经济宏观调控及促进房价合理回归的需要，2012年，中央及相关部委继续坚持房地产调控政策从紧取向，在支持自住性需求的同时，严格执行差异化信贷政策和限购政策，抑制投资投机性需求。这样，房地产业运行于复杂的经济、政策环境之下，对土地市场产生多种影响。

1. 房地产开发投资增速下滑，弱化了对土地的需求

2012年，全国房地产开发投资71804亿元，比上年名义增长16.2%（扣除价格因素实际增长14.9%），增速比上年回落11.9个百分点；其中住宅投资增长11.4%，回落18.9个百分点（见图6）。

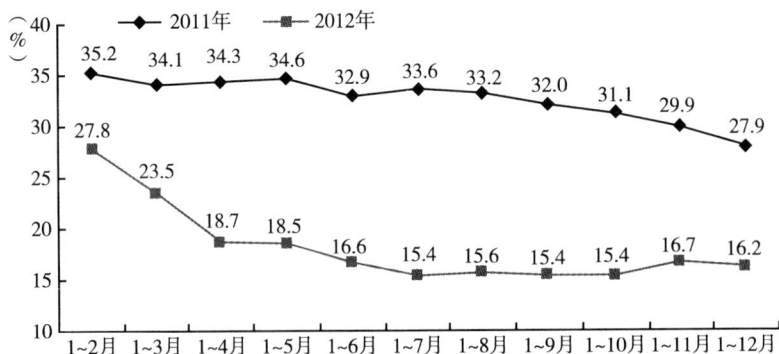

图6　全国房地产开发投资同比增速

资料来源：国家统计局网站（http://www.stats.gov.cn）。

2. 商品房销售增速回落、待售面积增加，抑制土地需求

房屋新开工面积 177334 万平方米，比上年下降 7.3%；其中住宅新开工面积下降 11.2%。全国商品房销售面积 111304 万平方米，比上年增长 1.8%，增速比上年回落 2.6 个百分点；其中住宅销售面积增长 2.0%，回落 1.4 个百分点。全国商品房销售额 64456 亿元，增长 10.0%，增速比上年回落 1.1 个百分点；其中住宅销售额增长 10.9%，加快 1.7 个百分点。全国商品房待售面积 36460 万平方米，增长 27.0%，增速比上年回落 6.1 个百分点。

3. 待开发土地面积持续扩大，抑制土地需求

从 2012 年数据来看，待开发土地面积基数较高，而且年内在持续增长；与 2011 年同期相比，1～11 月份累计多出 2880.9 万平方米。尤其在年初时，与 2011 年同期相比竟高出 42%，这也可以部分解释前半年多个地方土地流拍的现象（见表 6）。

表6　2012 年、2011 年待开发土地面积对比

	自年初累计（万平方米）		2012 比上年同期增减	
	2012 年	2011 年	绝对数（万平方米）	百分比（%）
1～2 月	27045.87	19046.94	7998.9	42.0
1～3 月	30228.91	22674.44	7554.5	33.3
1～4 月	31235.87	24634.45	6601.4	26.8
1～5 月	31789.72	27118.07	4671.7	17.2
1～6 月	33015.41	29631.62	3383.8	11.4
1～7 月	34511.06	30622.30	3888.8	12.7
1～8 月	35846.33	31768.79	4077.5	12.8
1～9 月	36721.23	32865.82	3855.4	11.7
1～10 月	37256.77	33504.97	3751.8	11.2
1～11 月	38067.53	35186.63	2880.9	8.2

资料来源：国家统计局资料。

4. 房地产开发由三、四线城市向一、二线城市回归，导致土地交易呈现地域性差异

2010 年房地产限购调控开始之后，许多房地产开发企业纷纷转向三、四线城市；但由于三、四线城市潜在需求有限，房地产库存在短期内即日益饱和，面临供应过剩风险。再加上 2012 年后期一、二线城市房地产市场出现量

价齐升的形势，开发企业又将注意力转向一、二线城市，使得一、二线城市土地交易量年内增幅明显，三、四线城市则降幅有所扩大。只是北京、广州等一线城市土地供应量不足，才导致出现多数二线城市土地成交放量的现象。

四　2013年房地产用地市场展望

（一）2013年房地产用地市场宏观经济背景

根据2012年底召开的中央经济工作会议，经济工作总基调仍是"稳中求进"。2013年，要以提高经济增长质量和效益为中心，加强和改善宏观调控，积极扩大内需，加大经济结构战略性调整力度，增强经济发展的内生活力和动力。虽然可能由于换届效应，各地投资热度增大，但鉴于当前的国际、国内经济环境以及转变经济发展方式的要求，我国宏观经济继续保持7.5%左右较低增长率的可能性较大。货币政策稳健取向不变，新增货币供应量和贷款相比2012年将有所增长，新增房地产贷款继续上升，对房地产业的利好仍将持续。城镇化、经济体制改革等中长期政策的继续推进，将为国民经济和房地产业发展提供持续动力。

（二）2013年房地产用地市场政策背景

按照中央经济工作会议要求，2013年将继续坚持房地产市场调控政策不动摇，调控政策仍保持从紧，限购政策短期没有退出的可能，保障房建设和土地供应仍是中央增加供给、缓解房价上涨预期的重要手段。另外，如果房价继续上涨，仍有出台更严厉措施的可能性。

土地政策方面。国土资源部表示，将从几个方面加强调控，促进土地市场平稳发展。一是要求各地加大土地供应力度，稳定住宅用地供应，促进形成良好市场预期，促使房价稳中有降。二是要求各地保持地价信号平稳，减少对市场的误导和干扰。进一步严格市场准入条件，构建良性竞争的市场环境，避免过度竞争、恶性竞争形成高价地。三是通过建立房地产大企业和大地块跟踪督察制度，重点清查土地出让合同履约情况，继续加大闲置土地处置力度等措施，促进已供土地开发建设，形成土地的有效供应，缓解供需矛盾。

（三）2013 年房地产用地市场可能趋势

（1）各地城镇化建设为房地产市场带来新的发展契机，2013 年房地产用地供应总量将会稳中有增。但鉴于当前宏观经济形势、政策背景，以及 2012 年待开发土地存量较大，已供土地开发建设速度加快，未来房屋供应量有望持续增加，房地产用地交易量可能不会大幅上升。

（2）由于一线城市土地供应不足，以及各地优质地块供应紧张，再加上较为宽松的货币环境，预计 2013 年地价会继续攀升。但房地产用地市场的地域差别仍将存在：一线城市及部分重点二线城市供应短缺，地价上涨压力较大；大部分二、三线城市供应充足，地价上涨幅度不会太大；广大三、四线城市供应充足但潜在需求相对较弱，地价将保持平稳，个别城市甚至会存在下行风险。

（3）根据往年经验，房地产用地交易在时间节奏上往往呈现"前低后高"的分布特征。2012 年底土地市场的快速反弹更增加了该趋势延续的可能性，预计 2013 年一季度将进入淡季，后半年重新开始回暖。

The Market of Real Estate Land in 2012 and
Its Prospect in 2013

Zhang Hongxing

Abstract：Under the influence of the national economy and the real estate market in 2012，the trade volume of the real estate land market declines with seasonal variation and regional difference，and the land price remains stable. Meanwhile，construction in process increases rapidly. The land policies in 2012 focus on providing enough land for reasonable demand，keeping land price stable，and promoting the construction in process. In 2013，the trade volume and the price of the real estate land will increase.

Key Words：Real Estate；Land Market；Land Policy

B.4

2012年全国城市地价动态监测报告

中国土地勘测规划院全国城市地价动态监测组

摘 要：

2012年，全国主要监测城市地价水平整体微升，地价同比增长率继续走低，地价增速明显回落。全国平均地价占房价比例略有下降，各重点监测城市住宅用地地价房价比存在较大差异。房地产开发投资涨幅持续回落，全国105个主要监测城市住宅用地供应量显著下降，保障性住房供给增加。在宏观经济形势以及坚持房地产市场调控方向不动摇的总基调下，地价增速下行格局基本形成。2013年，持续、稳定的房地产市场调控政策与财税制度改革预期及宏观经济走势将是影响地价变化的重要因素。

关键词：

城市地价 地价房价比 动态监测

一 全国主要监测城市地价状况分析

（一）地价水平值分析

1. 地价水平整体微升，重点城市地价水平高于主要城市

2012年，全国主要监测城市各用途地价水平整体微升，综合地价水平值为3129元/平方米，比上年提高了80元/平方米。其中，商服用地地价最高，为5843元/平方米；其次为住宅用地，为4620元/平方米；工业用地地价最低，为670元/平方米。

全国重点监测城市综合地价水平值为4348元/平方米，各用途地价均高于全国平均水平。其中，商服用地地价平均为7466元/平方米，住宅用地地价平均为 6349 元/平方米，工业用地地价平均为 838 元/平方米（见图1）。

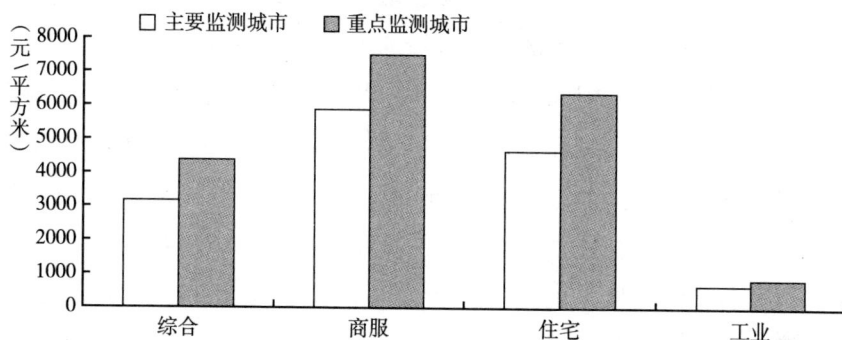

图1　2012 年全国主要监测城市和重点监测城市地价水平值

2. 重点城市中，除工业用地以外，其他各用途地价水平均呈东高、西次、中低的格局

重点监测城市中，东部地区地价水平远高于中、西部地区，除工业用地以外，其他各用途地价水平均呈东高、西次、中低的格局。东部地区各用途地价水平值最高，综合地价平均达 6364 元/平方米；中、西部地区各用途地价水平值均低于全国重点城市平均地价水平值，且远低于东部地区平均水平（见图2）。

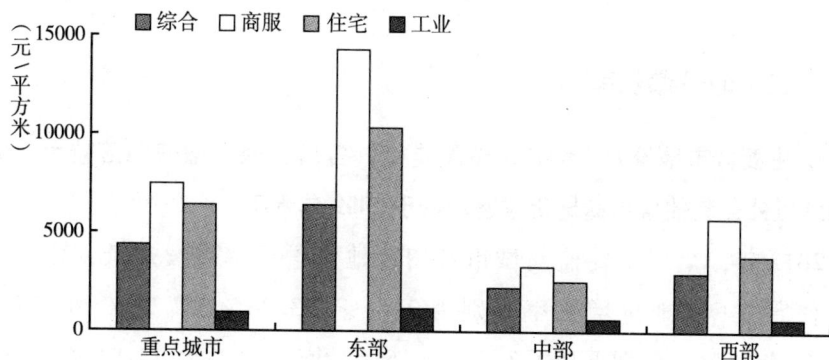

图2　2012 年东、中、西部地区重点城市地价水平值

3. 长江三角洲、珠江三角洲、环渤海地区地价水平值均高于全国主要城市水平，其中珠江三角洲的商服地价水平仍最为突出

全国主要监测城市中，三大重点区域各用途地价水平值均高于全国平均水平。其中，长江三角洲的综合地价水平、住宅和工业地价水平均为三大重点区域内最高，分别为4661、7505和858元/平方米；珠江三角洲次之，分别为4314、7336和831元/平方米；环渤海地区最低，分别为3395、6135和682元/平方米。自2008年以来，珠江三角洲的商服地价在三大重点区域中一直处于最高水平，2012年达到15144元/平方米，而长江三角洲和环渤海地区的商服地价水平值分别为8383和6135元/平方米（见图3）。

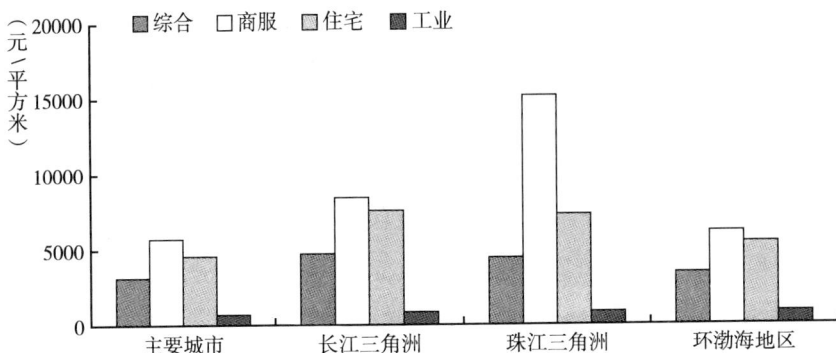

图3 2012年三大重点区域地价水平值

（二）地价增长率分析

1. 主要城市地价同比增长率继续走低，各用途地价增速回落较大，除工业用地以外，其他各用途地价增速均低于2009年水平

2012年，全国主要监测城市各用途地价增长率持续走低，综合、商服、住宅、工业地价增长率分别为2.61%、3.34%、2.26%和2.70%，与2011年相比，分别下降了3.33个、5.68个、4.32个和1.18个百分点，增速回落较大。除工业用地以外，其他各用途地价增速均低于2009年水平（见图4）。

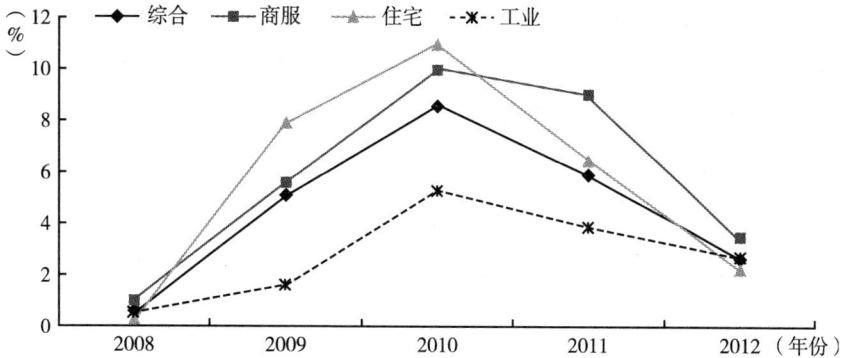

图 4　2008～2012 年全国主要监测城市各用途地价同比增长率

2. 主要城市地价维持平稳增长态势，综合地价与住宅地价各季度环比增速微幅上扬，商服地价第二季度和第四季度环比增速放缓

2012 年，全国主要监测城市综合地价各季度环比增长率分别为 0.26%、0.39%、0.78% 和 1.12%，住宅地价各季度环比增长率分别为 -0.04%、0.13%、0.92% 和 1.21%，综合地价和住宅地价的各季度环比增速微幅上扬；商服地价各季度环比增长率分别为 0.91%、0.4%、1.13% 和 0.84%，第二季度和第四季度环比增速放缓；工业用地各季度环比增长率分别为 0.31%、0.69%、0.47% 和 1.14%。2012 年，各用途地价保持平稳的增长态势（见图5）。

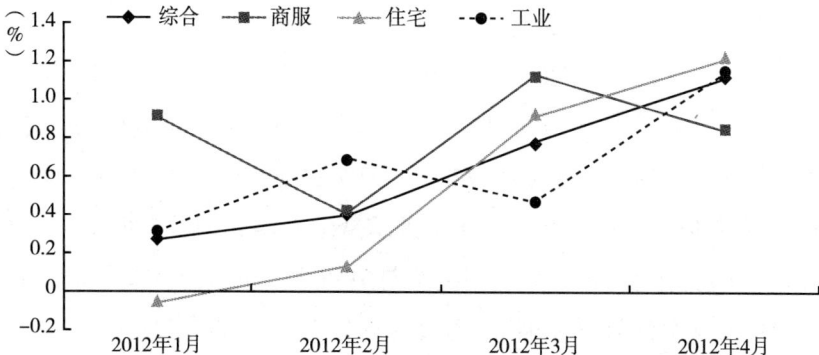

图 5　2012 年全国主要监测城市各用途地价季度环比增长率

3. 全国重点城市综合地价各季度环比增速微幅上扬，与主要城市变化规律一致；综合地价同比增速持续下跌，第四季度略有提升

2011 年第一季度至 2012 年第三季度，全国重点监测城市综合地价同比增速持续下跌，2012 年第四季度略有提升，2012 年重点城市综合地价各季度同比增长率分别为 3.78%、2.87%、2.46% 和 3.49%；2012 年全国重点城市综合地价各季度环比增速微幅上扬，与主要城市变化规律一致，环比增长率分别为 0.37%、0.61%、1% 和 1.43%（见图 6）。

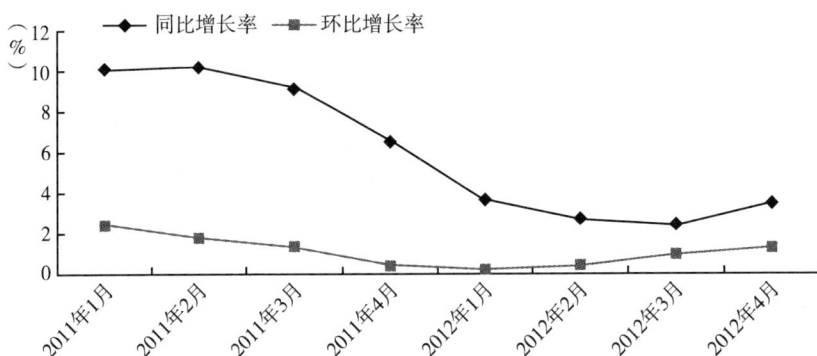

图 6　2011~2012 年重点监测城市综合地价同比、环比增长率

4. 东、中、西部地区各用途地价增幅有较大回落，西部地区商服地价增长率最高，综合地价增长率三年来首次低于中部地区

重点监测城市中，西部地区商服地价增长率最高，为 5.73%，中部地区次之，为 4.6%，东部地区最低，为 2.74%；住宅地价增长率从高到低依次为中部、东部、西部，分别为 4.19%、3.11%、1.5%；工业地价增长率呈东高、中次、西低布局，分别为 4.87%、2.67% 和 1.81%（见图 7）。

自 2010 年以来，2012 年西部地区的综合地价增长率首次低于中部地区，而东部地区的综合地价增长率也回落至与中部地区相当，2012 年东、中、西部综合地价增长率分别为 3.84%、3.85% 和 2.24%（见图 8）。

从增长幅度来看，2012 年各地区各用途地价增长幅度有较大回落，尤其是东部和西部地区。东部地区的商服地价增长率较 2011 年下降了 9.76 个百分点，西部地区的商服和住宅地价增长较 2011 年分别下降了 6.22 个和 6.39 个百分点（见表 1）。

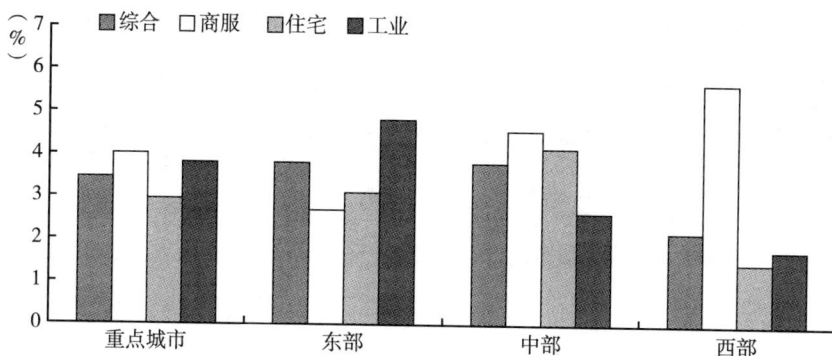

图 7　2012 年东、中、西部地区重点城市各用途地价同比增长率

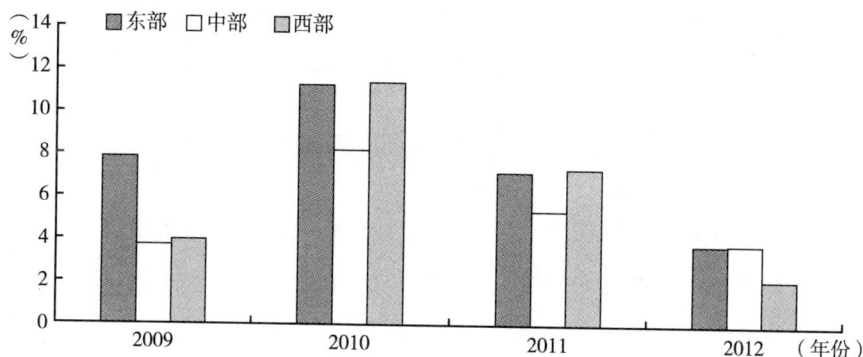

图 8　2009～2012 年东、中、西部地区重点城市综合地价同比增长率

表 1　2012 年东、中、西部地区重点城市各用途地价同比增长率变化幅度

单位：%

	综合	商服	住宅	工业
东部	－3.34	－9.76	－3.92	－0.74
中部	－1.46	－1.15	－2.00	－0.82
西部	－5.26	－6.22	－6.39	－2.69

5. 长江三角洲地区城市住宅地价增速接近 0，除珠江三角洲工业地价增长率略微提升外，其他地区各用途地价增长率均有不同程度回落

三大重点区域综合地价增长率从高到低依次是珠江三角洲、环渤海地区和长江三角洲，其值分别为 3.44%、1.97% 和 1.73%；环渤海地区商服地价增

长率最高，为2.24%，其次是珠江三角洲，为2.17%，长江三角洲最低，为1.67%。长江三角洲、珠江三角洲和环渤海地区住宅地价增长率分别为0.08%、2.28%和1.99%，工业地价增长率分别为3.34%、4.53%和1.87%（见图9）。

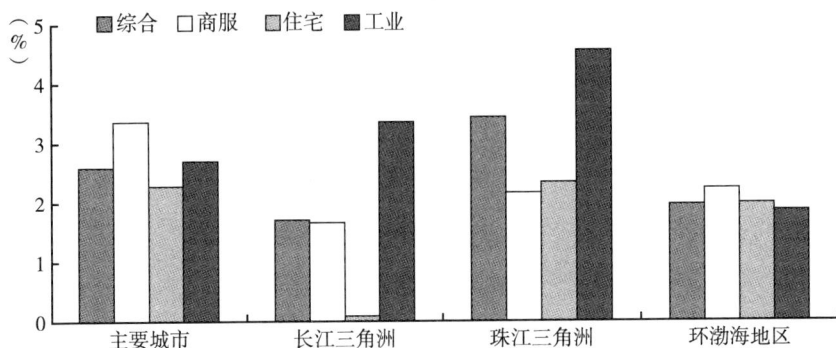

图9　2012年三大重点区域各用途地价同比增长率

从增长幅度来看，除珠江三角洲地区工业地价增长率略微提升0.15个百分点外，其他地区各用途地价增长率均有不同程度回落，其中珠江三角洲商服地价增长率的下降幅度最大，为18.57个百分点（见表2）。

表2　2012年三大重点区域各用途地价同比增长率变化幅度

单位：%

	综合	商服	住宅	工业
长江三角洲地区	-2.75	-6.73	-2.19	-1.23
珠江三角洲地区	-5.47	-18.57	-9.55	0.15
环渤海地区	-2.65	-4.56	-2.89	-1.78

6. 全国主要城市住宅地价同比下跌的城市个数增加，温州市住宅地价继续大幅下跌

2012年，全国主要监测城市中住宅地价同比下跌的城市增加至27个，比2011年增加了19个，其中温州市下降幅度最大，为11.82%；住宅地价持平的城市有4个，分别为哈尔滨市、拉萨市、淮南市和大同市；住宅地价增长率

在 [0，3%）的城市个数最多，为 42 个；其次是增长率处于 [-3%，0）和 [3%，6%）的城市，个数分别为 22 个和 21 个；增长率在 [6%，9%）的城市个数为 10 个；增长率超过 12% 的城市个数有 2 个，分别是呼和浩特市和荆州市，其增长率分别为 12.93% 和 12.97%（见图 10）。

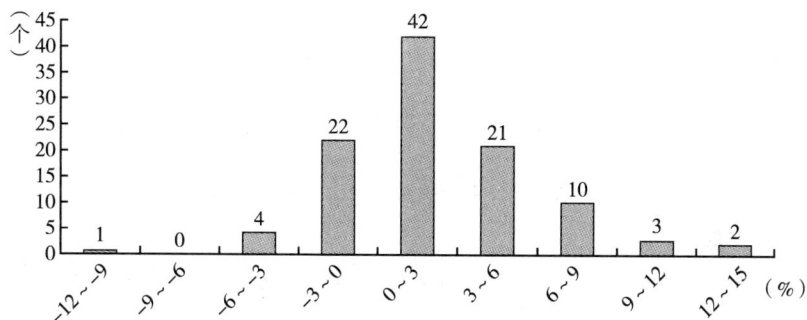

图10　2012 年全国主要城市住宅地价同比增长率频数分布直方图
（每组含最小值，不含最大值）

（三）地价指数分析

1. 全国重点监测城市定基地价指数持续攀升，增速放缓；综合地价指数首次增长翻倍

以 2000 年为基期，2012 年重点城市综合地价指数为 200，12 年间整翻了一番，相应的商服、住宅、工业地价指数各有高低，分别为 210、231 和 163；2000 年以来，住宅用地地价指数增速一直快于商服用地，且这一趋势从 2006 年开始明显，工业用地地价指数增速最慢（见图 11）。

2. 三大重点区域地价指数基本呈连续增长趋势，环渤海区域地价指数最高

2012 年，环渤海地区综合地价指数达到了 224，其商服、住宅、工业地价指数分别为 214、253、200；其次是长江三角洲，综合地价指数达到了 200，其商服、住宅、工业地价指数分别为 249、235、141；珠江三角洲综合地价指数最低，为 192，其商服、住宅、工业地价指数分别为 211、211、176。长江三角洲综合地价指数与全国重点城市平均水平相当，环渤海地区综合地价指数

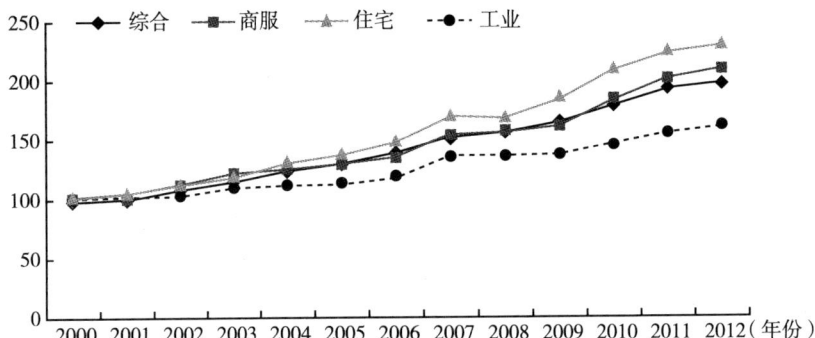

图11　2000 年以来全国重点城市各用途地价指数

高于重点城市平均水平，而珠江三角洲地价指数低于重点城市平均水平（见图 12）。

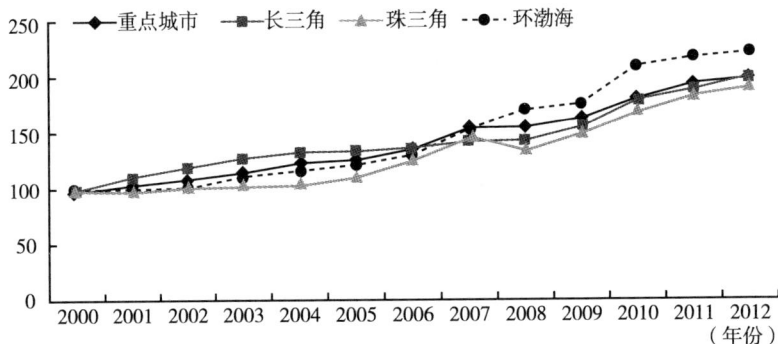

图12　2000 年以来三大重点区域综合地价指数

3. 重点城市住宅地价指数下降的城市个数增多，宁波市住宅地价指数增幅最大

2012 年，35 个重点监测城市中，住宅用地地价指数超过 200 的有 28 个，其中宁波市住宅用地地价指数最高，为 636，较基期增加了 5.36 倍；住宅用地地价指数较上一年下降的城市个数由 2011 年的 1 个增至 2012 年的 4 个，分别为乌鲁木齐、杭州、南京、成都；住宅用地地价指数较上一年持平的城市有 5 个，分别为哈尔滨、青岛、沈阳、南宁和贵阳（见图 13）。

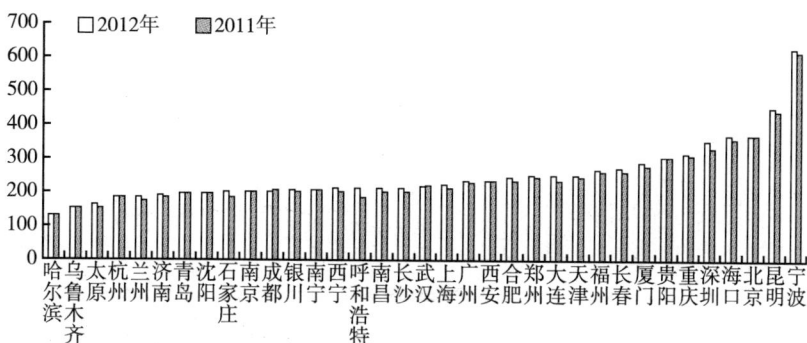

图 13 2011～2012 年重点城市住宅用地地价指数

二　地价与房地产市场关系分析

（一）地价占房价比例略有下降，各重点城市住宅地价房价比存在较大差异

取 2012 年 35 个重点监测城市的住宅地价房价比的中位数作为全国平均水平，其值为 29.83%，较 2011 年的 30.71% 下降了 0.88 个百分点。其中，厦门市、福州市、宁波市、上海市、南京市、昆明市、杭州市、天津市、长春市的住宅地价房价比值超过了 40%。而南昌市、兰州市、西宁市、海口市、太原市、哈尔滨市、重庆市、乌鲁木齐市、南宁市的住宅地价房价比则低于 25%。其最高值（厦门市 76.45%）是最低值（南宁市 15.58%）的近 5 倍（见图 14）。

（二）房地产开发投资增幅与综合地价增幅持续回落

2012 年，全国房地产开发投资总额为 71804 亿元，同比增长 16.2%，较上年下降 11.9 个百分点，增幅回落较大。全国主要监测城市综合地价增长率为 2.61%，增速较上年下降 3.33 个百分点。在严格的房地产调控政策下，全年房地产开发投资和综合地价增长率均有不同程度的回落。

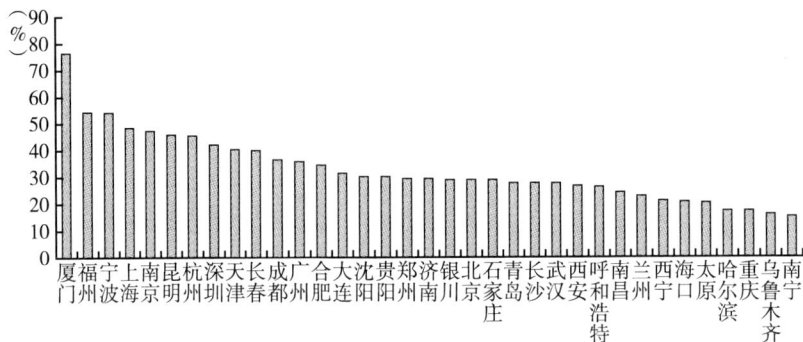

图14　2012年35个重点监测城市住宅用地地价房价比

资料来源：《2012年我国城市地价与房价关系专题报告》。

2008~2011年，全国房地产开发投资总额持续上涨，且始终保持高位增长态势，2010年增长率达到最高，但从2011年起涨幅开始回落，且2012年下降幅度较大。综合来看，房地产开发投资总额与全国主要监测城市综合地价变动趋势总体一致，且近两年房地产开发投资增速的放缓一定程度上带动了综合地价涨幅的回落（见图15）。

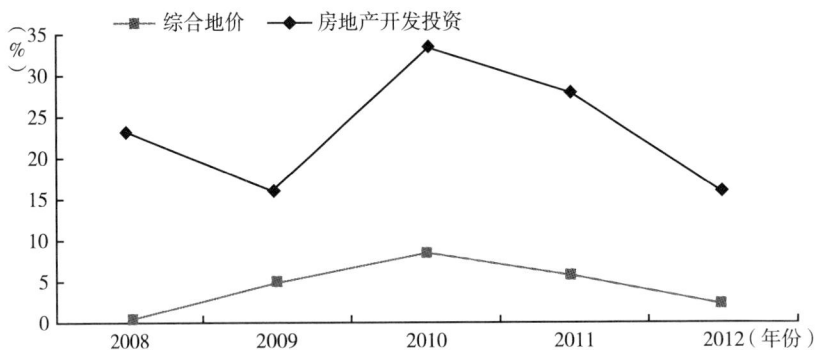

**图15　2008年以来全国主要监测城市综合地价增长率与房地产
开发投资额增长率比较**

资料来源：综合地价增长率来自中国城市地价动态监测系统；2008~2011年房地产开发投资总额增长率来自《中国统计年鉴》，2012年房地产开发投资增长率来自国家统计局。

（三）严厉的调控政策对住宅用地市场作用明显，保障性住房用地供应继续增加，住宅地价增速放缓

2012 年，全国 105 个主要监测城市建设用地供应总量为 28.21 万公顷，同比减少 5.11%，主要监测城市供地量占全国供地总量的 40.59%；但从全国层面看，建设用地供应总量涨幅明显，同比增加 16.01%。

严厉的调控政策显著影响房地产市场预期，2012 年主要监测城市房地产开发用地供应 7.56 万公顷，占全国房地产开发用地供地总量的 46.73%，较上年下降了 14.82%。其中商服用地供应 2.28 万公顷，较上年增长了 5.44%，远小于全国商服用地供应量 17.20% 的增长率；住宅用地供应量显著下降，全年供地总量约 5.29 万公顷，同比减少 21.33%，下降幅度超过全国。2012 年，主要监测城市工矿仓储用地供应 8.52 万公顷，同比减少 7.40%，占全国工矿仓储用地供应总量的 41.43%；全国工矿仓储用地供应则有所增加，同比上升了 4.26%。总体来看，2012 年主要监测城市与全国各用途供地增长率呈现同向变化趋势（见图 16）。

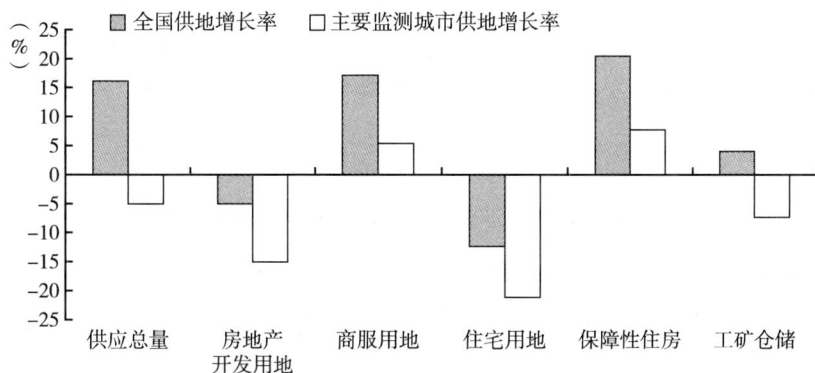

图 16　2012 年全国与主要监测城市各用途供地增长率比较

资料来源：国土资源部土地市场动态监测与监管系统数据。

住宅用地中，2012 年保障性住房用地供应继续大幅增加，主要监测城市全年供应 1.30 万公顷，较上年增长了 7.62%，占住宅用地供应总量的 24.49%，占比进一步提升。从全国保障性住房用地供应情况看，2012 年全国

共供应保障性住房用地2.94万公顷，同比增加20.43%，其中105个主要监测城市保障性住房供地量占全国的44%。

受调控政策影响，2012年全国主要监测城市住宅用地供应量和住宅地价增长率均有不同程度的下降。全年住宅用地供应量为5.29万公顷，同比下降21.33%，降幅继续扩大；住宅地价增长率为2.26%，较上年下降4.32个百分点。总体来看，住宅地价与住宅用地供应量变动趋势基本相符，但后者波动性更大（见图17）。

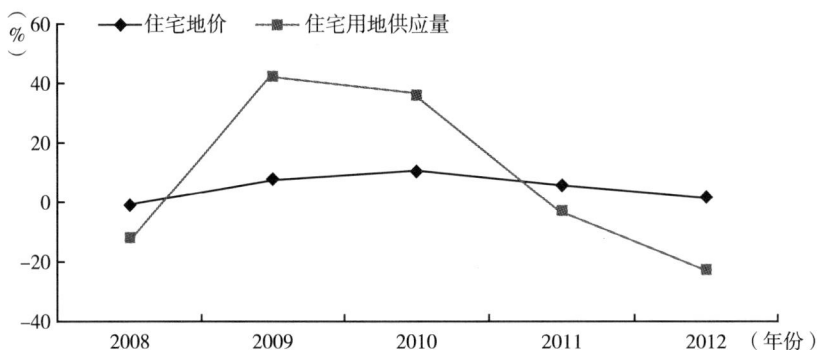

图17 2008年以来全国主要监测城市住宅地价增长率与住宅用地供应量增长率比较

资料来源：住宅地价增长率来自中国城市地价动态监测系统，住宅用地供应量增长率来自国土资源部土地市场动态监测与监管系统数据。

三 地价变化与社会经济发展关系分析

（一）地价增长率仍低于国内生产总值（GDP）增长率，地价增速下降幅度更大

根据国家统计局发布的2012年经济运行数据，2012年国内生产总值为519322亿元，同比增长7.8%，增速继续放缓；2012年综合地价增长率为2.61%，涨幅回落较大，低于国内生产总值增长率5.19个百分点。综合来看，2008年以来，国内生产总值增长率和综合地价增长率均呈先升后降态势，地价变化与经济增长基本协调（见图18）。

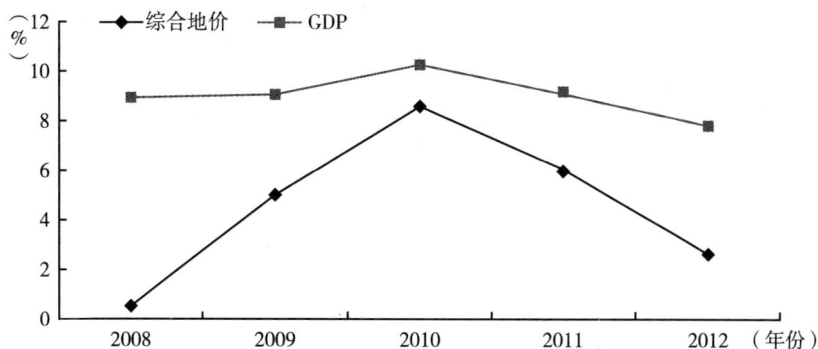

图18 2008 年以来全国主要监测城市综合地价增长率与 GDP 增长率比较

资料来源：综合地价增长率来自中国城市地价动态监测系统；2008～2011 年 GDP 增长率来自《中国统计年鉴》，2012 年前三季度 GDP 增长率来自国家统计局数据。

（二）固定资产投资和地价增速均继续放缓

2012 年，城镇固定资产投资 364835 亿元，同比增长 20.6%，增速连续三年回落。固定投资增速的回落一定程度上影响了土地市场的变动，2012 年综合地价增长率为 2.61%，较 2011 年下降 3.33 个百分点，降幅进一步扩大。自 2008 年以来，固定投资一直保持在 20% 以上的高速增长，2010 年之后增速持续回落，受其影响，2011 年、2012 年地价增速连续收窄，降幅均在 3 个百分点左右（见图 19）。

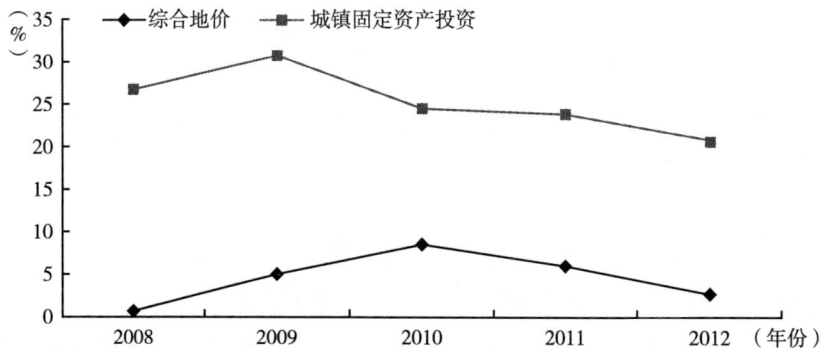

图19 2008 年以来全国主要监测城市综合地价增长率与城镇固定资产投资增长率比较

资料来源：综合地价增长率来自中国城市地价动态监测系统；2008～2011 年城镇固定资产投资增长率来自《中国统计年鉴》，2012 年数据来自国家统计局。

（三）CPI增速回落明显，物价逐渐趋稳，综合地价增长率同步放缓

2012年，全国居民消费价格总水平同比上涨2.6%，较2011年下降2.8个百分点，物价增长平稳，通货膨胀得到较好的控制。在经济和物价趋稳的大背景下，2012年综合地价增长率进一步放缓。自2008年以来，通胀压力持续增加，2012年才有所缓和。受其影响，房地产市场投资需求较大，综合地价水平值持续上升，但随着房地产调控政策的趋紧，综合地价增速自2010年起持续回落。总体来看，综合地价增长率变动幅度高于CPI增长幅度，这可能与土地市场易受宏观经济和宏观调控政策影响有关（见图20）。

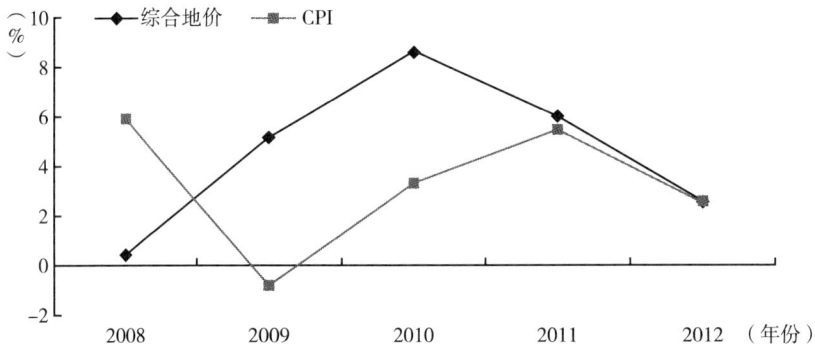

图20　2008年以来全国主要监测城市综合地价增长率与CPI增长率比较

资料来源：综合地价增长率来自中国城市地价动态监测系统；2008～2011年CPI增长率来自《中国统计年鉴》，2012年数据来自国家统计局数据。

（四）城镇居民家庭人均可支配收入增长率远高于同期综合地价增长率

2012年，全国城镇居民家庭人均可支配收入较上年同期增长12.6%，远高于综合地价增长率，二者增速均有所回落，综合地价增长率降幅大于人均可支配收入。综合来看，2008～2012年城镇人均可支配收入基本保持较为稳定的增长态势，且始终高于同期综合地价增长率，但后者受宏观调控政策的影响更大，变动幅度更为突出（见图21）。

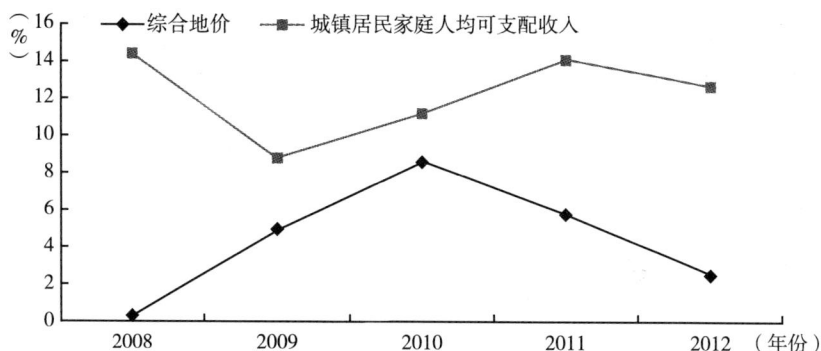

图 21 2008 年以来全国主要监测城市综合地价增长率与城镇居民家庭
人均可支配收入增长率比较

资料来源：综合地价增长率来自中国城市地价动态监测系统；2008～2011 年城镇居
民家庭人均可支配收入增长率根据《中国统计年鉴》计算得出，2012 年来自国家统计
局数据。

四 地价变化的主要因素分析

（一）国家坚持调控方向不动摇，继续实施"限购"政策，将抑
制投资性需求作为一项长期政策的调控总基调是全年地价维持平稳增
长态势的重要原因

2012 年，温家宝总理多次讲话强调楼市调控不放松，要求巩固房地产市
场调控成果，坚持房地产调控政策不动摇，决不让调控出现反复。年初，国土
资源部下发 26 号文，提出"继续严格落实中央各项调控政策措施，加大监管
和调控力度，巩固已有调控成果，促进房价合理回归"。7 月下旬，针对房地
产市场出现的新情况、新问题，国务院派出 8 个督察组对 16 个省份贯彻落实
国务院房地产市场调控政策措施情况开展专项督察，对落实房地产市场调控政
策措施有偏差、不到位的进行督促整改。11 月 12 日，住房与城乡建设部部长
姜伟新表示，"房地产市场调控政策现在还没想放松"，为党的十八大后的房地
产市场走向定下了继续调控的基调。综观 2012 年房地产市场调控政策，虽然多
地地方政府为"救市"而出现政策微调，但中央房地产市场调控的总基调仍然

是坚持调控方向不动摇，继续实施"限购"政策，将抑制投资性需求作为一项长期政策。在这种基调下，2012年全国主要城市地价维持平稳增长态势。

（二）全球经济下滑，我国宏观经济增速放缓一定程度上决定了全国主要城市地价增速回落

世界银行最新公布的《全球经济展望》和中国银行12月12日发布的《全球经济金融展望报告》均预计，2012年全球经济整体增速约为2.3%，较上年的3%继续下滑，且2012年发展中国家的经济增长率为10年来最低。2012年，我国国内生产总值为519322亿元，按可比价格计算，比上年增长7.8%，与往年相比增速放缓明显。受全球经济下滑以及我国宏观经济增速放缓的影响，2012年全国主要城市各用途地价增长率持续走低，除工业用地以外，其他各用途地价增速均低于2009年水平，2012年全国主要城市综合、商服、住宅、工业地价增长率增速明显回落。

（三）央行"降准""降息"以及住宅市场刚性需求的释放对下半年的楼市回暖起到了一定的推动作用，资金面以及销售业绩的好转促使开发商加大土地购置，引起年末土地市场升温，重点城市第四季度同比地价增长率微幅上扬

2012年2月24日，中国人民银行决定下调存款类金融机构人民币存款准备金率0.5个百分点。5月18日，央行再次下调存款类金融机构人民币存款准备金率0.5个百分点。6月8日，央行三年来首次降息：金融机构一年期存款基准利率下调0.25个百分点，一年期贷款基准利率下调0.25个百分点。7月6日，央行年内第二次下调金融机构人民币存贷款基准利率：金融机构一年期存款基准利率下调0.25个百分点，一年期贷款基准利率下调0.31个百分点。2012年，央行两次下调人民币存款准备金率，三年来首次降息以及各大金融机构针对首套住房实施的信贷优惠等货币政策不仅为市场增加了流动资金，也增强了购房者对楼市的信心，刺激了住宅市场上的刚性需求的释放，进而在一定程度上推动了下半年楼市的回暖，资金面以及销售业绩的好转促使开发商加大土地储备，从而带动土地市场年末升温，重点城市第四季度地价增长率微幅上扬。

五 2013 年全国城市地价变化趋势分析

（一）房地产市场调控政策预期的持续性和稳定性将有利于地价维持相对平稳的态势

继 11 月 12 日住房与城乡建设部部长姜伟新表示"房地产市场调控政策现在还没想放松"之后，12 月 4 日的中央政治局会议、12 月 16 日的中央经济工作会议、12 月 18 日的国土资源部新闻发布会以及 12 月 25 日的全国住房城乡建设工作会议均明确指出，2013 年要坚持房地产市场调控不放松。房地产市场调控政策预期的持续性和稳定性将有利于地价维持相对平稳的态势。

（二）财税制度改革或将推进房地产税收体制改革，调整地方政府的财税制度，为房价和地价保持相对稳定格局提供新的税收调控手段

在 12 月 20 日举行的全国财政工作会议上，财政部部长谢旭人指出，2013 年继续实施积极的财政政策，重点是深化财税制度改革，推进国民收入分配格局调整，进一步优化财政支出结构，切实保障和改善民生，厉行节约，严格控制一般性支出，提高财政资金使用效益。财税制度改革或将推进房地产税收体制改革，调整地方政府的财税制度，为房价和地价保持相对稳定格局提供新的税收调控手段。

（三）宏观经济持续健康发展，积极稳妥推进城镇化建设的目标将持续增加对土地的需求，将促使地价继续保持上升趋势

12 月 4 日中央政治局会议指出，2013 年是全面深入贯彻落实党的十八大精神的开局之年，是实施"十二五"规划承前启后的关键一年，是为全面建成小康社会奠定坚实基础的重要一年，做好经济工作意义十分重大。2013 年，我国应实现经济持续健康发展与社会和谐稳定。要积极稳妥推进城镇化，增强城镇综合承载能力，提高土地节约集约利用水平，有序推进农业转移人口市民化。宏观经济持续健康发展、积极稳妥推进城镇化建设的目标表明，在未来的一段时间内我国对土地的需求仍然较大，这将引起地价呈持续上升趋势。

（四）国内外较为宽松的货币政策形势或将加大通胀压力，需关注流动性增加乃至资产保值性需求对土地及房地产市场的影响

2012 年 9 月美联储在结束货币政策会后宣布，启动第三轮量化宽松政策（QE3）：将每个月向美国经济注入 400 亿美元，直到疲弱的就业市场持续好转。此外，美联储还承诺将超低利率进一步延长至 2015 年。同时，2012 年中央经济工作会议上指出，2013 年我国将实施稳健的货币政策，适当扩大社会融资总规模，保持贷款适度增加，保持人民币汇率基本稳定，切实降低实体经济发展的融资成本。稳健的货币政策在 2013 年仍将延续，国内外宽松货币政策的叠加将加大通胀压力，资产保值需求将推动人们进入房地产市场，带动地价的增长。

Dynamic Monitoring Report of China's Urban Land Price in 2012

National Urban Land Price Monitoring Group of China Land Surveying and Planning Institute

Abstract：In the year of 2012, the overall urban land price level in national monitoring cities rose slightly, meanwhile the year-on-year growth rate of land price continued to decline, which illustrated that land price growth rate dropped significantly. The ratio of national average land price to housing price decreased slightly. However, there existed a great disparity among the key cities in view of the ratio of residential land price to housing price. The growth rate of investment scale in real estate kept on dropping, therefore, the residential land supply decreased obviously, but land supply for affordable housing had grown. In 2012, in that macroeconomic climate and with the announcement of insisting on the real estate regulations, the downlink-pattern of land price has nearly formed. In the year of 2013, the emphasis should be put on stable real estate market regulation policies, the expectation of fiscal and taxation system reforms, and those macroeconomic trends which will become important factors affecting the change of land prices.

Key Words: Urban Land Price; The Ratio of Land Price in Housing Price; Dynamic Monitoring

B.5
2012年北京土地市场研究及2013年预测

卢世雄　马建华*

摘　要：

  2012年，北京土地市场进入自2010年以来"深度调控"的第三年，土地成交面积、成交金额继续缩减，土地成交价格及市场活跃度却呈现出"V字形"快速反弹的态势，并且这种反弹的态势延续到2013年一季度的可能性极大。2012年北京土地市场的反弹基于多种因素，其驱动力主要在于宽松的宏观经济环境、房地产市场的快速回暖、土地供求不平衡以及房地产价格增长的预期。在调控政策不变及土地市场供求仍不平衡的背景下，预计2013年北京土地市场将加大土地供给，土地成交价格快速上涨的态势将得到抑制，土地成交价格在高位波动，但出现大幅下降的可能性极小。

关键词：

  北京土地市场　驱动力　预测

一　2012年北京土地市场研究

（一）土地交易整体情况

  2012年，北京土地市场进入自2010年以来"深度调控"的第三年，全年调控政策平稳，并无继续加码，土地市场"量缩价涨"。"量缩"表现在土地

---

* 卢世雄，房地产经济学硕士，远洋地产有限公司北京地区管理部土地拓展总监；马建华，房地产经济学硕士，远洋地产有限公司北京地区管理部土地拓展经理。

成交面积、成交金额继续缩减，但土地成交量降低的原因并非市场活跃度的降低，而是土地供应量的持续降低；"价涨"体现在土地成交价格及市场活跃度呈现出"V 字形"快速反弹的态势。

1. 成交量——持续下降

在成交用地宗数上，2012 年北京公开出让经营性用地①共 66 宗，其中住宅用地 30 宗，公建用地 36 宗，自 2011 年以来连续第二年缩减，其中住宅成交宗数回归到 2005 年的水平如图 1 所示。自 2004 年"8·31 大限"以来，北京土地供应保持较快的增长，在 2010 年达到最高峰。但自 2011 年开始，随着"深度调控"的加深以及前几年快速供应带来的"土地供应瓶颈"，土地成交量出现明显的缩减。

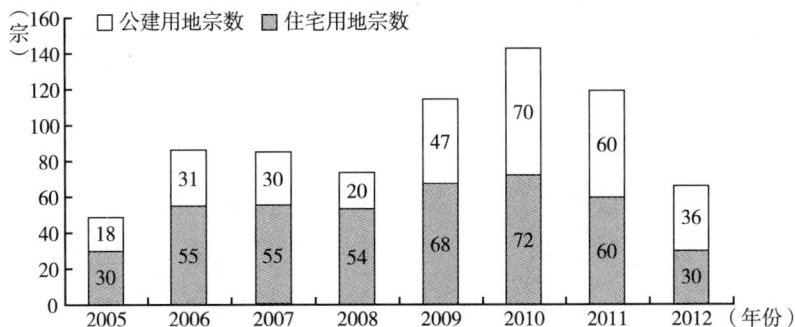

图 1　2005～2012 年经营性用地成交宗数

资料来源：北京市土地整理储备中心。

在成交面积及成交金额上，2012 年北京土地市场成交经营性用地总规划建筑面积 896 万平方米，同比下降 43.36%，成交金额达 597 亿元，同比下降 39.70%。北京土地市场成交面积及成交金额以 2010 年为分界线，2005～2010 年，土地成交量处于上升通道（2008 年全球经济受美国次贷危机拖累整体低迷，成交量无显著增长）；自 2011 年以来，在"限购""限贷"等政策的影响及北京本身土地供应瓶颈的作用下，土地成交面积及金额出现显著的缩减（见图 2）。

---

①　本文所称的经营性用地，指除工业、仓储用地以外的住宅、商业、多功能等用地。

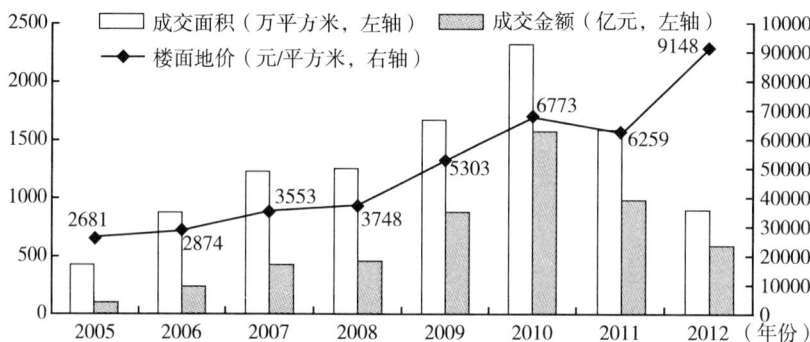

图2 2005～2012年经营性用地成交面积、金额及楼面地价

资料来源：北京市土地整理储备中心。

2. 成交价格——快速反弹

与成交量的大幅下降形成鲜明反差，成交价格出现快速反弹。2012年成交的66宗经营性用地平均楼面地价达到9148元/平方米，同比上涨46.16%（见图2）。

溢价率的变动更能体现市场交易的活跃程度。2012年成交的经营性用地平均溢价率为34%，高于2011年平均溢价率18%（见图3）。2012年下半年，多家企业激烈竞争同一宗用地的场面屡见不鲜。2012年全年挂牌成交的28宗住宅用地（其余2宗住宅用地以招标方式出让），实行"限地价、竞保障房面积"的竞价方式，其中有20宗地竞价达到了合理竞价上限并进行了公租房或其他保障房的竞报，占71%。

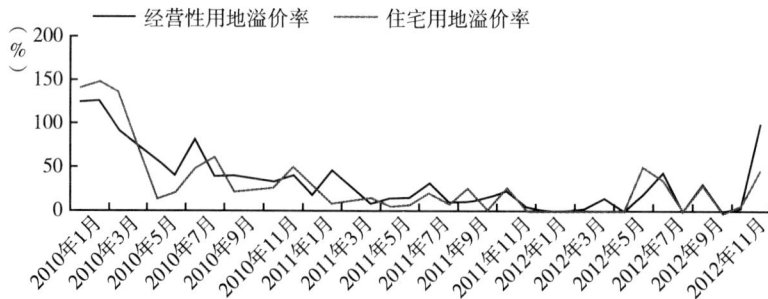

图3 近年土地成交溢价率变动

资料来源：北京市土地整理储备中心。

3. 建设用地供应计划完成情况——供应计划完成率进一步降低

2012 年北京市计划供应商服用地 350 公顷，同比降低 36.4%；商品住宅用地 850 公顷，同比降低 30.3%。在经营性用地供应计划同比大幅降低的情况下，2012 年北京市共成交商服用地 154 公顷，仅完成计划供应的 44%；成交商品住宅用地 234 公顷，仅完成计划供应的 27.5%（见图 4）。可见，随着连年高强度城市开发以及土地拆迁难度的增加，土地供应紧张的局面将长期存在，并有加深的趋势。

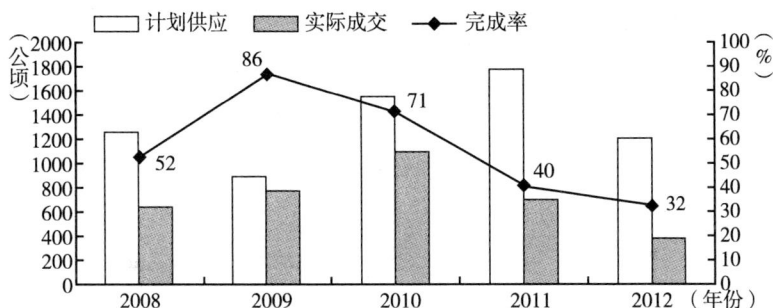

图 4　2008～2012 年建设用地计划供应与成交对比

资料来源：北京市土地整理储备中心。

4. 成交区域——以五环外近郊区为主

从供应土地区域来看，2012 年近郊区（通州、大兴、房山、顺义、昌平）仍然是土地供应的主要区域，且所占比重有所提高；内城区（东城、西城）出让了东城区香河园、西城区月坛南街（2 宗地）三宗优质地块，所占比重上升；开发区出让了 7 宗地，所占比例明显上升；城区（朝阳、海淀、丰台、石景山）与远郊区（平谷、门头沟、密云、怀柔、延庆）所占比重同比有所下降（见图 5）。

从成交土地环线分布来看，2012 年成交的 30 宗住宅用地中有 27 宗位于五环外，仅海淀区万柳六郎庄地块、大兴区旧宫绿隔 A1 地块以及丰台区花乡樊家树危改 9 号地三宗地位于五环内；成交的 33 宗公建用地中，仅有 7 宗用地位于五环内，其余均在五环外。

从各区县成交土地比例来看（见图 6），通州、大兴成为 2012 年土地供应的主区域，供应面积占比42%，其次是开发区、顺义、房山、丰台，供应面积分别占比13%、9%、8%、7%。

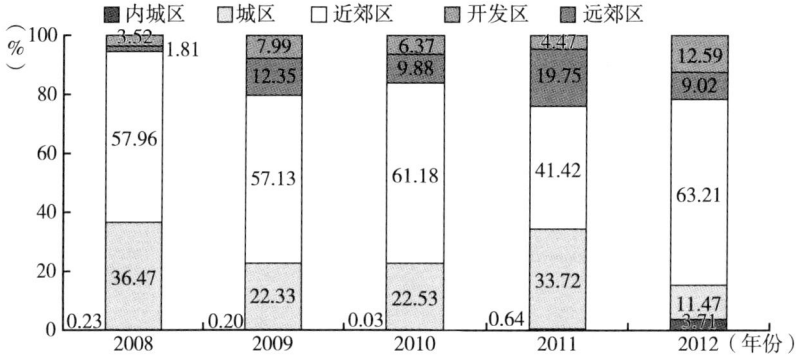

图5　2008~2011年北京市各区域经营性用地成交比例

资料来源：北京市土地整理储备中心。

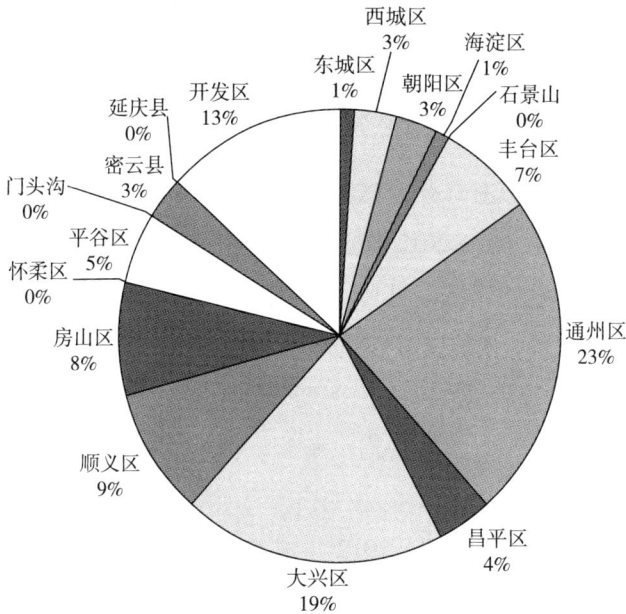

图6　2012年北京市各区县土地供应面积（规划建筑面积）占比

资料来源：北京市土地整理储备中心。

（二）重点成交地块

在成交总价方面，西城区月坛南街 2 宗商业金融用地分别以 34.25 亿元、29.5 亿元排在前两位，两宗地均被金融街控股获取，支付总地价款高达 63.75 亿元。海淀万柳、朝阳来广营以及大兴绿隔 3 宗住宅用地成交总价也均超过 20 亿元（见表 1）。

表 1　2012 年北京市土地成交总价排行前五

	宗地名称	成交日期	规划建筑面积（平方米）	规划用途	成交价（亿元）	楼面地价*（元/平方米）	受让单位
1	西城区月坛南街地块三	9 月 24 日	112550	商业金融	34.25	30429	金融街控股
2	西城区月坛南街地块二	9 月 28 日	142927	商业金融	29.50	20640	金融街控股
3	海淀区万柳六郎庄地块	7 月 10 日	77739	居住	26.30	41800	中赫
4	朝阳区来广营 A4、B4 地块	2 月 14 日	189256	居住	23.70	13000	招商局和九龙仓联合体
5	大兴区旧宫绿隔 A1 地块	7 月 17 日	138212	居住	22.00	15917	中冶和五建联合体

* 如地块含有保障房，则楼面地价为剔除保障房后的楼面地价，下同。

资料来源：北京市土地整理储备中心。

在成交单价方面，海淀区万柳六郎庄地块以 41800 元/平方米（剔除保障房）的单价创造了北京土地市场新的单价"地王"。该地块为纯居住用地，区位优势极其优越，项目周边供应稀缺。项目吸引了中赫、万科、龙湖等共计 10 家企业参与，最终中赫地产经过 46 轮现场竞价和 398 轮现场竞保障房面积环节，以 26.3 亿元并配建 1.64 万平方米回购房（回购价格 1 万元/平方米）竞得（见表 2）。

在溢价率方面，通州区梨园地块创造了近三年北京土地市场溢价率之最。项目吸引了东亚、泰禾、华远等 11 家企业参与现场竞价，由于地块住宅部分全部为经济适用房及限价房，属于公建类地块，无设置合理竞价上限，最终华远以溢价 491％获取该地块（见表 3）。

表2　2012年北京市土地成交单价排行前五

	宗地名称	成交日期	规划建筑面积（平方米）	规划用途	成交价（亿元）	楼面地价（元/平方米）	受让单位
1	海淀区万柳六郎庄地块	7月10日	77739	居住	26.30	41800	中赫
2	朝阳区霞光里5、6号地	7月30日	40000	商业金融	15.15	37875	宝鸿天城
3	西城区月坛南街地块三	9月24日	112550	商业金融	34.25	30429	金融街控股
4	东城区香河园3号地	4月16日	74371	商业金融居住	19.15	26400	南昌市政
5	西城区月坛南街地块二	9月28日	142927	商业金融	29.50	20640	金融街控股

资料来源：北京市土地整理储备中心。

表3　2012年北京市土地成交溢价率排行前五

	宗地名称	成交日期	规划建筑面积（平方米）	规划用途	成交价（亿元）	溢价率	受让单位
1	通州区梨园地块	12月31日	122798	FI、商业金融	10.05	491%	华远
2	大兴区生物医药基地F3地块	12月31日	87425	F3	6.95	239%	绿地
3	朝阳区霞光里5、6号地	7月30日	40000	商业金融	15.15	169%	宝鸿天城
4	大兴区黄村商业金融地块	12月31日	73209	商业金融	9.10	132%	河北宜化恒业科技发展
5	通州区台湖109地块	9月20日	142927	F3	3.3	122%	光谷科技园

资料来源：北京市土地整理储备中心。

（三）重点房企市场表现

2011年各大开发企业在京拿地总量减少（由于2011年北京开始"限购""限贷"，房地产企业均面临加大的销售压力，资金链普遍紧张，上半年土地供应萎缩，用地质量不佳，多数企业处于观望态势；三季度，土地市场供应逐渐放量，成交仍谨慎；四季度，房地产市场急速恶化，企业拿地热情降至冰点），进入 2012 年，伴随着房地产市场的逐步回暖，企业预期转向，拿地的意愿逐步增强，直接推动土地市场在短期内由回暖到火爆。

2012 年，大型开发企业联合拿地成为市场常态，如万科与住总、万科与首开、保利与融创等组合多次合作获取土地。其中万科获取 4 宗地、保利获取 3 宗地均是以联合体形式获取（见表 4）。由于市场竞价激烈，开发企业合作的首要目的是降低双方的资金压力，共担开发风险，在面对热点土地时，也可规避潜在的竞争风险。

表4　2012 年重点房企拿地情况

企业名称	地块	规划面积 （万平方米）	总地价 （万元）	楼面地价 （元/平方米）	备注
万 科	亦庄经济开发区 X86 居住地块	144564	14.43	10724	与住总联合
	大兴区生物医药基地 5 号居住地块	155206	10.80	9371	与住总联合
	通州区台湖 010、017 居住地块	91320	7.80	13589	与首开联合
	通州区台湖 014、015 居住地块	119418	6.40	17467	与首开联合
保 利	大兴区生物医药基地 12/15 号居住地块	195193	13.80	7839	与首开联合
	亦庄新城 B03R1-1 居住地块	106705	10.60	14605	与融创联合
	亦庄新城 B03R1-2 居住地块	202781	20.20	15298	与融创联合
富 力	马驹桥镇 C-06-1 居住地块	173859	9.80	7419	—
	马驹桥镇 C-06-2 居住地块	151826	8.00	8863	
金融街	月坛南街	112550	34.25	30429	商业金融 地块
	月坛南街	142927	29.50	20640	
万 达	通州区永顺北苑商务区	155318	14.00	9014	商业金融 地块
	通州区永顺北苑商务	246593	19.20	7786	
绿 地	大兴区生物医药基地	87425	6.95	7950	多功能用地
龙 湖	朝阳区孙河居住地块	72923	14.70	20158	—
城 建	亦庄经济开发区 X83 居住地块	162973	16.27	11100	—

（四）土地市场驱动力研究

2012 年，北京土地市场的反弹基于多种因素，其驱动力主要在于宽松的宏观经济环境、房地产市场的快速回暖、土地供求不平衡以及房地产价格增长预期。

1. 宽松的宏观经济情况

2012 年，中国经济在内外（美国经济复苏乏力、欧债危机继续发酵等）夹击下面临巨大的"稳增长"压力，全年实现 GDP 519322 亿元，同比增长 7.8%，是 1999 年以来中国经济增速的最低值。为了防止经济出现大幅度的下滑，2012 年中央采取了一系列稳增长政策，最为显著的就是 2012 年出现自 2009 年以来"降准又降息"的双降局面。2012 年累计降准 2 次，降幅 1%，至 20.5%；5 年期以上贷款利息下调 2 次，降幅 0.5%，至 6.55%。"双降"的宏观经济环境，对开发企业及购房者都有着不可忽视的利好作用。

2. 房地产市场的快速回暖

2012 年，北京市商品住宅成交 93111 套（新建商品住房），共计 1113 万平方米，同比增长 67%，比 2010 年增长 12%。自 2012 年 3 月以来，成交量保持稳定增长，整个市场呈现出上扬趋势。如果计算二手房在内，2012 年北京交易 23.4 万套住房，同比增长 32%，换手率达到 4.4%（见图7、图8）。

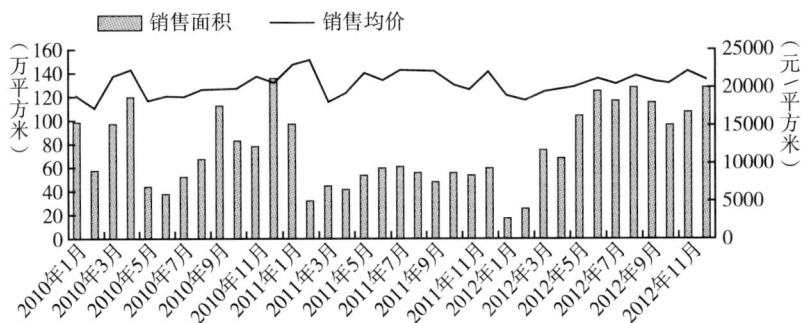

图7　2010~2012 年北京房地产市场月度销售面积、销售均价

资料来源：北京市房地产交易管理网，数据包含住宅、公寓、别墅。

2012 年房地产市场出现快速反弹的主要原因在于，2012 年初房地产市场达到低谷，但并未出现进一步回落，购房者正是基于市场底部维稳的趋势进入市场，且"限购"影响有所减弱，加之年内两次降息，市场需求面对中共十八大后 2013 年的房价预期乐观，不再观望，积极入场，甚至是恐慌性购入。

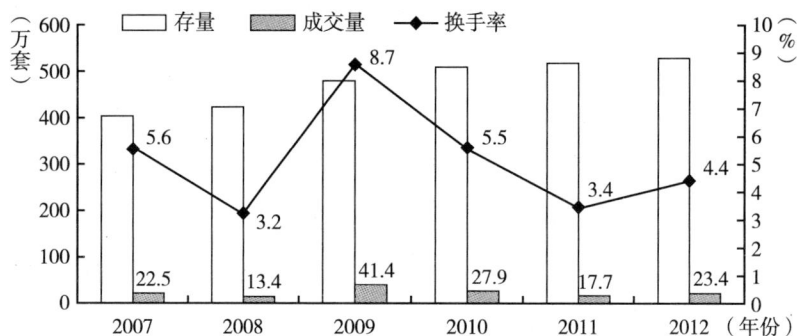

图8 2007～2012 年北京房地产存量、成交量、换手率

资料来源：链家地产，成交量包括商品住宅及二手房。

3. 土地市场供不应求将长期存在

北京作为一线城市，经过多年高强度的开发建设后，土地资源日渐枯竭。根据近几年土地供应计划的完成率，土地供应紧缺的局面将长期存在。土地资源的短缺，一方面将加剧土地竞价而推高地价，另一方面土地价格的高涨将直接传导到房价。

4. 房地产价格增长预期

2012 年党的十八大报告提出，2020 年国内生产总值和城乡居民人均收入比 2010 年翻一番。2012 年 GDP 增速仅为 7.8%，为确保全面建成小康社会，各项经济刺激政策将确保 2013 年 GDP 增速回升。基于未来温和的通胀预期和经济触底温和反弹的判断，房地产价格长期增长的预期加强。

二 2013 年北京市土地市场预测

（一）政策环境——整体从紧，不排除政策加码的可能性

1. 政策加码可能性增大，但仍处于"两难"抉择中

政策从紧仍是 2013 年房地产及土地市场调控的主基调，北京市现有包括"限购""限贷"在内的调控政策将持续，加大、加快供应经营性土地尤其是保障房用地的原则预计不变，加强供后监管、优化供应结构的方向仍将继续，

积极引导市场健康发展。

但是政策加码的可能性随着 2012 年房价的快速上涨也逐步增大。2011 年北京"限购""限贷"等措施对房地产市场已有成效,全市商品住宅成交量下降两成,全年新建普通住房价格下降 11.3%①,商品房价格"稳中有降"的目标基本达成。但是进入 2012 年,房地产市场快速回暖,并有加速上涨的趋势,这一趋势延续到了 2013 年,2013 年 1～2 月成交火爆,淡季不淡。正是基于房地产价格的快速增长,又面临 3 月全国"两会"召开,调控政策加码的可能性增大。

2. 可能加码的政策

政府调控工具较多,政策取向依然是"控制需求",预计政策加码将主要集中在提高信贷门槛、提高交易税负两方面。例如,将首套首付比例 30% 提高至 40%,二套首付比例 60% 提高至 70%;提高贷款利率(目前首套贷款利率执行基准利率的八五折、二套不低于基准利率的 1.1 倍);调高房地产交易契税。

另外,由于本轮价格上涨二手房价格表现最为突出,针对二手房交易的调控可能性也较大。针对二手房调控,可以大大降低房地产的投资属性,例如,禁止房龄 5 年内二手房销售,或提高交易契税。

(二)市场供应——量价趋稳,结构调整持续

1. 土地供应力度加大,供需两旺

一方面,面对 2012 年土地市场供不应求的局面,为了稳定市场预期,防止土地价格暴涨转嫁到房价中,2013 年土地供应势必增加;另一方面,北京市自 2009 年起已连续三年斥资千亿元进行土地开发,目前已进入还款期,总偿贷缺口在 2500 亿元左右。预计 2013 年北京市土地供应动力较足,实际供应总量同比有所增长,土地市场呈供需两旺的态势。

2. 土地底价上浮,溢价率有所下降

土地底价由一级开发成本与政府收益两部分组成。近年来土地开发整理中

---

① 数据来源:北京市住建委联合北京市房地产行业协会官方发布数据。

一级开发成本不断攀升，政府收益由于参考周边土地交易价格、房地产交易价格，上涨趋势也比较明显。例如，2012 年 9 月出让北京经济技术开发区河西区 X86R1、X83R1 两宗地块，底价折合楼面地价 7200 元/平方米，但 2013 年 1 月出让成交的 X85R1、X88R1 两宗地块，底价楼面地价折合约 12620 元/平方米。

在底价上浮、土地供应增加的前提下，预计 2013 年土地竞价将有所缓和，溢价率将下降。

3. 供应节奏顺势而为，出让方式加重招标方式

由于 2013 年 3 月全国"两会"是重要的政策窗口期，因此土地供应在 2013 年"两会"前的 1、2 月延续了 2012 年底土地供应的高潮，土地供应量较大。"两会"后，土地供应将有所减缓，优质热点地块不会推出。从 2013 年下半年开始，将加大土地供应。

在土地出让方式上，若土地市场继续火爆，则有可能加大招标出让方式，以"综合评标"降低市场的非理性因素。2013 年 1 月出让的石景山老古城、海淀玉渊潭、昌平东小口等热点地块均以招标出让。

4. 远郊区供地比例上升，特色规划区域集中供地

2010 年以来，北部区域五环内、南部区域四环内大宗居住用地几乎停供，2013 年土地供应仍将延续这一状况。2012 年远郊区县供地比例有所下降，预计 2013 年这一区域供应比重将大幅提高。城区和近郊区的特色规划区域和旧城改造区域将成为集中供地热点区域，如顺义新国展规划区、朝阳东坝国际商贸中心、通州台湖镇"两站一街"规划区域、丰台丽泽商务区、北京经济技术开发区河西区等。

（三）市场需求——需求旺盛，合作为先

1. 企业需求旺盛，成交地价先扬后抑

2011~2012 年，北京土地供应连续两年大幅降低，多数企业均面临土地储备不足的局面。在市场不存在更严厉政策调控的前提下，2013 年企业补充销售资源的需求依旧旺盛。2013 年上半年，供需矛盾预计依然突出，多家企业激烈竞价同一宗用地的局面仍将出现，但随着土地供应的逐步增加，下半年土地供求矛盾将大大缓和，竞价激烈程度降低，全年土地成交价格呈现先扬后抑的走势。

2. 行业内竞争弱化，合作为先

2012 年土地市场联合拿地的案例更加突出，包括开发企业间的合作、开发企业与一级开发企业间的合作、开发企业与金融机构的合作。开发企业间的合作多为消除竞价风险，共担开发风险，同时可降低合作双方的资金压力；而开发企业与金融机构的联手则是企业间更为纯粹的优势互补和利益共享。2013 年，在竞价依旧激烈的行情下，企业抱团拿地的行为将更为普遍。

Beijing's Land Market：Analysis of 2012 & Forecast for 2013

Lu Shixiong   Ma Jianhua

Abstract：In 2012, the land market of Beijing entered the third year of the "depth control" since 2010. The area of land transactions and turnover has continued to reduce, but land transaction prices have rebounded rapidly with a "V" shape, and this trend is likely to continue into the first quarter of 2013. The rebound of the land market in 2012 is based on a variety of factors, mainly including the loose macroeconomic environment, the rapid recovery of the real estate market, the imbalance of land supply and demand, and the anticipation of the growth of the real estate price. On the basis of the same control policies and the uneven supply and demand of the land market, the land market of Beijing in 2013 will increase land supply. The trend of rapidly rising prices of land transactions will be suppressed, the price of land transaction will remain in the high volatility, and the sharp decline in price is highly unlikely.

Key Words：Beijing's Land Market；Forces；Forecast

金　融　篇

Finance

B.6
2012年房地产投融资现状及
2013年趋势分析

丁兴桥*

摘　要：

　　本文对2012年的房地产投融资现状进行了分析，同时对2013年房地产投融资发展趋势进行了判断，并提出了相应的政策建议。2012年房地产投资增速进一步放缓，特别是东部地区房地产投资和土地投资的增速下降最为明显；融资渠道进一步拓展，房地产信托、房地产基金等新兴融资方式得到迅速的发展。展望2013年，房地产政策"稳中趋紧"，房地产投资"稳中略升"，房地产融资渠道会进一步得到拓展。

关键词：

　　房地产　投融资　趋势

* 丁兴桥，中国社会科学院研究生院城市发展系研究生，研究方向为城市经济学、土地房地产开发管理。

一 2012 年房地产投资特征

2012 年国际经济形势变幻莫测，中国经济增长也逐步趋缓，"保增长"成为年内最重要的任务。在这种背景下，中央政府继续坚持对房地产调控不动摇，进一步巩固调控成果，调控效果进一步显现，投资增速下降明显。在国家的严厉调控下，房企采取了"以价换量"的方式过冬，并且收到较好的效果，下半年开始市场回暖趋势明显，房地产投资逐渐走向稳定。

（一）房地产开发投资增速迅速下滑

2012 年房地产开发投资为 71804 亿元，同比增长 16.2%，创 10 年来的最低点，增速比 2011 年低 11.7 个百分点，低于同期城镇固定资产投资增速 4.4 个百分点，占城镇固定资产投资比重为 19.7%，比 2011 年下降了 0.8 个百分点。其中住宅投资为 49374 亿元，同比上升 11.4%，低于同期房地产投资增速 4.8 个百分点，增速下降 18.8 个百分点（见表 1）。2011 年以来，城镇固定资产投资、房地产开发投资和住宅投资增速都呈现出不断下降态势，其中以住宅投资增速的下降最为明显，住宅投资增速的下降拉低了房地产投资增速，而房地产投资增速的下降又拉低了城镇固定资产投资增速，三者关联性较为明显（见图 1）。房地产开发投资增速的下降是房地产调控的结果，也是房地产市场逐步回归理性的表现，有利于房地产业的稳定可持续发展。

表 1　2003～2012 年全国城镇固定资产投资、房地产投资及其增长情况

年份	城镇固定资产投资额（亿元）	房地产开发投资额（亿元）	#住宅投资额（亿元）	城镇固定资产投资增长率（%）	房地产开发投资增长率（%）	住宅投资增长率（%）	房地产开发投资占固定资产投资比重（%）
2003	45812	10154	6777	29.1	30.3	29.6	22.2
2004	59028	13158	8837	28.9	29.6	30.4	22.3
2005	75095	15909	10861	27.2	20.9	22.9	21.2
2006	93369	19423	13638	24.3	22.1	25.6	20.8
2007	117465	25289	18005	25.8	30.2	32.0	21.5

续表

年份	城镇固定资产投资额（亿元）	房地产开发投资额（亿元）	#住宅投资额（亿元）	城镇固定资产投资增长率（％）	房地产开发投资增长率（％）	住宅投资增长率（％）	房地产开发投资占固定资产投资比重（％）
2008	148738	31203	22441	26.6	23.4	24.6	21.0
2009	193920	36242	25614	30.4	16.2	14.1	18.7
2010	241431	48259	34026	24.5	33.2	32.8	20.0
2011	301933	61740	44308	23.8	27.9	30.2	20.5
2012	364835	71804	49374	20.6	16.2	11.4	19.7

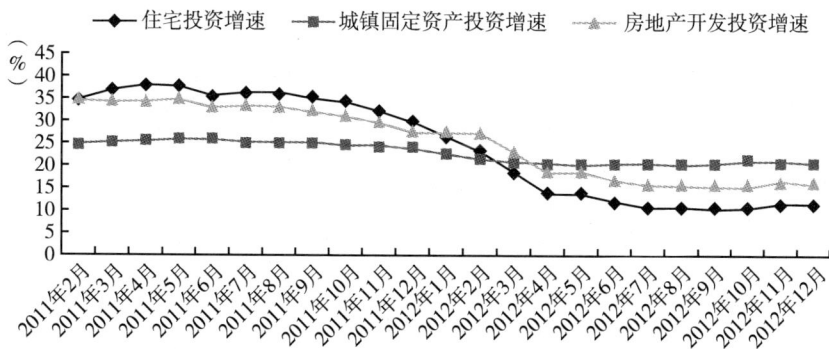

图 1　2011～2012 年城镇固定资产投资、房地产投资和住宅投资增长情况

（二）住宅投资结构进一步优化

在房地产市场调控下，住宅投资受到较大影响，尽管仍然保持上涨的态势，但是涨幅已经回落到了 11.4％。其中 140 平方米以上住房、别墅和高档公寓投资增速下降趋势更为明显，全年保持持续下降态势，个别月份别墅和高档公寓投资还出现了负增长；相反，90 平方米以下住房投资增速尽管也有所下降，但降幅不大，且全年保持高于住宅投资增速（见表 2）。住宅增速的变化直接影响了房地产投资中住宅所占比重变化，2012 年住宅投资占房地产开发投资的比重为 68.8％，下降了 3 个百分点。其中 90 平方米以下住房占比为 23.4％，同比上升了 1.3 个百分点；140 平方米以上住房占比为13.7％，别墅和高档公寓占比为 4.8％，分别下降了 1 个和 0.7 个百分点

（见表3）。住宅投资结构有所改善，这是房地产调控中"支持合理性需求"措施实施的结果。

表2 2011～2012年全国房地产开发投资增长情况

单位：%

时间	房地产增速	住宅增速	其中			办公楼增速	商业营业用房增速	其他房产增速
			#90平方米以下住房增速	#140平方米以上住房增速	#别墅、高档公寓增速			
2011年								
1～2月	35.2	34.9	33.2	44.1	32.7	29.6	36.7	37.4
1～3月	34.1	37.4	25.4	49.4	36.2	19.1	40.2	19.2
1～4月	34.3	38.6	32.2	47.2	32.9	21.0	34.7	18.4
1～5月	34.6	37.8	31.7	46.6	32.4	26.5	36.0	21.0
1～6月	32.9	36.1	31.1	44.5	34.1	26.2	38.6	15.5
1～7月	33.6	36.4	32.8	44.6	28.5	30.9	37.0	17.6
1～8月	33.2	36.4	34.1	44.3	26.7	33.0	37.0	14.6
1～9月	32.0	35.2	33.4	42.4	25.9	34.0	36.1	12.5
1～10月	31.1	34.3	33.6	38.4	26.6	40.2	35.5	10.2
1～11月	29.9	32.8	31.5	39.2	24.2	41.0	35.0	9.3
1～12月	27.9	30.2	28.0	35.0	20.4	40.7	30.5	10.9
2012年								
1～2月	27.8	23.2	26.7	26.7	12.6	31.0	42.5	38.4
1～3月	23.5	19.0	31.6	19.0	-0.4	43.4	34.2	31.7
1～4月	18.7	13.9	26.7	13.4	1.3	37.1	34.2	25.3
1～5月	18.5	13.6	26.1	12.1	1.9	44.7	31.6	25.6
1～6月	16.6	12.0	24.3	10.8	4.6	31.9	26.3	28.1
1～7月	15.4	10.7	22.5	10.5	4.1	33.8	23.6	28.3
1～8月	15.6	10.6	21.6	8.9	2.9	35.0	25.7	29.0
1～9月	15.4	10.5	21.9	8.0	1.2	36.1	25.3	28.0
1～10月	15.4	10.8	21.9	9.3	0.5	31.4	25.8	27.2
1～11月	16.7	11.9	24.0	8.5	-0.2	32.7	27.3	29.6
1～12月	16.2	11.4	21.9	4.6	0.7	31.6	25.4	30.1

表3　2003～2012 年全国房地产开发投资结构情况

单位：%

| 年份 | 住宅投资额比重 | 其中 | | | | 办公楼投资比重 | 商业营业用房投资比重 | 其他 |
		#90 平方米以下住房	#140 平方米以上住房	#经济适用房	#别墅、高档公寓			
2003	66.7	—	—	6.1	6.2	5	12.8	15.4
2004	67.2	—	—	4.6	8.2	5	13.1	14.8
2005	68.3	—	—	3.3	6.6	4.8	12.8	14.1
2006	70.2	—	—	3.6	7.4	4.8	12.1	12.9
2007	71.2	16.6	—	3.2	7.1	4.1	11	13.7
2008	71.9	20.9	12.2	3.1	6.5	3.7	10.8	13.6
2009	70.7	23	14.3	3.1	5.7	3.8	11.5	14
2010	70.5	22.1	13.7	3.7	5.9	3.7	11.7	14
2011	71.8	22.1	14.7	1.8	5.5	4.1	11.9	12.2
2012	68.8	23.4	13.7	—	4.8	4.7	13.0	13.6

（三）商业地产投资稳步提高

受到商品住宅市场调控进一步深化的影响，房地产企业纷纷进入商业地产领域并加大对大型物业的持有和经营，商业地产板块的投资也有所上升。2012 年，办公楼投资为 3367 亿元，同比增长 31.6%，高于同期房地产开发投资增速 15.4 个百分点，在房地产投资中的比重由 2011 年的 4.1% 提高到了 4.7%；商业营业用房投资为 9312 亿元，同比增长 25.4%，高于同期房地产开发投资增速 9.2 个百分点，在房地产投资中的比重由 2011 年的 11.9% 提高到了 13.0%（见表 2、表 3）。房地产企业向商业地产增加投资是应对房地产调控的一种策略，同时有利于房地产企业长期现金流的稳定。但是如果过快地增持商业地产，既需要大量的先期投资，对房地产企业当期现金流又是一个考验。

（四）投资区域差异明显

2012 年，东、中、西部地区房地产投资额分别为 40541 亿元、15763 亿元、15500 亿元，同比增长 13.9%、18.3%、20.4%，东部地区低于全国增长速度，中、西部地区快于全国增长速度，出现了东、中、西依次递增的局面，中西部地区显示出较快的发展速度。东、中、西部地区投资增速比 2011 年分别降低 13.2 个、7.2 个和 12.4 个百分点。从各省份看，东部地区的各省份大都低于全国平均水平，而中、西部地区的省份大都高于全国水平，这解释了房地产增速东、中、西依次递增的特点（见图 2）。分季度来看，东部地区房地产开发投资增速不断下降，但是住宅投资增速在四季度有所抬头；中、西部地区的房地产开发投资和住宅投资在前三季度都呈下降趋势，到第四季度也出现不同程度的上涨（见表 4）。东、中、西部地区房地产投资占全部房地产投资的比重分别为 56.5%、22.0%、21.6%，呈现出"东部下降，中西上涨"的态势（见表 5）。尽管区域差距在逐步缩小，但是东部地区所占比重的绝对优势地位仍然没有改变。

表 4 2012 年东、中、西部地区房地产投资增速比较

单位：%

地区	房地产投资				#住宅投资				土地购置费			
	1~3 月	1~6 月	1~9 月	1~12 月	1~3 月	1~6 月	1~9 月	1~12 月	1~3 月	1~6 月	1~9 月	1~12 月
全国	23.5	16.6	15.4	16.2	19	12	10.5	11.4	18.6	9.1	6.6	5.0
东部	20.6	15.4	14.5	13.9	16.5	11.3	9.3	9.6	24.3	9.8	7.9	6.1
中部	25.7	16.9	16.2	18.3	18.2	10.5	9.7	12.2	4.6	7.7	2.1	−5.6
西部	30.5	19.9	17.1	20.4	27.8	15.7	14.7	15.5	6.7	7.5	6.2	13.2

表 5 2012 年东、中、西部地区房地产投资占全部房地产投资比重

单位：%

地区	房地产投资				#住宅投资				土地购置费			
	1~3 月	1~6 月	1~9 月	1~12 月	1~3 月	1~6 月	1~9 月	1~12 月	1~3 月	1~6 月	1~9 月	1~12 月
东部	60.3	58.2	57.2	56.5	59.9	57.9	56.6	56.0	72.9	69.8	68.4	67.8
中部	18.9	20.7	21.4	22.0	19.0	21.0	21.9	22.4	15.0	16.4	16.6	16.8
西部	20.7	21.1	21.4	21.6	21.1	21.1	21.6	21.6	12.1	13.8	14.9	15.4

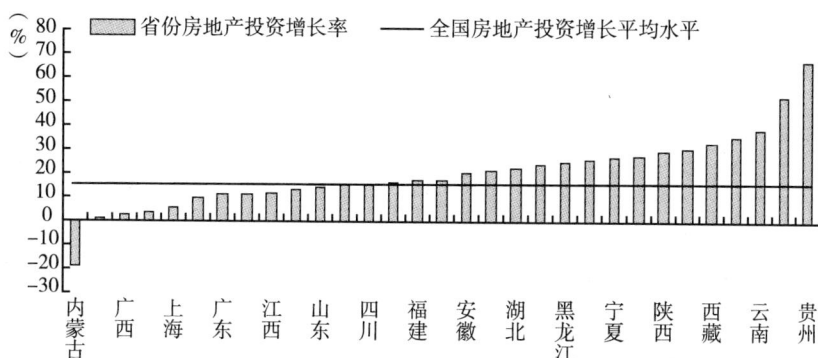

图 2 2012 年全国代表省份房地产投资增长情况

（五）购置土地投资下降明显

土地调控是房地产调控的重要手段，2012 年政府采取了紧缩地根的措施，土地供给量较往年大减；加上上半年房地产市场不景气，供应的土地出现了大量流拍和底价成交的现象。尽管年末个别城市土地市场逐步回暖，甚至出现了"异常火爆"的现象，但是这没有改变全年土地成交量下降的总体态势：2012 年购置土地面积为 35667 万平方米，同比下降 19.5%；土地成交价款为 7410 亿元，同比下降 16.7%。这种状况会影响到未来 3~5 年房地产市场上房屋的供给量。

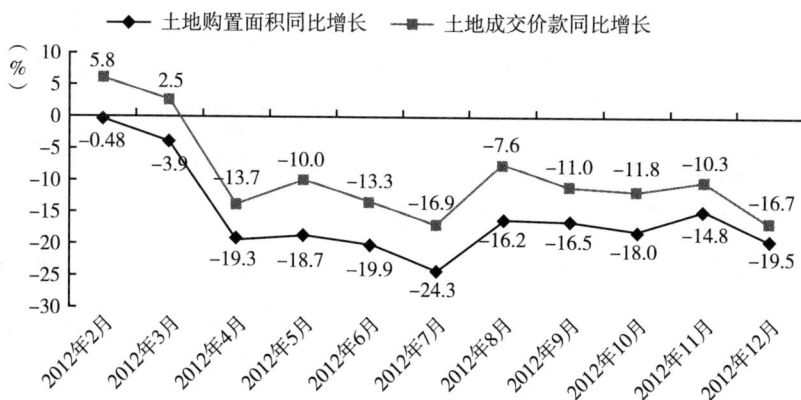

图 3 2012 年全国土地购置情况

二 2012 年房地产融资

2012 年国家继续坚持"史上最严厉的调控",上半年房地产市场一度出现不景气,房地产融资渠道受阻严重,尤其是中小型房地产企业面临的融资困境更加明显;为了突破困境,房企纷纷采取了"以价换量"等措施,以及首次置业、改善型置业需求的释放使下半年房地产市场回暖迹象初步显现,房地产融资困难的局面被打破,房地产企业资金情况明显好转。在这种情况下,许多房地产企业积极地选择了再融资计划,一方面保证在建工程的顺利进行,另一方面用来在市场上寻找机会补充土地储备。

(一)房地产融资增速下降,融资结构略有变化

2012 年,房地产开发企业当年资金来源 96538 亿元,同比增长 12.7%,增速比 2011 年回落 4.8 个百分点。其中,国内贷款 14778 亿元,增长 13.8%;利用外资 402 亿元,减少 48.8%;自筹资金 39083 亿元,增长 11.6%;其他资金 42275 亿元,增长 14.7%。在其他资金中,定金及预收款 26558 亿元,增长 18.2%;个人按揭贷款 10524 亿元,增长 21.3%(见图 4)。

在房地产资金来源中,国内贷款、利用外资、自筹资金、其他资金占资金小计的比重分别为 15.3%、0.4%、40.5%、43.8%,定金及预付款、个人按揭贷款占比分别为 27.5%、10.9%;而 2011 年的占比分别为 15.2%、0.9%、40.9%、43.0%,定金及预付款、个人按揭贷款占比为 25.2%、9.8%(见表 6)。受到国内外市场环境不景气的影响,企业自筹资金占比稍有下降,利用外资占比大幅下降;国内银行贷款占比的小幅提升,说明了在国内经济总体不景气的情况下,银行又把贷款投放重点开始向房地产业倾斜;从 2012 年下半年开始,房地产市场回暖趋势逐步显现,市场成交量有所提升,市场上的定金与预付款项增加较快,导致其在房地产资金来源中的占比有所提升。

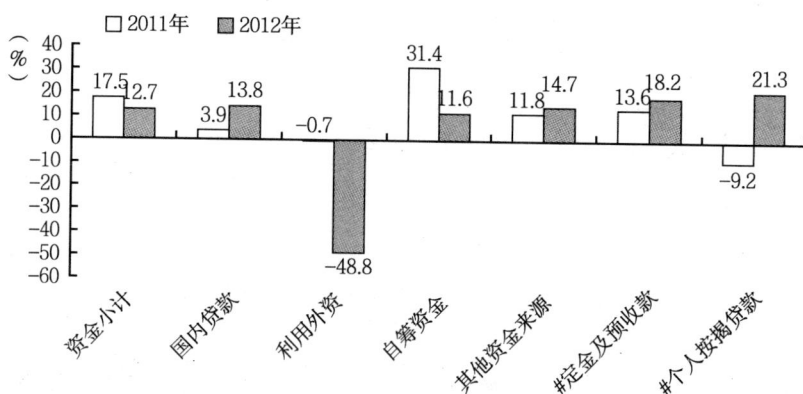

图 4　2011～2012 年房地产开发资金来源的增长率

表 6　2003～2012 年全国房地产开发资金结构情况

年份	当年资金 小计 （亿元）	国内贷款 占比 （%）	利用外资 占比 （%）	自筹资金 占比 （%）	其他资金 来源占比 （%）	#定金及预 收款占比 （%）	#个人按揭 贷款占比 （%）
2003	13197	23.8	1.3	28.6	46.3	38.7	—
2004	17169	18.4	1.3	30.3	49.9	43.1	—
2005	21398	18.3	1.2	32.7	47.8	36.6	—
2006	27136	19.7	1.5	31.7	47.1	30.2	9.5
2007	37478	18.7	1.7	31.4	48.2	28.5	13.1
2008	39619	19.2	1.8	38.6	40.3	24.6	9.8
2009	57799	19.7	0.8	31.1	48.5	28.1	14.8
2010	72944	17.2	1.1	36.5	45.2	26.1	12.6
2011	85689	15.2	0.9	40.9	43.0	25.2	9.8
2012	96538	15.3	0.4	40.5	43.8	27.5	10.9

　　从月份数据看，2012 年房地产开发资金增长率变化较明显，呈现出"先降后升"的态势：1～2 月份增长率为 16.2%，接下来的半年房地产开发资金增长率持续下降，1～6 月份增长率为 5.7%；下半年由于市场的逐渐回暖，房地产开发资金增长率扭转了不断下降的态势，"转降为升"，1～12 月份同比增长恢复到 12.7%（见表 7）。

表7　2012年全国房地产开发资金增长情况

单位：%

月份	资金小计	国内贷款	利用外资	自筹资金	其他资金	定金及预收款	个人按揭贷款
1～2	16.2	16.3	24.2	43.3	-5.6	-11.4	1.2
1～3	8.2	12.6	-22.4	25.0	-8.0	-9.2	-5.5
1～4	5.1	8.8	-42.9	17.5	-6.2	-6.3	-5.3
1～5	5.7	8.5	-36.8	16.3	-4.3	-4.0	-2.9
1～6	5.7	8.1	-53.9	12.9	-0.7	1.5	0.8
1～7	6.2	8.8	-54.3	10.3	2.8	5.5	4.6
1～8	9.1	11.2	-53.7	12.5	6.7	10.1	10.0
1～9	10.1	12.9	-53.3	11.4	9.6	13.2	14.2
1～10	11.6	14.7	-52.8	11.7	12.0	16.1	19.5
1～11	14.1	16.1	-51.5	13.8	15.2	20.2	23.7
1～12	12.7	13.8	-48.8	11.6	14.7	18.2	21.3

（二）地区间差异继续缩小，东部地区仍占绝对优势

2012年，东、中、西部地区房地产资金分别为57763亿元、19210亿元、19563亿元，占资金来源的比重分别是59.8%、19.9%、20.3%。东、中、西部地区房地产资金同比增长15.7%、20.2%、13.0%，全国房地产资金同比增长16.0%，东、西部地区低于全国增速，中部地区超过全国增速，地区之间的差异逐渐缩小，但东部地区仍然占有绝对的优势地位（见表8）。房地产资金占全国比重排在前十位的省份分别是江苏（10.2%）、广东（8.2%）、浙江（6.8）、辽宁（6.5%）、北京（6.3%）、山东（6.0%）、四川（4.4%）、福建（4.3%）、上海（4.1%）、重庆（4.0%），东部地区占了8个、西部地区占了2个。

表8　2012年东、中、西部地区房地产开发资金情况

单位：%

地区	资金来源		国内贷款		利用外资		自筹资金		其他资金	
	比重	增速	比重	增速	比重	增速	比重	增速	比重	增速
全国	100.0	16.0	100.0	17.6	100.0	-50.6	100.0	14.6	100.0	18.2
东部	59.8	15.7	68.8	17.5	74.7	-43.8	55.6	14.8	60.5	17.1
中部	19.9	20.2	13.8	19.1	14.3	-58.3	23.3	16.0	18.9	27.4
西部	20.3	13.0	17.4	16.8	11.0	-68.7	21.1	12.8	20.6	13.6

（三）融资渠道得到拓宽，新兴融资方式发展迅速

房企对资金十分依赖，广泛的资金渠道和低廉的资金成本是房企的核心竞争力，融资工作对于房企至关重要。房企融资的渠道有企业自筹、银行贷款、债券融资、信托融资、房地产基金、资产证券化、股权融资、上市 IPO、海外融资、合作开发等。受到中国金融市场发展缓慢的限制，中国房地产业传统的融资方式主要为企业自筹、银行贷款以及部分定金和预收款项。随着近些年房地产调控的不断升级，传统的融资渠道不断受阻，房企为了求得生存，被迫尝试一些"新兴"的方式，信托融资、房地产基金、上市 IPO 等融资方式应势而起，并得到了迅速发展。

房地产信托是房地产业的一种重要融资手段，但是长期以来受到金融环境的影响，中国的房地产信托发展较为缓慢。在房地产调控升级的情况下，房地产信托在夹缝中得到了发展，2010 年迅速攀升到 1845 亿元，同比增长 337%，2011 年达到了顶峰 2840 亿元。房地产信托的迅速发展缓解了地产业的资金压力，但是其迅猛发展也留下了很多忧患。2012 年迎来了房地产信托兑现的高峰，"绿城事件"的出现对房地产信托的发展是一个打击。尽管随着市场回暖，2012 年的房地产信托兑现高峰安全度过，但是 2013 年房地产信托兑现的压力依然非常大。为了控制房地产信托的风险，有关部门对其设立加强了审查，房地产信托发展有所限制，2012 年有所下滑，仅为 698 亿元（见图 5）。

房地产银行信贷的受限促进了房地产信托的快速发展，同样，房地产信托产品审查的逐渐严格又推动了房地产基金的发展。2008 年房地产基金开始发展，但当时的基金是作为开发商的一种融资渠道而存在着，基金也与开发商存在着很大的关联，独立品牌的基金很少，基金的水平相对较低。经过几年的发展，2012 年房地产基金已经初具规模（见表 9），并且开始逐渐形成一些独立的房地产基金品牌。随着房地产基金管理人品牌团队的逐渐形成，基金募集规模不断扩大，许多投资期限更长、项目组合式的大型基金开始出现，投资策略也从实质债券走向夹层、股权等多元化手段，从住宅地产走向商业办公领域，部分基金已经完成了投资—管理—退出的流程，并为投资人带来了回报。

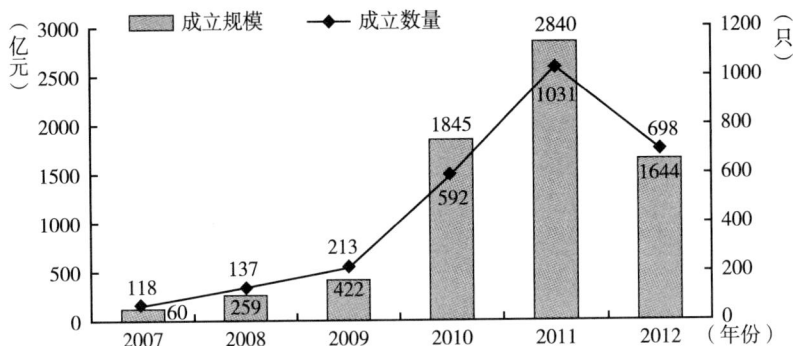

图5　2007～2012年房地产信托成立情况

资料来源：用益信托网。

表9　近两年房地产基金发展情况

	数量（只）	规模（亿元）
2010 年前	23	100
2010 年	41	163. 75
2011 年	97	712. 316
2012 年	63	369. 5
目前总共	224	1345

资料来源：融资中国网《2012 人民币房地产基金报告》。

美联储在 2012 年 9 月 13 日开启了第三轮量化宽松（QE3），在 12 月 13 日继续开启第四轮量化宽松（Q4），美元不断贬值，刺激了国际热钱涌向中国香港资本市场，同时内地企业赴港融资通道重新开启，内地房企掀起了一个海外融资的热潮，中海、龙湖等房企在四季度融资金额就达到了近 500 亿元。2012 年末，旭辉、新城等房企成功赴港 IPO，方圆地产、星河湾、协信地产、金轮集团、当代集团、卓越地产、瑞安新天地、鸿坤地产等企业也有了赴港市 IPO 的计划，内地房企海外融资热潮涌动。

表 10　中国内地房企上市情况

股票代码	公司名称	股票代码	公司名称	股票代码	公司名称	股票代码	公司名称
00123	越秀地产	00230	五矿建设	00258	汤臣集团	00337	盛高置地
00410	SOHO 中国	00563	上实城开	00604	深圳控股	00672	众安房产
00688	中海地产	00754	合生创展	00755	上海证大	00817	方兴地产
00832	建业地产	00845	恒盛地产	00846	明发集团	00960	龙湖地产
01109	华润置地	01124	沿海家园	01207	上置集团	01238	宝龙地产
01628	禹洲地产	01638	佳兆业	01777	花样年	01813	合景泰富
01918	融创中国	01966	中骏置业	02007	碧桂园	02777	富力地产
02868	首创置业	03333	恒大地产	03377	远洋地产	03688	莱蒙国际
02098	卓尔发展	00884	旭辉集团	01030	新城地产		

三　2013 年趋势分析

1. 政策——稳中趋紧

2012 年的中国经济增长率为 7.8%，创 1999 年以来的最低，中国经济面临下行压力；同时，欧债危机进一步加深，世界经济一片萧条，对中国的经济无异于雪上加霜。在这种背景下，中国必将把稳定经济增长作为经济工作的首要任务。中国经济增长的"三驾马车"中，出口受到世界经济的影响而严重萎缩，消费在短期内不可能大幅增长，投资仍然是稳定经济的最好手段，投资中最重要的一块就是房地产投资，这于房地产的发展无疑是利好。

在国家各种调控的作用下，2012 年的房地产业开始进入稳定发展的理性阶段，如果房价不出现大幅的上涨，国家出台新的调控措施的可能性不大。但是，2012 年的房地产市场显现出"整体稳定，局部火热"的特征，在年末的一线城市出现局部过热现象，特别是土地市场的快速回暖使得未来的房市走向充满了不确定性。如果这种"局部过热"蔓延开来，与中央调控的目标形成对抗，不排除中央会出台更加严厉的政策。国土与资源部、住建部等主管部门近期多次表示"调控不放松"，但目前尚无"新"的政策出台，未来的房地产调控会呈现"稳中趋紧"的特征。

2. 投资——稳中略升

2012 年，国家坚持"对房地产调控不动摇"，年初房地产市场一片不景气，房地产投资增速逐渐趋缓。为了应对调控，房企采取了"以价换量"等多种措施，下半年开始市场"回暖"趋势明显，房企对市场的预期也开始变得乐观，年末一线城市的土地市场甚至出现"过热"。同时，以"限购"政策为代表的"史上最严厉的调控"实施已近 3 年，市场对其已经产生了"免疫力"，其调控效果将进一步减弱。另外，"限购"政策实施以来，部分需求被"截取"，这部分需求对未来市场有一定的支撑作用。下半年以来，包括房企在内的市场主体普遍表现出对市场的乐观预期，2013 年的房地产投资将呈现"稳中略升"的趋势。但是在中央政府的调控下，为了规避政策风险，房地产投资的内部结构和区域布局将会有所调整：受到调控较严重的住宅地产投资和一线城市投资将会逐渐向商业地产和二、三线城市转移。

3. 融资——多手并举

2012 年中央经济工作会议提出："明年继续实施稳健的货币政策，适当扩大社会融资总规模，保持贷款适度增加，切实降低实体经济发展的融资成本。""适当扩大社会融资总规模"是进一步稳定中国经济的需要，也有利于房地产业的融资。但是，在房地产调控的背景下，传统的银行贷款等间接融资手段将受到越来越多的限制，这迫使房企拓展一些新的融资渠道，包括房地产信托、房地产基金在内的新兴融资手段将面临更多的发展机遇。但是，在新兴的融资方式上，不同的企业面临的融资成本差距很大，小型房企的融资成本相对较高，小型房企融资困境依然难破。大型房企在二、三线城市的布局，小企业的利润受到挤压，回款能力下降，加上小企业面临着融资困难的问题，使得小企业的生存越来越难，房地产业集中化将进一步显现。

四　政策建议

1. 坚持房地产调控不动摇，逐渐回归到"长期化""市场化"

2010 年 4 月"新国十条"提出"地方人民政府可根据实际情况采取临时性措施，在一定时期内限定购房套数"，随后北京出台"国十条实施细则"，首次提出"限购令",随后多个城市跟进,"限购"扩展到全国。"限购"是在"一定时期内"一定城市实施的"临时性措施",其目的在于抑制投资、投机性需求,遏制房价过快上涨,促进房价合理回归。限购实施以来,房地产投资量、房地产市场成交量、成交价格等市场指标逐步回落,并开始走向合理的稳定水平,限购调控效果逐步显现。但是随着时间的推移,房地产企业采取了"以价换量"等措施,力促市场走出"寒冬",以及首次置业、改善型置业的释放,市场回暖迹象明显,市场对"限购"开始产生一种"免疫力","限购"的调控效果在一定程度上得到削弱。"限购"应作为一种短期行政干预手段,对房地产市场进行调控。应尽量采取市场化的、长效的调控措施,如逐步转向以财税、金融等经济法律手段为主的房地产市场调控,保证房地产业的长期稳定发展。

2. 适当增加土地供给,保证住房供求基本平衡

2011 年中国的城镇化率达到 51.27%,城镇化进入了一个新的发展时期。党的十八大特别指出未来着重推进中国的城镇化,城镇化过程中住房需求依然旺盛,新进城农民的增量需求和本地居民的改善型需求稳步增长。长期以来,中国房价上涨过快的主要原因就是住房供不应求。要控制房价的过快上涨,根本措施就是增加住房的供给,土地供给的增加也就变得十分必要。但是,由于中国人多地少,对土地的供给不是无限的,又要保证国家"十八亿亩红线"不突破,这就要求在土地供给方面,应该采取"城乡建设用地挂钩"策略,对大中小城市、东中西区域实施差别化的土地供应。

3. 加大对保障性住房的支持,构建合理的住房体系

一个完整的住房体系应该包括商品房和保障性住房。1998 年中国就提出了构建包括廉租住房、经济适用住房和商品房在内的住房体系,但是后来保障性住房被"忽视"了,发展较为缓慢。2007 年国务院发布 24 号文,明确要求各地方政府编制住房保障的发展规划,住房保障建设再次被重视起来,这两年保障性住房建设也得到了很快的发展。《国民经济和社会发展第十二个五年规划纲要》中提出,未来 5 年,中国将开工建设 3600 万套保障房,"十二五"末使保障性住房的覆盖率达到 20%。尽管取得了很大的成绩,但是要继续把保障性住房工作向前推进,依然存在很多问题,如融资困难等,加强对保障性住房的支持必须且重要。

4. 在风险总体控制的前提下，鼓励拓展房地产融资新渠道

在2012年，房地产信托、房地产基金、房地产证券化等多种房地产融资渠道得到了进一步拓展，一定程度上是房企在市场调控下的无奈之举。但是，这些新兴融资渠道的发展，不仅方便了企业融资目标的实现，也有利于银行信贷风险的分散。同时，新兴融资渠道的拓展是中国资本市场发展的需要，可以使房地产业利润分配变得"社会化"，让更多的人享受到房地产业发展的成果。另外，投资者获得了一种比直接持有房地产更具流动性和财务回报更高的可替代投资品，一定程度上也可以起到"抑制投资、投机性需求"的作用，有利于房地产调控的顺利进行和房地产业的可持续发展。所以，只要在行业风险整体控制的情况下，房地产融资渠道的不断拓展是值得鼓励和支持的。

Analysis of the Situation of Real Estate Investment and Finance in 2012 and the Trend in 2013

Ding Xingqiao

Abstract：On the basis of the related data, this article analyses the status of the real estate investment and financing from different aspects in 2012, makes a judgment about the trend of the real estate investment and financing in 2013, and gives some suggestions. Real estate investment growth has declined rapidly, the financing channels have been expanded in 2012. The trend will continue in 2013.

Key Words：Real Estate；Investment and Finance；Trend

B.7

2012 年我国个人住房信贷业务
现状分析及 2013 年展望

林 东*

摘 要：

2012 年个人住房信贷政策保持了较强的连续性和稳定性。全年个人住房贷款投放呈现总体增速回升、利率稳步下行、局部风险显现等特征。展望 2013 年，预计住房信贷增量将小幅提高，而调控政策将继续从紧，且区域分化特征将会显现。

关键词：

个人住房信贷　现状分析　展望

2012 年随着稳健货币政策的实施，以及地方政府对楼市政策的微调，购房刚性需求集中释放，房地产市场呈现"量升价稳"特征，全年商品住宅销售面积 9.85 亿平方米①，同比增长 2%，住宅成交均价先降后升，2012 年末均价与 2011 年基本持平②。这种积极变化一定程度上应归因于住房限购、差别化信贷和税收等调控政策的持续严格执行。本文重点对 2012 年的住房信贷政策和信贷投放情况进行分析，并展望 2013 年住房信贷市场可能呈现的新情况。

＊　林东，经济学硕士，中国农业银行总行住房金融与个人信贷部高级专员，研究方向为房地产经济学。

①　国家统计局：《2012 年全国房地产市场运行情况》。

②　中国指数研究院：《12 月百城住宅均价环比上涨 0.23%，连续 7 个月上涨，同比微幅上涨 0.03%，结束连续 8 个月的同比下跌》。

一 2012 年个人住房贷款相关政策变化情况

（一）差别化信贷政策延续实行

始于 2010 年的新一轮房地产调控政策在 2012 年保持了较好的连续性和稳定性。其中，差别化住房信贷政策延续了 2011 年的规定，即居民家庭首套房贷款的首付款比例不低于 30%，二套房贷首付款比例不低于 60%、利率不低于基准利率的 1.1 倍，三套及以上住房贷款继续暂停发放。政策规定有保有压，既保护了居民首次购房的合理需求，又对投资投机性需求进行了有效抑制。

尽管 2012 年并未出台新的调控政策，但中央及相关主管部门均强化了对市场的监管和督察，确保房地产调控不放松。上海、珠海等地方政府对调控政策进行调整，均因触及调控底线、扰乱政策预期被中央叫停。此外，为进一步提高房地产调控政策措施执行力，7 月份国务院派出 8 个督察组，对 16 个省份贯彻落实住房限购和差别化住房信贷、税收等调控政策的情况开展督察，强化市场监管及问责。

（二）货币政策适度宽松

2012 年，中国人民银行继续实施稳健的货币政策，整体环境稳定中略带宽松。前 7 个月，中国人民银行根据国内经济增长放缓、物价涨幅有所回落等变化，两次下调存款准备金率各 0.5 个百分点，两次下调存贷款基准利率，并加快利率市场化改革步伐，扩大了金融机构存贷款利率浮动区间的上限和下限（见表 1）。其中，6 月份的降息是中国三年半来首次降息，7 月份的降息则是首次实施不对称降息。降准、降息等多种货币政策工具组合运用，有效促进了货币供给的平稳适度增长，并降低了居民购房融资成本，为全年房贷增速回升、利率水平下行提供了支撑。

表 1　2012 年货币政策调整情况

时间	政策调整情况
2 月 24 日	下调存款类金融机构人民币存款准备金率 0.5 个百分点
5 月 18 日	下调存款类金融机构人民币存款准备金率 0.5 个百分点
6 月 8 日	中长期贷款利率下调 0.25 个百分点,将金融机构存款利率浮动区间的上限调整为基准利率的 1.1 倍,贷款利率浮动区间的下限调整为基准利率的 0.8 倍
7 月 6 日	中长期贷款利率下调 0.25 个百分点,并将金融机构贷款利率浮动区间的下限调整为基准利率的 0.7 倍

二　2012 年个人住房信贷投放特点

（一）总体增速回升

2012 年全国金融机构个人住房贷款余额 7.5 万亿元[1]，比 2011 年同期增长 12.9%，虽然比上年末低 1.9 个百分点，但已连续 7 个月回升，比 5 月末的最低点提高 2.6 个百分点，全年贷款增加 8419 亿元，同比多增 98 亿元。

逐月看，个人按揭贷款[2]投放呈前低后高特征，增长趋势与 2011 年反差明显（见图 1）。业务逐月增长直接受益于住宅市场成交回暖，其根本原因是人民银行 6、7 月份连续两次降息，降低了刚性需求群体的入市门槛和贷款成本，并转变了市场预期，使近两年以来受房地产调控政策影响而抑制的刚性需求集中快速释放。

从贷款结构看，受调控政策影响，个人住房贷款增量占比仍处于下滑通道，占全部金融机构境内人民币各项贷款增量的比例由 2010 年的 16.4% 下滑至 2012 年的 10.3%，占住户贷款增量的比例也由 2009 年的 56.6% 大幅回落至 2012 年的 33.3%（见图 2）。

---

[1]　中国人民银行：《2012 年第四季度中国货币政策执行报告》。

[2]　由于个人住房贷款逐月数据无法获取，以房地产开发投资资金来源中的个人按揭贷款替代。

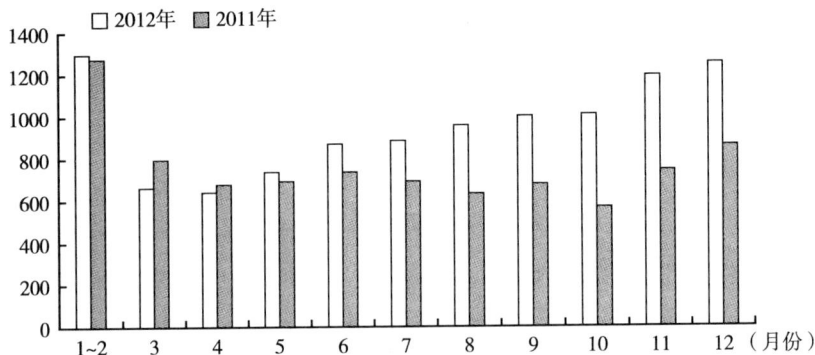

图1　2011～2012年房地产开发投资资金中个人按揭贷款情况

资料来源：中经网统计数据库。

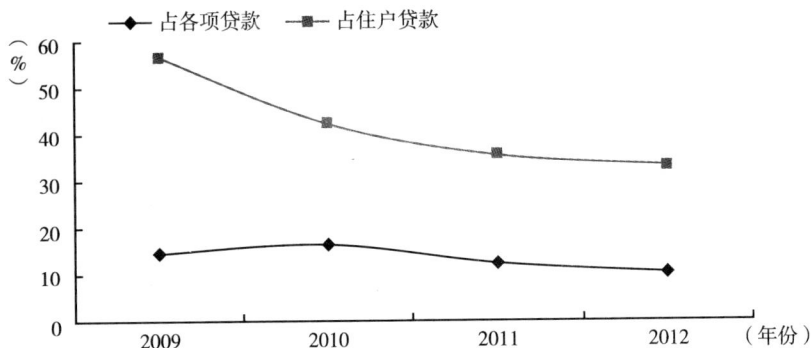

图2　2009～2012年个人住房贷款占各项贷款、住户贷款比例

资料来源：中国人民银行。

（二）利率稳步下行

受货币供给增加、贷款基准利率下调、浮动空间下限调整等因素综合影响，2012年个人住房贷款加权执行利率稳步下行。9月份贷款加权平均利率6.20%，达到全年低点，比上年末下降1.42个百分点。年末，受贷款规模限制，12月加权利率小幅上升0.02个百分点至6.22%（见图3）。

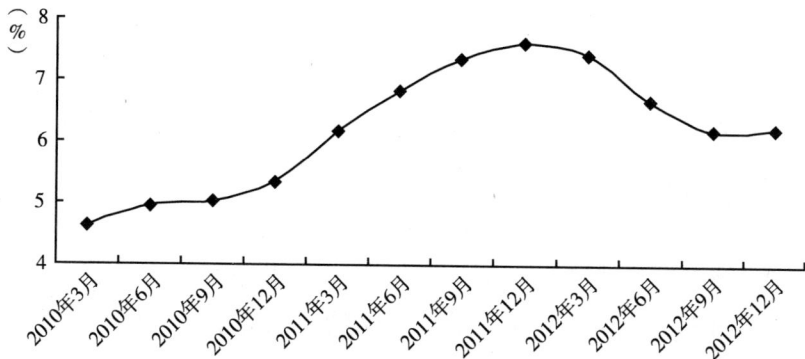

图3　2010～2012 年个人住房贷款加权利率情况

资料来源：中国人民银行。

（三）调控效果稳定

一是金融杠杆率保持较低水平。以"抑需求"为主线的差别化住房信贷政策，对购房者金融杠杆使用程度有所抑制，尤其是针对投资投机性需求，将二套房贷首付比例提高60%、对三套及以上购房需求则不予信贷支持。受此影响，2012 年购房者金融杠杆率维持在 1.4 的低位，与 2011 年水平相当（见图 4）。

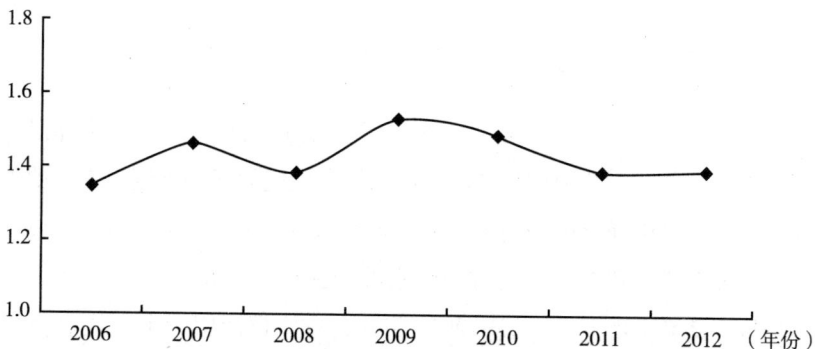

图4　2006～2012 年个人住房贷款金融杠杆率变化情况

说明：杠杆率 =（定金及预收款 + 个人按揭贷款）/定金及预售款。
资料来源：中经网统计数据库。

二是首套房贷业务占比较高。在相关监管政策引导下，各商业银行均加大了首套房贷业务的支持力度，优先满足居民家庭首次购买自住普通商品房的贷款需求。2012 年，中国工商银行前 11 个月共投放个人住房贷款 89 万笔，其中居民首套房贷款 83 万笔，在全部个人住房贷款中的占比达 93.26%[①]。据了解，农行、中行、建行投放的个人住房贷款中首套房占比也均在九成左右。世联地产代理楼盘购房客户结构数据显示，2012 年投资客占比基本在 14% 左右波动[②]（见图 5），也印证了市场需求以自住为主的特点。

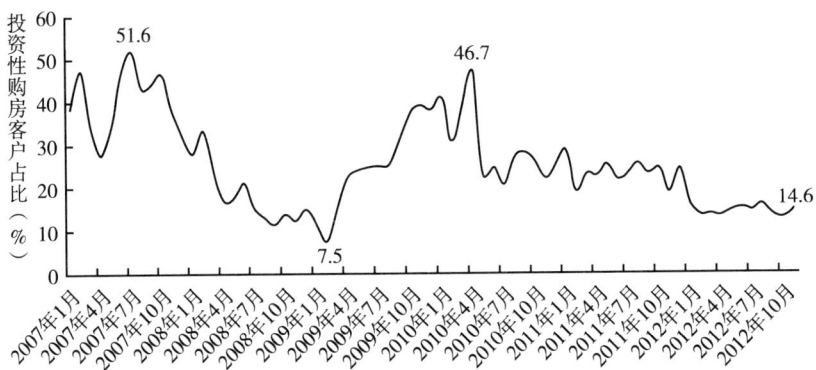

图 5   2007～2012 年世联地产代理楼盘购房客户结构

资料来源：世联研究。

（四）局部风险显现

受上半年经济增长放缓的影响，部分个人客户偿债能力及信用状况下降，开发企业资金链紧张，携预售款潜逃、项目楼盘烂尾的案例再度出现。此外，局部地区住房楼盘供给远超市场消化能力，导致房地产市场价格出现较大波动，也影响了个人客户偿债意愿。在两方面因素综合作用下，2012 年部分商业银行个人住房贷款不良额出现上升。截至 2012 年 6 月末，招商银行个人住房贷款余额 3313.78 亿元，比年初增长 2.39%，不良贷款金额达到 6.43 亿元，比年初增加

---

① 《工行个人贷款余额超过两万亿元》，2012 年 12 月 26 日《金融时报》。
② 世联研究：《2012 年中国房地产市场回顾与 2013 年展望》。

2.54 亿元，增幅达 65.3%，不良率为 0.19%，比年初增加 0.07 个百分点①。同期，中国建设银行的个人住房不良贷款余额也增加了 2.3 亿元②。

三　2013 年展望

（一）货币政策略微宽松，房贷增量将维持一定高度

根据中国人民银行《2012 年第四季度中国货币政策执行报告》，2013 年中国人民银行将坚持稳中求进的工作总基调，继续实施稳健的货币政策，保持政策的持续性和稳定性。据了解，2013 年广义货币供应量（M2）目标增速定在 13% 左右，新增信贷投放目标定在 8.5 万亿元左右，为四年来信贷目标最高值。据此推断，2013 年货币政策环境较 2012 年略微宽松。这将为房地产市场资金需求提供有力保障。从市场成交情况看，由于刚性需求和改善性需求尚未完全释放，2012 年下半年以来交易量上涨的态势将延续到 2013 年。由此判断，2013 年个人住房贷款仍将稳步增长，全年增量维持 9000 亿元左右的概率较大。

（二）信贷政策继续从紧，各地调控政策出现分化

考虑到 2012 年下半年以来房价上涨压力开始显现，且总体经济已企稳回升，2013 年差别化住房信贷政策仍将从严、从紧，全盘放松的可能性较小。2012 年 12 月召开的中央经济工作会议强调，"要继续坚持房地产市场调控政策不动摇"，也为 2013 年房地产调控政策定下了基调。值得注意的是，2012 年一、二线城市和三、四线城市房地产市场成交表现分化、结构性失衡的现象已较明显。一、二线城市成交迅速回暖，库存下降明显，销售情况转好更是带动土地市场升温，市场预期明显改善；而部分三、四线城市近几年房地产投资过快，吸纳人口能力有限，造成可售住房库存仍处于较高水平，远超市场消化能力，供过于求风险开始显现。可以预见，2013 年各地楼市调控目标和政策措施将逐渐分化。

---

① 《招商银行股份有限公司 2012 年半年度报告》。
② 《中国建设银行股份有限公司 2012 年半年度报告》。

（三）以客户为中心，以房贷业务为基础的综合型个贷产品日益丰富

受差别化房贷政策影响，新增二套房房贷客户首付比例已提高至60%，挤压了客户装修、购置汽车和大额耐用消费品等多种消费需求支出能力。此外，部分地区由于尚未开办重复抵押登记和最高额抵押登记，存量房贷客户在原按揭贷款结清前，抵押品净值再融资功能也难以有效释放。为满足客户日益丰富的综合性融资需求，银行营销服务理念已逐步由"以产品为中心"向"以客户为中心"转变，在为客户办理抵押类个人住房贷款的基础上，以保证（含履约保险保证）担保或信用方式进一步提供综合消费融资服务。例如，在2012年中国银行推出了"理想之家·双享贷"业务，中国建设银行、中国农业银行推出了"家装贷"产品，光大银行推出了"阳光生活住房套餐"业务等。预计2013年此类产品将更加丰富，业务规模将快速增长。

四　若干建议

（一）因地制宜细化差别化信贷政策

由于各城市房地产发展水平和存在问题并不一致，建议实施差别化住房信贷政策时，应加强分类指导。对于一、二线城市，由于人口规模庞大、经济和居民收入增长稳定，其主要矛盾是房地产资源有限和房价过高，差别化住房信贷政策可继续收紧，进一步降低投资投机性需求的融资杠杆，提高融资成本；对于人口吸纳能力有限的三、四线城市，尤其是近几年房地产库存大量攀升、供给过多、远远超过当地居民真实需求的城市，在密切市场监控的基础上，可适度放宽限贷政策，促进合理自住需求的释放，同时加强开发商和项目楼盘准入，着力防范虚假按揭风险，守住不发生系统性、区域性金融风险的底线。

（二）建立稳定房地产市场的长效机制

在总体经济快速增长、城镇化稳步推进的过程中，要想保持商品住房市场

的基本稳定，关键在于建立降低住房投资预期回报的长效机制。建议尽快研究推出针对房地产保有环节的税种，加大房屋保有成本，尤其是保有多套房屋的成本，精准打击投资、投机性需求，并降低地方政府对土地财政的依赖。同时，建议进一步加快全国联网的存量住房信息系统建设，明晰居民家庭拥有房屋套数的界定，以利于限购、差别化住房信贷和税收政策的实施，避免房地产资源继续向少数人集中。

（三）完善保障性住房按揭贷款配套政策

近年来，国家加大了保障性住房的建设力度，商业银行积极响应，加大了保障性住房开发贷款的投放，2012 年新增保障性住房开发贷款 1796 亿元，占全部住房开发贷款新增额的 89.3%。然而，商业银行对居民保障房按揭贷款的支持程度仍处于较低水平，其主要症结在于，一是保障房按揭贷款借贷主体偿债能力较差，二是经济适用住房和"两限"商品住房均有五年的限售期，一旦客户出现违约，银行无法处置抵押物。建议尽快建立针对保障性住房的政府回购担保机制，借款人连续逾期三期以上的，由地方政府回购抵押房产，有效保障银行合法权益，吸引商业银行进一步加大保障房按揭贷款的支持力度，促进业务可持续发展。

Analysis on Housing Credit in 2012 and Prospect for 2013

Lin Dong

Abstract：In 2012, housing credit policies remained continuous and stable. And the mortgage loan presented following characteristics：overall growth rate increased, interest rates declined, and local credit risk appeared. Looking forward to 2013, the relaxing monetary liquidity will improve the incremental mortgage loan slightly, but the control policy will remain strict and take on regional differentiation characteristics.

Key Words：Housing Credit; Status Quo; Prospect

市　场　篇

Market

B.8
2012 年住宅市场形势分析及
2013 年预测

刘　琳　任荣荣*

摘　要：

2012 年上半年住宅市场运行景气回落，下半年筑底企稳。商品住宅各项建设指标同比增幅回落，新开工面积同比负增长；商品住宅投资增速处于历史低位；商品住宅销售面积保持 2.0% 的小幅增加；居住用地价格环比涨幅逐季扩大；70 个大中城市二手住宅与新建住宅价格分别于 4 月份和 6 月份企稳，年末新建住宅价格上涨较快。预计 2013 年住宅销售面积保持小幅增加，住宅开发投资增速继续保持低位，住宅价格保持稳中有升的可能性较大。

关键词：

住宅市场　价格　预测

---

* 刘琳，博士后，国家发展与改革委员会投资研究所房地产研究室主任，研究方向为房地产经济学；任荣荣，博士，任职于国家发展与改革委员会投资研究所，研究方向为房地产经济学。

一　宏观背景

（一）2012 年宏观调控将稳增长放在更加重要的位置，房地产调控政策继续从紧

2012 年中央将稳增长放在更加重要的位置上，继续实施积极的财政政策和稳健的货币政策，根据形势变化适时适度预调微调。央行年内两次下调存款准备金率：中国人民银行分别于 2 月 24 日、5 月 18 日两次下调存款类金融机构人民币存款准备金率各 0.5 个百分点。下调存款准备金率后，大型银行存款准备金率为 20%，中小金融机构的存款准备金率为 16.5%。这是央行自 2011 年末以来第三次下调存款准备金率。央行年内两次降息：中国人民银行于 6 月 8 日下调金融机构一年期存贷款基准利率 0.25 个百分点，其他各档次存贷款基准利率相应调整；于 2012 年 7 月 6 日首次实施非对称降息，金融机构一年期存款基准利率下调 0.25 个百分点，一年期贷款基准利率下调 0.31 个百分点，其他各档次存贷款基准利率及个人住房公积金存贷款利率相应调整。目前，一年期存款利率为 3%，一年期贷款利率为 6%；五年期以上贷款利率为 6.55%，五年期以上个人住房公积金贷款利率为 4.50%。

2010 年以来，我国房地产市场调控始终以"增加供给、抑制投机、加强监管、推进保障房建设"为基本思路。2012 年以来，中央在多次会议中明确表态，要继续坚持房地产市场调控政策不动摇：3 月，《政府工作报告》中指出，严格执行并逐步完善抑制投机、投资性需求的政策措施，进一步巩固调控成果，促进房价合理回归；4 月，国务院总理温家宝主持召开国务院常务会议指出，巩固房地产市场调控成果，坚持房地产调控政策不动摇，决不让调控出现反复；5 月，国务院总理温家宝主持召开国务院常务会议，要求稳定和严格实施房地产市场调控政策；从 7 月下旬开始，国务院派出 8 个督察组，对 16 个省份贯彻落实国务院房地产市场调控政策措施情况开展专项督察，坚决抑制投机投资性需求，巩固房地产市场调控

成果；12 月，中央经济工作会议定调房地产调控政策方向，要继续坚持房地产市场调控政策不动摇，要继续加强保障性住房建设和管理，加快棚户区改造。

（二）2012 年宏观经济增幅回落，物价涨幅回落

2003～2007 年，我国经济连续五年保持两位数的增长。2008 年在宏观调控政策和世界金融危机的影响下，三季度以后经济增长出现较快下滑，GDP 增速由一季度的 10.6% 降为四季度的 6.8%。在应对金融危机的经济刺激政策作用下，2009 年我国经济增长企稳回升，GDP 增幅逐季增加，由一季度 6.1% 的历史低点增加为四季度的 10.7%。2010 年第一季度开始 GDP 增幅持续回落，2010 年和 2011 年增长率分别为 10.4% 和 9.3%。2012 年前三季度 GDP 增幅继续逐季回落，四季度回升。全年国内生产总值 519322 亿元，按可比价格计算，比上年增长 7.8%。分季度看，一季度同比增长 8.1%，二季度增长 7.6%，三季度增长 7.4%，四季度增长 7.9%。

2012 年前三季度 CPI 涨幅逐季回落，四季度涨幅回升。一至四各季度 CPI 分别同比增长 3.77%、2.87%、1.9% 和 2.07%，全年居民消费价格同比上涨 2.6%，涨幅比上年回落 2.8 个百分点。

城乡居民收入继续增长，农村居民收入增速快于城镇。全年城镇居民人均总收入 26959 元。其中，城镇居民人均可支配收入 24565 元，比上年名义增长 12.6%；扣除价格因素实际增长 9.6%，增速比上年加快 1.2 个百分点。全年农村居民人均纯收入 7917 元，比上年名义增长 13.5%；扣除价格因素实际增长 10.7%，比上年回落 0.7 个百分点。

（三）2013 年继续实施积极的财政政策和稳健的货币政策，继续坚持房地产调控政策不动摇

2012 年 12 月 15～16 日中央经济工作会议指出，我国发展仍然具备难得的机遇和有利条件，经济社会发展基本面长期趋好，但仍面临不少风险和挑战，不平衡、不协调、不可持续问题依然突出。会议指出，要继续实施积极的财政政策和稳健的货币政策，充分发挥逆周期调节和推动结构调整的作

用。实施积极的财政政策，要结合税制改革完善结构性减税政策。实施稳健的货币政策，要注意把握好度，增强操作的灵活性。要适当扩大社会融资总规模，保持贷款适度增加，保持人民币汇率基本稳定，切实降低实体经济发展的融资成本。要继续坚持房地产市场调控政策不动摇。积极稳妥推进城镇化，着力提高城镇化质量。要构建科学合理的城市格局，大中小城市和小城镇、城市群要科学布局，与区域经济发展和产业布局紧密衔接，与资源环境承载能力相适应。要把有序推进农业转移人口市民化作为重要任务抓实抓好。要把生态文明理念和原则全面融入城镇化全过程，走集约、智能、绿色、低碳的新型城镇化道路。要继续加强保障性住房建设和管理，加快棚户区改造。

二　2012 年住宅市场运行状况

（一）商品住宅各项建设指标同比增幅回落，新开工面积同比负增长

2006～2010 年，商品住宅施工面积、新开工面积和竣工面积年均增长率分别为 20.7%、18.1% 和 10.6%，住宅市场供给量总体呈上升趋势。2012 年全年，商品住宅施工面积、新开工面积和竣工面积分别为 42.9 亿平方米、13.1 亿平方米和 7.9 亿平方米，分别同比增加 10.6%、–11.2% 和 6.4%，增幅分别比上年减少 12.8 个、24.1 个和 6.6 个百分点。其中，商品住宅新开工面积各月份累计均表现为同比负增长。

从 2012 年商品住宅各项建设指标的月度变化来看，住宅施工面积同比增幅由 1～2 月份的 32.8% 逐月回落至 1～12 月份的 10.6%，住宅新开工面积前 7 个月各月累计负增长幅度逐步扩大，虽然在 8 月份和 11 月份累计负增长的幅度有所减小，但商品住宅新开工面积同比负增长的态势并未改变，住宅竣工面积同比增幅也表现出明显的回落态势，由 1～2 月份的 47.9% 减小至 1～12 月份的 6.4%（见图 1）。

2012 年，东部、中部和西部地区商品住宅新开工面积均表现为负增长，

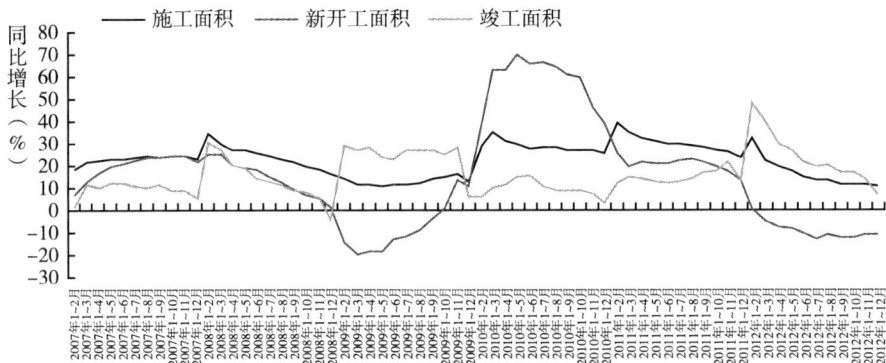

图1 商品住宅各项建设指标变化

资料来源：国家统计局。下文数据如无特殊标注，数据来源均为国家统计局。

分别比上年减少14.9%、8.9%和6.5%，东部地区商品住宅新开工面积减幅最大。有5个省份商品住宅新开工面积减幅超过30%，包括上海（－37.8%）、北京（－37.3%）、内蒙古（－36.0%）、黑龙江（－35.0%）、河北（－33.0%）。

2012年，长三角、珠三角和环渤海地区商品住宅新开工面积均表现为负增长，分别比上年减少17.3%、15.2%和12.3%，长三角地区商品住宅新开工面积负增长幅度最大。

2012年1~10月份，全国城镇保障性安居工程新开工722万套，基本建成505万套，完成投资10800亿元。

（二）商品住宅投资增速处于历史低位

2006~2011年，商品住宅投资额年均增长26.6%，其中，2009年商品住宅投资额增速最小，为14.2%。2012年，商品住宅完成投资49374.2亿元，同比增长11.4%，比上年减少18.8个百分点，比房地产开发投资增速低4.8个百分点。2012年商品住宅投资增速低于2009年，处于历史低位。

从月度变化来看，商品住宅投资增速自年初以来逐月回落，由1~2月份的23.2%逐月下降至1~9月份的10.5%，10月份和11月份投资增幅小幅回升（见图2）。

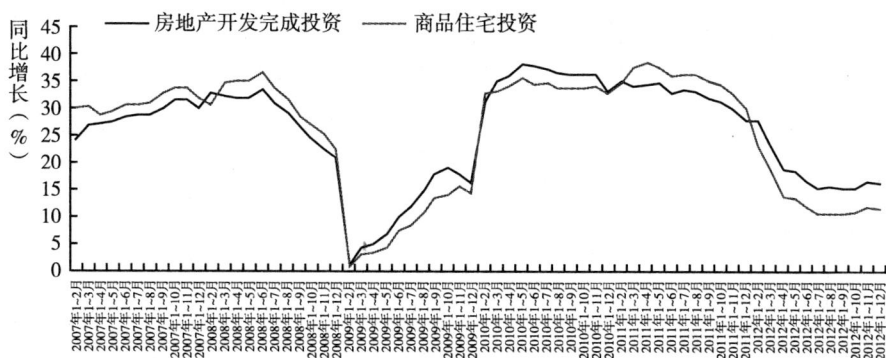

图 2   商品住宅投资完成额变化

2012 年，东部、中部和西部地区商品住宅投资额分别为 27648.9 亿元、11063.5 亿元、10661.8 亿元，分别同比增长 9.6%、12.2%、15.5%，增幅分别比上年减少 21.5 个、13.1 个和 17.8 个百分点，东部地区商品住宅投资增速回落幅度最大。

2012 年，长三角、珠三角和环渤海地区商品住宅开发投资额分别同比增长 12.9%、6.0% 和 7.5%，增幅分别比上年减少 14.0 个、31.7 个和 20.9 个百分点。珠三角地区商品住宅开发投资增速减小幅度最大。

从商品住宅投资结构来看，2012 年，90 平方米以下住房、别墅高档公寓在商品住宅投资中所占比重分别为 34.0%、7.0%，其中，90 平方米以下住房所占比重比上年增加 3.2 个百分点，别墅高档公寓所占比重比上年减少 0.7 个百分点。

（三）前 10 个月商品住宅月度累计销售面积持续负增长，全年销售面积小幅增加

2006～2011 年，商品住宅销售面积年均增长 11.8%，其中，2008 年受全球金融危机的影响，商品住宅销售面积比上年减少 15.5%。2012 年，商品住宅销售面积 98467.5 万平方米，同比增加 2.0%，增幅比上年减少 1.9 个百分点。其中，现房销售面积为 22089.9 万平方米，同比增加 1.1%，增幅比上年增加 2.0 个百分点；期房销售面积为 76377.6 万平方米，同比增加 2.3%，增幅比上年减少 3.1 个百分点。

从月度变化来看，商品住宅销售面积自 2012 年初以来月度累计变化持续表现为负增长，前 11 个月，商品住宅销售面积同比变化由负转正（见图 3）。从单月变化来看，10 月份和 11 月份，商品住宅单月销售面积同比明显增加，分别比上年同期增长 25.0% 和 30.6%。

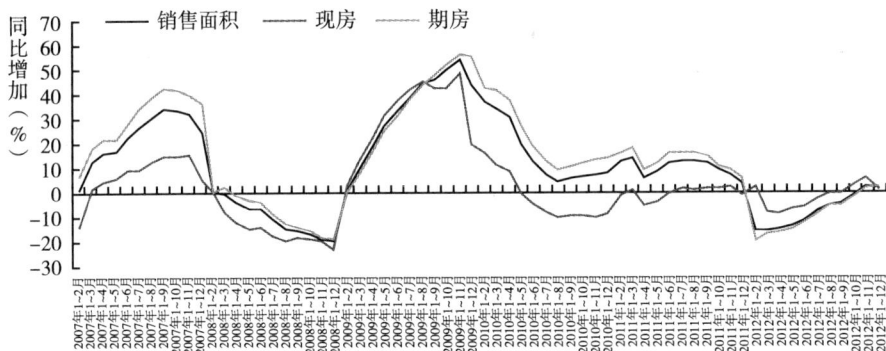

图3　商品住宅销售面积累计变化

2012 年，东部、中部和西部地区商品住宅销售面积分别为 46648.7 万平方米、26917.1 万平方米、24901.8 万平方米，分别同比增长 6.4%、2.1%、−5.5%，东部地区商品住宅销售面积增幅比上年增加 6.4 个百分点，中部和西部地区商品住宅销售面积增幅分别比上年减少 7.2 个和 11.2 个百分点。西部地区商品住宅销售面积同比负增长。

2012 年，长三角、珠三角和环渤海地区商品住宅销售面积分别同比增加 13.9%、2.7% 和 −0.7%，长三角地区商品住宅销售增幅比上年增加 30.7 个百分点，珠三角和环渤海地区商品住宅销售面积增幅分别比上年减少 3.6 个和 9.9 个百分点。从月度累计变化来看，长三角地区 7 月份以来商品住宅销售面积同比变化由负转正，珠三角地区 10 月份以来销售面积同比变化由负转正，环渤海地区各月销售面积均为负增长。

（四）70 个大中城市二手住宅与新建住宅价格分别于 4 月份和 6 月份企稳，年末新建住宅价格较快上涨

以 2010 年为基期，2012 年 12 月，70 个大中城市新建住宅价格平均上涨 4.45%，其中，新建商品住宅价格平均上涨 4.7%；二手住宅价格平均上涨

1.65%。从结构上看，2012 年 12 月，90 平方米及以下、90～144 平方米、144 平方米以上新建商品住宅价格分别上涨 5.5%、4.75%、3.45%，90 平方米及以下、90～144 平方米、144 平方米以上二手住宅价格分别上涨 2.3%、1.45%、0.15%。90 平方米及以下住房价格涨幅最高。

从价格的月度环比变化来看，2012 年，70 个大中城市新建住宅价格环比平均涨幅 6 月份以来企稳回升，11 月份和 12 月份价格环比涨幅均为 0.3%；二手住宅价格环比平均涨幅 4 月份以来止跌，之后各月价格保持稳中有升，但涨幅均不超过 0.1%（见图 4）。

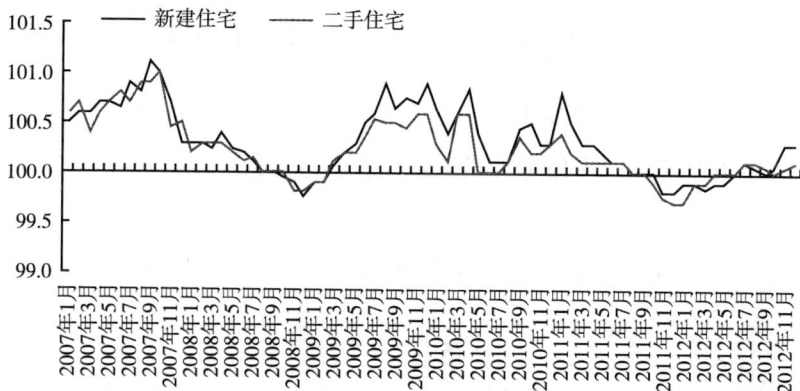

图 4　70 个大中城市新建住宅与二手住宅价格环比变化

从价格的月度同比变化来看，2012 年各月份，70 个大中城市新建住宅和二手住宅价格均表现为同比下降，10 月份以来新建住宅价格降幅收窄，12 月份，新建住宅价格同比变化由负转正，上涨 0.2%，8 月份以来二手住宅价格降幅收窄，12 月份，二手住宅价格同比下降 0.35%。如图 5 所示。

2012 年 1～5 月份，新建商品住宅和二手住宅价格以稳中有降为主。6 月份以来，70 个大中城市中新建商品住宅和二手住宅价格稳中有降的城市数量明显减少，但多数月份，仍有半数左右城市新建住宅与二手住宅价格表现为稳中有降。新建商品住宅价格下降城市数变化较大，其中，7 月份、11 月份和12 月份，价格下降城市数不超过 10 个。二手住宅价格下降城市数相对稳定，6 月份以来，各月份二手住宅价格下降城市数在 18 个左右。12 月份，新建商

图5 70大中城市新建住宅与二手住宅价格同比变化

品住宅价格下降城市数减少为 8 个，二手住宅价格下降城市数为 15 个；4 个一线城市新建住宅与二手住宅价格均表现为环比上涨（见图6）。

新建商品住宅价格

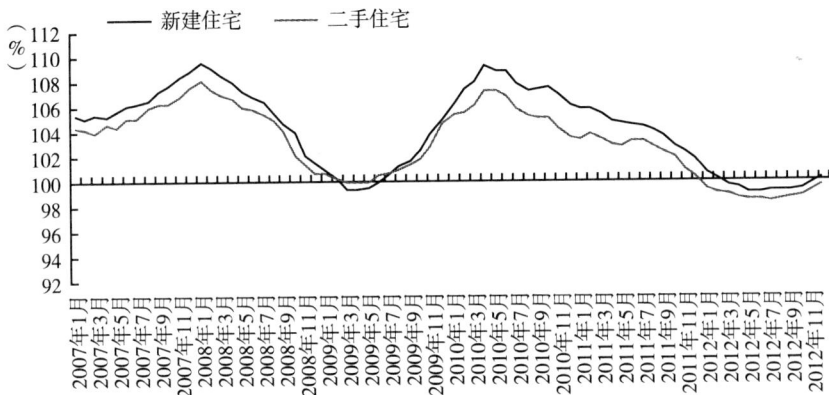

二手住宅价格

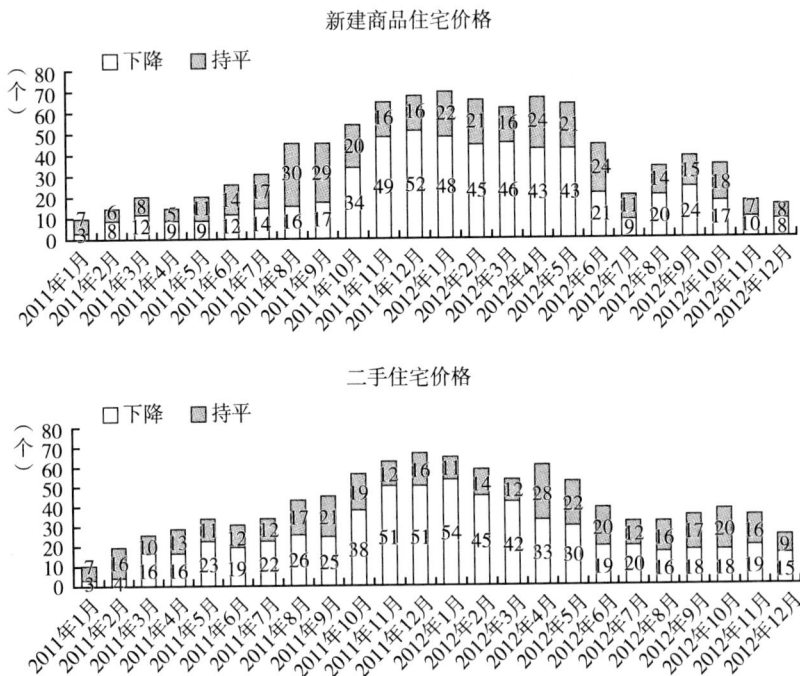

图6 2012 年各月份 70 个大中城市房价变化

2012 年 1～12 月，70 个大中城市中，有 42 个城市新建住宅价格环比累计上涨，涨幅前十位的城市分别是西宁（2.3%）、乌鲁木齐（2.3%）、广州（2.3%）、湛江（1.8%）、银川（1.7%）、北京（1.7%）、泸州（1.5%）、韶关（1.4%）、昆明（1.4%）、福州（1.4%）；新建住宅价格环比累计上涨的城市中，有 28 个属于一、二线城市（省会城市和计划单列市），占比为 2/3。有 25 个城市二手住宅价格环比累计上涨，涨幅前十位的城市分别是太原（5.4%）、昆明（3.5%）、大连（2.9%）、天津（2.7%）、广州（2.6%）、岳阳（2.2%）、北京（1.6%）、西宁（1.4%）、南昌（1.4%）、深圳（1.2%）；二手住宅价格环比累计上涨的城市中，有 18 个属于一、二线城市，占比超过 70%。

（五）居住用地价格环比涨幅逐季扩大

2012 年一至四各季度，居住用地价格分别环比上涨 - 0.04%、0.13%、0.79%、1.21%，涨幅逐季增加；同比分别上涨 3.70%、1.77%、1.03%、2.26%。2012 年一至四季度，居住用地价格环比累计上涨 2.1%，涨幅比上年减少 4.3 个百分点（见图 7）。

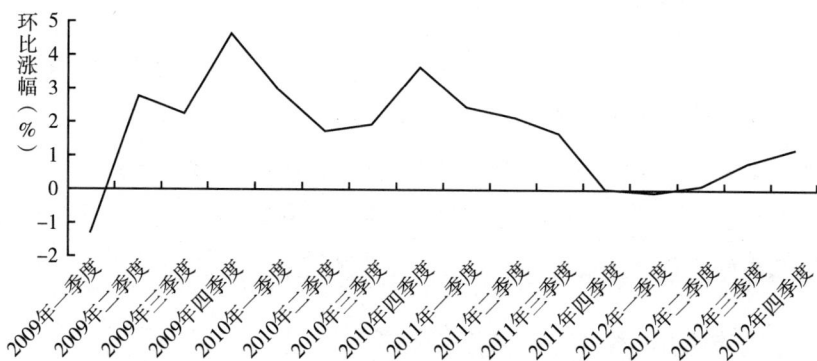

图 7　全国 105 个城市住宅用地价格变化

资料来源：国土资源部。

三　2013 年住宅市场发展的主要影响因素

2013 年商品住宅市场发展的主要影响因素包括如下。

（一）经济增长回升力度有限

2012 年以来，我国经济增速继续上年的逐季回落态势，预计全年经济增长 7.7% 左右，比上年下降约 1.6 个百分点。2013 年，我国经济增长仍面临着周期性调整和结构性调整的双重压力，而且国际经济形势依然复杂多变。目前，多数机构预测 2013 年经济增速为 8.0% ~ 8.2%，经济增速回升力度有限。根据经济周期与房地产周期的关系，预计 2013 年房地产市场难以实现景气大幅回升。

（二）房地产调控政策继续从紧

中央经济工作会议中明确提出，"要继续坚持房地产市场调控政策不动摇"。全国住房城乡建设工作会议强调，"坚定不移地搞好房地产市场调控。继续严格实施差别化住房信贷、税收政策和限购措施，坚决抑制投机投资性住房需求，支持合理自住和改善性需求"。在持续从严的房地产调控政策下，预计 2013 年房地产市场出现反弹的可能性不大。

（三）货币政策环境总体向好

中央经济工作会议中提出，"实施稳健的货币政策，要注意把握好度，增强操作的灵活性。要适当扩大社会融资总规模，保持贷款适度增加，保持人民币汇率基本稳定，切实降低实体经济发展的融资成本"。而且，经过 2012 年两次下调存款准备金率、两次降息后，目前一年期存款利率处在 3.0% 的较低水平。总体向好的货币政策环境将带来房价上涨压力。

（四）年初市场供应量依然较充裕

2010 年以来，商品住宅新开工面积同比增速持续高于销售面积的变化，直至 2012 年上半年。2012 年下半年以来新开工面积增速低于销售面积增速（见图 8）。

从新开工面积与销售面积的比较来看，2010 年以来，商品住宅新开工面积/销售面积始终处于较高水平。预计 2013 年初市场供应量依然较充裕，但全年商品住宅存货量比 2012 年减少（见图 9）。

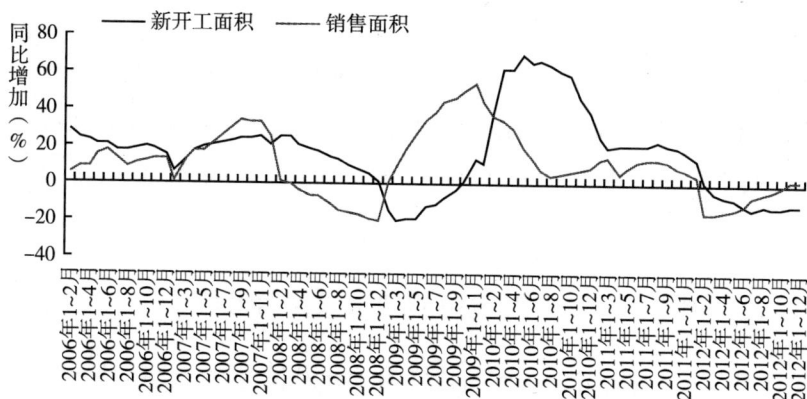

图 8　商品住宅新开工面积与销售面积的增速变化

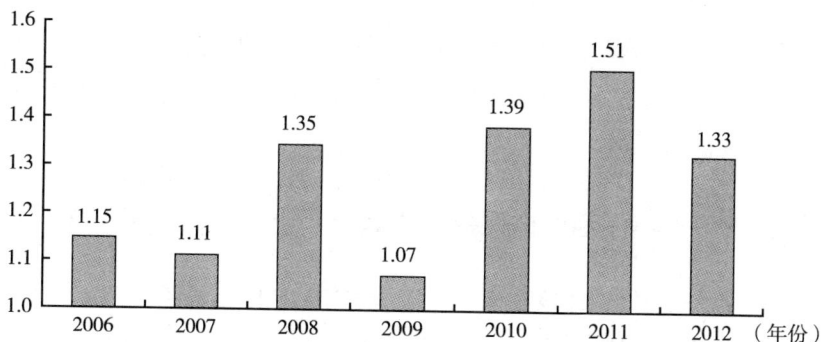

图 9　商品住宅新开工面积与销售面积的对比

四　2013 年住宅市场发展趋势

综合上述影响因素，预计 2013 年商品住宅市场的发展趋势如下。

（一）2013 年住宅销售面积保持小幅增加

从人口年龄结构和城镇化进程的角度来看，我国未来住房市场仍存在较大的刚性需求和改善性需求，但在限购、限贷等调控政策作用下，2010 年下半年以来，多数月份，商品住宅累计销售面积的同比增幅均为个位数，2012 年 1 ~ 10 月各月份，住宅累计销售面积持续负增长，11 月份销售面积同比变化由负转正。在"继续严格实施差别化住房信贷、税收政策和限购措施，坚决抑制投机投资性住房需求，支持合理自住和改善性需求"的调控政策作用下，预计 2013 年，商品住宅销售面积将保持小幅增加。

（二）2013 年住宅开发投资增幅继续保持低位

2012 年 1 ~ 9 月各月份，商品住宅累计开发投资增速呈逐月下降的态势，10 月份以来，投资增幅略有回升。2012 年，商品住宅开发投资同比增长11.4%，处于 2000 年以来的同期最低水平。由于 2010 年以来，商品住宅新开工面积/销售面积一直保持较高水平，开发企业大幅增加投资的动力不足。此外，2011 ~ 2013 年，保障房新开工量分别约为 1000 万套、700 万套和 600 万套，受保障房在建规模减小的负向影响，我们预计 2013 年住宅开发投资增幅将继续保持低位。

（三）2013 年住宅价格保持稳中有升

综合市场供求两方面影响因素，在稳中求进的宏观经济背景下，预计2013 年住宅价格保持稳中有升的可能性较大。

Housing Market in 2012 and Its Forecast in 2013

Liu Lin   Ren Rongrong

Abstract： Housing market in 2012 fell in the first half of year, and stabilized in the second half of year. The growth rate of housing construction reduced, and the floor space of housing started was lower than that of last year. The growth rate of residential investment fell to a historically low level. The floor space of housing sold kept a modest increase rate of 2.0% . The growth rate of residential land price increased quarter on quarter. Second-hand housing price and new constructed housing price respectively stopped decreasing from April and June, while the price of new constructed housing rose faster. We estimate that housing demand in 2013 would keep a modest increase, the growth rate of real estate investment would remain low, and the housing price would be steadily increasing.

Key Words: Housing Market; Price; Forecast

B.9
2012 年商业地产特征及 2013 年趋势

苏红键 李红玉*

摘 要：

相对于 2010～2011 年商业地产迅猛发展的势头而言，2012 年中国商业地产仍然保持了较好的市场热度，但火热程度明显降低，表现出投资总额增速减缓、开工面积增速减慢、商业营业用房和写字楼销售出现结构性反差等现象，商业地产的均价涨幅低于房地产业平均水平，结构性供求失衡和地域性发展不平衡问题日渐凸显。未来，商业地产的发展将呈现调整转型的新趋势。

关键词：

商业地产 特征 趋势

长期以来，由于投入资金多、周期长等特点，商业地产（"写字楼"和"商业营业用房"）发展一直滞后于住宅市场；但自 2010 年以来，在"楼市新政"的影响下，部分资金陆续抽离住宅市场，流入商业地产，商业地产投资增速达到 30% 左右；2012 年，在商业地产供大于求的市场压力下，商业地产火热程度明显降低，各项指标的增幅均显著降低。

一 2012 年中国商业地产发展基本特征

2012 年，在商业地产高速增长两年之后，随着供求失衡状况的日益严峻，市场热度显著降低，主要体现在投资总额增速减缓、新开工面积增速降低、销

---

* 苏红键，中国社会科学院城市发展与环境研究所博士后；李红玉，中国社会科学院城市发展与环境研究所副研究员。

售面积与销售额稳中有降、均价涨幅低于商品房平均涨幅、供求失衡严重导致较高的空置率等五个方面。

（一）投资总额增速有所减缓

2012 年，中国商业地产投资额继续高速增长，商业地产投资总额达 12678.61 亿元，其中商业营业用房投资额 9312.00 亿元，办公楼投资额 3366.61 亿元，同比分别增长 25.43% 和 31.57%，远高于商品房投资额平均增速（16.19%）。

商业营业用房投资方面，2006～2010 年为加速增长阶段，增长率从 2006 年最低点 15.41% 提高到 2010 年最高点 35.11%；2011～2012 年，商业营业用房的增长率开始放缓，2012 年增长率降至 25.43%。

办公楼投资情况方面，从 2007 年开始进入加速增长阶段，从 2007 年最低点 11.53% 增长到 2011 年最高点 41.57%，2012 年增速放缓至 31.57%。从投资增速比较来看，2009 年之前，商业地产投资增长率一直低于商品房投资增长率，2009 年之后，受房地产调控政策影响，商业地产投资相对而言以更快的速度增长，其中办公楼投资增速最高。

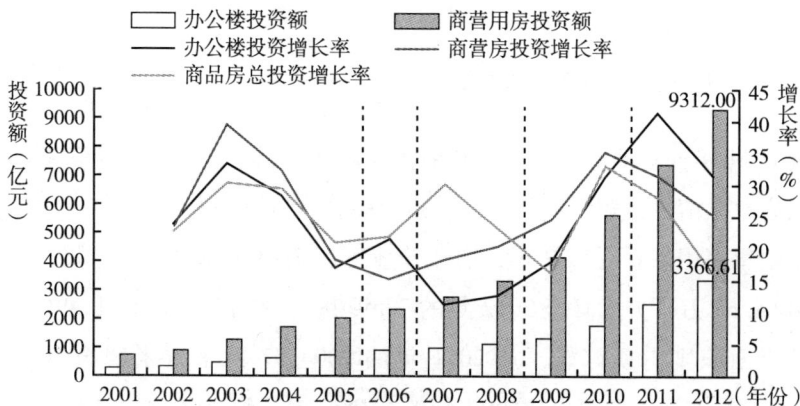

图1　商业地产完成投资情况（2001～2012）

资料来源：根据《中国统计年鉴（2012）》及国家统计局 2012 年相关数据整理。

（二）开工面积增速大幅降低

商业地产新开工面积情况与投资总额变化趋势基本一致。2012 年，商业地产新开工面积27993.31万平方米，其中商业营业用房新开工面积22006.85万平方米，办公楼新开工面积5986.46万平方米，增速分别从2011年的18.65%、47.19%降至2012年的6.16%、10.88%，增速大幅降低。相对而言，商业地产新开工情况还是要好于整个商品房开工情况，2012年，商品房总新开工面积出现负增长，从2011年的16.86%降至-7.27%。

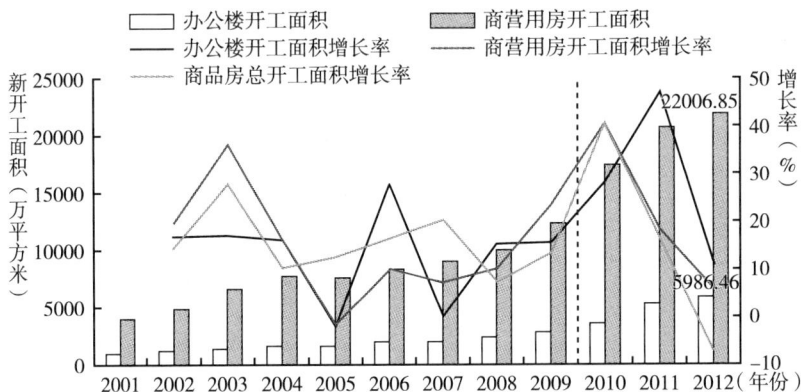

图2 商业地产新开工面积情况（2001~2012）

资料来源：根据《中国统计年鉴（2012）》及国家统计局2012年相关数据整理。

（三）销售情况出现结构差异

继2011年商业地产销售面积和销售额增速降低之后，2012年，商业营业用房销售总体情况比较严峻，而办公楼销售总体情况基本稳定。

从销售面积来看，2012年，商业营业用房销售面积出现负增长，从2011年的7868.65万平方米降至2012年的7759.28万平方米，降低1.39%；办公楼的销售面积则有所好转，从2011年的2004.97万平方米增至2012年的2253.65万平方米，增幅也从2011年的6.08%提升到2012年的12.40%。

从销售额来看，商业营业用房销售额从2011年的6679.08亿元增至2012年的6999.57亿元，增幅仅4.80%，远低于2011年增幅（23.26%），也低于商品房销售额平均增幅（10.01%）；办公楼销售额从2011年的2471.58亿元增至2012年的2773.43亿元，增幅达12.21%，略低于2011年的增幅（14.65%），高于商品房销售额平均增幅。

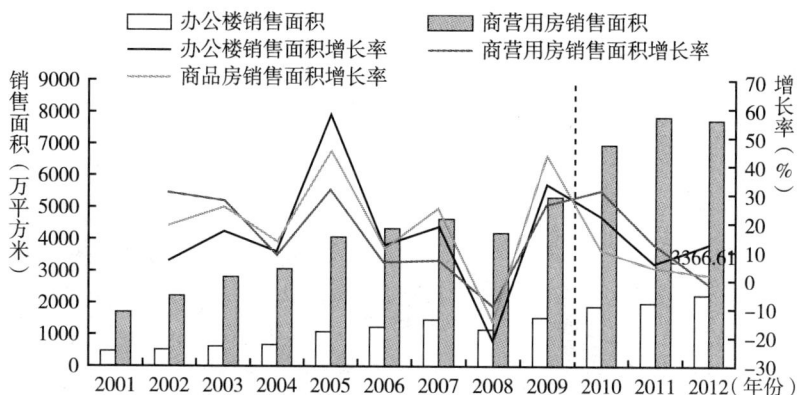

图 3　商业地产销售面积情况（2001～2012）

资料来源：根据《中国统计年鉴（2012）》及国家统计局 2012 年相关数据整理。

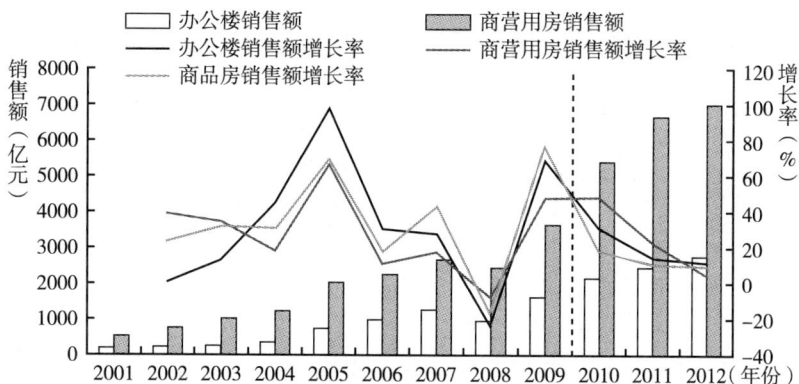

图 4　商业地产销售额情况（2001～2012）

资料来源：根据《中国统计年鉴（2012）》及国家统计局 2012 年相关数据整理。

（四）均价涨幅低于平均水平

2012 年，中国商业地产销售价格涨幅低于商品房平均价格涨幅。其中，商业营业用房平均销售价格从 2011 年的 8488 元/平方米上涨到 2012 年的 9021 元/平方米，涨幅为 6.28%，低于 2011 年 9.57% 的涨幅，低于商品房平均 8.10% 的涨幅。办公楼平均销售价格从 2011 年的 12327 元/平方米小幅下跌到 12306 元/平方米，跌幅为 -0.17%。

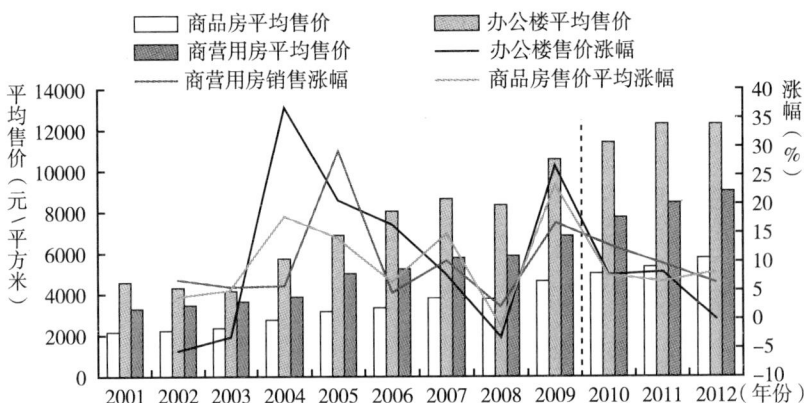

图5 商业地产销售价格情况（2001～2012）

资料来源：根据《中国统计年鉴（2012）》及国家统计局2012年相关数据整理。

（五）供求失衡导致高空置率

现阶段，除一线城市外，中国商业地产市场供大于求问题严重，导致了较高的空置率。这一方面是由于商业地产投资高速增长，供应的盲目性和同质性问题严重。很多地产商开发的商业项目不符合实际经营者的要求，造成了买家和卖家难以交易的尴尬，大量的无效供给成为高供给量背后更为严峻的挑战；同时，大量同质化投资造成的无序竞争，也使一部分有效需求游离在市场交易之外。另一方面是传统零售业受电商冲击出现的关店潮蔓延导致商业地产需求下降，中国商业地产目前整体上已经供大于求，导致了较高的空置率。2010年以来，中国零售销售额年均增速约17%，发展速度远远落后于商业地产开发速度（超过30%）。

购物中心方面，莱坊房地产经纪公司调查称，2012年中国各大城市购物中心的空置率都有不同程度上升，受内地消费品零售增长放缓影响以及网络购物带来的冲击，二线城市的平均空置率为10.5%，高于2011年的10.2%，一线城市的空置率也从2011年的7.9%增加至2012年的8.4%，而三线城市更加严重。其中，在高端商铺市场，四个一线城市北京、上海、广州、深圳的空置率均在10%以内，普遍低于沈阳、成都、天津这三个空置率稳中有升的二线城市。其中，沈阳的高端商铺空置率最高，达17%；而重庆、大连、武汉的高端商铺空置率保持在 5% 左右。

办公楼方面，2012 年一线城市的办公楼空置率为 7.94%，二线城市办公楼的空置率高达 20.7%，而成都在全国 11 个二线代表城市中，办公楼库存量最高，接近 400 万平方米，空置率也最高，达 34.6%。其中，甲级写字楼在一、二线城市呈现出更为明显的区别。其中，北京甲级写字楼以 2.9% 的空置率成为最低，杭州则以 29% 的比例成为空置率最高城市。在纳入统计的二线城市中，成都、重庆与杭州的写字楼空置率普遍是广州、深圳的 2 倍以上。在写字楼市场上，二线城市大多盘踞空置高位，与一线城市的空置率数值悬殊明显。

表 1　八城市甲级写字楼空置率情况

单位：%

	北京	上海	广州	深圳	天津	杭州	成都	重庆
空置率	2.9	7.5	11.3	11.5	21	29	25	25

资料来源：董文艳：《商业地产响起空袭警报：空置率比住宅更可怕》。

二　2012 年中国商业地产发展的地区差异特征

从中国商业地产发展的空间特征来看，东中西部之间、省份之间、城市之间均表现出比较显著的差异，集中度较高。本部分主要对中国商业地产在各地区的发展情况进行比较分析，考察中国商业地产发展的空间特征。

（一）东、中、西部比较分析

表 2 显示了中国 2012 年东、中、西部地区办公楼和商业营业用房的销售面积、销售额、新开工面积和销售均价情况。从表 2 东、中、西部情况来看，主要表现出以下三方面特征。

第一，从集中度来看，东部地区相对集中，尤其是办公楼的集中度更高。2012 年，东部地区办公楼销售面积、销售额、新开工面积分别占全国的 60.73%、71.18%、54.25%，与此同时，商业营业用房的三个指标分别占全国的46.91%、52.38%、44.78%。相对而言，中西部地区相关指标比较接近，占全国的比重均在20%左右。办公楼向东部地区的集中度更高，这与现代服务业在东部大城市集中对办公楼较高需求密切相关。

第二，从增速来看，中西部地区商业地产发展速度相对较快，东部地区的发展已经日趋稳定，尤其是办公楼的增速差异更大。办公楼方面，2012年，西部地区销售面积、销售额、新开工面积的增长率分别达到42.90%、51.80%、26.30%，中部地区三个指标的增长率分别达9.10%、22.80%、58.20%，均远远高于东部地区的增长率；商业营业用房方面，2012年，中、西部地区销售面积均出现减少，分别降低2.30%和3.50%，新开工面积分别增长11.70%和10.70%，远高于东部地区0.50%的增长速度。

第三，从销售均价来看，东部地区价格平稳增长，但中西部地区平均售价有所下跌。2012年，受近年来商业地产高速增长导致供求失衡的影响，商业地产销售价格基本保持稳定，只有东部地区商业地产平均售价小幅上涨，办公楼和商业营业用房价格分别上涨2.94%和2.56%，中西部地区均出现不同程度的下跌。这在一定程度上反映了各个地区的供求失衡状况，中西部地区供求失衡问题相对比较严重。

表2　2012年东、中、西部商业地产发展情况比较

地区	销售面积(万平方米)		销售额(亿元)		新开工面积(万平方米)		销售均价(元/平方米)	
	办公楼	商营用房	办公楼	商营用房	办公楼	商营用房	办公楼	商营用房
全国总计	2253.65	7759.28	2773.43	6999.57	5986.46	22006.85	12306	9021
增长率(%)	12.40	-1.40	12.20	4.80	10.90	6.20	—	—
东部地区总计	1368.62	3639.79	1974.25	3666.25	3247.75	9854.12	14425	10073
增长率(%)	5.70	0.30	4.80	3.60	-5.90	0.50	2.94	2.56
占全国比重(%)	60.73	46.91	71.18	52.38	54.25	44.78	—	—
中部地区总计	418.59	2212.53	389.24	1672.97	1381.59	6104.55	9299	7561
增长率(%)	9.10	-2.30	22.80	2.30	58.20	11.70	-3.25	-2.71
占全国比重(%)	18.57	28.51	14.03	23.90	23.08	27.74	—	—
西部地区总计	466.44	1906.96	409.95	1660.35	1357.11	6048.17	8789	8707
增长率(%)	42.90	-3.50	51.80	10.40	26.30	10.70	-1.27	-0.67
占全国比重(%)	20.70	24.58	14.78	23.72	22.67	27.48	—	—

资料来源：根据国家统计局2012年相关数据整理。

（二）省际比较分析

省际比较主要采用销售面积和销售均价两项指标反映各省份市场情况。图 6 和图 7 分别报告了各省份 2012 年办公楼和商业营业用房的市场情况。办公楼方面，第一位、前三位、前五位省份销售面积集中度分别为 11.25%、28.53%、42.21%，表现出较高的集中度；商业营业用房方面，第一位、前三位、前五位省份销售面积集中度分别为 10.00%、26.98%、38.16%，同样表现出较高的集中度。

如图 6 所示，办公楼销售面积方面，东部地区的北京、江苏、浙江为办公楼销售面积最大的省份，分别为 253.50 万平方米、200.83 万平方米、188.75 万平方米，而西部地区的甘肃、西藏、青海的销售面积排最后三位，分别仅 2.97 万平方米、0.43 万平方米、0.21 万平方米，表现出巨大的差距。办公楼销售价格方面，北京、上海、广东的平均售价最高，分别达 22114 元/平方米、21000 元/平方米、20498 元/平方米，远高于其他省份，大部分省份的均价为 5000 ~ 10000 元/平方米，西藏、宁夏、海南的均价最低，在 5000 元/平方米左右。

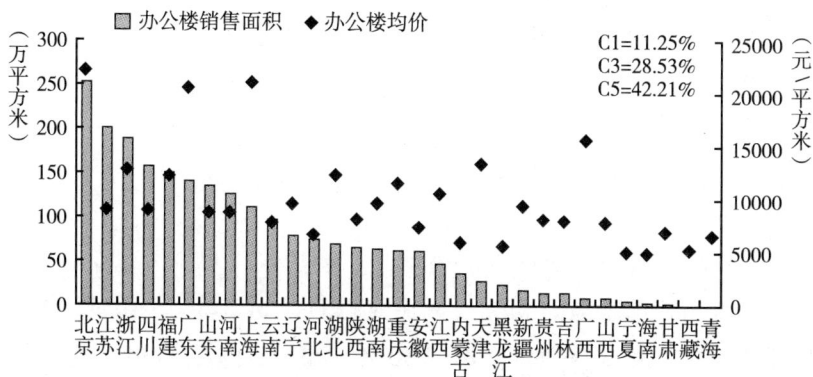

图 6　2012 年各省份办公楼销售情况

说明：C1、C3、C5 分别表示前 1、3、5 位大城市的销售面积占全体的比重，下同。
资料来源：根据国家统计局 2012 年相关数据整理。

如图 7 所示，商业营业用房销售面积方面，与办公楼的销售排名不同，东部地区的辽宁、江苏、山东是商业营业用房销售面积最大的 3 个省份，销售面积分别达 775.93 万平方米、763.95 万平方米、553.75 万平方米，而销售情况排最后三位的依然是甘肃、西藏、青海三个省级单位，分别仅 20.23 万平方米、15.48 万平方米、1.42 万平方米，差距非常显著。商业营业用房平均销售价格方面，北京、上海、天津的平均售价最高，每平方米分别达 20476 元、16218 元、13007 元，但与其他省份的差距不如办公楼均价差距那么显著，大部分省份的销售均价集中在 6000～10000 元/平方米的范围，最低价基本在 6000 多元/平方米，价格差异不明显。

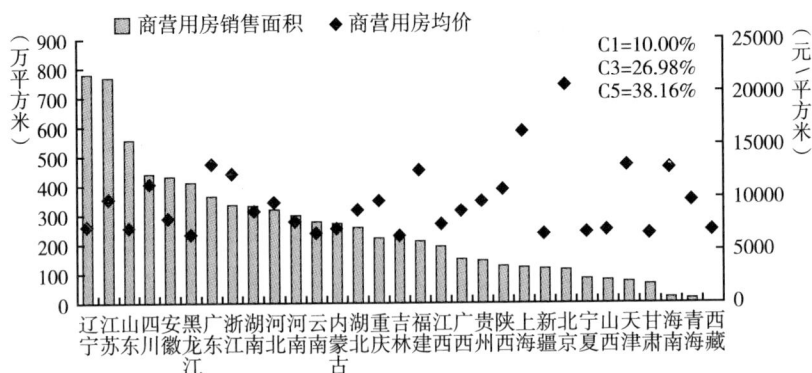

图7　2012 年各省份商业营业用房销售情况

资料来源：根据国家统计局 2012 年相关数据整理。

（三）35 个大中城市分析

中国商业地产在城市层面表现出很高的集中度，以下分别从 35 个大中城市、前五城市、前十城市相关指标比重进行分析。表 3 中，35 个大中城市销售面积、投资总额分别占全国的 50.4% 和 54.9%，表现出很高的集中度。从前五城市来看（表 4 显示了各个指标排名前十城市情况），前五城市的竣工面积、销售面积、投资总额分别占 35 个城市的 38.6%、36.4%、37.5%，其中销售面积和投资总额分别占全国的 18.4%、20.6%。从前十城市来看，前十城市的竣工面积、销售面积、投资总额分别占 35 个城市的 60.5%、57.0%、59.1%，其中销售面积和投资总额分别占全国的 28.7%、32.4%。

表 3　2011 年 35 个大中城市商业地产发展情况

	竣工面积 (万平方米)	比重(%)	销售面积 (万平方米)	比重(%)		投资总额 (亿元)	比重(%)	
		35 个城市		35 个城市	全国		35 个城市	全国
全　　国	—	—	9873.6	—	—	9982.8	—	—
35 个大中城市	8215.3	—	4977.3	—	50.4	5476.3	—	54.9
前五城市	3171.6	38.6	1813.2	36.4	18.4	2053.4	37.5	20.6
前十城市	4973.0	60.5	2835.8	57.0	28.7	3237.6	59.1	32.4

资料来源：根据《中国统计年鉴（2012）》相关数据整理。

表 4　2011 年商业地产发展排名前十城市

排序	竣工面积(万平方米)		销售面积(万平方米)		投资总额(亿元)	
	城市	数量	城市	数量	城市	数量
1	北京	929.11	重庆	470.08	北京	660.54
2	上海	738.87	北京	404.24	上海	479.45
3	重庆	597.55	成都	391.13	沈阳	323.56
4	天津	457.69	上海	290.86	广州	303.25
5	广州	448.39	郑州	256.84	天津	286.63
6	杭州	382.96	天津	228.86	重庆	270.70
7	沈阳	377.73	沈阳	217.38	成都	261.59
8	成都	377.53	广州	202.40	杭州	250.35
9	宁波	358.21	合肥	187.58	武汉	219.52
10	南京	304.97	昆明	186.41	石家庄	182.03

资料来源：根据《中国统计年鉴（2012）》相关数据整理。

三　2013 年商业地产发展面临的形势

一方面，受新型城镇化、产业结构调整以及住房调控政策的影响，未来商业地产的需求将有所提升，资金会比较充裕，面临较好的发展机遇；另一方面，受宏观经济形势、电子商务模式冲击以及竞争日益激烈的影响，商业地产发展形势面临的挑战也非常严峻。

（一）面临的机遇

1. 新型城镇化进一步促进人口集聚和消费需求

2012 年底，中国城镇化水平达到 52.57%，还将长期处于城镇化快速发展阶段。党的十八大进一步明确提出走中国特色新型城镇化道路的战略，未来推进城镇化要继续坚持大中小城市和小城镇协调发展，强调城镇化对接的速度与质量并重。新型城镇化促进商业地产发展的机制主要表现在新型城镇化会进一步促进人口向城市集聚，促进城市消费需求，同时城镇化质量的提升，将有利于提高居民可支配收入，从而进一步扩大内需。城市消费水平的提升有利于促进商业地产尤其是购物中心的发展，提高商业地产需求。数据表明，中国城市人口每增长 1%，可拉动 GDP 增长 1.5 个百分点。未来 10 年，中国城镇化率年均提高约 0.9%，每年新增城市人口 1300 万~1800 万，这将进一步拉动消费市场，促进购物中心需求。此外，城镇化率的提高，将大大促进服务业发展，也将加大写字楼的需求量。

2. 新型分工与现代服务业发展提升办公楼需求

一方面，随着中国城市间新型分工的深化，企业管理、信息服务、科研等部门将进一步在大中城市集聚；同时，中国经济结构转型将进一步促进现代服务业发展，服务型经济必将成为未来主流。由此，未来一段时间，将是中国城市现代服务业大力发展的时期，无论是零售、餐饮、休闲娱乐以及生活配套服务等生活性服务业，还是商务服务、科研、咨询等生产性服务业，都将分别对综合性购物中心和写字楼形成巨大的需求，带动商业地产发展。

3. 住房调控政策继续挤压资金流入商业地产

自 2010 年以来，在住宅市场调控政策影响下，限贷限购导致住宅市场萎缩，房地产开发企业纷纷加大力度投资商业地产，与此同时，银行、保险、民间资本等多方资金也随之进入商业地产领域。银行资金方面，在流动性过剩的形势下，住宅限购令和贷款优惠政策的取消，势必引导更多的资金流入商业地产。保险资金方面，国家允许 10% 的保险资金中的 3% 投入不动产、7% 投资商业地产；从保监会对险资的要求来看，禁止和鼓励的正好同商业及旅游地产高度吻合；保监会近期发布多项条文，指令数千亿元保险资金只能进入商业地产领域。民间资本方面，民间投资渠道单一，调控政策的收紧，让更多民间资本看到有潜力的商业市场成为最安全的避险渠道。2013 年，住房调控政策依然不会松动，受此政策影响，商业地产资金依然会比较充裕。

（二）面临的挑战

1. 国际经济形势不明影响商业地产发展

联合国经济与社会事务部发布的《2013 年世界经济形势与展望报告》在对全球经济的未来走向进行预测时指出，世界经济增长在 2013 年很可能会继续保持低迷，并且在随后的两年中全球经济面临滑入再度衰退的极大风险。2013 年全球经济增长率预期为 2.4%，2014 年预期为 3.2%。报告指出，主要发达经济国家的增长势头缓慢是全球经济下滑的根源，尤其是欧洲的有关国家，目前陷入了一种恶性循环之中。欧洲、日本和美国的经济困境将以外溢的方式影响到发展中国家，而且一些较大的发展中国家还面临自身内部固有的问题，都会导致一场新的全球性衰退。由此，虽然中国宏观经济形势稳定增长，国际经济形势的不稳定，会给中国商业地产市场带来一定不利影响。

2. 市场竞争日益激烈导致赢利能力下降

近年来，开发商进入和投资商业地产的力度不断增强，企业数量、投资资金、开建面积等均大幅增加，导致商业地产市场竞争日益激烈。2010 年以来，保利、金地、万科等住宅开发商先后宣布商业地产开发计划和目标，由此拉开大范围内圈地布局商业地产的序幕，龙湖、世茂、娃哈哈、雅戈尔等企业纷纷涉足商业地产，大量土地、资金、人力等各方资源涌入商业地产与零售业的缓慢增长极不匹配，必将导致恶性竞争局面，争地、挖人、抢布局等竞争日益激烈。2013 年，随着更多商业地产项目入市，市场竞争将更加激烈，为吸引商户可能会导致价格竞争；各大房企抢滩布局，必将导致土地，尤其是城市中心地带土地竞争更加激烈；同时，业内人才竞争、高薪"挖人"现象也将频现。

3. 电子商务迅猛发展降低商业地产需求

电子商务的迅猛发展，必将日益大大降低实体店的需求量，无疑将会大大压缩商业地产的经营和发展空间，降低商业地产投资者的经济效益。事实上，这样的现象在国外已经出现了。据美国《华尔街日报》报道，2011 年美国大型购物广场的平均空置率已达 9%，达到 1990 年以来的最高点；而小型室外购物广场的空置率更是高达 10.9%，创下 27 年来新高；其中美国中西部及南部地区购物广场空置现象尤为严重，哥伦比亚市甚至达到 23%。美国家得宝北美销售总裁凯文·彼得斯就指出，百万数量的客户明确表示，大商场的时代已经结束，他们更看中网购的便捷与轻松，与此同时，大量空置的购物广场也昭示着传统"筑巢引凤"招商策略已经不再适用。在中国，电子商务对商业地产的冲击也已经开始显现，越来越多原本依托实体店铺达成的交易正在被电子商务取代，特别是一些商品标准化程度很高、价格却很低的产品，更是容易受到电子商务的强大冲击。譬如，目前每个城市的 3C 大卖场在电子商务的攻击下纷纷倒闭，都在转型另求出路，而具有代表性的京东网上商城连续 6 年保持超过 200% 的增长；还譬如全国各地的传统书店受到亚马逊、当当、京东等电子商务的挤压下而纷纷歇业。

四 2013 年商业地产发展趋势分析

（一）商业地产占房地产业比重将稳中有升

受住宅市场政策调控影响，商业地产在优化投资区域结构、产品结构的前提下，商业地产投资将继续保持 20% 左右的增速，商业地产的投资总额、销售总额占房地产业的比重将稳中有升，图 8 所表示的近年商业地产占商品房投资与销售面积的比重的上升趋势仍将持续。

（二）一线城市商业地产租售价格总体继续攀升

受住宅土地市场的多年挤压，目前一线城市商业地产市场相对而言仍然面临结构性供求矛盾，核心城区和新城中心区商业地产的租售价格将继续攀升。很多较大的房地产企业将商业地产作为企业发展的战略转型方向，正在逐步提升商业地产销售和自持运营的比重。一方面，一线城市总部经济的深度发展将带来都市 CBD 商业地产的新需求，同时，考虑到商业地产周期长的特点，结合商贸商务和公寓为一体的城市功能性综合体性质的商业地产的发展也将成为

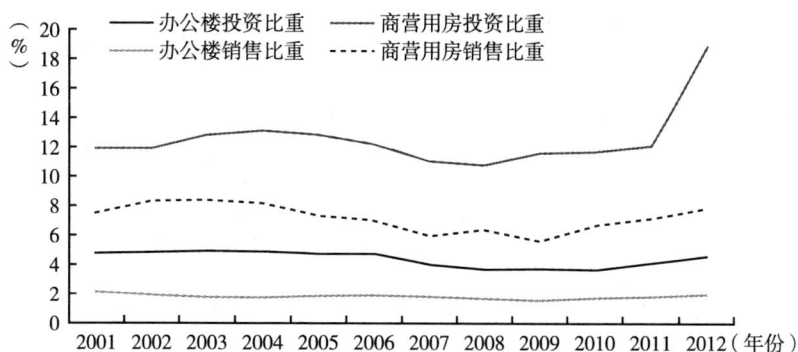

图 8   中国商业地产占商品房投资与销售面积比重

资料来源：根据国家统计局 2012 年相关数据整理。

商业地产的主导开发模式。随着一线城市对城镇化吸纳能力的继续释放，相对于二、三线城市的高空置率，一线城市的销售量仍将持续上升，总空置率将不断降低。

（三）二、三线城市空置率压力与竞争潜力并存

从商业地产供求来看，2013 年，在需求保持基本稳定的情况下，随着更多商业地产项目上市，再加上前期已有库存量，二、三线城市商业地产的空置率可能会更高，给开发商带来更大的压力。空置率过高不仅会造成资金流动的停滞，而且会影响整个市场的运作。

如今，杭州、成都、重庆、沈阳等地商业地产空置率问题已经引起广泛关注。以成都为例，成都目前在建城市综合体达 104 个，其中，高端商场多已超过 15 万平方米，未来两年内还将有 1000 万平方米以上的商业项目投放；写字楼方面，成都市规划和在建建筑高度超 200 米的写字楼与商业项目总数已超 30 栋，2012 年，其商业项目新增数量就已居全国首位，2013 年成都写字楼供应总量更是高达 121 万平方米。在需求相对稳定的情况下，较高的供给率将导致更高的空置率，据预测，未来 3 年成都的高端商铺和写字楼空置率仍将保持在 20% 左右。

在高空置率问题的同时，随着二、三线城市逐步替代一线城市成为城镇化最快发展的地区，二、三线城市零售市场结构正由以传统国有百货和街边小店

为主的模式向以主力店和连锁店为支撑的大型购物中心的模式转变，以及商业和商务活动的国际化水平和区域外向度的不断提高，二、三线城市商业地产的发展潜力仍然不容忽视，因此，城镇化、商业模式升级、外向化等多重因素的互动将为二、三线城市的商业地产发展带来新的动力。

（四）商业地产经营模式将向多样化和复合化发展

在商业地产市场竞争日益激烈的情况下，商业地产企业将会寻求经营模式创新，经营模式将呈现多样化趋势，尤其是会更加注重体验式消费理念和旅游商业地产等。

一是注重体验式购物模式。升级传统商业地产开发经营模式，注重体验式商品与服务的规划，将过去比较单一的诸如购物、餐饮业态升级为复合型体验式业态，将不同经营规模、经营品种、经营方式的业态在商业场所进行组合而形成以办公、休闲、娱乐、购物为一体的商业模式。

体验式商业地产并不一味地追求所谓黄金绝佳地段，而会考虑适宜的选址，这反而可以大大降低商业地产的开发成本。边缘化的商业地产空间布局模式在中国的一线大城市越来越普遍，譬如，位于深圳市南山区西丽的宜家和宝安区观澜的宜家，位置都比较偏远，北京市的大型商贸购物中心和家居中心也都向城市边缘布局，这也是国际很多大城市商业地产空间布局的特点。随着私家车和城市轨道交通的发展，这一模式并不会影响购物人气，却会大大延长顾客的消费时间，提高营业额。

二是更加注重酒店餐饮生活服务性商业地产，旅游度假类、个性化的商业消费地产，以及体验类商业地产三大方面的发展。这是电子商务无法涉足的领域。

三是社区商业地产的发展将成为新的热点。社区商业地产以服务社区居民生活为目的，有与社区功能相符合的配建规模和标准，统一规划设计，位置相对集中，所辐射的服务范围是社区和周边地区范围内的物业。社区商业地产是对住宅地产的补充，以住宅地产为依托，因此将随着住宅地产的发展而发展。另外，对既有小区的改造升级也会为社区地产提供新的发展空间。

Characteristics in 2012 and Development Trend in 2013 of Commercial Real Estate in China

Su Hongjian   Li Hongyu

Abstract: Compared with the high-speed development of commercial real estate from 2010 to 2011 in China, the commercial real estate market remained active in 2012, but it has experienced a remarkable speed reduction in the total investment growth, the floor space growth of buildings started slowly, the office buildings market and the houses for business use market has shown a structural differences, and the regional development is also unbalanced and highly concentrated. In 2013 and the future, China's commercial real estate market would show a new trend adjustment.

Key Words: Commercial Real Estate; Characteristics; Development Trend

B.10
2012～2013年北京存量房市场分析

靳瑞欣*

摘　要：

2012年北京楼市可以说经历了翻天覆地的变化，从年初的市场冰点到二季度复苏，再到下半年的整体升温，可以说2012年北京楼市的关键词是"暖"。

2012年二手住宅市场较上年回暖明显。如果把2011年市场温度假定为零度，2012年市场的平均温度应该在30度～40度之间。在信贷政策适度定向宽松的前提下，2012年二手住宅成交量上涨；二手房均价同比虽小幅下跌，但年底较年初均价则平稳增长；"首置刚需"和"首改刚需"成为二手住宅市场的主力军，同时业主信心也在下半年大幅回升；租金打破季节性规律呈现持续上涨。

关键词：

市场回暖　信贷政策　租金持续上涨

一　政策——2012信贷稳健，市场与保障齐发展

（一）2012货币环境稳健，差异化信贷支持刚性需求

2012年以来央行连续两次下调存款准备金率，并于6月8日、7月6日相隔不到一个月连续两次降息，相对宽松的货币环境基本形成。

---

* 靳瑞欣，中原地产研究部经理。

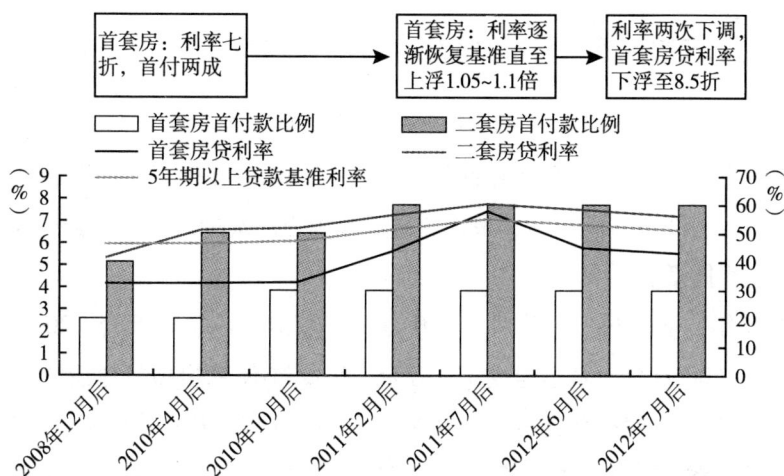

图1　首套和二套房首付款比例及贷款利率

在银行流动性充裕的支撑下，2012 年起首套房贷获批速度提高，利率优惠重启。2012 年全国大部分地区首套房利率已由上年的上浮逐步恢复至基准利率，大部分地区甚至可以获得基准利率 8.5～9 折的优惠。降息通道的打开配合首套房贷利率优惠的重启，使得居民购房按揭贷款的能力进一步提高，还贷成本明显下降。2012 年末，中国经济呈现缓中趋稳态势，预计后市货币政策保持稳健，但对刚性需求的支持仍将继续。

（二）限购稳固，抑制投资投机

作为首都，在 2012 年，北京的限购政策不仅未放松，在资格认证等方面反而有继续加强的举措出台。

根据各地政策微调的经历显示，限购底线不容触碰，任何松绑限购的新政终被中止。为稳定市场预期，在 2012 年 6 月开始，多部委重申坚持房地产调控政策不动摇，住建部更明确表示将会同有关部门继续密切关注各地执行调控政策的情况，对于地方出台放松购房政策的，都及时予以制止或纠正。

2012 年市场明显过度反弹的可能性很小，但随着符合限购政策下购买人群资格的增加，总体可购房人群的数量会继续明显增加。

（三）保障房增，双轨制发展持续

"十二五"规划纲要将保障房建设规模再度扩大，提出在 2011～2015 年的五年间将开工 3600 万套保障性住房的建设目标，并确立了由廉租住房、公共租赁住房、经济适用住房、限价商品房和棚户区改造住房五大类组成的保障性安居工程体系。

2010 年，全国开工保障房共 590 万套，基本建成 370 万套；2011 年，已完成开工 1000 万套，基本建成 432 万套；2012 年保障房项目建设继续稳步推进，并已于 10 月底提前完成年度开工目标 700 万套，基本建成超过 500 万套，完成投资 10800 亿元。住建部透露，2013 年保障房的开工量将回落到 600 万套左右，保障性工程建设速度呈放缓趋势，施工重点将转移到保证建设质量以及完善管理机制上来。

多个地方政府如北京、上海、山东、武汉、杭州等地纷纷出台出让土地配建保障房的规定，各地更多地采取配建后无偿移交政府的处理方式。然而，在市场低迷时，这无疑会导致开发商开发意愿下降，从而使一些配建政策遭遇出台后难以执行的窘境。如 2011 年末杭州"宅地出让需配建 10% 保障房"的管理条例由于市场遇冷未能真正实行，2012 年初北京"商品住宅用地配建保障性住房比例不低于 30%"的规定也无疾而终。为加快土地出让，地方政府也相应调低土地出让门槛。随着近期土地市场的回暖，配建方式也有了一定的积极反响，各地正积极推行以期达到缓解政府融资压力的目的。

二 市场——量价筑底，市场复苏渐暖

（一）政策倾斜，成交量上涨

2012 年，二手住宅市场受楼市政策影响显著，不论从全年整体变化还是逐月的变化趋势，皆表现明显。

首先从整体来看，2012 年上半年信贷政策基调以适度宽松为主，而下半年看到市场成交量放大过快，转而多次重申"坚持楼市调控政策不动摇"来

控制楼市上升的步速和步幅。2012 年网签和过户套数分别为 14.4 万和 11.5 万套，同比分别上涨 18% 和 16%，成为京城楼市十年来成交量第三的年份。而这一成交量在"限购"政策背景下取得，足以说明北京楼市自住需求仍处于旺盛时期。

其次从月度来看，3 月、7 月和 12 月表现突出。第一，3 月成为全年成交走出低谷的转折月，这是 2 月下调存款准备金率和央行公布差别化信贷政策利好的影响所致。第二，7 月成交攀升至高位，这一高峰的产生，得益于上半年的两次下调存款准备金率和两次降息。

最后，12 月成交创年度纪录，这主要是因为自 11 月的中共十八大召开到 12 月中共政治局和中央经济工作会议这三大具有政策导向风向标意义的会议都未释放出将出台更为严厉措施的信号，从而导致观望群体的需求提前释放，致使年底翘尾现象发生。

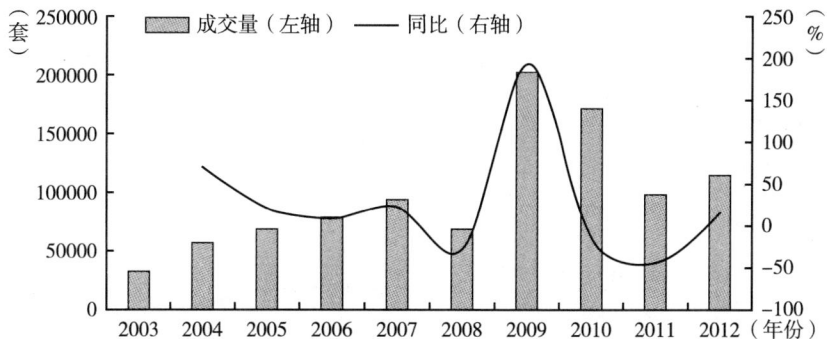

图 2　2003～2012 年北京市二手住宅（过户）成交量对比走势

资料来源：北京中原市场研究部。

（二）刚需支撑，二手均价平稳发展

2012 年一季度受 2011 年调控从严和春节影响，价格延续下降走势，自二季度开始呈现平稳上涨趋势。2012 年二手住宅均价为 23129 元/平方米，较 2011 年下降了 2.6%，但由于 2012 年年内房价月度环比持续小幅上涨 9 个月，使得全年累计涨幅（12 月比 1 月）达到 14%。全年房价可以概括为"均价同

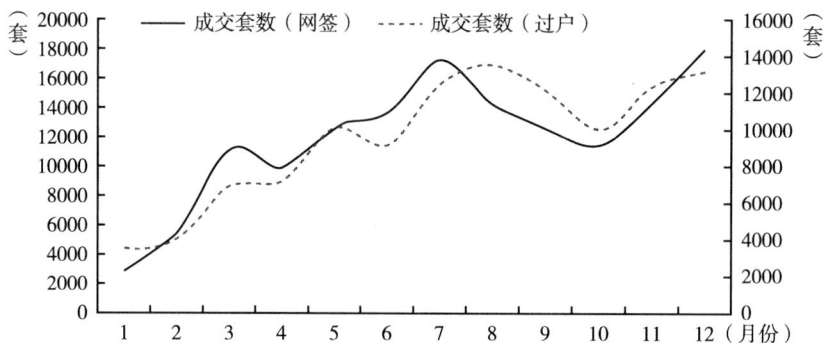

图3　2012年北京市二手住宅网签和过户成交量月度走势

比微下浮，年内累计涨一成"。由于限购政策并未放松，年内房价月度环比小幅攀升的基础来自自住群体，其中又以"首置刚需"和"首改刚需"为主要支撑，购房刚需群体在信贷政策"定向宽松"的背景下大量释放从而托起二手房价稳步向前。

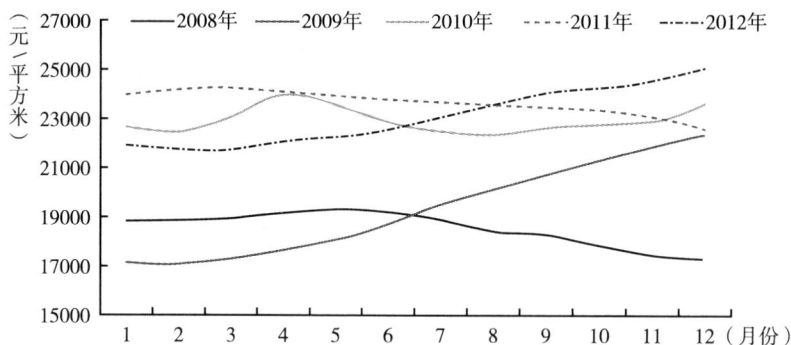

图4　2008～2012年北京市二手住宅成交价格走势对比图

资料来源：北京中原市场研究部。

（三）信心回升，报价指数半年翻一番

2012年二手住宅报价指数（业主信心指数）较2011年有明显提升，全年平均40%，高于上年9个百分点。与此同时，上、下半年也形成了鲜明对比，上半年仍延续2011年的低迷走势，业主对房价的预期不高，甚至预期房价有持续下降的趋势，而从下半年开始，受到上半年适度宽松信贷政策的提振，报价指数明显回升，从上半年的均值 26% 涨到了下半年的 55%，数值翻倍。这一指数也预示着 2013 年初房价仍会保持平稳上浮的大趋势。

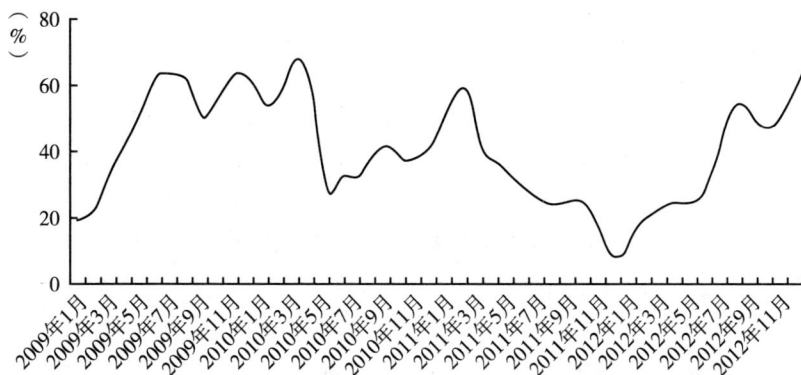

图5 2009～2012 年北京市二手住宅报价指数走势

资料来源：北京中原市场研究部。

（四）"限购"影响，本市购买比例再上升

受到自 2011 年 2 月开始的"限购"政策影响，两年来本市居民购买比例逐年上升，俨然成为京城二手住宅市场的主力军。2012 年已达到了 82.6%，较 2011 年扩大近 6 个百分点，而外省市居民、国内企事业以及境外机构和个人的比例分别为 15.2%、1.7% 和 0.5%，环比均呈现下降趋势，降幅分别为 4.5%、0.4% 和 1%。由于限购政策已明确 2013 年将继续执行，可以推断未来一年成交客户八成以上仍是本地居民。

（五）热点区域，次中心区、学区、轨道周边成交忙

2012 年次中心区（朝阳、海淀、丰台、石景山）成交套数的比重有所增加，从 52.3% 上涨到 53.4%，而中心区和城市边缘区的成交量分别受到房价高、投资群体被限购和新房供应集中影响，分流部分二手房刚需，呈现占比下降的状态。①

---

① 中心区指东城区和西城区；次中心区指朝阳、海淀、丰台、石景山；城市边缘区指以上区域以外的近郊、远郊区县。

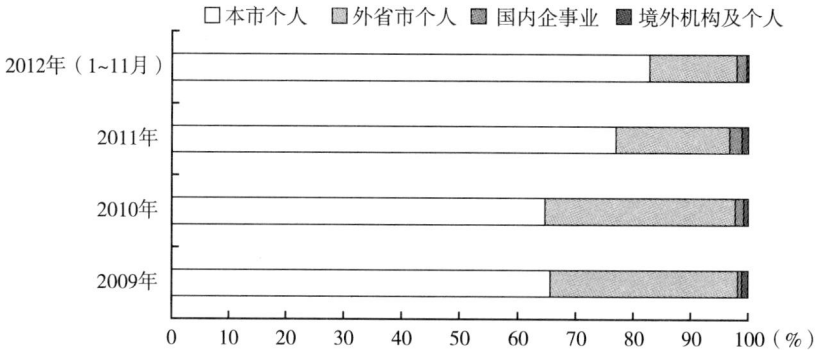

图6 2009～2012年北京市二手住宅成交人群结构对比

资料来源：北京中原市场研究部。

学区房的优势在于稀缺，由于海淀中关村地区（万柳、世纪城等）是北京典型重点学区，因此成交量和价格受市场影响最小，且涨幅居前，为孩子上学购房的群体能固定占到区域全部购房人群的40%，从而保证了区域房产的保值增值性。

2012年底开通的4条轨道交通线也颇为引人注目，横线（6号线），纵线（9号线、8号线），环线（10号线二期）全涉及，随着北京家用轿车日渐增多，地上交通负荷越来越大，地铁的优势越来越凸显，轨道周边房产受追捧也就顺理成章。2012年，4条地铁线沿线热门成交区域有青年路、朝阳门外、田村、六里桥、花乡、大红门等，这些区域在2012年普遍受到追捧，或成交量明显高于非热点区域，或价格上涨幅度高于周边。

（六）租金上涨，季节性特点被削弱

2012年，北京住宅租金水平继续上升，全年平均租金54.4元/（平方米·月），较2011年上涨3.8%，可见租赁市场需求依旧旺盛，拉动租金持续上扬。同时，"限购"政策持续实施了2年，导致租赁市场2012年出现了以往没有的特点，即季节性波动特点被削弱。按照传统规律，租金一般在春节后和5～9月大学生毕业季处于高位，其他月份不同程度有所下降。然而2012年自春节过后（2月）租金开始上涨以来，一直持续上升，且仅在上涨幅度上有所差别。

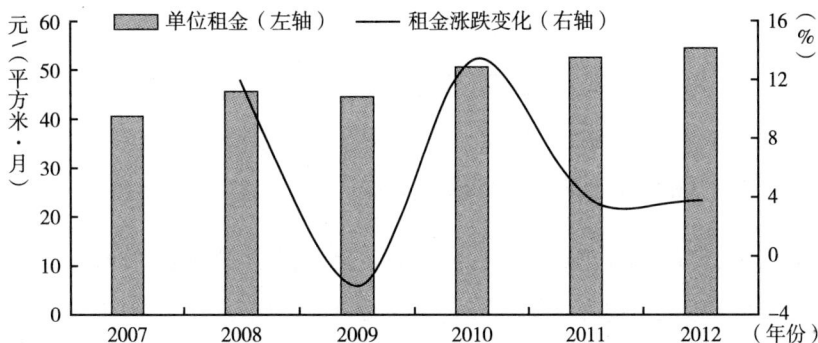

图7　2007～2012 年北京市住宅租金及涨跌幅度变化走势

资料来源：北京中原市场研究部。

（七）投资萎缩，一、二手房成交差距持续缩小

2012 年，一、二手房成交量均有明显上涨。在两者均呈现上涨的情况下，新房上涨幅度要大于二手房，从而导致新房与二手房成交量之间的差距进一步缩小，继 2011 年的 1∶1.7 上升到 2012 年的 1∶1.2。导致这一现象的原因主要是受到"限购"政策打击投机投资所致，市场购房需求集中于刚性需求，2012 年新房市场开发商应市推出大量刚需产品，且位于近郊区具有一定价格优势，与二手房相比，新房明显被消费者看好，促进新房涨幅要大于二手房涨幅，导致一、二手之间比重趋近。

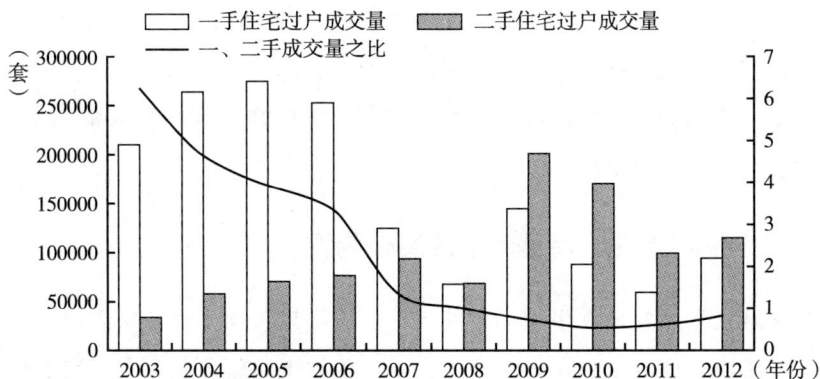

图8　2003～2012 年北京市一、二手住宅过户成交量对比情况走势

资料来源：北京中原市场研究部。

165

三 2013 年存量房市场展望

（一）调控不松，保障自住抑投资

目前楼市已经逐渐出现了上行的拐点，因为地方对土地财政的过分依赖，加上外围经济恶化，地方希望调控有所放松，但本次调控可以说是最后一个经济转型的机会，一旦放松，房地产很可能面临"硬着陆"的风险。

调控政策在 2012 年一季度前可以说是上半场，但是还有下半场，预计会持续至少到 2013～2014 年，限购限贷的政策基本不动摇，中央加强宏观调控政策的意图一直没有改变。中央领导强调，当前房地产市场调控已取得一定成效，但仍处于关键时期，要坚持实施遏制房价过快上涨的政策措施，抑制投资和投机性购房，进一步巩固调控成果。

（二）房产税增，试点城市继续扩大

房产税试点扩散在未来增加试点的可能性非常大，但在北京试点的可能不大。房产税等调控存量房的政策，可能是后期全国楼市调控的新方向。限购政策虽然目前来看短期内取消的可能性不大，但是限购政策毕竟是完全的行政手段，强制地抑制了需求。作为房地产试点的重庆，房产税征收范围逐渐扩大，可能会影响所有非自住房产，这可能标志着后限购时代的调控方向。

一旦房产税试点增加，对多套房拥有者的心理影响将非常大，也有可能给市场带来大量的存量供给。预期后市特别是非自住普通住宅市场将可能继续有税费等调控政策出台。

（三）价格缓涨，首置刚需改善仍为主

分区域来看，在新房供应为主的郊区，二手房价格上涨依然缓慢，在新房供应和二手房供应并重的次中心区，二手房价格上涨幅度基本与新房类似；而在城市中心区，新房供应稀少，二手房价格非常坚挺。在市场整体复苏的作用下，二手房成交量持续回升，预计 2013 年二手房成交量将回升，价格缓涨。

从成交结构看，市场需求仍将以首置和首改为主，中低价位的普通住宅依然会占据成交量的主体。

（四）租赁回归，涨幅逐渐趋稳

目前来看，2010 年开始的租金上涨高峰已经过去，进入 2012 年，北京租赁市场虽然依旧上涨，但是涨幅放缓。尤其 8～9 月的租赁需求上涨，房产投资者对租金收益的看重，租赁市场的短期活跃将再次导致租金上涨。

2013 年各地目前对租赁市场的调控手段将继续匮乏，公租房等房源的直接供给量并不多。后市如果公租房不加快入市、扩大受益面，租金依然有可能长期上涨。

Analysis on Stock Housing Market
in Beijing（2012 −2013）

Jin Ruixin

Abstract：In 2012, Beijing experienced tremendous changes in the property market. From the market freezing point of the beginning to the recovery of the second quarter, finally, the overall property price trend climbed up in the latter half of the year, we can say, the key word of the property market in Beijing is "recovery".

In 2012, the second-hand housing market recovered significantly from the year before. If the market in 2011 temperature assumption is zero, in 2012, the average temperature of the market should be 30 − 40 degrees. In the premise of directional moderately loose monetary policy, second-hand housing turnover grew in 2012; the average price of second-hand housing year-on-year fell slightly, but, the average price increased smoothly in the year, ended the year more higher than at the beginning; "the rigid demand coming from first-time home buyers" and "the rigid demand coming from first-time home changer" is becoming the main force of second-hand housing market, in the meantime, the confidence of owner have rebuilt sharply in the latter half of the year, rent continue to rise for breaking seasonal rules.

Key Words：Market Recovery；Monetary Policy；Rent Continue to Rise

管理与保障篇

Affordable Housing and Management

B.11

2012 年中国物业管理亮点、难点及 2013 年发展趋势

叶天泉 王 树 叶宁*

摘 要：

2012 年中国物业管理经过全行业的不懈努力，在国家有史以来最严厉的房地产宏观调控政策没有松动的情况下，保持了平稳较快的发展。不容忽视的是，因小区私搭乱建、停车难等引发的矛盾日益凸显，已经成为热点、难点问题。本文对 2012 年中国物业管理发展的亮点、难点及 2013 年发展趋势作了阐述、剖析和展望，旨在使从事物业管理行业的人们从中受到启迪，认清形势，把握趋势，正视问题，破解难题，面向未来，迎接挑战，从转型升级、可持续发展的更高层面谋划行业的发展。

关键词：

亮点 难点 展望

---

* 叶天泉，辽宁省住房和城乡建设厅总经济师，中国物业管理协会行业发展研究中心研究员；王树，沈阳市市政工程设计研究院院长；叶宁，辽宁城市建设职业技术学院。

2012 年是中国物业管理下一个 30 年的开局之年。一年来,全行业认真落实庆祝"物业管理改革发展 30 周年大会"确定的目标、任务和措施,与时俱进,开拓创新,激流勇进,攻坚克难,同舟共济,抱团发展,特别是在国家有史以来最严厉的房地产宏观调控政策没有松动的情况下,仍保持了平稳较快的发展。2012 年是物业服务收费标准调整的破冰之年。一年间,经过各级物业管理行政主管部门、物业管理协会和物业服务企业的共同努力,个别省市和部分物业服务企业的收费标准作了调整,使这些企业的生存危机得到了缓解。2012 年也是规范物业管理行为、扶持物业服务企业的发展年。浙江省、上海市、河北省、安徽省等多个省市政府或物业管理行政主管部门相继出台了关于加快发展物业管理业的若干意见等规章或规范性文件,对破解制约行业发展的问题提出了一系列针对性、操作性很强的扶持政策,为物业服务企业突破困局起了不可低估的作用。

一 2012 年中国物业管理行业的亮点

1. 国务院公布《服务业"十二五"规划》

2012 年 12 月 1 日,中国政府网公布了《服务业"十二五"规划》(以下简称《规划》)。《规划》分为服务业面临的发展形势、总体要求、服务业发展重点、扩大服务业开放、改革完善服务业发展体制机制五个方面。《规划》提出,到 2015 年要实现服务业增加占国内生产总值的比重、服务业就业人数占全社会就业人数的比重分别比 2010 年提高 4 个百分点。《规划》在大力发展房地产业中强调"进一步明确物业管理行业的责任边界,健全符号行业特征的市场规律的价格机制,规范物业管理行业市场秩序。建立和完善旧住宅区推行物业管理的长效机制,探索建立物业管理保障机制。鼓动物业服务企业开展多种经营,积极开展以物业保值增值为核心的资产管理。继续推进物业管理师制度建设,提高服务规范化、专业化水平。提高旧住宅区物业服务覆盖率,城镇新建居住物业全部实施市场化、专业化的物业管理模式"。《规划》不仅为物业管理行业明确了"十二五"期间的发展目标和总体思路,而且为行业的发展提出了更高标准和新的要求。

2. 上海市将理顺物业服务价格机制写进《政府工作报告》

2012 年 1 月 11 日，时任上海市市长韩正在上海市人大第十三届代表大会第五次会议上所作的《政府工作报告》中提出，"加快理顺物业服务价格机制，提升住宅物业管理服务水平"。上海市政府率先将理顺物业服务价格机制写进《政府工作报告》，足以看出该市政府对解决这一问题的重视和决心。此举对其他省市理顺物业服务收费价格机制将产生积极的影响。

3. 深圳市物业管理行业在全国率先纳入 GDP 核算

2012 年 2 月 12 日，经广东省统计局批准，从 2012 年开始，深圳市物业管理行业正式纳入 GDP 核算，由物业服务企业按季直接上报统计数据，统计部门将对其进行单独核算。之前，物业管理行业在计算 GDP 时，没有单独列出，而是纳入房地产业。将物业管理行业 GDP 单独纳入 GDP 核算，不仅能准确及时地反映行业发展状况，而且可以通过数据为行业决策提供依据。此举对各省（区、市）将物业管理行业单独纳入 GDP 核算具有示范意义。

4. 浙江省出台《关于加快发展现代物业服务业的若干意见》

2012 年 3 月 16 日，浙江省政府办公厅出台了《关于加快发展现代物业服务业的若干意见》（以下简称《意见》）。《意见》诸多做法在全国同行业取得重大突破。《意见》的出台不仅对促进浙江省物业管理行业的发展具有重要意义，而且对其他省市制定物业管理扶持政策具有借鉴意义。

5. 深圳市在全国率先出台"十二五"物业管理行业发展规划

2012 年 7 月，《深圳市物业管理行业发展规划（2011～2015）》（以下简称《发展规划》），经深圳市政府批准。《发展规划》既是深圳市首个物业管理行业发展五年规划，也是全国物业管理行业出台的第一个五年发展规划。《发展规划》不仅是未来五年深圳市物业管理行业发展的纲领性文件，而且对其他省市编制物业管理行业发展规划具有导向作用。

6. 闽粤港澳台物业管理行业交流合作框架协议在厦门签署

2012 年 11 月 8 日，"闽粤港澳台物业管理行业交流合作框架协议"签署仪式在厦门市举行。根据协议内容，福建、广东、香港、澳门、台湾五地将围绕物业管理政策法规、物业管理现状和发展趋势、物业管理行业面临的现实问题、物业管理服务行业的发展战略、物业管理商业模式创新等方面，展开一系列交流合作。协议签订后，将在五地间建立相应的协调机制"闽粤港澳台物业管理行业交流合作委员会"，负责处理与本协议相关的事宜；并就物业管理行业发展中存在的问题及企业在市场拓展中面临的困境沟通协调，设立"闽粤港澳台物业管理行业交流合作联谊会"，负责指导、帮助联谊工作，协调协会、企业之间的关系。建立框架之后，每年将在一个区域轮值举办一次"两岸五地物业管理论坛"。交流合作框架协议的签订，不仅有利于加强两岸五地物业管理行业的交流合作，而且将进一步促进两岸五地物业管理行业的优势互补、共同发展。

二　2012 年中国物业管理难点问题剖析

1. 小区私搭乱建

2012 年 6 月 20 日，《辽沈晚报》以《200 户私扩花园，1000 户拒交物业费》为题，报道了沈阳市于洪区和泰尚东小区业主私搭乱建的现象。该小区共有 2000 多户业主，其中住一楼的就有 200 余家。2009 年入住时，开发商给一楼住户赠送了 3.3 米宽的私家花园，如今有近 200 户一楼业主扩大了私家花园，只有 10 余家业主仍保持着原样，有的业主甚至将原宽 3 米多的私家花园扩成七八米宽，占据了近一半的公共草坪，有的用板搭鸡舍养 20 多只鸡。这一举动引发小区其他业主的极大不满，有 1000 余户业主拒交物业服务费。

长期以来，一些住宅小区因安装防盗护栏、楼顶搭建房屋、封闭阳台露台加盖、圈占公共绿地、自套围栏建私家花园、别墅前扩后占、扒倒重建扩建等私搭乱建的现象，不仅严重侵犯了广大业主的公共利益，而且由此引发的矛盾和诉讼屡屡发生，特别是一些私搭乱建在施工中发生的致伤致死事故也偶有所闻，有的甚至触目惊心。

2006 年 6 月，住在京北某别墅小区的某著名主持人，因装修时私建二层阳光房，与小区物业服务企业连续发生冲突。该主持人的装修施工队与物业保安大打出手，先后导致 4 名小区物业员工受伤住院，后小区物业企业将其告上法庭。

2012 年 10 月 22 日下午，北京市东四环北路 7 号院内，一私人别墅的地下改建施工中发生墙体倒塌，造成施工人员 6 人死亡、3 人受伤。

2012 年 12 月 7 日 17 时许，贵州省仁怀市城建局组织人员在该市盐律街道盐律社区陀园坎组巡查阻止违法建筑时，因违法建筑水泥板滑落，造成违法建筑施工人员 2 人死亡、3 人受伤。

上述几起事故虽属个案，但经媒体披露后，不仅在社会上产生强烈反响，而且再次引起人们对小区私搭乱建问题的广泛关注。

改革开放以来，随着城市旧城区改造和新城区建设步伐的加快，在"统一规划、合理布局、综合开发、配套建设"方针的指导下，一座座小区拔地而起，不仅极大地改善了人们的居住条件，而且城市面貌发生了巨大变化。但是，小区私搭乱建的问题，一直没有得到遏制和杜绝，而且近年来有愈演愈烈之势。

小区私搭乱建"久治不愈"的原因，一是有的业主受利益驱使，为了自家的方便，无视广大业主的公共利益，一些业主有攀比心理，见别的业主私搭乱建，自己也建，是造成这一问题的主要原因。二是一些物业服务企业因制止业主私搭乱建的行为，招到业主的谩骂甚至被打伤而不敢管。有的物业服务企业怕影响与业主之间的关系，影响所管的物业项目而不愿管。三是立法滞后，目前国家尚没有一部关于违章建设查处专门性的法规，虽然在《中华人民共和国物权法》《物业管理条例》等法律法规中有所涉及，但均规定得原则性多、操作性差，由于缺乏明确的上位法作为依据，目前各地在查处私搭乱建中基本处于无法可依的状态。

那么，怎样破解小区私搭乱建这一棘手的社会难题，还业主一个公平呢？笔者认为，各地政府及有关部门应当多管齐下、密切配合、协同作战，共同解决这一社会顽症。一要完善立法。国家应当把《违法建设查处法》或《违法建设查处条例》纳入立法日程，使对违法建设的查处尽快有法可依。令人欣喜的是，2012 年广州市人大常委会和北京市政府分别出台了《广州市违法建设查处条例》和《北京市禁止违法建设若干规定》，为各地查处私搭乱建立法带了好头。二要政府履责。城市政府应当把查处小区私搭乱建作为重要职责，作为改善业主生活环境、提升业主生活幸福指数的大事来抓，组织开展私搭乱建集中整治活动。三要加大执法力度。城市管理执法部门要切实担负起公共管理的职责，对物业服务企业或业主举报的私搭乱建行为，一经取证查实，要发现一起拆除一起，在全社会树立起禁止私搭乱建的氛围，形成禁违、防违、拆违的高压态势，使欲违建者不敢建，切实做到新建小区不留欠账，旧小区逐步拆除。四要加大舆论宣传。新闻媒体要承担起舆论监督的职责，广泛宣传私搭乱建的危害，做到家喻户晓，引导业主自觉融入爱护小区环境、建设美好家园中来。五要物业企业尽职尽责。物业服务企业要通过宣传，引导业主自觉树立法律意识和保护环境的意识，发现所辖小区私搭乱建行为，要立即进行制止，并及时向有关行政管理部门报告。同时，要制定严格的住宅装修申请、审批和巡视监督制度，从源头上遏制私搭乱建现象的发生，切实承担起维护小区环境和秩序的职责。

由此看来，要从根本上解决小区私搭乱建的现象，只要有法可依，政府加强监管，执法部门严格执法，新闻媒体加大宣传，物业企业认真履责，业主加强自律，全社会共同监督，就能收到好的效果，小区私搭乱建的现象也一定能够得到缓解。

2. 小区停车难

北京某住宅小区没有固定停车场，2012 年 1 月 9 日，一业主将机动车随意停放在小区门前马路上，秩序维护员发现后，上门让业主挪车，双方发生口角，该业主用刀将秩序维护员胳膊扎伤[①]。

近年来，因小区停车引发的业主与业主之间、业主与物业服务企业之间的纠纷和冲突时有发生，由此引发的流血事件也并非鲜见。

2009 年 6 月 10 日晚，上海歌林春天住宅小区因一业主在小区绿化带违规停车，秩序维护员上前劝阻，被该业主殴打致死。

2011 年 7 月 20 日，上海市安汾路某小区一开车业主因拒付 5 元停车费，挥拳朝秩序维护员面部打去，造成秩序维护员一颗门牙断裂，下嘴唇裂伤缝合 4 针，并将机动车停车护栏撞坏的后果。

分析小区停车难的原因：一是私家车激增。改革开放以来，尤其是近几年来，随着人们生活水平的提高，购买私家车的居民与日俱增。当前我国民用汽车拥有量为 1.06 亿辆，按一家三口人计算，每百户家庭汽车拥有量超过 20 辆[②]，且每年仍以近千万辆的速度急剧增加。即使上海、北京等城市采取了私

---

① 袁明超：《小区停车难的出路何在》，《上海物业管理》2012 年第 2 期。
② 左娅：《汽车文明，我们的差距有多大》，《人民日报》2013 年 1 月 21 日。

家车限购措施，仍难以抑制人们的购车欲望。据媒体披露，2013 年 1 月，上海私家车车牌拍卖价格突破 7.5 万元。二是小区停车设施配建不足。国家现行2002 年修订的《城市居住区规划设计规范》（以下简称《规范》），只对居住区公共活动中心、集贸市场和人流较多的公共建筑，必须配建公共停车场（库）停车位的控制指标作了规定，而对住宅房屋配建停车场未作具体规定。《规范》对新建居住区、住宅小区、住宅组团（以下统称小区）配建住宅房屋停车场没有规定强制性控制指标，各地规定的小区住宅房屋停车场配建比例普遍缺少超前性，导致小区停车设施不足。三是老旧小区停车设施先天不足。一些老旧小区建设时没有规划停车场或停车位，也未在规划区域内预留足够的空间建设停车场，致使一些早期建设的小区停车设施先天不足。小区停车设施明显不足，造成一些小区的周边和小区内，不管是大马路还是小街巷，不管是小区内的道路还是小区的楼前楼后及绿地周边等，到处是随意停放的车辆，有的甚至占用防火通道，影响消防和紧急救援，造成安全隐患。

近些年，一些城市政府已经意识到小区停车问题的严重性，对新建小区规划建设停车场配建比例作了调整，但远远赶不上家庭购车的增加速度，小区尤其是老旧小区停车难的问题仍得不到缓解，解决小区停车难问题已经到了刻不容缓的程度。

针对小区停车日趋紧张的局面，各级政府及城市规划、建设、管理等部门，应当采取治本与治标相结合、长远与当前相衔接的办法，多策并举解决小区停车难这一社会热点问题。一是国家有关部门应当尽快修订《规范》，在《规范》中明确规定今后凡新建商品房小区，应当按照所建住宅房屋总户数不低于 1∶1.2 的比例配建停车场，并作为强制性指标。修改《商品房预售管理办法》，增加房地产开发企业不按《规范》规定的比例配建小区停车场或配建停车场达不到规定比例的，不发放商品房预售许可证，商品房屋不得销售和交付使用。在新建小区建设项目验收环节中，增加停车场专项验收，使小区停车场配建比例落到实处。二是对已投入使用的老旧小区，在不影响道路交通、消防、绿化设施的前提下，经征得专有部分占建筑物总面积 2/3 以上的业主且占总人数 2/3 以上的业主同意，利用小区的空余场地和相关空间，统筹规划，改建扩建停车设施，鼓励建设立体停车设施等。三是有条件的机关、企事业单位将内部停车设施在非工作时间,有组织地向附近小区居民提供经营性停车服务。四是在不影响道路交通和治安管理的前提下,在小区周边道路设置夜间临时停车泊位。五是按照统一规划、政府引导、谁投资谁受益的原则,引导和鼓励吸纳社会资本投资建设小区停车设施,政府给予扶持政策。六是在小区停车设施一时难以解决的情况下,物业服务企业一方面要会同业委会科学制定小区车辆管理方案,最大限度地增加小区停车位,切实加强小区车辆的停放管理;另一方面要通过宣传增强业主自觉有序停车的意识,共同营造安全有序的小区停车环境。这可能是现阶段缓解小区停车难的有效途径。

三 2013 年中国物业管理发展趋势

2013 年,中国物业管理行业正经历前所未有的转型升级,也将面临前所未有的挑战和机遇。但是,无论怎样变化,无论怎样转型,物业管理行业努力为业主打造优美整洁、文明安全、舒适方便的生活与工作环境的目的不会变,物业服务企业不断提高自身的管理水平和服务质量的追求也不会变。在新的一年,行业将凸显以下发展趋势。

1. 打造诚信将成为物业服务企业的重要发展战略

我国物业管理行业经过 30 年的发展,已经打造了一批像万科、长城、中海、金地、保利等物业管理品牌诚信企业。但是,同行业快速发展相比,诚信制度建设仍显相对滞后,诚信企业仍满足不了行业发展的需要。目前一些物业服务企业仍存在承诺不兑现、管理不规范、服务不到位、物业服务费收支不透明等失信的现象。不仅影响了业主对物业服务企业的信任,而且影响了物业管理行业在社会上的诚信形象。

令人欣慰的是,目前已有越来越多的物业服务企业决策者意识到打造诚信企业的必要性和紧迫性,他们把打造诚信作为企业发展的重要战略,不遗余力地打造品牌诚信企业。

实施物业管理诚信发展战略,需要动员全行业的力量,形成联动机制,才能真正取得实效。从目前看,应当强化以下工作。一要强化道德建设。物业管理要结合行业特点,深入推进社会道德建设,制订行业诚信建设发展规划,开展道德和诚信教育，引导从业人员养成诚实守信的良好品质。在全行业营造守信光荣、失信可耻，守信得益、失信吃亏，人人诚实守信的良好氛围。二要强化制度建设。物业管理作为新兴行业，在诚信建设方面积淀不深，应当学习借鉴其他行业的成功经验和做法，及时建立科学性、适用性、操作性强的诚信规章制度，使行业诚信建设有所遵循。三要强化物业企业诚信建设。物业管理行业要通过建立企业信用征集系统和失信惩戒机制，特别要结合市场主体准入、合同履行、依法纳税、服务收费、服务质量、社会责任等方面，有针对性地加强信息系统建设，充分发挥其对失信行为的监管和约束作用。四要强化服务公开。坚持服务公开是提高企业公信力的有效途径。物业服务企业只有开诚布公地将物业服务内容、服务标准、服务措施、收费标准和收支情况等向业主公开，才能赢得业主的信任。企业要把涉及业主利益的运行过程作为公开的重点，规范公开内容和形式，让业主清楚地知道企业的经营现状、收支情况、办事效果等。五要强化依法管理。依法管理不仅关系企业诚信建设，也是市场经济对企业的基本要求。物业服务企业要增强管理人员尤其是中高层管理人员依法管理的意识，使其自觉养成依法管理的良好习惯。六要强化业主参与。物业服务企业要为业主营造反映意愿的机会，通过开展问卷调查、走访等形式，积极扩展业主表达意愿的渠道，通过务实、诚意的交流，及时改进工作中的不足，赢得业主的信任。这将成为物业服务企业重要的发展战略。

2. 保障性住房物业管理将成为行业发展的新领域

2012 年 11 月 8 日，胡锦涛总书记在党的十八大报告中提出，"建立市场配置和政府保障相结合的住房制度，加强保障性住房建设管理，满足困难家庭基本需求"。这是将保障性住房建设和管理首次写进党代会报告，足以看出党和政府对解决城镇中低收入家庭住房困难的重视程度。

为了解决城镇中低收入家庭的住房困难，早在 2007 年 8 月，国务院就公布了《关于解决城市低收入家庭住房困难的若干意见》。《意见》提出到"十一五"期末，全国廉租住房制度保障范围要扩大到低收入住房困难家庭。根据国务院 2011 年 9 月下发的《关于保障性安居工程建设和管理的指导意见》，到"十二五"期末全国保障性住房覆盖面达到 20% 左右。经过全国上下的共同努力，从 2008 年下半年到 2012 年，保障性住房开工建设超过 3000 万套，基本建成 1800 万套，成为我国历史上保障性住房建设规模最大、投入最多、速度最快的时期。如此大规模的保障性住房建设，不仅给各地政府提出了新的课题，也给物业服务企业提供了新的机遇和挑战。

随着大批保障性住房项目的陆续竣工、分配和入住，为切实做好保障性住房后续的物业服务，使保障性住房的居民住得稳、住得好，当下，需要做好以下工作：一是建章立制。国家保障性住房建设行政主管部门应当抓紧制定《保障性住房物业管理办法》（以下简称《办法》），在《办法》中明确保障性住房管理的基本原则、管理方式、服务内容和收费标准等，使保障性住房的管理做到有章可循。在《办法》未出台前，各地政府要不等不靠，积极探索保障性住房的管理模式，保障性住房可以由物业服务企业实行专业化的管理，也可以由保障性住房所在社区组织小区居民实行自助式管理，无论采取哪种管理模式，都应当让这部分人群住得舒适。二是制定优惠政策。对于保障性住房的物业管理，城市政府应当制定优惠政策，扶持物业服务企业的发展。三是物业服务企业要切实承担起对保障性住房管理的职责。保障性住房建设是基础，分配是核心，管理是关键，服务是根本。物业服务企业要通过高水平的管理、高质量的服务，使保障性住房小区的居民切实享受到收费不高而管理服务水平高的超值服务。

3. 完善物业纠纷调解机制将成为解决物业纠纷的重要途径

自 2007 年 6 月，北京市政府在全国率先出台《关于加强人民调解化解物业管理纠纷的指导意见》（以下简称《指导意见》），北京市司法局与北京市建设委员会联合成立物业管理纠纷调解委员会，在全市开展物业管理纠纷专项调解工作以来，截至 2011 年 6 月，全市共调解物业纠纷 26976 件，调解成功 19915 件，调成率为 73.8%，为及时化解纠纷、共享和谐社区发挥了重要作用。特别是在法院受理案件量总体上升的情况下，北京市物业管理类纠纷裁判量却在逐年下降，很大一部分物业管理纠纷通过调解得到解决，既节省了当事人的诉讼成本，又缓解了法院审判的压力。截至 2012 年底，北京市共建立物业管理纠纷人民调解委员会 558 个，市、区（县）、街道（乡镇）、社区（村）四级物业纠纷调解工作网络基本形成。建立社区物业管理纠纷人民调解委员会 407 个，人民调解信息员 4698 人，人民调解员 5413 人，不仅基本覆盖了全市物业管理小区，而且有效地维护了基层社会的稳定①。继北京之后，全国大多数城市均成立了相应的物业纠纷调解组织（以下简称调解组织）。但是，目前一些城市的调解组织仍存在制度不完善、程序不规范等问题，直接影响物业纠纷调解的效果。

要想更好地发挥调解组织在化解物业纠纷中的作用，各地调解组织应当在法治化、制度化、程序化、职业化上下功夫，用气力。法治化就是调解组织在调解过程中，应当严格按照《中华人民共和国物权法》《物业管理条例》《物业服务收费管理办法》等法律法规及行政规章依法进行调解。引导当事人在互谅互让的基础上达成和解，切不可不分是非采取和稀泥的办法进行调解，这是做好物业纠纷调解工作的前提。制度化就是调解组织应当建立一套行之有效的规章制度。在此基础上，根据物业纠纷调解工作的需要不断进行制度创新，不断改进工作方法，以适应物业纠纷调解工作新形式、新任务的要求，这是做好物业纠纷调解工作的基础。程序化就是调解组织要严格按照调解工作的程序进行，切实形成市、区（县）、街（乡）、社区物业纠纷逐级调解机制。同时要做好物业纠纷调解、诉讼与物业调解委员会工作的对接，聘请法院法官作为调解指导员，减少调解重复环节，畅通调解协议书效力确认渠道，这是做好物业纠纷调解工作的关键。职业化是指物业纠纷调解具有很强的专业性，各地调解组织应当把那些热爱公益事业，具有良好职业道德、职业意识和职业心态，具备职业化素质、职业化行为规范和职业化技能的人吸收到调解队伍中，作为专职调解员。这不仅是做好物业纠纷调解工作的保障，也是调解组织的必然发展趋势。

4. 完善应急机制将成为物业服务企业发展的当务之急

如前所述，近几年来由于受极端天气的影响，我国部分城市遭遇了严重内涝，造成一些小区地下车库被淹，不仅暴露出少数物业服务企业应急管理意识薄弱，也给物业管理行业敲响了警钟。

为了避免小区地下车库被淹现象的发生，物业服务企业应当着力做好以下工作：一要切实做好小区防水灾应急预案体系的建设。物业服务企业要结合所管物业项目的实际，建立完善的小区防水灾应急预案，切实提高预案的科学性、针对性和可操作性，确保预案体系建设实用、管用、切实可行。同时要有

---

① 余荣华：《北京：物业纠纷"重"调解》，《人民日报》2012 年 5 月 16 日。

针对性地做好预案的演练，以达到实兵演练、检验预案、锻炼队伍的目的。二要切实抓好小区防水灾应急队伍的建设。物业服务企业要根据《中华人民共和国突发事件应对法》，结合所管物业项目防水灾的实际需要，加强应急队伍的建设，切实做到组织健全、人员充实、指挥协调、训练有素、战斗力强。同时，要按照实战的要求，改善技术装备，切实提高应急处理能力，保证在紧急情况下能拉得出、用得上、处理得快、完成得好。三要切实加强日常管理和排查。物业服务企业要做好所辖物业项目排水系统的日常检查、检修和维护工作，确保设备设施完好、排水通畅。要建立地下车库雨水倒灌的防范措施，做好防水灾应急物资的储备，增加必要的排水设备，切实做到未雨绸缪，战时有效。四要切实完善宣传体系。物业服务企业要围绕预防和应急处理能力，对业主进行危机意识宣传，利用板报、宣传单等形式普及遭遇强降雨时的车辆管护、自救和应急常识，提高业主应对突发事件的能力。同时要根据《中华人民共和国保险法》的有关条款和险种，对物业管理区域内的业主车辆办理相关财产保险，确保万无一失。五要切实签好《物业服务合同》（以下简称《合同》）。《合同》是物业服务企业与业委会签订的服务协议，一经签订就具有法律效力。企业在同业委会签订《合同》时，对不可抗力条款要做到细化，尤其是对暴雨等自然灾害造成损失的责任，要规定得十分明确，这是降低物业服务企业风险和责任的重要途径。六要切实做好防灾害预告。物业服务企业在接到强降雨等预报后，要在所管辖区醒目的位置张贴通知或告示，在第一时间通知业主。特别是在暴雨来临前，要通知业主将车辆停放到妥善位置，最大限度地保障业主的财产和人身安全，把可能造成的损失降到最低点。这既是物业服务企业做好应急工作的当务之急，也是企业发展的长远大计。

Highlights and Nodus of China's Property Management in 2012 and Development Tendency in 2013

Ye Tianquan Wang Shu Ye Ning

Abstract： Through unremitting efforts of the whole industry in 2012, China property management maintained stable and rapid development, in the case of our country's most severe real estate macro-control policy was not loose. But what can't be ignored is that, the contradiction triggered by unauthorized structures and lack of parking places in living communities has been a nodus and hot spot. This thesis describes the highlight in 2012, explores the nodus and makes a prospect of 2013, for people who engaged in property management industry to get enlighted, recognize the situation, confront the problem, meet the challenge, and make plans for industry's sustainable development.

Key Words: Highlight; Nodus; Prospect

B.12
2012 年中国房地产中介行业现状与
2013 年走势分析

张 勇　赵庆祥　王 霞*

摘　要：

在中国，房地产估价、房地产经纪行业的现状，就代表了房地产中介行业现状。本文回顾了 2012 年房地产估价、房地产经纪行业发展的若干重要时间，简要分析了这些事件对行业产生的影响；我们通过人员和机构的数量、不同的业务比例以及各自的业务量、营业收入等指标，阐述了 2012 年房地产估价、房地产经纪行业的发展现状。

结合房地产估价、房地产经纪行业发展的实际情况，本文简要分析了两个行业在 2013 年的走势。

关键词：

房地产估价　房地产经纪　发展现状　走势分析

房地产中介是房地产业的重要组成部分行业，包括房地产估价、房地产经纪和房地产咨询行业。目前在我国，房地产估价、房地产经纪行业已初具规模。房地产估价师、房地产经纪人都是国家执业资格，他们不仅从事房地产估价、房地产经纪业务，大量的房地产咨询业务也是由他们做的。因此，房地产估价、房地产经纪行业的现状，就代表了房地产中介行业现状。本文主要分为两大部分，分别介绍房地产估价行业 2012 年现状及 2013 年走势分析和房地产经纪行业 2012 年现状及 2013 年走势。

＊ 张勇，中国房地产估价师与房地产经纪人学会房地产估价师，硕士，主要研究房地产估价；赵庆祥，中国房地产估价师与房地产经纪人学会，副研究员，硕士，主要研究房地产经纪；王霞，中国房地产估价师与房地产经纪人学会，副研究员，博士，主要研究房地产估价、房地产税等。

一 2012年中国房地产估价行业现状及2013年走势分析

（一）2012年中国房地产估价行业现状

1. 2012年中国房地产估价行业重大事件

为纠正部分银行业金融机构发放贷款时附加不合理条件和收费管理不规范等问题，中国银监会2012年1月20日印发了《关于整治银行业金融机构不规范经营的通知》（银监发〔2012〕3号），要求银行业金融机构依法承担贷款业务及其他服务中产生的押品评估等相关成本，不得将成本以费用形式转嫁客户。由银行业金融机构支付抵押评估费，房地产估价机构认为此举会导致银行业金融机构利用其强势地位，压低评估费或者减少评估量，给抵押估业务带来冲击。

十一届全国人大常委会第二十五次会议2012年2月29日审议了《资产评估法（草案）》。目前，我国评估专业中资产评估师、资产评估机构与房地产估价师、房地产估价机构是并列的。《草案》用资产评估统包房地产估价等其他估价专业，在专业划分、考试制度、管理体制、自律管理等方面的规定也倾向于资产评估专业。《草案》的公布，引发了房地产估价行业的广泛关注和热烈讨论。业内人士认为，《草案》若不经修改施行，将产生万能的资产评估师，导致评估失去了专业性，评估结果必然不能科学合理，这对估价委托人和社会极度不负责任。

原戴德梁行亚太区主席、香港测量师（内地称房地产估价师）梁振英2012年3月25日当选香港特别行政区第四届行政长官。根据《内地与香港关于建立更紧密经贸关系的安排》（CEPA），第一个香港与大陆的专业资格互认，就是2004年实现的内地房地产估价师与香港测量师资格互认。当年，梁振英等97名香港测量师获得了内地房地产估价师注册证书。梁振英的当选，也预示着房地产估价师等专业人士在社会发展中将发挥更大作用，成为社会稳定发展的中流砥柱之一。

中国房地产估价师与房地产经纪人学会2012年6月29日向住房与城乡建设部标准定额司递交了国家标准《房地产估价规范》（报批稿）和《房地产估

价基本术语标准》（报批稿）及有关材料，完成了这两项国家标准的报批。这两个新国家标准的发布和贯彻施行，将进一步提升估价行业执业水平，提高估价行业执业质量。

在中国房地产估价师与房地产经纪人学会 2012 年 11 月 27～28 日举办的 2012 年年会上，"咨询顾问""大数据"成为热门词汇和大家关注的焦点。房地产估价机构经过近 20 年的发展，传统的抵押估价、征收评估业务面临越来越激烈的竞争，难以保证估价机构持续发展。在新形势下，估价机构只有利用掌握大量房地产交易实例的自身优势，努力拓展房地产咨询顾问业务，才能实现可持续发展。

国务院 2012 年 12 月 1 日印发了《服务业发展"十二五"规划》。《规划》提出，引导房地产估价机构规模化、专业化发展，加强和完善房地产估价师执业资格制度，加强自律管理。建立房地产企业信用档案，发挥社会监督作用。可以预计在"十二五"时期，房地产估价机构服务功能明显增强，社会公信力明显提高，培育一批骨干企业及第三方服务机构。

2. 2012 年中国房地产估价行业发展状况

2012 年，有 1953 人通过全国统一考试，取得房地产估价师资格证书。截至 2012 年底，全国取得房地产估价师资格证书的人数已达 46151 人。有 28 家二级资质房地产估价机构取得一级资质。截至 2012 年底，全国共有一级资质房地产估价机构 267 家（见图 1）。

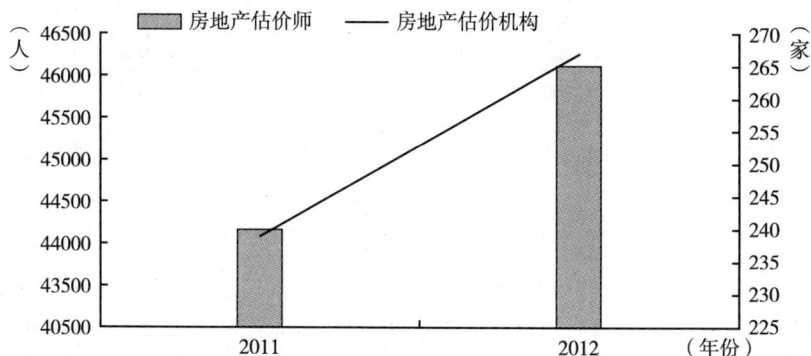

图 1　2011～2012 年房地产估价师和一级资质房地产估价机构变化情况

在国家持续严厉的房地产调控政策下，2012 年一季度全国房地产成交量和成交价较 2011 年同期出现了一定程度的下降和回调。但是在二季度以后，由于受货币政策微调、国民经济探底回升等因素的影响，房地产市场出现了明显回暖迹象。特别是北京、上海、广州、深圳等一线城市，房地产成交量有较大幅度增长，成交价增长也比较明显。

受房地产市场形势的影响，2012 年全国房地产估价机构的业务量有较明显增加。根据房地产估价信用档案的统计，全国 267 家一级资质房地产估价机构开展的项目中，房地产抵押估价项目有 25.7 万宗，比 2011 年增长 8.4%；评估价值合计 3.5 万亿元，比 2011 年增长 29.6%。房屋征收评估项目 7000 余宗，比 2011 年增长 40%；评估价值合计 524 亿元，比 2011 年增长 10.3%。房地产司法鉴定估价达 4000 余宗，评估价值合计 302 亿元。

房地产估价机构的业务量，与房地产市场变化情况以及国家调控政策密切相关。2007～2012 年，全国一级资质房地产估价机构抵押估价、征收评估和其他估价业务的变化情况见图 2、图 3、图 4。

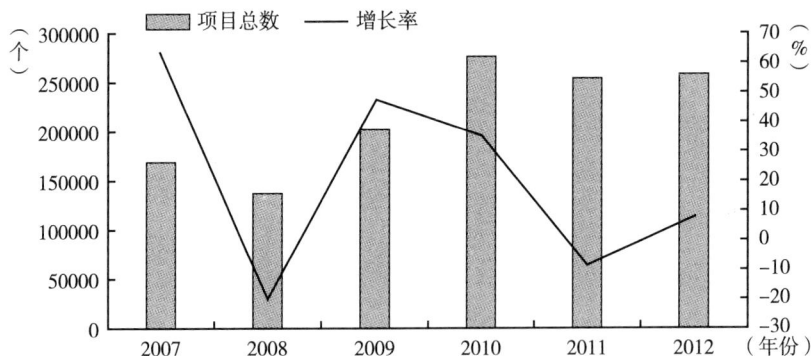

图 2 2007～2012 年一级资质房地产估价机构房地产抵押估价业务量变化

营业收入全国前 10 名的房地产估价机构，2012 年与 2011 年相比，有 2 家新入，2 家退出，具体顺序也发生了变动（见表 1、表 2）。从 2012 年营业收入全国前 10 名的房地产估价机构分布地域来看，主要在经济发达的城市，其中总部在北京的有 4 家，在深圳的有 4 家，在上海的 1 家，在南京的 1 家。

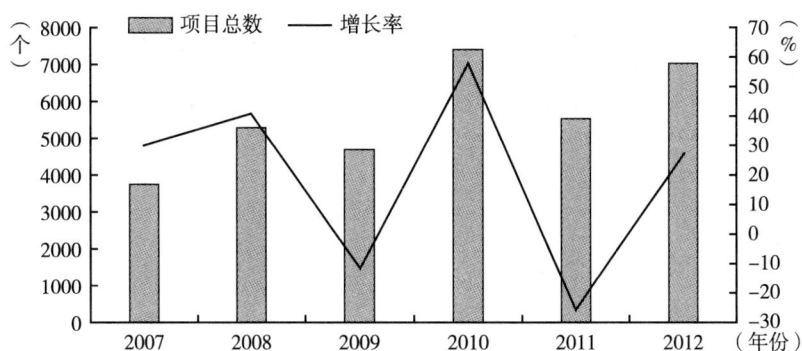

图 3   2007～2012 年一级资质房地产估价机构房屋征收评估业务量变化

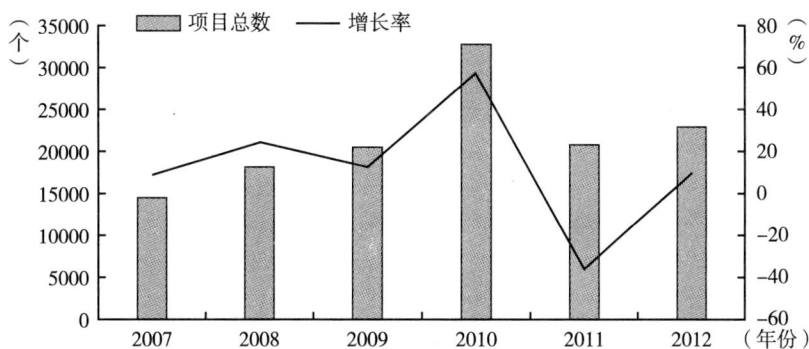

图 4   2007～2012 年一级资质房地产估价机构其他估价业务量变化

表 1   2011 年营业收入全国前 10 名房地产估价机构

序号	机构名称
1	深圳市世联土地房地产评估有限公司
2	北京仁达房地产评估有限公司
3	北京首佳房地产评估有限公司
4	北京康正宏基房地产评估有限公司
5	上海城市房地产估价有限公司
6	北京市金利安房地产咨询评估有限责任公司
7	江苏博文房地产土地造价咨询评估有限公司
8	上海房地产估价师事务所有限公司
9	深圳市国策房地产土地估价有限公司
10	深圳市天健国众联资产评估土地房地产估价有限公司

表2　2012年营业收入全国前10名房地产估价机构

单位：%

序号	机构名称
1	深圳市世联土地房地产评估有限公司
2	北京康正宏基房地产评估有限公司
3	深圳市国策房地产土地估价有限公司
4	深圳市同致诚土地房地产估价顾问有限公司
5	北京仁达房地产评估有限公司
6	北京首佳房地产评估有限公司
7	上海城市房地产估价有限公司
8	北京市金利安房地产咨询评估有限责任公司
9	江苏国衡土地房地产资产评估咨询有限公司
10	深圳市天健国众联资产评估土地房地产估价有限公司

（二）2013年走势分析

房地产业发展是房地产估价行业发展的基础。分析房地产估价行业的走势，首先应分析房地产业的走势。未来10年，我国房地产业仍然有很大发展空间。一是，保障性、改善性住房，也包括一部分高端消费，需求巨大。二是，城镇化特别是梯度城镇化带来的市场空间。我国城镇化率刚超过50%，如按户籍人口计算仅35%左右，远低于发达国家80%的平均水平。三是，第三次生育高峰所带来的住房需求高潮。第三次生育高峰发生在1984～1987年，其购房需求的高潮时期在2015～2018年以及2026～2029年。

2013年国民经济会继续2012年回升态势，纵然国家出台进一步调控政策，房地产业也不会大起大落，最有可能的走势是成交量、成交价均出现小幅增长。基于这样的判断，我们对2013年房地产估价行业走势的判断如下。

1. 估价业务将持续增长，不同类型业务增长幅度不同

2013年，房地产估价业务将会持续增长，只是抵押估价业务增长的幅度将相对较小，征收评估业务的增长幅度较大，咨询业务推进速度明显加快。

抵押估价业务主要受房地产成交量等因素的影响。在房地产成交量将小幅增长的背景下，2013年房地产抵押估价业务量也会随交易量同步增长。

征收评估业务主要受政策、城市开发与改造、房地产市场活跃度等因素的影响。由于在 2011 年初发布了《国有土地上房屋征收和补偿条例》，地方没有配套法规和操作细则，一部分征收工作在当年停顿下来。从 2012 年开始，地方陆续出台了配套法规和操作细则，停顿下来的征收工作重新启动。2013 年，中央政府和各省级政府都将完成换届。新上任的政府官员，在城市开发与改造方面，必将有所作为。当然，房地产市场活跃度也不会降低。因此，在多重因素的作用下，2013 年征收评估业务量仍会大幅增长。

房地产咨询业务主要受房地产市场发展程度、活跃度的影响。在房地产市场化初期，咨询往往派不上用场。在房地产市场化发展到一定程度后，房地产咨询业务的需求就会大增。在房地产市场化不断推进的 2013 年，咨询业务的推进速度会明显加快。

2. 大型机构发展更为强劲，中小型机构面临更大压力

目前全国有估价机构大约 5000 家，其中规模较大的一级资质估价机构只有 267 家，占估价机构总数大约 5%，其余规模较小的二级、三级估价机构，占估价机构总数的 95%。

规模较大的估价机构经过 20 多年的发展，积累了一定的优秀人才，搭建了房地产估价系统，搜集了大量房地产估价案例和数据，积累了大量忠实的客户群体，具有较强的竞争实力，它们的发展必然更为强劲。

小型估价机构虽然在前些年，依靠某些社会资源，有一定的业务可做，也有一定的经济收入，但是它们长期忽视人才培养和技术研究的局限性逐步凸现出来。面对越来越激烈的市场竞争，以及客户对估价报告质量不断提高要求的现实，中小型估价机构的发展面临更大的压力。

二 2012 年中国房地产经纪行业现状及 2013 年走势分析

（一）2012 年中国房地产经纪行业现状

1. 2012 年房地产经纪行业重大事件

2012 年 3 月 7 日，链家地产率先开展"全渠道、百分百真房源"行动，承诺其在所有渠道推行真实房源（真实存在、真实在售、真实价格），并持续进行"假一赔百"的赔付活动，接受社会监督。该行动得到了广大消费者和同行的赞誉和支持，21世纪中国不动产等大型经纪机构也纷纷响应，房地产经纪行业掀起一股"真房源"之风。

2012年7月18日，《房地产经纪人协理资格考试大纲》审定通过。评审专家一致认为《房地产经纪人协理资格考试大纲》内容丰富，结构合理、重点突出，体系完整，具有较强的实用性，不仅能够满足测查应试人员房地产经纪职业能力的要求，而且对房地产经纪行业具有很好的引导和规范作用。

2012年8月30日，广州市房地产中介协会按揭分会经广州市民间组织管理局批准，正式成立。房地产按揭是伴随着房地产中介市场的发展同步发展起来的，是整个房地产中介行业的一部分。按揭分会成立，标志着房地产按揭机构开始纳入房地产中介行业自律管理体系。

2012年10月1日，首批互认的内地房地产经纪人和香港地产代理获得证书。内地房地产经纪人和香港地产代理专业资格互认是CEPA框架下的一项重要制度安排，首批212名香港地产代理取得"中华人民共和国房地产经纪人注册证书"，获得了在内地从事房地产经纪工作的资格；39名内地房地产经纪人取得"香港地产代理牌照"，获得了在香港从事地产代理工作的资格。互认人员获得证书，标志着首批内地房地产经纪人和香港地产代理专业的资格互认工作顺利完成。

2012年11月28日，在2012年中国房地产估价师与房地产经纪人学会年会上，首次举办"房地产金融服务"论坛。全国知名房地产按揭担保机构负责人在论坛上就中美房地产金融按揭比较、我国房地产按揭业务未来发展方向等主题发表演讲。此次论坛搭建了房地产按揭担保机构、经纪机构、估价机构和相关金融机构之间的沟通交流平台，改善了按揭行业内部缺少交流沟通的现状。

2012年12月1日，国务院印发了《服务业发展"十二五"规划》。《规划》提出，应引导房地产经纪机构规模化、专业化发展，大力推行房地产经纪人执业资格制度，加强行业自律管理，建立房地产企业信用档案，发挥社会监督作用。预计"十二五"时期，房地产经纪服务水平持续提高，房地产经纪机构和人员的社会形象进一步改善。

2. 2012 年房地产经纪行业发展情况

2012 年，房地产经纪行业规模保持基本稳定。房地产经纪从业人员超过
100 万，其中取得房地产经纪人员职业资格人数持续增加，根据中国房地产估
价师与房地产经纪人学会统计，2012 年有 1953 人通过房地产经纪人资格考试
取得房地产经纪人资格，212 名香港地产代理通过资格互认取得内地房地产经
纪人资格证书。截至 2012 年底，取得全国房地产经纪人资格共 47668 人，其
中 26344 人申请注册执业。全国共有房地产经纪机构 50000 余家，其中 21049
家聘用了注册房地产经纪人，有注册房地产经纪人的房地产经纪机构分布情况
见图 5。

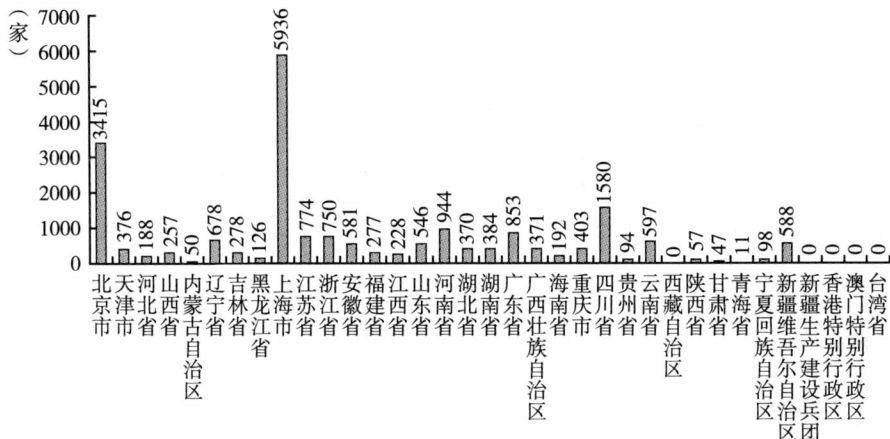

图 5　2012 年有注册房地产经纪人资格认证的房地产经纪机构分布情况

大型品牌房地产经纪机构①的阵营保持不变，部分机构规模有所扩张。本
土品牌还是以链家地产、伟业我爱我家、世联、易居、满堂红等为代表，香港
地区品牌以中原地产、美联物业为代表，台湾地区品牌以信义房屋、住商不动
产等为代表，国外品牌还是以 21 世纪中国不动产为代表。2012 年，品牌房地
产经纪机构依旧保持较大规模，例如中原地产、链家地产的门店均超过千家，
21 世纪中国不动产的门店数量接近千家，部分全国性房地产经纪机构规模情

---

① 虽然全国房地产经纪机构数量较多，但由于行业聚集度高，大型品牌机构占有较大市场份额，
所以下文的举例说明多用大型品牌房地产经纪机构的数据。

况见表3。部分品牌机构的规模保持增长，如链家地产在2012年新进入了上海和杭州等城市，北京麦田房产的门店数量从2011年底的106家发展到2012年底的158家，增幅达到了49%①。

表3 部分全国性房地产经纪机构规模情况

机构 \ 项目	门店（分支机构）数量（家）	房地产经纪人员数量（人）	进入城市数量（个）
中原地产	1000	24000	39
链家地产	1000	16500	8
21世纪中国不动产	976	12440	29
伟业我爱我家	800	12000	7

通过品牌经纪机构成交的房地产交易量和交易额上升。2012年，存量房地产交易量上升，据21世纪中国不动产统计，上海2012年存量住房成交20万套，同比上涨34.5%，北京成交达14.4万套，同比上升18.8%。受此上升影响，通过品牌经纪机构成交的房地产交易量和交易额明显高于2011年。例如，2012年中原地产中国区共促成317587宗、总交易额约3200亿元的房地产交易（包括新建商品房买卖、存量房买卖和租赁）；北京链家地产促成存量房买卖近50000宗，总交易额超过1000亿元；世联地产的新建商品房代理销售金额也超过2000亿元，以上机构的业绩均比2011年有大幅增长，其中世联地产增长超过四成。

一线城市和大型品牌机构的佣金收入增长明显。2012年，一线城市受存量房成交量和成交价格回升影响，房地产经纪佣金增收明显。据链家地产统计，2012年北京存量住房买卖交易额大幅提高，由2011年约1590亿元增长至2012年约2250亿元，经纪行业存量住房买卖佣金总规模也随之由2011年的约35亿元，增长至2012年的约55亿元。大型品牌机构的佣金收入也相应提高，例如中原地产，2012年全年佣金收入达到47.4亿元，

---

① 《京华时报》：http：//epaper. jinghua. cn/html/2013 – 01/11/content_ 1961689. htm。

同比增长 26%，利润同比增长 97%，其中新建商品房经纪业务和存量房经纪业务收入分别大增 55% 及 27%。与中原地产一样，链家地产、伟业我爱我家、21 世纪中国不动产等均有出色表现，其中，链家地产 2012 年佣金收入 31.9 亿元，伟业我爱我家和 21 世纪中国不动产的佣金收入也都超过 15 亿元。

一线城市房地产经纪行业聚集度持续提升。根据北京房地产交易管理网统计，2011 年北京市排名前 3 名的经纪机构占有 51.5% 房地产经纪服务市场份额，比 2010 年提高 3.8 个百分点；而排名 10 名之后的所有经纪机构仅占 35.7% 的市场份额，同比下降 4 个百分点。2012 年，行业聚集度进一步提升，北京市前两名的市场份额之和已超过 50%。在上海，排名前 3 名的经纪机构成交占比也超过 20%。

（二）房地产经纪行业发展前景和 2013 年行业走势

近 10 年来，我国商品房和住宅销售量逐年增长（见图 6），房地产市场持续繁荣。2012 年，全国商品房销售面积 11.13 亿平方米，比上年增长 1.2%，是 2002 年的 4 倍多，其中，住宅销售面积 9.85 亿平方米，同比增长 1.5%。新建商品房销售量的持续增加，为以销售代理为主营业务的房地产经纪机构快速发展提供了历史机遇。所有新建商品房都将转化为存量房，存量房基数越大意味着交易量越大，这为房地产经纪行业长远发展奠定了坚实基础。

从 2012 年的市场表现来看，2013 年房地产市场调控政策不会放松。但是，调控只是限制投资投机性需求，对自住的刚性需求和改善性需求是保护和支持的，因此购房需求依然旺盛，这会使房地产交易量特别是存量房交易量保持较高的水平，因此 2013 年房地产经纪行业发展的市场环境不会太差。但是，房地产市场逐渐成熟，低附加值的传统经纪业务趋于饱和，经纪机构又面临新的竞争和生存压力。基于此，我们对 2013 年房地产经纪行业走势的判断如下。

1. 行业发展持续向好，但不会大规模扩张

2013 年存量房交易量超过新建商品房交易量的变化趋势将更加明显，以

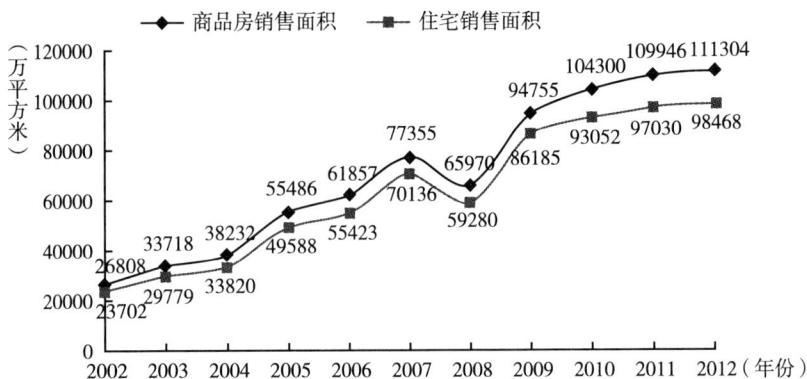

图6   2002～2012年商品房销售面积和住宅销售面积

存量房交易为主营业务的房地产经纪机构将获得更大发展空间。据统计，2011年70个城市中有12个城市的存量住房成交套数超过新建商品房住房，其中包括北京、上海、广州、深圳等一线城市。例如北京，从2008年开始连续5年存量住房的成交套数超过新建商品住房（见图7）。预计2013年，受新建商品房供应量不足的影响，新建商品房成交可能会出现下滑，同时面向自住需求的存量房交易量有望进一步放大，多数房地产经纪机构对2013年市场形势持乐观态度。但是受人员工资和门店租金等快速上升影响，以及房地产经纪机构逐渐成熟、发展趋于理性，房地产经纪机构应该不会出现大量招人、开店进行规模扩张的现象。

2. 模式创新不断，多元化战略和同业合作成为发展方向

2013年仍是房地产经纪行业的快速成长期，机构经营模式不断创新。房地产经纪机构的经营模式从传统的门店直营和特许经营，逐渐发展到了网店、网盟（房源信息获取的业务模块部分加盟，也称为O2O①线上线下融合）、股权合作加盟（特许商和门店经营者共同出资开设连锁门店）以及独立经纪人等。北京等城市通过存量房交易服务平台，引导独家代理的发展，也将是2013年的一个趋势。

_____

① O2O就是online to offline，即线上房源客源信息的搜寻、汇聚、推广、宣传和线下信息匹配、实地带看、签约、按揭贷款、交易过户等服务的融合。

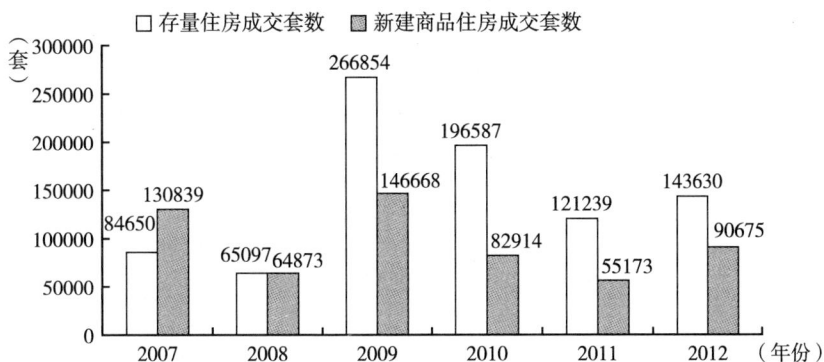

图7　2007～2012 年北京市存量住房和新建商品住房成交套数对比

2013 年，房地产经纪服务市场会更加成熟和细分，大型房地产经纪机构想要获得更大发展空间，只能走多元化发展之路。多元化发展包括服务链延伸和服务房地产类型多样。在服务链方面，以既有的房地产交易促成业务为核心，向顾问咨询、贷款代办、登记代办、履约担保、房屋交验、资产管理等业务延伸。在服务房地产类型方面，从普通住宅经纪业务，向豪宅、商业、办公、工业、仓储、旅游休闲等房地产拓展。中小机构难以走"大而全"发展之路，只能加强同业合作获得相对竞争优势，合作内容包括掌握房源的经纪机构与掌握客源的经纪机构合作、主营业务不同经纪机构之间的合作、不同地域的经纪机构合作等。

An Analysis of the Status Quo in 2012 and Trend in 2013 of China's Real Estate Intermediary Services Industry

Zhang Yong　Zhao Qingxiang　Wang Xia

Abstract: In China, the status quo of the real estate appraisal and agency industry represents the status quo of the real estate intermediary industry. We reviewed some important moments in the development of the real estate appraisal and agency industry in 2012, and briefly analyzed the effects on the two industries. We elaborated on the development situation of the two industries from the number of employees and institutions, the proportion and amount of business separately, the operating income and other indicators. We briefly analyzed the trend of the two industries in 2013 with the actual situation of the real estate appraisal and agency industry.

Key Words: Real Estate Appraisal; Real Estate Agency; Development Situation; Trend Analysis

B.13
农民工住房状况改善途径及保障措施

储诚山　刘伯霞*

摘　要：

　　从农民工人员数量和解决农民工住房意义入手，分析农民工住房现状及存在的问题，提出改进、解决农民工住房问题的具体途径，以及确保这些措施和途径得以实施的政策措施。

关键词：

　　农民工　住房现状　保障措施

一　农民工住房现状

（一）农民工人口状况

农民工是我国社会经济发展过程中的特殊群体，作为我国产业工人的一支重要力量，对推进我国工业化和城镇化、统筹城乡发展发挥着不可替代的作用，同时肩负着实现自身非农化、农村现代化的伟大历史使命。

农民工分布于国民经济各个行业，成为经济建设中的生力军，市民化的农民工是城市发展不可缺少的力量。农民工在我国是一个庞大的群体，国家统计局2011年我国农民工调查监测报告的抽样调查结果表明，2011年全国农民工总量达到25278万人，比上年增加1055万人，增长4.4%。其中，外出农民工15863万人，增加528万人，增长3.4%。住户中外出农民工12584万人，比

---

* 储诚山，博士，天津社会科学院城市经济研究所副研究员，研究方向为资源与环境；刘伯霞，硕士，甘肃社会科学院经济研究所副研究员，研究方向为区域与城市经济。

上年增加 320 万人，增长 2.6%；举家外出农民工 3279 万人，增加 208 万人，增长 6.8%。本地农民工 9415 万人，增加 527 万人，增长 5.9%（见表 1）。有效解决农民工的住房问题，对于保障其生存权利、推进城市化进程以及整个社会和谐发展都非常重要。

表 1　2008~2011 年我国农民工数量变化

单位：万人

	2008 年	2009 年	2010 年	2011 年
农民工总量	22542	22978	24223	25278
1. 外出农民工	14041	14533	15335	15863
（1）住户中外出农民工	11182	11567	12264	12584
（2）举家外出农民工	2859	2966	3071	3279
2. 本地农民工	8501	8445	8888	9415

（二）解决农民工住房问题的意义

农民工的住房难问题已成为当前全社会关注的焦点和热点。解决农民工住房问题，对于经济、社会、生态环境和谐发展具有重要意义。

解决农民工住房问题是实现社会和谐的重要标志。一个社会的最终稳定、进步与和谐，必须实现居者有其屋。解决农民工住房问题，有利于缩小城乡居民在住房保障上的差距，促进城乡统筹，促进城市自身和谐，缓解农村留守儿童和农村老龄化问题，促进农村和谐。

解决农民工住房问题是中国扩大内需的一个重要手段。加快农民工市民化进程，让农民工在城市有稳定住所，实现稳定生活，满足这些人的消费、住房和基础设施建设将创造巨大的内需。

解决农民工住房问题是推进中国特色城镇化进程的必然要求和根本保障。我国城市人口的增长将越来越多地依靠农村劳动力向城市转移，农民工市民化是我国城镇化的核心问题，市民化的农民工是城市发展不可或缺的群体，而居住是农民工融入城市的关键，是市民化的基础。安居才能乐业，农民工住房问题的解决与否，关系中国特色城镇化发展道路的成败。

解决农民工住房问题是改善民生的迫切需要。大部分农民工集中在"城中村"、城乡接合部租房，居住面积狭小，配套设施不完善，居住环境恶劣，改善居住条件已成为农民工最迫切的民生要求，是2亿多农民工、数亿农民工家属的殷切期盼。

（三）农民工住房的特点

2006年出台的《国务院关于解决农民工问题的若干意见》提出，要多渠道解决农民工居住问题，保证农民工居住场所符合基本的卫生和安全条件；2007年出台的《国务院解决城市低收入家庭住房困难的若干意见》提出将农民工作为城市中其他住房困难群体；2007年，住建部等部门联合发布《关于改善农民工居住条件的指导意见》，提出用工单位是改善农民工居住条件的责任主体。这些文件初步明确了农民工住房政策的基本方向，一些地方也积极破解农民工住房难题，主要做法包括建立农民工公寓（农民工经济租用房），将符合条件的农民工纳入城市住房保障体系，建立农民工住房公积金制度，对农民工购房给予财税支持等。然而，政策的规范性较弱，涉及农民工住房问题解决的法律法规基本缺失，农民工住房问题缺乏法律的强制性保护，无法可依，住房状况亟待进一步改进和提高。

1. 居住形式多样且差异较大

农民工居住分布十分复杂，居住类型多种多样。一般来说，农民工居住类型主要与其就业的行业有关：在制造业就业的农民工多居住于集体宿舍；建筑业工人多居住于单位搭建的临时工棚；在商业、服务业就业的，有的居住于雇主家中，有的居住于亲戚家中，有的则是租住出租房。

由于各省市经济发展不平衡，商品房和租赁市场价格差异较大，农民工从事的行业、待遇不同，年龄结构及生活习性不同，我国各地农民工住房类型存在极大差异。例如，2008～2009年武汉市农民工自行租房的比例超过60%，用人单位提供的住房比例为31%，自购房的仅为3%，投靠亲戚朋友等其他方式解决住房的约占5%[①]；张新民等对广州市番禺区大岗镇农民工出租屋调查

---

① 黄烈佳、童心、王勇等：《武汉市农民工住房现状调查分析及其保障对策探讨》，《湖北经济学院学报（人文社会科学版）》2010年第2期。

结果表明，2008 年农民工居住在出租屋的占 77.6%，居住在企业宿舍的占 21.4%，两者加起来占比 99%①，其他形式如工棚、工地所占的比重很低；王海兵对 2008 年南通市农民工住房抽样结果表明，租住民房的占 74.18%，住集体宿舍的占 20.19%，购买商品房的占 3.29%，其他情况占 2.34%②。

2. 以雇主或单位提供住宿为主

虽然各省市农民工住房类型多样，但从全国总体上看，农民工住房以雇主或单位提供住宿为主。2011 年农民工调查报告显示③，以受雇形式从业的农民工，由雇主或单位提供宿舍的占 32.4%，在工地或工棚居住的占 10.2%，在生产经营场所居住的占 5.9%，与他人合租住房的占 19.3%，独立租赁住房的占 14.3%，有 13.2% 的外出农民工在乡镇以外从业但每天回家居住，仅有 0.7% 的外出农民工在务工地自购房。分地区看，东部地区务工的农民工居住条件要好于中、西部地区，在工地、工棚及生产经营场所居住的比例明显低于中西部地区。

表2　2011 年外出农民工在不同地区务工的住宿情况

单位：%

	全国	东部地区	中部地区	西部地区
单位宿舍	32.4	35.2	28.9	24.0
工地、工棚	10.2	7.4	15.6	16.8
生产经营场所	5.9	5.2	7.3	7.5
与他人合租住房	19.3	20.9	14.5	16.8
独立租赁住房	14.3	14.2	12.4	16.3
务工地自购房	0.7	0.6	0.8	1.0
乡外从业回家居住	13.2	13.2	15.2	11.5
其他	4.0	3.3	5.3	6.1

3. 居住地点偏僻、住房面积狭小、环境差

中国城市居民的住房条件在过去 20 多年得到大幅度改善，全国城市人均住房面积增长迅速。但是相关调查表明，农民工的人均住房面积一直维持较低

---

① 张新民、荣西武：《广州市番禺区大岗镇农民工出租屋调查》，《城市发展研究》2009 年第 12 期。
② 王海兵：《关于外来农民工住房保障的现状及分析》，《中国劳动关系学院学报》2012 年第 4 期。
③ 国家统计局：《2011 年我国农民工调查监测报告》，http://www.stats.gov.cn/tjfx/fxbg/t20120427_402801903.htm，2013 年 3 月 17 日。

水准。如上海市流动人口人均住房使用面积仅为 8.1 平方米，为上海城市居民的 1/3[①]。湖北大学黄烈佳等（2010）的调查结果表明[②]，武汉市 2008~2009 年 18% 的农民工的人均住房面积不到 3 平方米，他们中很多人的人均住房面积甚至不到 2 平方米。

居住环境和设施方面，目前大中城市房价和房租远远高出普通农民工的承受能力。为了节省费用，大部分农民工集中在城中村、城乡接合部租房，或租住城市最简陋、陈旧的房子，或是租借居民住宅楼的地下室，或是在边缘地带搭建简易住房，配套设施不完善（无卫生设施，无独立厨房，生活设施差），生活环境比较恶劣。

4. 住房安全得不到保障

农民工居住的地方，一般来说流动人口比较多，人员也相对复杂，盗窃、斗殴等治安问题也时有出现。不仅如此，很多农民工住房是违章建筑，有些还是危房，为农民工的生命健康带来安全隐患。

5. 自有住房率低、居无定所

近年来，中国房价持续走高，即便城市人口也感觉到购房压力巨大，而收入较低的农民工，更是缺少购买普通商品房的能力，就这使得农民工在务工地难以拥有自己的住房，他们主要以临时租房和暂居单位宿舍为主，或是通过投靠亲友等其他方式解决住房，缺少固定的居住场所。国家统计局 2011 年我国农民工调查监测报告的抽样调查结果亦表明，我国农民工在务工地自购房仅占全部农民工的 0.7%。

6. 住房状况并未因经济发展得以明显改善

近年来，我国平均每年以 8% 以上的速度增长，但农民工住房状况不仅未得到明显改善和提高，甚至还出现倒退。表 3 为我国农民工 2009 年和 2011 年住所类型及占比数据比较[③]，可以看出，2011 年农民工独立租赁住房比重为

---

① 童颖、骏楼欣：《住房公积金　叩开农民进城之门》，《中国房地产》2006 年第 7 期。

② 黄烈佳、童心、王勇等：《武汉市农民工住房现状调查分析及其保障对策探讨》，《湖北经济学院学报（人文社会科学版）》2010 年第 2 期。

③ 国家统计局住户调查办公室：《新生代农民工的数量、结构和特点》，http：//www. stats. gov. cn/tjfx/fxbg/t20110310_ 402710032. htm，2013 年 3 月 17 日。

14.3%，低于2009年的18.8%；2011年农民工务工地自购房比重为0.7%，亦低于2009年的0.9%；与人合租住房与2009年持平。出现这一现象的原因，极可能是市场上房价和房租涨速超过农民工可支配收入涨速。

表3 2009年和2011年农民工住房类型及占比数据比较

单位：%

住所类型	2009年	2011年	备注
单位宿舍	37.4	32.4	—
工地、工棚	11.3	10.2	—
生产经营场所	8.4	5.9	—
与人合租住房	19.3	19.3	—
独立租赁住房	18.8	14.3	—
务工地自购房	0.9	0.7	—
其他	3.9	13.2	2011年包含"乡外从业回家居住"

二 农民工住房状况改善原则及途径

（一）改善农民工住房基本思路和原则

解决好农民工住房问题，事关社会稳定、进步与和谐，也将有力地促进城乡统筹。调查表明，不同群体的农民工对解决住房问题的期望方式存在较大差别：低收入农民工倾向政府修建低廉租金房，或政府给予政策、由用工单位建造宿舍；而高收入农民工更愿意通过市场自行解决，希望单位提供住房补贴，政府给予财税和金融支持，提高支付能力。

为此，解决农民工住房问题的思路和原则为：充分发挥政府、企业和市场的作用，充分尊重农民工意愿，加快建立起农民工经济租用房、廉租房、经济适用房和商品房等多方位住房保障体系[1]，多渠道改善农民工居住条件，使进城农民工住房条件尽快得到改善。

---

① 韦燕梅、郭红玲：《农民工住房问题对策探析》，《公共管理求索》2007年第1期。

（二）改善农民工住房主要途径

美、日等国健全的住房法律体系有利于其住房保障制度及政策的顺利推进。美国政府通过《住房法》《住房与城市发展法》等，对住房保障作了相应的规定；日本政府颁布《公营住房法》《地方住宿供给公社法》等，对解决中低收入阶层的住房问题作出了规定；我国香港地区政府充分发挥政府调控和市场配置的双重作用，把公共住房建设作为政府重要职能来履行，从 1953年开始，由政府投资修建廉租住房，解决当时香港低收入阶层及居住环境恶劣的居民住房问题①。

解决我国农民工住房问题，应根据我国国情，充分发挥政府、企业和市场的作用，建立起多渠道的住房解决途径。

1. 改造城中村

城中村以其低廉的居住成本，优越的地理位置，成为农民工自行解决居住问题的首选。但城中村杂乱的建筑、严重不足的配套设施以及较差的治安，严重影响着居住者的生活质量。可将农民工住房需求纳入城市规划改造之中，从更好地满足农民工住房需求出发，加强改造城中村，为广大农民工提供安全、配套的居住条件。

2. 引导农村集体建设用地流转

现有制度框架下，农村集体土地只能限于耕种或村庄内公共建设，不能抵押和买卖。如果给予农民土地处置权，一方面，农民有权出让自己的宅基地而获得一笔收入，就可以实现进城购房定居；另一方面，城郊结合部或"城中村"农民，可把自己多余的房屋出让给进城务工者，为进城农民工提供更多的居住选择和房源。

3. 增强农民工城市住房消费能力

农民工住房问题最根本原因在于其消费能力难以适应房地产市场价格，因而增加农民工收入、提高其消费能力尤为重要。为此，政府应制定相关政策，引

---

① 成都市房产管理局"解决农民工住房问题"课题组：《解决农民工住房问题策略探析》，《科学决策》2006 年第 10 期。

导用工单位为改善农民工居住状况作出努力，要求用工单位在给职工发放的工资中包含住房补贴，提高农民工收入中的住房消费比例，为农民工住房消费给予资金保障；建立农民工住房公积金制度，加强对住房公积金缴付的监督和指导，按照同工同酬的原则，农民工与本地户籍人口一样享有住房公积金待遇，提高农民工购房能力。此外，对于那些城乡接合部村集体集资建设的农民工住房，政府可考虑免收土地出让金，降低出租屋税率，降低农民工住房成本。

4. 建设提供公共住房

温家宝总理在第十一届全国人民代表大会第三次会议《政府工作报告》中指出，要有计划、有步骤地解决好农民工在城镇的就业和生活问题，逐步实现农民工在劳动报酬、子女就学、公共卫生、住房租购以及社会保障方面与城镇居民享有同等待遇。

为此，放宽中小城市和城镇户籍限制，把农民工住房纳入国家住房保障政策进行统筹安排，鼓励各地比照廉租房政策，在农民工集中的开发区和工业园区、改造城中村、城乡接合部建设相对集中的农民工公寓，鼓励将废旧厂房改造为农民工公寓；比照城市居民收入标准，提供廉租房、经济适用房、限价商品房。同时，建立一套合理的准入、轮候及退出机制，有效利用有限的住房资源，改善、解决农民工住房问题。公共住房建设时，采取政府主导、企业参与的模式进行。各级政府出台优惠政策，在用地、资金等方面予以倾斜，鼓励用工单位和社会力量参与开发公共产品，改善农民工居住现状，如上海普陀区桃浦镇桃浦公寓和苏州唯亭农民工公寓是比较成功的案例。

在农民工公共住房建设方面，一些地方进行了积极探索：将符合条件的外来务工人员纳入公共租赁住房的保障范围，如天津市滨海新区公共租赁保障房60%针对外来务工人员[①]；对招用农民工比较多的企业和工业园区，在符合规划的前提下，企业可以在依法取得的土地上建设一些农民工的宿舍楼（"打工楼"），湖北、重庆、江苏、浙江等省份在这方面进行了很多探索，值得借鉴。

5. 用工单位投资或集资建设农民工公寓和职工住房

公共住房并非解决农民工居住问题的最有效途径，积极鼓励用工单位投资

---

① 韩俊：《希望农民工住房问题纳入顶层设计》，《东方早报》2012 年 8 月 14 日。

或集资建设农民工住房，是解决农民工住房问题的又一渠道。

随着经济的发展，许多劳动密集型的制造业企业需要大量农民工，这些农民工在成为熟练工人并得到稳定的经济收入之后，就会期望有稳定的住所从而成为城市中的一员。因此，对这些招用外来农民工较多的企业，在符合规划的前提下，可在依法取得的用地范围内通过投资或集资建房的方式，修建农民工公寓和职工住房。设置一定的标准，将公寓和住房免费提供、出租或低价转让给农民工。这种农民工住房解决模式，不仅有利于改善外来农民工居住条件，提升企业形象和荣誉，而且可以为企业提供固定的员工队伍，确保企业持久发展。

三　农民工住房保障措施

确保农民工住房问题得到改善和有效解决，需要依靠政府、企业和社会的合力。同时，需要完善制定包括住房公积金制度、住房补贴制度、财税支持制度、金融服务制度、土地供应制度、规划保障制度等一系列保障措施，确保农民工住房问题的解决途径得以顺利实施和推进。

（一）建立国家专项资金支持

农民工定居到城市，必然会给城市建设和管理带来一定的成本，但同时会降低农村发展成本。为此，政府可以考虑从支农的那部分资金中提取一定的比例，或者使用财政资金，建立农民工住房专项资金，主要用于农民工经济租用房的建设、管理、维护；支持修建条件较好、配套较全的农民工公寓住房；支持利用闲置厂房、学校、仓库等改建成适合农民工居住的房屋，实现农民工住房的集中式管理。

（二）建立适宜的农民工住房补贴制度

建立适宜的农民工住房补贴制度，对那些单位未缴纳住房公积金、单位提供宿舍但须缴纳租金和自行租房的农民工，强制其用工单位实施住房补贴，补贴金额可根据农民工收入状况的一定比例确定，并在劳动用工合同中予以明确，确保农民工基本住房支付能力。

（三）健全农民工住房公积金制度

《国务院关于解决农民工问题的若干意见》中，提出用人单位和个人可缴存住房公积金，用于农民工购买或租赁自住住房。将农民工纳入住房公积金体系中，这是未来发展的必然方向。但目前外来农民工住房公积金缴纳力度不够理想，一方面从成本角度出发，企业不愿意给外来农民工缴纳；另一方面，缴纳住房公积金会造成外来农民工现时的收入降低，同时异地之间公积金提取和转移等问题也给农民工使用公积金造成一定的障碍，这些因素制约了外来农民工住房公积金的缴纳力度。因此，政府相关部门要制定完善外来农民工公积金提取和异地转移的相关政策，逐步将符合条件的农民工纳入城镇住房的保障体系，提高外来农民工和用工企业缴纳住房公积金的意识。

而相关调查亦显示，对于在城市买房的房款筹集方式，农民工也越来越接受公积金贷款和银行贷款，特别是高收入农民工，尤其希望通过公积金贷款来提高自身的支付能力。因此，健全农民工住房公积金制度势在必行。

（四）完善财税支持制度

对于为农民工提供租赁住房的业主或机构，给予一定的税收减免和地方性行政收费（如电力、自来水、燃气、绿化、消防等配套工程费）减免，鼓励更多的供应主体参与到租赁市场中来，为农民工提供适宜的住房。

（五）完善金融服务制度

对于购买城市经济适用房、限价房的农民工，可降低其购房首付款比例，延长还款期限，给予契税优惠。对兴建农民工公寓的私人和机构给予一定的金融支持，如为其提供低息长期的银行贷款或公积金贷款等。

（六）完善土地供应制度

允许各地在遵守国家基本土地政策的基础上，积极探索解决好利用出让工业用地兴建农民工宿舍与现行工业用地政策的矛盾、利用城乡接合部农民集体土地兴建农民工宿舍与现行集体建设用地流转政策的矛盾、利用破产或倒闭企业的闲置厂房改造或修建农民工宿舍与现行土地收购储备政策的矛盾。土地利用规划中要为农民工住房预留空间，使农民工的住房建设合法化。

（七）完善规划保障制度

把农民工住房纳入地区经济社会发展规划和城镇建设整体规划中，统筹考虑农民工住房位置和基础设施、公共服务设施服务能力，充分考虑农民工的居住需要和生活成本，坚持经济适用、合理布局、科学设计、确保质量。同时，配备必要的文化、体育、医疗和商场等基础设施，提高农民工居住环境质量和社会质量。

流动人口住房是一个世界性难题，我国人口规模巨大，城乡二元分割，解决农民工住房问题具有长期性、复杂性和艰巨性，要随着经济发展水平、政府财力的提高逐步解决。

Research on the Ways and Guarantee Methods to Improve Migrant Workers' Housing Condition

Chu Chengshan   Liu Boxia

Abstract：Based on the condition of the migrant workers' housing, the paper put forward some detailed ways to improve the housing condition of migrant workers, which means to bring into play the role of the government, enterprises and market power, to set up comprehensive housing security system, and to establish some relevant guarantee methods which are indispensible for the implementation of these the detailed ways.

Key Words：Migrant Workers；Condition of the Migrant Workers' Housing；Guarantee Methods

区域篇

Regions

B.14

北京市房地产市场：2012 年回顾及 2013 年展望

李菲菲*

摘　要：

　　通过与 2006 年以来历年数据的对比，分析 2012 年北京市房地产市场的发展概况。由于住宅市场的特殊地位和重要性，针对 2012 年北京市住宅市场出现的新特点作出具体分析。最后，综合宏观经济、需求和供给三个方面，分析 2013 年及之后的房地产市场发展趋势。

关键词：

　　北京　房地产市场　住宅市场

在经济基本面和宏观调控措施的影响下，2012 年北京市房地产市场呈现

---

* 李菲菲，中国社会科学院城市发展与环境研究中心，博士生在读，研究方向为城镇与区域规划专业。

出许多新特点。本文综合 2012 年及之前几年的市场统计数据，分析 2012 年的市场形势，并预测 2013 年的发展趋势。

一　2012 年北京市房地产市场运行概况

1. 开发投资

2011 年以来，北京市房地产开发投资增速明显放缓，2011 年和 2012 年，分别累计完成房地产开发投资额 3036.3 亿元和 3153.4 亿元，比上年分别增长 4.7% 和 3.9%（见图 1）。除 2008 年外，2012 年北京市房地产开发投资的增长率为 2006 年以来最低。其中，住宅开发投资增长率放缓最为明显，2012 年全年住宅投资总额为 1628.0 亿元，比 2011 年降了 8.5%。

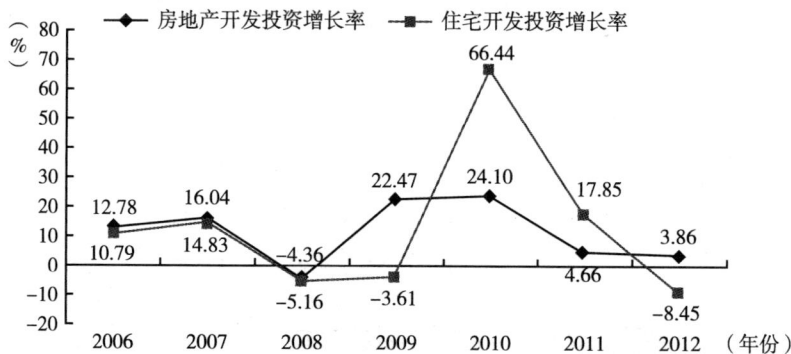

图1　2006～2012 年房地产开发投资及住宅开发投资增长率变化情况

从投资结构看，2012 年住宅开发投资占房地产开发投资的比重为 51.6%，与 2011 年相比下降了近 7 个百分点（见图 2）。写字楼开发投资所占比重近两年来有所上升，2011 年和 2012 年写字楼开发投资额分别为 363.9 亿元和 384.8 亿元，所占比重分别为 12.0% 和 12.2%，与前几年相比明显增加。2011年和 2012 年，商业营业用房开发投资额分别为 296.7 亿元和 275.9 亿元，所占比重分别为 9.8% 和 8.8%，与 2010 年相比略有下降。

2. 开发规模

从开发规模看，2011 年和 2012 年北京市商品房施工面积和新开工面积逐

图 2 2008～2012 年房地产开发投资结构变化情况

渐恢复到 2008 年经济危机以前水平，尤其是施工面积在 2012 年达到近年来最高；受宏观调控和经济环境影响，房地产开发周期延长，商品房竣工面积有所下降，2012 年比 2011 年略有回升（见图 3）。

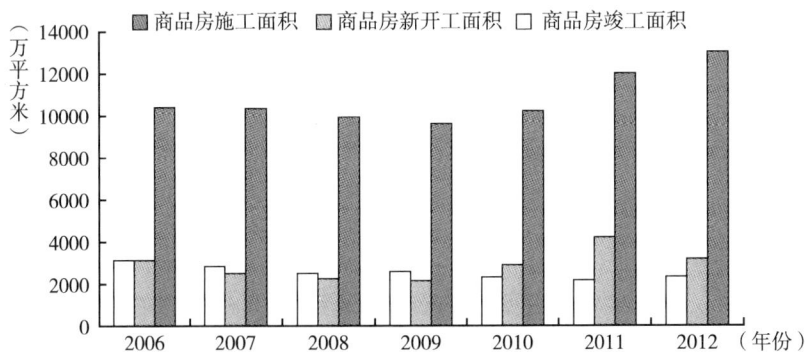

图 3 2006～2012 年商品房施工面积、新开工面积和竣工面积情况

2012 年，北京市商品房施工面积为 13122 万平方米，同比增长 8.8%，增幅比 2011 年降低了 8.4 个百分点。其中，住宅施工面积为 7510 万平方米，同比增长 4.8%，增幅比上年下降了 11.3 个百分点；写字楼施工面积 1711 万平方米，同比增长 20.3%；商业用房施工面积 1236 万平方米，同比增长 4.1%。

2012 年，商品房新开工面积 3224 万平方米，同比下降 24.1%。其中，住宅新开工面积 1627 万平方米，同比下降 37.3%；写字楼新开工面积 536 万平方米，同比增长 9.6%；商业营业用房新开工面积 325 万平方米，同比增长 6.2%。

2012 年商品房竣工面积 2390 万平方米，同比增长 6.5%，比上年增加了 12.4 个百分点。其中，住宅竣工面积 1522 万平方米，同比增长 15.7%，增幅上升 27.8 个百分点；写字楼竣工面积 226 万平方米，同比下降了 7.8%；商业用房竣工面积 240 万平方米，同比增长了 3.5%。

3. 成交情况

2012 年，北京商品房成交量达到近三年新高，房地产市场总销售额达 3308 亿元，销售面积 1943 万平方米，成交面积同比增长 35.0%。其中，住宅销售面积达 1483 万平方米，同比增加 43.4%（见图 4），如果扣除保障性住房后，商品住宅销售面积为 1124.1 万平方米，同比增长 59.3%。

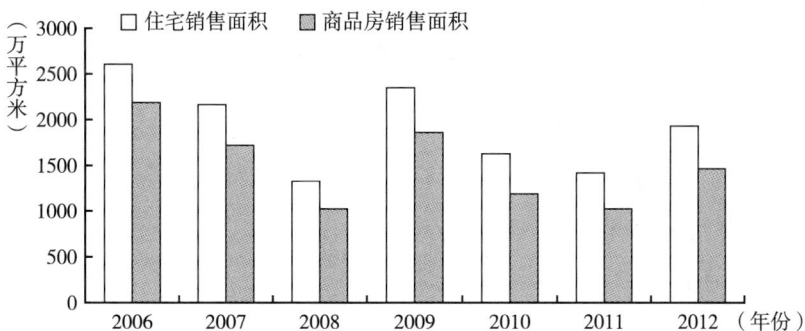

图 4　2006～2012 年商品房和住宅销售情况

从成交价格看，2010 年成交均价大幅上涨，2010 年底商品房销售均价达 17782 元/平方米，同比增幅达 28.9%。2010 年后，随着国家宏观调控，成交均价略有回调。2012 年，成交均价为 17021 元/平方米，同比增长 1.0%。其中住宅市场成交均价为 16553 元/平方米，同比增长 6.7%，扣除保障性住房，商品住房成交均价为 20772.3 元/平方米，同比下降了 4.0%，与 2010 年基本持平（20063.2 元/平方米）（见图 5）。

4. 供应情况

自 2008 年以来，北京市房地产市场供应面积基本呈下降趋势。2012 年，商品房批准上市套数 133821 套，上市面积 1379.2 万平方米，同比分别下降 10.3% 和 11.3%。其中，住宅批准上市套数 96026 套，上市面积 1036.1 万平

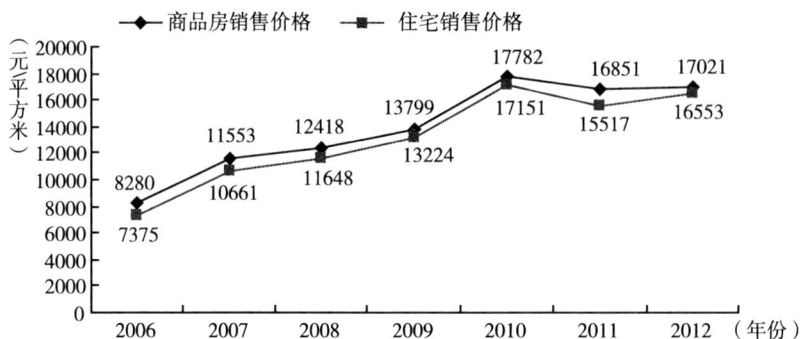

图5 2006～2012年商品房和住宅销售价格变化

方米，同比分别下降3.3%和4.0%。扣除保障房后，商品住宅批准上市套数67427套，批准上市面积832.0万平方米，同比分别增长3.7%和2.4%，但相对于2010年仍分别下降了21.2%和14.9%（见图6）。

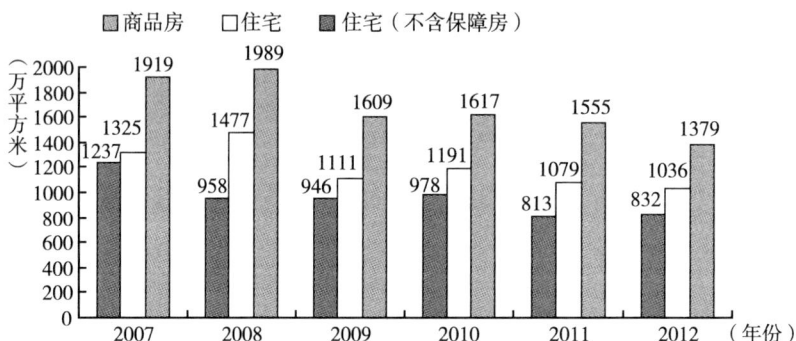

图6 2007～2012年商品房和住宅供应情况

5. 土地市场

2012年，北京共推出房地产用地166宗，规划建筑面积1734.4万平方米。其中，住宅用地全年出让41宗，规划建筑面积646万平方米，占比38%；商办用地出让34宗，规划建筑面积333万平方米，占比20%；工业用地出让87宗，规划建筑面积708万平方米，占比42%。

从住宅用地推出情况看，2012年，商品住宅供应计划为850万平方米，至年末土地供应276.1万平方米，同比下降59.9%，连续两年同比下滑，供应计划仅完成32.5%（见图7）。

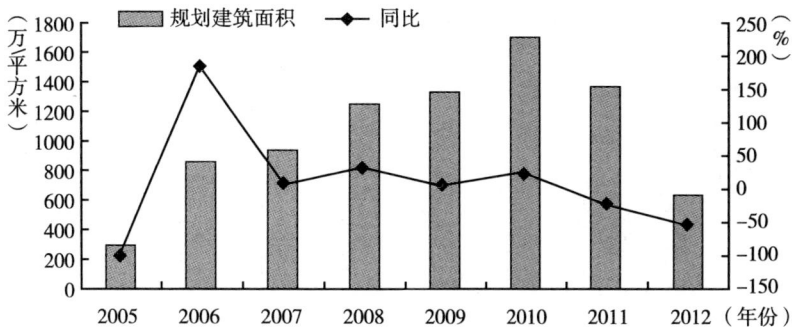

图7　2005～2012年住宅用地供应情况

从土地成交情况看，2012年全年北京住宅用地成交37宗，规划建筑面积共608.7万平方米，同比下降34.5%，住宅用地收入为394.7亿元，同比下降16.5%。

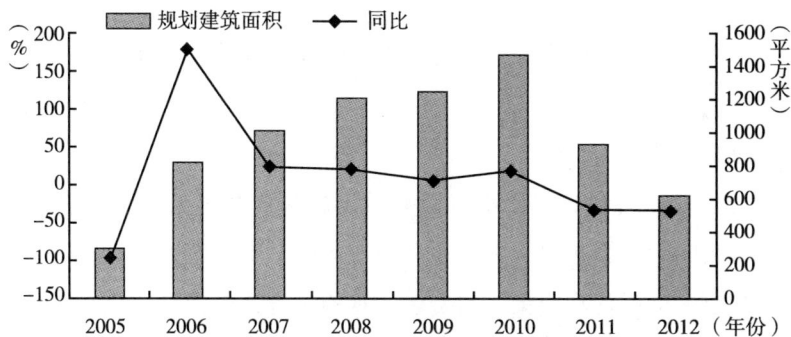

图8　2005～2012年住宅用地成交情况

从成交价格看，2012年商品住宅平均楼面地价为6484元/平方米，溢价率达到31.8%，均比2011年有所回升，开发商拿地积极性高于2011年（见图9）。

6. 保障性住房建设

北京统计局数据显示，2012年政策性住房完成投资857.5亿元，比上年增长14.9%。12月末，全市政策性住房施工面积为4821万平方米，增长18%；新开工面积为1112.3万平方米，下降35.6%；竣工面积为752.6万平方米，增长46.5%。

211

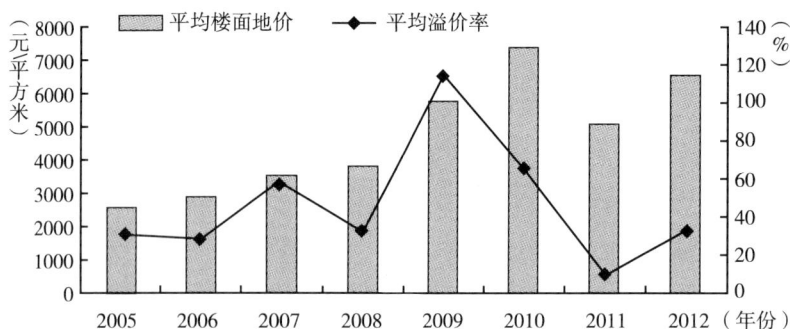

图9　2005～2012年住宅用地平均楼面地价及溢价率情况

2012年，北京落实保障性安居工程用地850公顷，完成全年任务。其中公租房用地166公顷，完成计划的104%；经济适用房156公顷，完成计划的111%；限价房78公顷，完成计划的78%；定向安置房450公顷，完成计划的100%。

二　2012年北京市住宅市场运行特征

1. 需求逐渐释放

2012年，国家在税收、信贷方面采取了较为宽松的政策，缓解了房地产市场资金紧张问题。由于对未来宏观调控政策的预期逐渐稳定，同时，北京市实施了公积金方面的优惠政策，消费者的观望态度逐渐改变，刚性需求逐渐释放。从2012年各月住宅成交情况来看，1月份，受春节因素和购房者降价预期的影响，成交量和价格均跌至低谷；进入2月以来，央行提出继续落实差别化住房信贷政策，满足首次购房家庭的贷款需求，以及下调存款类金融机构人民币存款准备金率0.5个百分点，使得部分刚性需求开始释放；3月，随着多家银行下调首套房贷利率等综合因素的影响，刚性需求进一步释放，成交均价开始有所回升。4月，成交又有所回落，到5月份，受货币政策微调的影响，企业开发投资资金增速略有回暖，市场信心逐渐恢复，楼市观望者预期有所改变，成交量和成交均价不断回升。从6月份到9月份需求进一步回暖，月成交量恢复到2010年"限购"前水平，成交均价平稳波动。10月、11月份受供给影响，成交量有所下降，12月份又出现成交回暖（见图10）。

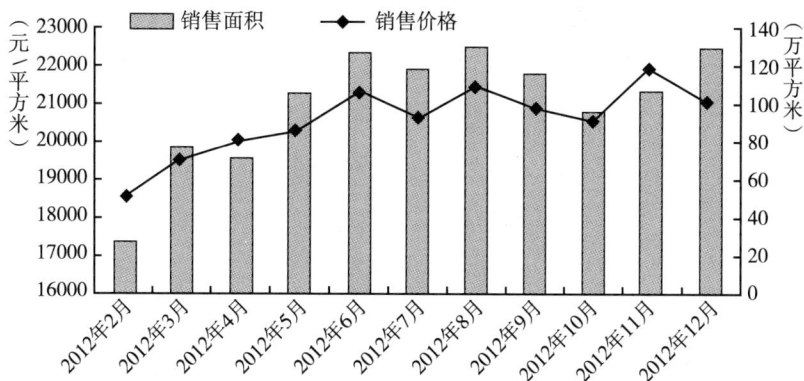

图 10　2012 年商品住宅（不含保障房）销售情况

2. 供求关系变化

2010～2012 年，北京市商品住宅（不含保障房）总成交面积为 2875.0 万平方米，总的批准预售面积为 2622.6 万平方米，总供销比为 0.9。从月度商品住宅批准预售面积/成交面积的比例看（见图 11），2010 年"限购"政策后，北京市住宅市场陷入观望，2011 年市场一度严重供过于求。2012 年随着需求的释放，再加上 2010 年房地产投资的萎缩，使得后续供应短缺，尤其是中心城区供应较少，住宅市场供求关系发生了变化，出现了供不应求的现象。

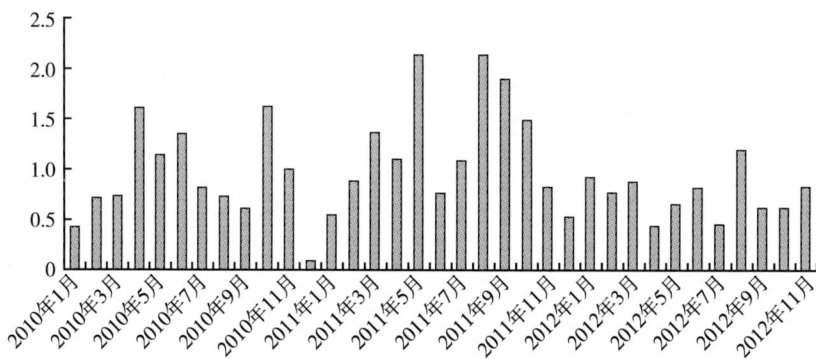

图 11　2010 年 1 月至 2012 年 11 月商品住宅（不含保障房）供销比

3. 重点销售区域转移

新建商品住宅供应的热点区域逐渐向远郊区县转移。如表 1 所示，2007

213

年，成交占比最大的区县是朝阳、昌平、海淀、丰台，其中仅朝阳区所占的比重就达到37.3%。到2012年，成交占比最大的区县为朝阳、大兴、昌平和通州。新建商品住宅市场的供应已经越来越向远郊区县集中。主要原因是市中心区经过多年开发，新楼盘较少，大兴、昌平和通州等远郊区县供应较为充足，而且在价格方面，2011年末到2012年初均经过了明显的价格下降，比较符合消费者的承受能力。2012年度地块成交主要集中在大兴和通州，未来新建住宅供给郊区化趋势将更为明显。

表1　2007~2012年北京市新建商品住宅各区县销售比例

区县	2012年	2011年	2010年	2009年	2008年	2007年
东　城	0.55	0.83	0.71	0.68	0.41	0.49
西　城	0.26	1.57	0.89	0.93	0.56	1.09
崇　文	0.56	1.42	1.56	1.81	0.67	1.48
宣　武	1.25	0.70	1.72	3.15	1.84	1.30
朝　阳	16.69	20.54	22.93	28.69	35.75	37.29
海　淀	7.31	7.11	6.64	9.00	6.92	9.06
丰　台	4.77	5.91	5.28	6.98	12.27	8.99
石景山	0.32	1.13	2.66	2.73	5.51	2.53
通　州	10.42	5.76	8.46	11.34	5.75	4.30
房　山	9.77	12.17	8.45	7.60	4.02	5.32
顺　义	8.50	9.66	11.07	9.66	6.37	7.05
门头沟	3.74	0.22	0.13	0.35	0.24	0.67
大　兴	13.61	12.74	12.53	4.82	3.18	5.41
怀　柔	2.01	2.63	1.77	1.39	1.12	1.50
密　云	5.30	6.41	5.24	2.41	1.37	1.31
昌　平	13.22	8.90	8.00	5.95	11.88	10.19
延　庆	1.09	1.83	0.63	0.47	0.58	0.67
平　谷	0.28	0.37	0.90	1.43	1.18	0.91
开发区	0.35	0.10	0.42	0.62	0.39	0.45
合　计	100.00	100.00	100.00	100.00	100.0	100.0

资料来源：中国指数研究院。

4. 热销户型发生变化

受"限购令"影响，自 2010 年开始北京市两室一厅以下的小户型成交量逐渐减少，两室两厅户型成交量占比重最大，2012 年为 30.3%，比 2009 年"限购令"之前提高了 3.8 个百分点。限购令改变了消费者的购房取向，大部分首次购房者会选择一步到位，而不是选择小户型逐渐过渡。另外，对价格上涨的预期也使得消费者愿意在自己承受范围内购买尽量大的户型。成交量第二位的户型是三室两厅户型，2012 年所占比重为 29.3%，这种户型为购买改善性住房的消费者比较青睐，在一定程度上说明北京市近年来改善性住房需求较大（见表 2）。

表 2　2007～2012 年北京市新建商品住宅（不含保障房）各户型销售比例

户型	2012 年	2011 年	2010 年	2009 年	2008 年	2007 年
一　室	2.05	4.34	3.16	5.72	2.42	3.36
一室一厅	3.31	5.39	6.20	9.10	9.24	8.06
一室两厅	2.71	2.21	2.73	6.02	2.65	3.17
两室一厅	7.27	8.68	10.39	11.77	18.90	11.18
两室两厅	30.33	24.87	30.70	26.62	28.60	24.02
三室一厅	3.05	3.85	3.79	4.38	5.48	5.50
三室两厅	29.31	27.23	21.34	16.84	14.64	24.41
四室一厅	0.24	0.19	0.48	0.60	0.04	0.22
四室两厅	3.82	4.45	3.10	3.05	2.48	4.27
复式房型	2.61	2.37	2.39	3.15	1.48	3.10
别　墅	1.00	1.49	1.60	1.79	0.41	1.37
其　他	14.30	14.95	14.11	10.96	13.67	11.34

资料来源：中国指数研究院。

5. 本地居民购房比重提高

2010 年之前，北京市新建商品住宅（不含保障房）的外地居民购房比例为 1/3 左右，"限购令"颁布后，大大限制了外地人在京购房比重，2011 年外省市购房人比重为 16.32%，2012 年略有回升，为 16.68%（见表 3）。

表3　2007～2012年北京市新建商品住宅（不含保障房）购房者类型比例

购房者类型	2012 年	2011 年	2010 年	2009 年	2008 年	2007 年
本市城镇居民	81.96	81.47	61.66	60.10	75.12	62.63
外省个人	16.68	16.32	37.45	38.38	24.22	36.37
本市非城镇居民	1.17	1.60	0.54	0.96	0.48	0.65
外国个人	0.14	0.16	0.16	0.37	0.10	0.20
台湾同胞	0.03	0.06	0.08	0.13	0.06	0.13

资料来源：中国指数研究院。

三　2013 年发展趋势分析

从宏观环境看，受国内外环境和经济发展规律影响，过去30多年的经济高速增长难以持续。预计未来5～10年宏观政策将更加注重调整经济结构和转变经济发展方式，与此密切相关的房地产调控政策总体偏紧的可能性较大。抑制投资投机需求将成为房地产调控政策中重要的基本政策之一，房产税等长效机制将逐步完善，但差别化信贷和限购短期不会退出，保障性安居工程建设继续推进。[①]

从需求方面看，北京每年的新增常住人口超过50万，人口的增加和居民收入倍增将促使房地产业平稳发展，未来首次置业需求仍然强劲，改善性需求旺盛，收入倍增计划落实将大大提升支付能力，为房地产业提供动力。

从供给方面看，2010年4月启动的新一轮调控政策导致近两年开发商的拿地意愿不高和新开工进度慢，导致2012年新增供应量继续处于较低水平，2013年楼市新增供应量恐将继续处于低位。从年度土地实际供应面积看，北京市已经连续四年未完成年度供应计划，且年度计划完成率逐年下降。连续多年未完成土地供应计划使得市场预期未来住宅将会继续供不应求，商品住宅市场易涨难跌。

---

① 《从十八大看房地产业走势：调结构背景下政策总体偏紧，房地产业进入平稳发展期》，中国指数研究院《十八大专题报告》，2012。

总的来说，自 2012 年以来，受货币政策调整、市场预期心理变化以及新增供给乏力等多种因素影响，北京市住宅市场出现了小幅波动，但总体看，限购政策下需求反弹始终乏力，全年市场变化符合总体调控目标，价格保持同比小幅微降之势。展望未来，短期内北京市房地产市场仍将以稳为主，但价格上涨压力在积蓄。随着商品房市场的逐步稳定，保障房体系建设应成为未来政策关注的重点，管理部门亟须未雨绸缪，尽快建立科学完善的管理体制。①②

Beijing's Real Estate Market: Review in 2012 and Outlook for 2013

Li Feifei

Abstract: This paper analyzes the data over the years since 2006 and describes the overview of the development of the real estate market in Beijing in 2012. Due to the special status and importance of the residential market, this paper also makes a specific analysis of the new characteristics of the residential market in Beijing in 2012. Finally, this paper foreeasts the development trends of the real estate market in 2013 and after through the comprehensive consideration of the macroeconomic environment, demand, supply.

Key Words: Beijing; Real Estate Market; Residential Market

---

① 韦靓:《北京市房地产价格影响因素分析及限购政策绩效评估》,《经济研究导刊》2012 年第 24 期, 第 140～143 页。

② 曾金蒂、滕秋洁:《京城房市依旧以稳为主——2012 年三季度北京市房地产市场形势分析》,《经济观察》2012 年第 11 期, 第 20～21 页。

B.15
2012 年上海房地产市场分析及
2013 年预测

陈则明*

摘 要：

2012 年，上海市房地产市场基本保持上行趋势，商品房成交同比实现正增长，住宅量升价稳；土地市场成交较少，但逐步回稳；开发投资和建设增幅基本平稳。上海根据本地实际情况从严贯彻执行国家的调控政策，是影响 2012 年上海房地产市场发展趋势的主要因素。2013 年，上海房地产市场预计在需求旺盛的同时，保持从紧房地产调控的基调。

关键词：

上海 房地产市场 调控 住房保障

一 2012 年房地产市场基本情况

（一）房地产投资与建设增幅平稳

2012 年，上海房地产开发投资达 2381.36 亿元，同比增长 9.7%，增幅比 2011 年增加 0.1 个百分点，占同期全市社会固定资产投资的 45.3%，占比上升 2.5 个百分点。其中住宅建设投资为 1451.94 亿元，同比增长 3.8%，增幅比 2011 年低 9.9 个百分点。房地产开发投资增幅在持续三个月回落后，年底呈现反弹向上的趋势，主要是因为年底政府和企业为了完成年度任务而加大了

---

* 陈则明，上海社会科学院部门经济研究所副研究员，技术经济与管理专业博士，研究方向为城市更新、房地产市场、公共住房政策。

投资力度。

2012 年，全市房地产开发企业资金来源总额 5316.93 亿元，比上年增长 14.9%，增幅上升 10.8 个百分点。其中当年到位资金 3968.51 亿元，比上年增长 23.7%，增幅上升 24.4 个百分点。当年到位资金中，国内贷款 975.78 亿元，增长 31.7%；利用外资 26.12 亿元，减少 40%；自筹资金 1385.96 亿元，增长 16.2%；定金及预付款 1064.68 亿元，增长 36.6%。

（二）商品房与保障房新开工面积大幅减少，竣工面积上升

2012 年，上海商品房新开工面积 2724.05 万平方米，同比下降 25.2%，跌幅较 1~11 月份加大 2.1 个百分点。年初累计新开工面积自 3 月份以来连续 10 个月同比负增长，继续探底。从近几年上海商品房新开工面积情况来看，基本呈现震荡下行态势，2012 年同比跌幅达到谷底，将影响此后商品房市场的供应。

2012 年上海商品房施工面积 13249.97 万平方米，同比增长 2.1%，增幅较 1~11 月份收窄 2.7 个百分点，年初累计商品房施工面积同比增幅自 6 月份以来已持续 7 个月回落。其中住宅施工面积为 8315.68 万平方米，同比减少 0.8%。

2012 年上海商品房竣工面积 2305.06 万平方米，同比增长 2.9%，而前 11 个月则为同比下降 3.7%。从近几年上海商品房竣工面积情况来看，2008 年同比跌幅达到底部，此后基本呈现平稳上行态势，2012 年则再次下行。

全市保障性住房 2012 年新开工面积为 1028 万平方米，比上年下降 30.3%，降幅达到 52.6 个百分点。其中经济适用房新开工面积为 185 万平方米，比上年下降 66%；动迁安置房新开工面积为 843 万平方米，比上年下降 14%。

全市保障性住房 2012 年竣工面积为 564 万平方米，比上年增长 13.3%。其中经济适用房竣工面积为 94 万平方米，比上年下降 53%；动迁安置房竣工面积为 470 万平方米，比上年增长 57.7%。

（三）土地市场量少价稳

2012 年，上海市共计出让国有建设用地 2488 公顷，比上年减少 13.6%。其中居住用地 588 公顷，比上年增长 26.7%；商服用地 300 公顷，比上年增长

5.1%；工业用地 1600 公顷，比上年增长 3.4%。开发企业在上海共购置土地 300.62 公顷，比上年减少 46.6%。全年实际供应住宅用地 900 公顷，比上年减少 29.4%。其中保障性住房用地 894 公顷，比上年减少 41.8%。保障房、动迁安置用房、中小套型商品房三类用地占住宅用地总量的 70.0%。上海土地成交建筑面积为 4132.9 万平方米，同比下降 16%。土地成交均价为 2399 元/平方米，自 6 月以来已连续 7 个月上升。预计 2013 年初，土地价格仍将呈现稳步上行态势。

（四）商品房市场整体成交同比上升

2012 年，全市商品房批准预售面积为 1825 万平方米，同比减少 8.1%，增幅比上年低 26.9 个百分点。其中商品住房批准预售 1479 万平方米，同比减少 9.9%，增幅比上年低 28.9 个百分点。

全市商品房销售（包括现房销售和期房销售）总面积达 1898.46 万平方米，比上年增加 7.2%，增幅上升 21 个百分点。其中住宅销售 1592.63 万平方米，增加 8.1%，增幅上升 20.7 个百分点。从近几年上海商品房销售情况来看，2008 年和 2010 年受到政策以及经济环境影响，市场销售处于低位；2011 年以来，销售面积同比逐步上行；2012 年市场重新振作，止住了前两年销售连续下滑的势头。

全市存量房（二手房）成交面积为 1436.73 万平方米，比上年增长 2.6%，增幅上升 31.4 个百分点。其中住宅成交 1164.02 万平方米，比上年增长 9.8%，增幅上升 40.1 个百分点。

全市新建商品住房平均销售价格 13870 元/平方米，比上年上升 3.1%，增幅上升 8.5 个百分点。新建住房价格指数累计环比上涨 0.2%。其中新建商品住房价格指数累计环比上涨 0.1%。二手住房价格指数累计环比上涨 0.6%。

全市商业营业用房供应面积 177.6 万平方米，同比下降 20.4%；成交面积 148.1 万平方米，同比下降 20.5%；成交均价为 18993 元/平方米，同比增长 13.5%。从 2006 年以来上海商业营业用房的供求情况来看，2012 年的供求水平处于底部，供求情况较上年明显下滑，且延续了上年整体供过于求的情况。办公楼供应面积 164.1 万平方米，同比下降 30.9%；成交面积 166.9 万平方米，同比下降 8.9%；成交均价为 24347 元/平方米，同比下降 9.7%。

二　2012 年上海房地产市场政策回顾

2012 年国家基本上没有出台新的房地产政策。上海根据本地实际情况，从严贯彻执行国家调控政策，坚持房地产调控政策不动摇，促进房价合理回归，加快普通商品住房建设，扩大有效供给，促进房地产市场健康发展，出台了一系列措施。这些政策措施是影响上海市 2012 年房地产市场发展的主要因素。

2 月 13 日，上海市住房保障与房屋管理局、规划和国土资源管理局、财政局、地方税务局四部门联合发布《关于调整本市普通住房标准的通知》（沪房管规范市〔2012〕3 号），从 3 月 1 日起，将本市普通住房的标准调整为：内环线以内的低于 330 万元/套，内环线与外环线之间的低于 200 万元/套，外环线以外的低于 160 万元/套。

2 月 15 日，市政府批转市房管局等四部门制定的《上海市 2012 年共有产权保障房（经济适用住房）准入标准和供应标准》（沪府发〔2012〕14 号），再次放宽共有产权保障房的准入标准：申请家庭成员具有本市城镇常住户口的年限从连续满 7 年调整为满 3 年；3 人以上申请家庭人均年支配收入限额从 39600 元（月均 3300 元）调整为 6 万元（月均 5000 元），人均财产限额从 12 万元调整为 15 万元；2 人及以上申请家庭收入和财产标准从上浮 10% 调整为上浮 20%；单身女性单独申请的年龄从年满 30 周岁调整为年满 28 周岁。调整后的新标准从 3 月 1 日起实施。

2 月 27 日，上海市人民政府办公厅下发《关于进一步严格执行房地产市场调控政策完善本市住房保障体系的通知》（沪府办发〔2012〕7 号）。《通知》要求扩大廉租住房政策的受益范围，搞好共有产权保障房（经济适用住房）的申请供应，严格执行抑制投机投资性购房的政策措施，严格执行住房限售政策。对违反规定购房的，不予办理房地产登记。2012 年本市住房土地供应计划总量原则上不低于过去 5 年年均实际供应量，其中保障性住房和中小套型普通商品住房用地不低于总量的 70%。

6 月 18 日，上海市政府办公厅公布《关于进一步加强本市保障性安居工程建设和管理的意见》（沪府办发〔2012〕38 号），提出上海市将大力推进保障性安居工程建设，重点发展公共租赁住房，扩大廉租住房实物配租，积极发展共有产权保障住房，保证征收安置住房建设供应，加快推进旧区改造和农村危旧房改造。

7 月 26 日，《上海市人民政府办公厅关于进一步严格执行房地产市场调控政策的通知》（沪府办发〔2012〕49 号）发布。《通知》要求严格执行差别化住房信贷、税收和住房限售政策，严格按照房屋用途加强交易管理。

9 月 27 日，上海市房管局印发《关于开展住房限售政策等执行情况检查的通知》（沪房管市〔2012〕309 号）。检查的范围和内容为：①住房限售政策执行情况检查；②商品住房预销售行为检查；③商场、办公楼、公寓式酒店等非居住商品房分割销售、售后包租等情况梳理。

11 月 8 日，上海市公积金中心就申请提取住房公积金归还个人住房贷款有关事项发布公告。明确到未与上海市公积金管理中心签订《住房公积金个人购房担保贷款业务委托合作协议》的商业银行申请购买本市自住住房个人住房贷款的借款人，自 11 月 15 日起，可凭相关证明材料按月至市公积金中心各业务受理网点办理提取住房公积金归还个人住房贷款手续。此举将可减轻部分贷款人的"月供"压力，维护住房公积金缴存职工的合法权益，支持其以自住和改善为目的的住房消费。

三 2013 年上海房地产市场预测

2012 年，上海坚决贯彻落实国家有关房地产市场的调控政策，深化限购限贷等政策，积极利用住房公积金等手段引导刚需购房者入市，同时切实推进保障性住房的建设，促进了房地产市场的正常运行。从全年房地产市场运行情况看，上、下半年的差异明显。2013 年，上海房地产市场预计在需求旺盛的同时，保持高强度房地产调控的基调。

（一）房地产需求仍保持旺盛

中央多次提出未来几十年最大的发展潜力在城镇化。党的十八大报告提出，"要积极稳妥推进城镇化，增强城镇综合承载能力，提高土地节约集约利用水平，有序推进农业转移人口市民化"，并强调要走"工业化、信息化、城镇化、农业现代化同步发展的路子"。上述的"四化同步"意味着：工业化为城市提供更多的非农就业机会；农业现代化提高农村劳动生产率，进而释放更多的农村人口，更可在部分农村实现大型产业结合的经营模式，推动农村直接升级为城镇；信息化则是促进工业化和农业现代化发展的重要推手。综合来看，将工业化、农业现代化、信息化和城镇化进程捆绑在一起，已经成为中国促进新型城镇化的基本国策。在此情况下，新型城镇化将为房地产市场创造更多的有效需求。同时，"城市合理布局、人口市民化"等新型城镇化将为未来房地产市场的发展提供强有力的支撑。大中小城市和城镇合理布局的城镇化将缓解人口、资源等不断向大城市集中的趋势，有助于分散大城市长期以来高居不下的购房需求，降低房价高涨的压力。

（二）房地产市场调控主线仍以从严为主

在地方政府财政压力和信贷规模扩大、利率优惠的双重作用下，2012 年三季度以来上海商品房销售量回暖和价格稳中微涨的态势将得以延续。消费者适时入市、开发商以价换量、政府宏观经济政策的调整，共同支撑房地产消费市场的阶段性复苏。但是，住房与城乡建设部多次表示 2013 年将继续严格实施差别化住房信贷、税收政策和限购措施，坚决抑制投机、投资性住房需求，支持合理自住和改善性需求，继续推进城镇个人住房信息系统建设。此外，对放松调控导致房价过快上涨的城市，住房与城乡建设部要求继续采取措施，并将会同监察部对其进行约谈。由此可见，2013 年的楼市调控基本已定调，即继续坚持调控不动摇，巩固现有政策，稳定市场预期。

当前房地产市场调控已经取得一定成效，但房价已于 2012 年下半年反弹，且反弹力度不断增大。在此背景下，中央再次强调房地产调控继续从严基调，不放松、不动摇，意味着 2013 年"限购""限贷"等政策将会继续执行，巩固调控成果；但也意味着，针对首套房等优惠政策将会持续，促进刚需入市，拉动内需；地方政府则仍有可能因地制宜、因时制宜地对政策进行微调，促进市场活跃。

（三）国内外宏观经济环境是房地产市场平稳发展的基础

2012 年初，宏观调控由"控通胀"转为"稳增长"，提振了市场信心。全年经济累计增速回升至 7.8%，一系列指标印证了当前中国经济增速触底回稳的态势进一步巩固。CPI 涨幅重回"2 时代"，通胀压力已经明显降低，经济处于探底回升中。从实际执行情况看，目前国家推进"十二五"规划重大项目按期实施，启动了一批事关全局、带动性强的重大项目，房地产投资也有较大程度增加。央行贯彻稳增长的措施，2012 年两次降低存款准备金率，释放 4200 亿元；降息、首套住房贷款优惠政策等，促成了 2012 年商品房总体成交上升的态势，较大程度提高了居民的住房支付能力。2012 年货币政策的基调是"稳中求进，预调微调"。央行数据显示，2012 年 M2 增速为 13.8%，而社会融资规模增速则超过了 20%。2012 年，社会融资总规模增量为 15.76 万亿元，比上年增加 2.93 万亿元，同比增长 22.8%。货币政策的宽松为房地产市场的回暖提供了良好的基础。

2012 年 12 月末，上海市中资商业银行人民币房地产贷款余额 9699.94 亿元，比上年增长 7.1%。其中个人住房贷款余额 4772.74 亿元，增长 3.5%；房地产开发贷款余额 4100.54 亿元，增长 11.9%。

（四）拓宽保障房覆盖人群，有效满足部分刚性需求

根据建设规划，上海在"十二五"期间将新建 100 万套保障房，2012 年总体目标为新开工和筹措 1100 万平方米 16.58 万套，其中共有产权保障房（经济适用住房）5.3 万套、动迁安置房（限价商品房）4.28 万套、公共租赁住房 4 万套、城市旧区改造完成 2.5 万户。大规模的保障房建设，既改善了民生，也缓和了商品房投资减速对经济的负面影响。但由于分配准入条件和其他种种因素的限制，保障房并未有效合理地分配和利用，造成保障房建设目标和实际的脱离。近几年，上海保障房建设规模偏大，应不断放宽保障房分配的准入门槛。如近期上海修订了经济适用房供应标准，规定两人家庭也可以购买一套两居室，体现了政府对于住房困难家庭"应保尽保"的责任。同时，还应

及时总结、反思保障房建设的规模和结构存在的问题，以进一步完善保障房制度和体系。

（五）房地产行业更加注重社会属性

2012 年 12 月 24 日，《土地管理法》修正案草案首次提交全国人大常委会审议。草案着力修改现行的征地补偿制度，规定"补偿资金不落实的，不得批准和实施征地"，并删除了土地补偿费和安置补助费总和"不得超过土地被征收前三年平均年产值 30 倍"的内容。

2012 年上海出台了房屋征收条例细则，多个区县已经开始试点，出现了依法动迁、阳光动迁、诚信动迁、二次征询等更贴近民生、更透明公开的征收方式。

（六）"国五条"细则对市场的影响可能是今后市场最大的变量

"国五条"细则一经公布，各地房地产市场均产生了较大反响。由于"国五条"规定交易个税按差价的 20% 征收，买卖双方均想要抢在地方细则出台实施前达成交易，从而全国多个城市的二手房交易中心纷纷涌现集中过户热潮。如果各地方出台更严厉的细则，将会出现房价上涨，但交易量减少的观望格局。"国五条"不仅对房地产市场将产生影响，对社会家庭结构也将产生深远的影响。预计各地的细则会在慎重评估效果的前提下，以加强房地产市场调控为基调，出台既打击投机投资需求，又保护刚需和改善性需求的措施。

Analysis of Shanghai's Real Estate Market in 2012 and Forecast for 2013

Chen Zeming

Abstract：In 2012, Shanghai's real estate market kept upward trend：commercial housing turnover had seen positive growth, and housing price achieved steady growth；

land market is less but gradually stabilizing; investment and construction developed basic steady growth. The above market trend is mainly resulted from the strict control policy in Shanghai based on the national regulation and control policy and adjusted according to local realities. In 2013, Shanghai's real estate market is expected to be in high demand and tight real estate regulation and control.

Key Words: Shanghai; Real Estate Market; Regulation; Public Housing

B.16
广州市房地产 2012 年分析
与 2013 年预测

廖俊平　陈永莲　刘啸天*

摘　要：

　　2012 年的广州房地产市场经历了短暂的低迷和持续的温和回升，持续稳定的房地产调控政策发挥了作用，房地产市场总体平稳，政府在调控和稳定市场上也出台了一些创新政策。预计 2013 年广州房地产市场将继续保持稳定。

关键词：

　　广州　房地产市场　房地产调控政策创新

一　2012 年广州市房地产市场政策环境分析

　　广州市国土房管部门在 2012 年曾多次强调，广州的房地产调控政策只有规定动作，没有自选动作。这一方面说明广州市政府主管部门坚决贯彻中央调控政策的态度，另一方面说明房地产市场调控政策的主导权在中央。

　　回顾 2012 年的房地产市场调控政策可以看出，中央层面上的调控主基调没有改变，"限购""限贷"仍是两大核心政策，个别地方政府却屡屡跃跃欲试，因为经过 2011 年的严厉调控，一、二线城市房地产市场交易量持续低迷，一方面使得地方政府的房地产交易税收受到挤压，另一方

---

* 廖俊平，中山大学岭南学院房地产咨询研究中心主任，教授；陈永莲，中山大学岭南学院硕士研究生；刘啸天，广房中协房地产发展研究中心研究员。中山大学岭南学院硕士研究生饶雅洁也参与了本文写作的前期准备工作。

面也使得各地的土地出让情况普遍不理想，导致地方政府希望调控政策能够有所松动。对 2010～2012 年三年全国房地产调控政策的梳理中可以看出（见表1），2012 年调控政策的特点体现在三个方面：一是坚决抑制不合理需求，促进房地产市场健康发展；二是支持自住性需求，促进市场活跃；三是增强对保障房建设的支持力度。2012 年房地产市场调控政策对房地产市场的主要影响有：限购政策使一、二、三线城市成交价格有所下降，但持续时间不长；限贷政策影响效果有限；保障性住房政策有利于缓解市场供求紧张的局面。

表1　2010～2012 年全国房地产主要政策对比

政策分类		2010 年	2011 年	2012 年	2012 年与 2010 年、2011 年的区别
商品房市场	行政政策	对于房价过高、上涨过快、供应紧张的城市，要在一定时间内限定居民家庭购房套数	1. "国八条"要求地方政府制定限购措施，并出台房价控制目标； 2. 对地方政府落实调控政策的落实情况派出专项督察小组进行检查； 3. 要求二、三线城市也要"限购"	坚持房地产调控政策不动摇，抑制投机投资性需求，促进房价合理回归	维持调控的主导方针不变
	税收管理	对销售收入和购买价格的差额征收营业税	重庆、上海试行房产税；对购买不足 5 年的普通住房转让收入全额征收营业税	加快建设城镇住房信息系统，改革房地产税收制度，扩大房地产税征收范围	完善房产税体系，并扩大了征收范围
	信贷政策	首套房贷首付不低于 30%，二套房贷首付不低于 50%，利率不低于基准利率的 1.1 倍，三套房全面暂停贷款	1. 二套房首付比例提高至 60% 以上； 2. 部分银行将首套房贷款利率提升至基准利率的 1.1 倍	1. 支持自住性合理需求，部分城市下调首套房贷利率； 2. 预调微调力度加大，降低存款准备金率，降低贷款基准利率	放宽了信贷条件，央行多次降低准备金率和贷款利率

续表

政策分类	2010 年	2011 年	2012 年	2012 年与 2010 年、2011 年区别
保障房市场	1. 保障性住房、棚户区改造和中小套型普通商品住房用地不低于住房建设用地供应总量的 70%，并优先保证供应； 2. 确保完成 2010 年建设保障性住房 300 万套、各类棚户区改造住房 280 万套的工作任务	1. 计划建设保障性住房、棚户区改造住房 1000 万套，重点发展公共租赁住房； 2. 强调重视保障房建设质量； 3. 建立保障性住房考核问责制	1. 除了继续施工 2011 年的 1000 万套，又增加 700 万套保障房任务； 2. 加大保障房补助资金力度，达到了 2100 亿元 3. 允许地方试点利用集体建设用地建设公共租赁房	1. 保障房在建规模达到了新高度； 2. 保障资金相比 2011 年 1700 亿元增加了 23.1%
土地市场	1. 加强土地调控，开发商竞买保证金最少两成，1 个月内付清地价 50%； 2. 加大对用地突出问题的专项检查	增加土地有效供应，落实保障性住房、棚户区改造住房和中小套型普通商品住房用地不低于住房建设用地供应总量的 70% 的要求	1. 保持土地市场平稳运行，避免土地供应总量、结构和价格大起大落； 2. 严格控制高档住宅用地，停止对别墅类用地的土地供应	维持了 2011 年土地调控政策，并针对土地市场交易冷淡现状，对部分城市采取了适度放松的政策

2012 广州市的房地产调控政策重点包括以下几个方面。

（一）保障性住房：超额完成任务，扩大保障覆盖面

2012 年广州市计划筹集 4.5 万套保障性住房，其中包括公共租赁住房、经济适用房、限价房、林业棚户区改造。实际筹集保障性住房 46767 套，新增解决 15798 户低收入家庭住房困难问题，超额完成任务。

与此同时，2012 年 8 月 6 日，经广州市政府常务会议审议，通过了将广州市廉租住房保障收入线标准由家庭人均可支配收入 9600 元以下调整至 15600 元以下，并且增发了 5000 户租赁补贴的决议，以加快对低收入住房困难家庭实现"应保尽保"。

（二）商品房市场：广州成为首个限制预售规模的城市

以往"限购""限贷"的政策主要是针对购房者，而2012年开始对开发商出新招。为使房地产开发企业和广大市民准确判断市场，引导房地产开发企业在即将到来的"国庆黄金周"期间，积极"以价换量"，以合理的价格促进销售，2012年9月广州市国土房管局及时对中心城区个别异常高价的住宅项目采取了限制预售规模和控制交易节奏的措施，其中包括合景泰富、新世界、新鸿基、越秀、珠江、长实等，涉及珠江新城、大学城、金沙洲等区域至少20个项目。

限售可以从如下几个方面来抑制房价。一方面，在一定程度上限售能抑制房价结构性价格上涨。2012年9月开始中心区域高价项目成交增多，导致总成交量中占比提高，造成全市均价结构性上涨。除此之外，也造成市场的不正常波动，误导市场预期，因此国土资源部门在全国率先实施"限售"政策，对高端住宅限制销售价格，以降低市场商品房的均价，使房价回归较为合理的水平。另一方面，高端住宅销售价格容易成为区域的标杆，影响消费者预期，从而抬高均价，限售通过抑制标杆作用来达到降低房价的目的。

当然，此举措属于应急措施，治标不治本，难以达到真正降低房价的长远目的。

（三）土地市场政策创新：首次采取"固地价、竞保障房面积"的拍卖模式

2012年11月30日广州市土地拍卖市场首次采取"固地价、竞保障房面积"的举措。2012年11月26日，广州市国土房管局发布卖地公告，在公告中称下月将出让白云新城萧岗地铁口南侧住宅地，而此次公告中一改以往价高者得的定律，改为将地价固定在11.39亿元，但是竞得者必须提供中心六区中的原自有土地5万平方米进行保障房建设。进入竞价后，想拿到该地块的开发商必须以保障性住房建设用地面积作为筹码进行竞争，竞价阶梯为5000平方米，最终以报出在广州市中心六区提供保障性住房建设用地面积最大者为胜出者。

此次"卖地新政"，既能缓冲目前政府大规划兴建保障性住房面临的资金

压力，也能在一定程度上达到控制地价的效果。更为重要的是，此次以低地价吸引开发商进入拍地当中，也能改变 2012 年以来政府卖地难的困境。

二 2012 年广州市房地产市场总体现状分析

（一）房地产投资分析

1. 房地产投资增速止跌回升，对固定资产拉动作用减弱

2012 年 1 ~ 10 月，房地产累计投资同比增长率逐步下降，到 10 月达到全年最低水平，房地产累计投资增长率仅有 6.2%，增速较 2 月 38.6% 下降了 32.4 个百分点，直到 11 月才开始短暂回升，12 月又继续进入下降（见图 1）。

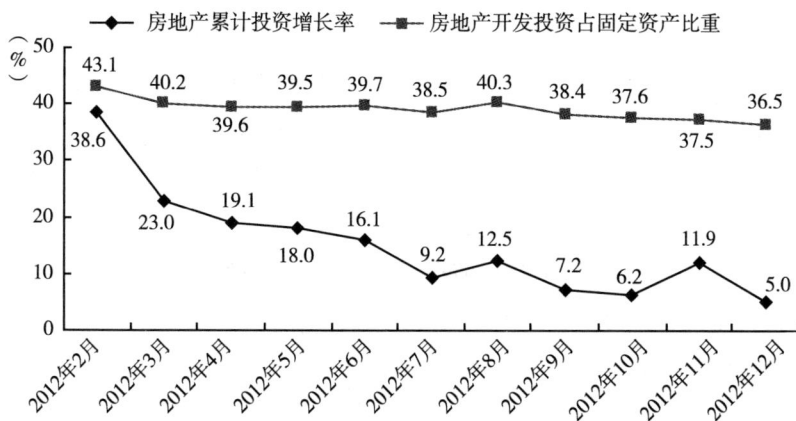

图 1 2012 年广州市 2 ~ 12 月份房地产投资情况

资料来源：广州市统计局（1 月份数据没有公布）。

出现这种现象的原因，主要是受土地闲置时间的限制。2012 年是开发商在 2009 年批量购买土地必须开发的最后年限，因此 2012 年 1 ~ 2 月份房地产开发投资增速处于高位运行，到 3 月及以后月份，随着投资逐渐完成，增速也放缓。另外，中央及相关部委密集强调房地产调控政策不放松，开发商对房地产投资持谨慎的态度，特别是对于实力稍弱的开发商来说，由于投资会面临资金链断裂的风险，因而整体来看2012年上半年投资增长逐步放缓。但随着下半年房地产市场销售好转，房地产企业资金快速回笼，房地产投资下降趋势明显放缓。

2012年，房地产投资对固定资产的拉动作用也出现逐步放缓的局面，相比2011年拉动作用明显减弱。2012年房地产累计投资占固定资产比重为36.5%，而2011年为38.3%，同比下降了1.8个百分点，房地产投资在国民经济中支柱产业的地位有所下降。

2. 施工和竣工面积均稳步增加，增速放缓

2012年，广州市房屋施工面积为8320.69万平方米，同比增加8%，其中住宅施工面积为5152.06万平方米，同比上升1.4%，增速继历史高峰的2010年和2011年出现了显著下降，表明房地产市场投资更趋于理性。这一方面是受2012年限购政策的影响，开发商对市场保持观望的情绪，对房地产的开发建设较为谨慎；另一方面，2011年公开出让的土地减少，使2012年房屋的施工面积增速下降。同时，2012年累计房屋和住宅的竣工面积都稳步增加，这将有利于缓解市场上房屋供不应求的局面。但相比而言，住宅竣工面积的增速明显低于房屋竣工增速，表明2012年非住宅类房屋竣工相对较快（见表2）。

表2　广州市2007～2012年房屋建设情况

年份	2007	2008	2009	2010	2011	2012
房屋施工面积(万平方米)	5185.43	5500.37	5505.56	6464.12	7704.34	8320.69
同比增长(%)	6.9	6.1	-0.7	16.4	19.2	8.0
住宅施工面积(万平方米)	3594.99	3659.65	3420.09	3983.84	4848.07	5152.06
同比增长(%)	4.9	1.8	-7.3	15.4	21.7	1.40
房屋竣工面积(万平方米)	853.71	943.76	961.24	1094.59	1263.2	1323.8
同比增长(%)	-13.4	7	-9.1	1.5	15.4	4.80
住宅竣工面积(万平方米)	674.85	673.92	715.68	774.69	831.68	934.28
同比增长(%)	-12.4	-3.9	-5.2	-2.4	7.4	12.3

资料来源：广州市统计局。

（二）土地市场分析

1. 住宅用地供给同比减少，商业服务用地大幅增加

2012 年广州市土地供应的一大特点是，商品住宅用地、工业用地供地计划较 2011 年均出现了较大比例的下降，而商业服务用地供地计划出现了大幅度的上升。2012 年广州市计划供应 268 宗地块，总面积 1948.67 万平方米，其中商品住宅用地 47 宗，用地面积 254.69 万平方米，较 2011 年同期减少 24%；商业服务用地 60 宗，用地面积 322.89 万平方米，较 2011 年同期增加 47%；工业用地 58 宗，用地面积 497.71 万平方米，较 2011 年同期减少 30%；保障性住房用地 9 宗，用地面积 111.78 万平方米。

住宅用地供给减少可以从供给和需求两方面来分析。从需求角度上看，楼市调控效果逐步显现，商品房用地需求有所降低；从供给角度看，2012 年广州市新增保障房规模为 4.5 万套，比 2011 年的 8.5 万套有所减少，保障房供给减少，使总住宅供应量缩小。

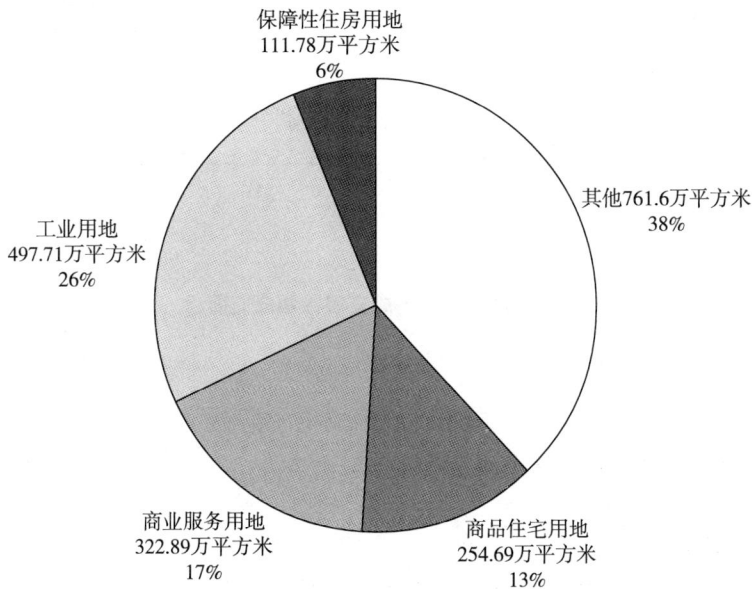

图 2　2012 年广州市土地公开出让用地性质构成

资料来源：广州市国土资源和房屋管理局。

2. 上半年土地成交冷淡，下半年市场升温

2012 年土地市场延续了 2011 年下半年的下降趋势，成交量并不理想，这主要是受到房地产市场政策调控、建设用地规模、城市规划等多方面影响，房企拿地意愿不强。而到了 6 月，土地成交达到了全年的高峰，随后的几个月广州土地市场的推地节奏明显加快，其中以萝岗表现最突出，根据搜狐焦点网对广州市房管局的监控，自 2012 年 6 月以来，萝岗区共推了 22 宗地，占广州下半年以来总推地数目的近七成比例。房企拿地的热情高涨，其中继万科 9 月 5 日夺得开发区开源大道以南 SDK – D – 3 大型宅地之后，在 9 月 26 日的土地拍卖现场，越秀地产以 12.5 亿元拿下开发区 SDK – A – 2 地块。随后，10 月 10 日，越秀地产再下一城，以 16.5 亿元竞得萝岗区又一块宅地。

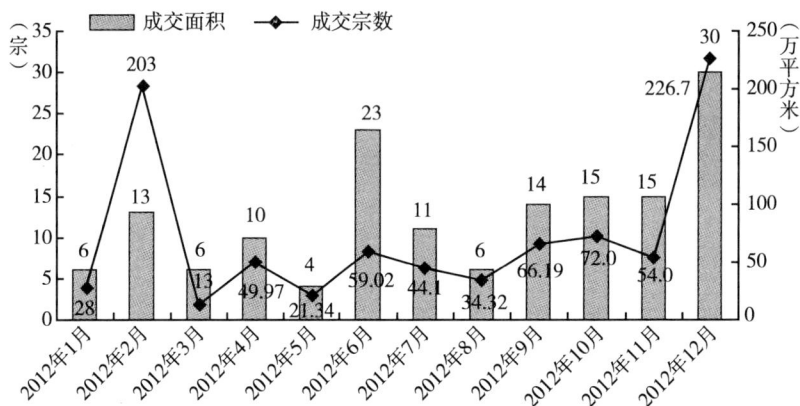

图 3　2012 年土地成交宗数和成交面积

资料来源：搜房网。

（三）住宅市场分析

1. 新建商品住宅

（1）住宅批准预售和交易登记面积三年最高，供大于求

2012 年广州市十区商品住宅批准预售面积为 811.53 万平方米（1～11月），十区的商品住宅交易面积为 767.68 万平方米，达到了三年来的最高水

平。但是住宅的市场吸纳率只有 94.6%，较 2011 年的 99% 下降了 4.4 个百分点（见表 3）。市场吸纳率是新建商品住宅交易登记面积与批准预售面积的百分比，反映的是市场供求状况。对比 2005～2012 年的市场吸纳率可以看出，近两年广州实施房地产调控的成效是明显的，市场已经出现了积极变化：由 2005 年起的供不应求，到 2011 年的供求基本平衡，再到 2012 年供大于求，体现市场投资性购房需求得到了有效抑制。

表 3　2005～2012 年新建商品住宅交易登记情况

年份	2005	2006	2007	2008	2009	2010	2011	2012(1～11)
新建商品住宅批准预售面积(万平方米)	958.99	917.72	669.78	805.59	668.03	749.44	687.53	811.53
新建商品住宅交易登记面积(万平方米)	1099.97	924.65	801.57	553.04	978.32	637.67	680.63	767.68
吸纳率(%)	114.7	100.8	119.7	68.7	146.4	85.1	99.0	94.6

资料来源：广州市国土资源和房屋管理局。

（2）住宅市场波动较为明显，出现多次反弹

新建住宅成交的第一次反弹出现在 2012 年 3 月。2012 年第一季度，广州新建商品住宅市场延续了 2011 年第四季度"量价齐跌"的态势。在持续调控政策和春节淡季的双重影响下，1 月和 2 月的新建住宅供应量有所减少，其中 1 月同比下降 56.5%，2 月同比下降 45.8%。但进入 3 月以来，广州新建住宅成交量出现强势反弹，成交面积同比上升 56.6%。这主要是因为越来越多的开发商加入促销阵营，促销项目持续增多，供应量持续增加，同时价格出现实质性下调，加上首套房贷利率优惠，使得 3 月成交量较 2 月翻了一番。3 月份以后，开发商由前期的"以价换量"转为"量价齐升"，住房交易市场逐步回暖，呈现平稳上升趋势。

到第三季度，住宅市场成交量再次出现较大反弹。第三季度的总成交量环比上升 21.9%，达 226 万平方米，同比大幅上升 67.2%。同时全市成交均价环比上升 1.7%，达到每平方米 14019 元，同比上升 1.5%。第三季度市场出现反弹，一方面是由于政策优惠，7 月 6 日央行下调了存贷款准备金率，进入

下半年，央行同时进行了多轮大规模的逆回购操作，利率的下调和相对较为宽松的贷款政策鼓励刚性买家回归市场；另一方面由于"限购令"经过一年多的施行，市场上对该政策的观望情绪逐渐消退。

第三次反弹在是9月份以后，楼市成交逐步释放，10月达到全年最高成交量，网上签约面积99.7万平方米，成交价格呈现持续走高的趋势。这主要是年终将近，品牌开发商项目集中推货及快速成交，新区火速发展，刚需及改善性买家入市造就了楼市成交大旺的局面。

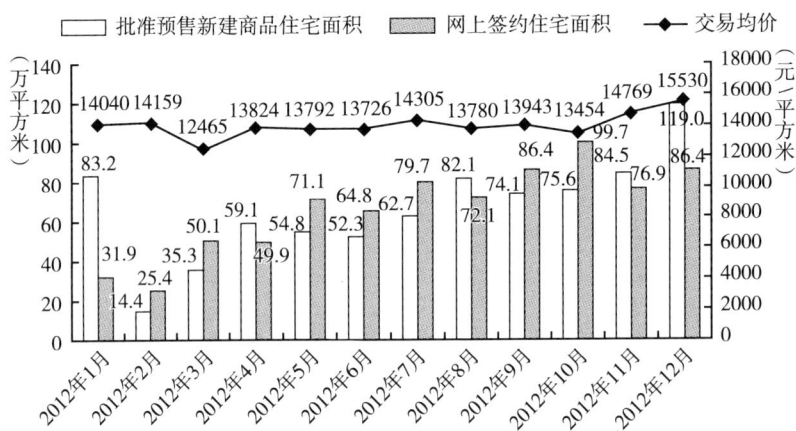

图4 2012年广州1～12月住宅成交面积及均价

资料来源：广州市国土资源和房屋管理局。

（3）南沙、萝岗楼市异军突起

2012年9月，南沙国家级新区发展规划正式发布，南沙楼市出现近3个月的"量价齐升"，成交均价屡创新高，全面领涨广州楼市，特别是11月成交均价"破万"。在南沙销售数据全面飘红的背后，显示出的是购房者对楼市走势发展的强烈信心。同时，南沙房市的火热也得益于广州地铁四号线的延伸，2012年12月2日，广州地铁四号线延长线开始了第二次环评公示，四号线路建设完工后将成为解决南沙新区与中心城区长距离客流服务的重要通道，进一步使沿线楼盘受益，这拉动了南沙楼市。

而萝岗在下半年成交回暖，7月份出现一个小高峰，成交套数达到143套，均价也提升至13095元/平方米，涨幅达20.4%。到了8月，萝岗区的成交稳步攀升，成交套数达 219 套，均价基本持平有小幅的上升，为 13441 元/平方米。9 月，得益于新开盘的科城山庄以及万科东荟城，萝岗区的成交有了一个质的飞跃，成交套数达到 609 套，涨幅达 178%，成交均价为 14091 元/平方米。进入 10 月，萝岗的成交回复到历史水平，第一周与第二周的成交套数分别为 25 套与 29 套，成交均价则为 13403 元/平方米及 15313 元/平方米。

2. 新建保障性住房

广州十区基本完成保障性住房建设任务。2012 年保障房土地供应 9 宗，面积达 111.78 万平方米，开工建设 4.5 万套，其中公租房 2.75 万套、经济适用房 0.3 万套、限价住房（含拆迁安置房）0.9 万套、林业棚户区改造 0.05 万套。总开工套数相比 2011 年下降了 47%，共需建设 20 个项目，其中，毛纺厂、大塘 A0 ~ 1 - 3、南洲路、新村等 5 个项目分布在海珠区；同德 A 区、小坪村、新市机械厂、南方钢厂一期、南方钢厂二期、龙归保障房示范小区 6 个项目分布在白云区；棠德、棠下、广氮、珠吉、珠吉旧楼改造 5 个项目分布在天河区；大沙东、南岗、亨元、庙头 4 个项目分布在黄埔区；萝岗中心城区一期项目在萝岗区。

截至 2012 年 10 月 31 日，各区保障房建设完成情况如图 6 所示。由图 6 可以看出，广州十区除了南沙区尚未完成建设任务，白云、荔湾、黄埔、花都、从化、增城、天河均超额完成了任务。

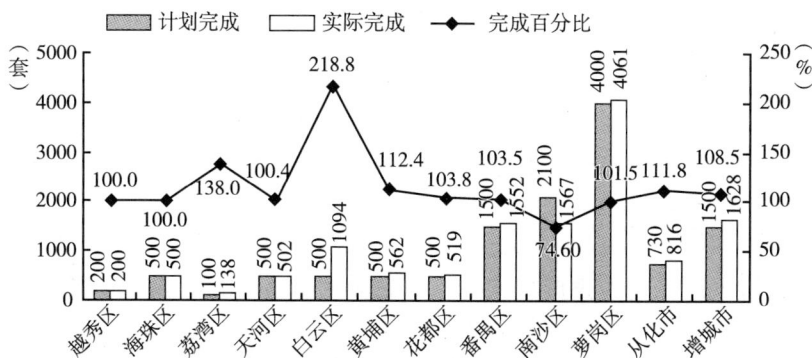

图 5 2012 年广州十区保障房完成套数及比例

资料来源：广州市国土资源和房屋管理局。

3. 存量住宅

存量住宅市场整体交投活跃，成交均价上涨。在经历了 2012 年 2 月份春节的市场最低谷之后，随着各大商业银行纷纷恢复首套房贷利率的 8.5 折优惠，之前观望不前的楼市刚性需求得到刺激，从第二季度开始分批入市，市场信心持续恢复，成交逐季升温。价格方面，广州存量住宅的成交均价呈现稳中有升的趋势，一方面是结构性因素造成，实力买家对后市信心回升，促使高端住宅以及大户型住宅成交升温，对整体市场成交均价产生拉升影响；另一方面是存量住宅市场在传统"金九银十"后再度回暖，入市需求增加，导致业主心态也变得强硬，业主议价空间变小，新增盘源的放盘价较高；最后，刚性需求依然较为强劲，部分客户预期也较乐观，遇到合适的物业也会接受业主的涨价。

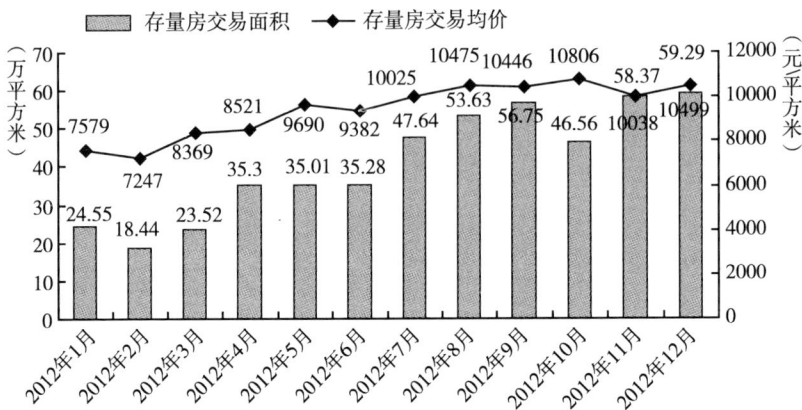

图6 2012 年 1～12 月广州市存量住宅成交面积及成交均价

资料来源：广州市国土资源和房屋管理局。

4. 住宅租赁

住宅租赁市场，二季度成交旺盛，成交均价全年平稳增加。相比往年，2012 年广州市 1 月份住宅租赁市场开年早、行情淡，导致 2012 年的开局成为 10 年来最差。但随着 2～3 月份返城务工人员和换工作白领人员的增加，住宅租赁市场出现大幅度的回暖，销售面积大幅上升，需求的增加也带来了租金上涨。

　　二季度是全年销售旺季，这主要是受学生毕业和实习高峰期的影响。同期租金也"水涨船高"，但是租赁价格的上涨并不是由于学生"毕业潮"的带动，因为毕业生租赁主要集中在中低端住宅，对整个租赁市场租金价格影响不大。从二季度开始，住宅租赁价格平稳增加，到 12 月份达到了 2012 年最高，为 32 元/平方米（见图 7）。

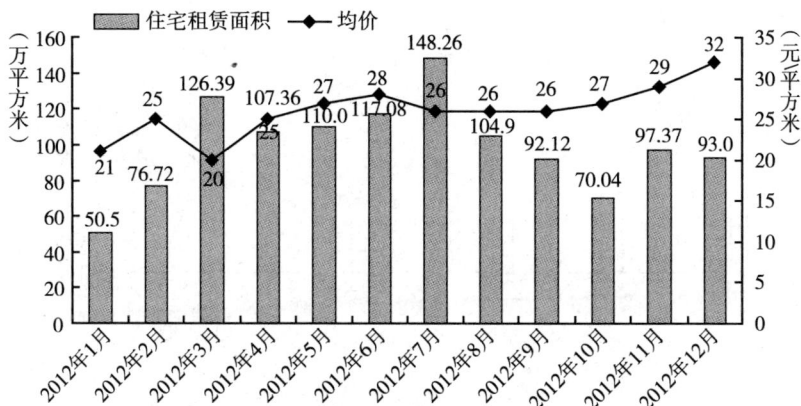

图 7　2012 年 1～12 月广州市住宅租赁面积及均价

资料来源：广州市国土资源和房屋管理局。

（四）商铺市场

1. 新建商铺

（1）优质商铺竞争压力加大

2012 年 1～7 月份，新建商铺市场成交量和成交均呈现繁荣迹象。而进入 8～9 月份，商铺市场明显呈现倦态，市场缺乏热点，成交平淡无奇，虽然租金、价格并无下降，但有价无市。这主要是经济形势大环境不容乐观，同时零售业低迷，增速放缓，导致商铺市场一度陷入低迷。进入 10 月份以后，大量新购物中心开业，这加剧了商场间对优质租户的竞争，也带来了商铺市场的繁荣。特别是 9 月 28 日位于珠江新城的太阳新天地正式开业，项目总建筑面积为 15 万平方米，成为目前珠江新城最大的单体购物中心。另外，2012 年第四季度也迎来了商业市场 5 个项目的集中开业，增加了市场供给，愈加激烈的市场竞争挤压商家的利润空间，有些实力一般的运营商很可能在项目发展的初期就被迫退出市场。虽然目前来看，广州市内成熟的商业项目仍在市场上占据着较大的优势，但新优质项目的不断涌现也将对其产生威胁，改进商业模式、优化品牌业态组合、升级硬件及服务水平成为保持竞争优势的关键。

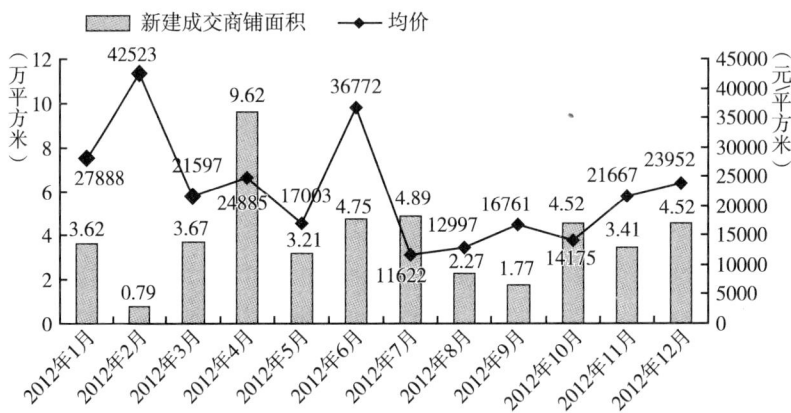

图8　2012年广州市新建商铺成交面积及均价

资料来源：广州市国土资源和房屋管理局。

（2）外围地区成交过半

纵向来看，2012年新增商铺供应47万平方米，包括西城都荟、珠江太阳城、花城汇、光大项目、高德置地·秋。成交主要集中在海珠、番禺和花都，三区的成交量占到了全部成交的62.9%。特别是2012年第二季度，由本地有经验的商业地产运营商海印集团主导的海印又一城奥特莱斯在番禺试业，为市场带来了近6万平方米的新增商业面积。8月，都随着大盘入市，居住氛围日趋浓厚，带来了社区商铺进入市场。同月，荔湾区的荔港南湾有大宗买卖，一次性成交9526平方米的商铺。

（3）新增供应：市场供应逐步回落，花都、番禺成供应大户

2012年，随着市场的回归理性，市场供应也慢慢回落，全年供应量为47.03万平方米，同比回落13%。番禺区的供应面积为11.91万平方米，占据了全市的近1/4，供应量集中在万博商圈及市桥商圈，这两个商圈无论从供应、成交或土地拍卖，均是广州最热门的商圈，也是未来广州商业发展的重点

区域，代表的热门项目分别是番禺万达广场及奥园养生广场；花都区供应量为10.10 万平方米，该区域的供应则较为分散，大多为社区商铺，依靠价格优势受投资客追捧，开发商看好后市加大供应。

（4）市场成交：量价齐跌，番禺、花都牵动全市

相比 2010 年及 2011 年，2012 年的商业市场成交有所降温，2012 年广州市十区成交量为 47.04 万平方米，同比下跌了 13%，主要成交集中在外围城区，番禺区和花都区占据了全市成交的 42%。成交均价为 22205 元/平方米，同比下跌了 7%，主要是外围城区的商铺成交价拉低了整体均价。

表4 广州十区新建商铺网签面积及均价

年份	2010	2011	2012
面积(万平方米)	67.9	54.3	47.04
均价(元/平方米)	19984	23973	22205

资料来源：广州市国土资源和房屋管理局。

（5）市场热点转换，购物中心成主角

2011 年以前，社区商铺交易为主的市场中购物中心成交所占比例一直很少，2012 年则首次成为主角，成交量占据了市场的 40%。众多购物中心一经推出即被抢购一空，代表项目有番禺万达广场、富港东汇城等，另一些则被大手笔基金收购，如中海橡园国际、保利威座大厦。从小商铺的热浪、社区商铺的热销再到购物中心的受追捧，可以看出投资客越发注重资金的安全和长远的回报，大品牌的发展商、有口碑的商业项目，对他们的投资来说意味着更多的安全感。

2. 存量商铺

截至 2012 年第四季度，广州优质商铺总存量达到 188 万平方米。二季度全市净吸纳量增加至 9 万平方米，主要来自新开业的番禺海印又一城，该项目总建筑面积约为 8 万平方米，年底入住率已接近满租。另外，受惠于天河商圈和珠江新城商圈的发展成熟度和速度，二季度优质商铺整体空置率环比下降 1.3%，回到历史低位，上半年的累计降幅则达 2.2%。2012 年下半年，由于全市零售消费总额增速减缓，零售商大多暂缓扩张计划。虽然预计部分优质商场竣工带动整体租赁需求，但是，下半年新商场扎堆开业，空置率仍有上升。

（五）写字楼市场分析

1. 新建写字楼

（1）写字楼"量价齐升"，新兴商圈崛起

2012 年广州新建写字楼（含产权性质为写字楼的公寓）共计网签 11865 套，成交量同比上年大涨 79.8%；全市写字楼（含商用公寓）的网签均价同比涨了 6.5%，达 23706 元/平方米的历史高位。虽然受国内外经济下调影响，2012 年新进驻广州的企业数量下降，大部分外资企业对经济前景仍有疑虑，对扩张持谨慎态度，令广州写字楼的扩张型成交需求减少；但随着广州国际化城市形象的提升，在 2012 年，内资企业的需求成为市场主驱动力，推动广州写字楼市场热度持续。特别是第三产业、电脑及 IT 通信业、专业服务业和金融业，其需求占市场总量的 56%，其中以电脑及 IT 通信业最为活跃。同时，多个新兴商圈成交量大涨，其中最为显著的包括番禺万博商圈、南沙区、萝岗区等区域。

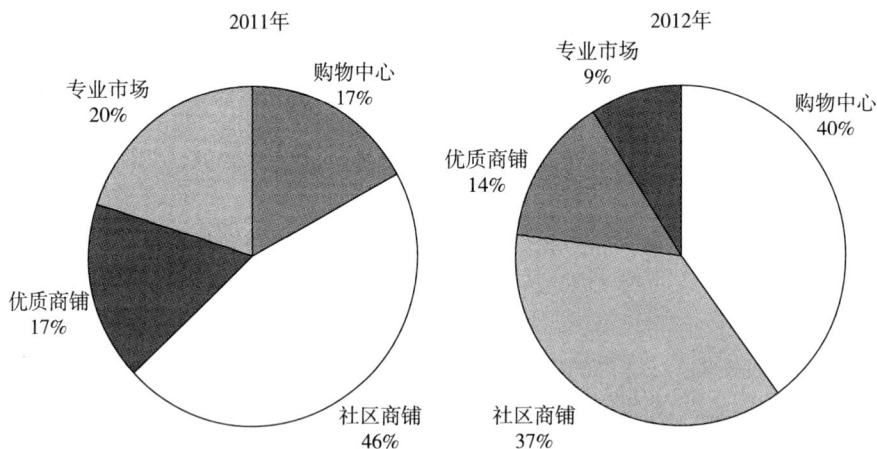

2011年

专业市场 20%
购物中心 17%
优质商铺 17%
社区商铺 46%

2012年

专业市场 9%
购物中心 40%
优质商铺 14%
社区商铺 37%

图9　2011 年与 2012 年广州十区各类商铺成交比例对比

资料来源：中原地产。

（2）大中型国内企业购置甲级写字楼自用成为需求主力

从销售市场看，虽然 2012 年广州写字楼的租赁市场因为供过于求而出现下行趋势，资本市场却依然活跃，自用型需求和中高端投资需求，特别是大中型国内企业购置甲级写字楼自用，成为 2012 年的一大需求主力。如保利中达广场就分别由广汽集团和广物汽贸整栋购入自用作为总部。其他如富力盈凯广场、广晟国际大厦、邦华环球广场、壬丰商务大厦等甲级写字楼，都有国内企业或政府机构购入几层作为办公楼自用，这些项目的均价都超过了 30000 元/平方米。

（3）优质写字楼需求旺盛

2012 年全年，广州优质商铺的整体平均租金达 446 元/（平方米·月），同比上升了 7.3%。从行业看，时尚、餐饮、大型零售商的需求旺盛，2012 年有多个国内外连锁品牌纷纷选择在广州开设首店，如永旺集团旗下的美思佰乐超市、无印良品，国外护肤品牌 Kiehl，国内知名餐饮品牌俏江南以及香港电影院品牌 UA 等。截至 2012 年末，广州优质商铺的总存量约 175 万平方米，全年净吸纳量约 27 万平方米，比 2011 年的净吸纳量增加了 15 万平方米。天河北商圈以及其他商圈商场升级改造的带动，加上新开业商场的较高进驻率，令 2012 年广州全年整体优质商铺的空置率有所下降，约为 3.1%。

2. 存量写字楼

2012 年，存量写字楼成交面积及租金、售价相对平稳，升幅不大。不过，商业物业的租金和售价受地段、位置、面积、商圈成熟度等因素影响较大，个别单位的价格随着商圈的成熟，价格仍有所上涨，但涨幅不大，大多集中在 10% 左右，较 2011 年 30%~50% 的涨幅明显下降。总的来说，2012 年广州存量商业市场的量、价均较为平稳，主要是受 2011 年"过热"以及 2012 年经济环境偏谨慎的影响。此外，3 月份政府重申商业"限外令"，限定在内地的境外人士只可以拥有一套用于自住的住宅和商用物业，部分境外、港澳台等买家购买商业物业受到一定限制，也对市场产生了一定的影响。

3. 写字楼租赁

写字楼租赁整体稳定，部分区域波动。2012 年，广州写字楼租赁市场表现稳定，市场整体空置率在本季度仅上升 0.2 个百分点至 20.6%。从区域来看，越秀区租赁市场成交活跃，空置率下降至 6.94%；而受新增供应比较集中的影响，天河区空置率则出现了一定幅度的上升。租金方面，太古汇以较高的租金投放市场，带动体育中心商圈的租金水平上涨 7.2%，而越秀区个别新物业因租赁成交活跃，也相应抬高了租金水平，该区整体租金升幅达到 4.7%。

三 2013 年广州市房地产市场展望

（一）住宅市场：总体上保持"稳中有升"的趋势，不会出现大起大落的现象

2013 年中国楼市总体上将保持"稳中有升"的趋势，不会出现大起大落的现象。一是 2012 年中国楼市经历"下降探底、筑底回暖、复苏上升"三个阶段后，市场又恢复到稳定的发展状态。国家统计局公布的宏观经济与房地产数据显示，一季度楼市行情"低迷徘徊"，二季度楼市行情"淡季不淡"，三季度楼市行情"高位盘整"，四季度楼市行情"暖冬见春"，2012 年下半年楼市好于上半年，可以预见 2013 年比 2012 年好。二是供求关系存在不平衡性的可能。譬如 2009 年土地供给是低增长、负增长，导致 2011 年、2012 年有大量的库存，但这种库存不能正常消化和运行的时候，就变成了低的土地供给，而这种低的土地供给再形成的将是下一轮土地的高增长和房价的高增长。三是从房企销售业绩与现金流及货币政策看，房企基本不缺钱，因而不会有降低房价的冲动。因此，在政府对房地产行业调控形成的政策性下行压力与市场需求导致的上行压力并存情况下，2013 年房价将"稳中上升"，不会暴涨也不会暴跌。

（二）商业地产：空置率面临上升压力

2012 年国内经济指标趋稳定，预期 2013 年全市零售消费总额增长稳定。大部分零售商仍然持有扩张计划，但开店速度将较为缓慢，对于选址持更谨慎态度，更看重成本。虽然预期新的国外零售品牌仍保持扩张步伐以进入广州，但是整体租赁需求将继续呈现疲软态势。预计 2013 年将出现历史性供应洪峰，新竣工项目将达 54 万平方米。其中约 28% 集中在珠江新城，56% 集中在海珠区、白云区和番禺区等非核心区域。另外，约有 30 万平方米计划于 2014~2015 年竣工

的商场也将于 2012 年开始招商，加大供应压力。有鉴于零售商扩张需求减弱，预计即将开业的商场需要更长时间招商，并以租金优势吸引租户进驻。

（三）写字楼市场：新增供应有望加大，售价有望上涨

2013 年活跃的投资交易将刺激写字楼资本值上升，投资型和自用型企业买家继续支撑投资市场。预计位于珠江新城新推售的大厦仍将继续受到追捧，纷纷吸引国内一些能源类、金融类、制造业等行业购置一层或以上面积。展望 2013 年，鉴于国内未来经济增速放缓，以及部分行业赢利情况低于预期的忧虑，写字楼租赁需求增长将进一步受到影响。2012 年前 11 个月成交已经超过 111 万平方米，而 2013 年主要新增供应预计仍高达 100 万平方米以上。预计大体量新供应将推高整体空置率。上述各项综合因素将在短期内为租金带来压力，预计大厦业主将推出有更多租赁优惠方案以吸引租户入驻。不过，租金微跌对买卖市场影响不大。其主要原因：一是有实力的投资客户受整体经济不明朗以及住宅限购的影响而入租赁市场；二是有实力企业的刚性需求；三是广州优质写字楼可售楼盘并不多。由此预测，2013 年写字楼售价仍有上涨空间，幅度为 2% ~5% 。

Guangzhou Property Market： Review of 2012 and Prospect of 2013

Liao Junping　Chen Yonglian　Liu Xiaotian

Abstract： In 2012, the property market in Guangzhou witnessed a short stagnation and then continuous moderate recovery. The stable regulation on the property market kept working, then the property market kept stable, too. Some innovative measurements issued by the government for regulating and kept market stable. It would be seen that the property market in 2013 would not be changed a lot.

Key Words： Guangzhou；Property Market；Innovative Regulation

B.17

2012年深圳市房地产市场解析
与2013年展望

宋博通　张　显　颜　英　吴振兴*

摘　要：

　　与国内其他一线城市类似，2012年深圳房地产市场先抑后扬，岁末翘尾，楼市热度回升。新建市场方面，商品住宅量升价涨，写字楼量价齐跌、空置激增，商业用房量价双升；二手市场方面，商品住宅持续繁荣，写字楼震荡下行，商业用房价格平稳上涨；租赁市场方面，商品住宅租金稳步上扬，写字楼租金先抑后扬，商业用房租金涨幅明显；土地市场方面，居住用地多数底价成交，商住混合用地备受青睐；土地增量方面，土地整备有序开展，整备质量明显提高。

　　展望2013年，住宅市场将维持调控基调，市场或将温和回暖。居住用地或供需两旺，成交价格亦重拾升势。前海中心建设稳步推进，"土改"试点将助力集体土地产业转型，城市更新成为土地供给主力。

关键词：

　　深圳　房地产　调控　前海

一　2012年房产市场分析

（一）房地产开发投资额持续增长，占固定资产比重同比上涨

从房地产开发投资额看，深圳市自2001年以来总体呈增长态势，2007～

---

* 宋博通，建筑学科博士后，深圳大学土木工程学院党委书记，深圳大学房地产研究中心常务副主任，副教授，主要研究住房政策、城市经济与房地产市场。第二作者张显、颜英、吴振兴，深圳大学土木工程学院硕士研究生，排名不分先后。

2009 年受金融危机影响出现小幅下降，自 2010 年起重拾涨势，2012 年末达 736.84 亿元①（见图 1）。

对比国内一线城市，2012 年京、沪、穗、深房地产开发投资额同比增幅分别为 3.9%、5.7%、5%、43.1%②，深圳增速最猛，主要原因或为土地购置面积、新开工面积增幅较大。2012 年，深圳土地购置面积 97.34 万平方米，同比增长 147.7%，新开工面积 905.24 万平方米，同比增长 68.3%③。

从房地产开发投资占社会固定资产投资比重看，深圳自 2002 年起总体呈下降走势，但 2011 年起止跌回升，2012 年比重达 31.84%（见图 1）。在最近两年经济增长放缓的大背景下，深圳市房地产业在总体经济中的比重依然很大。

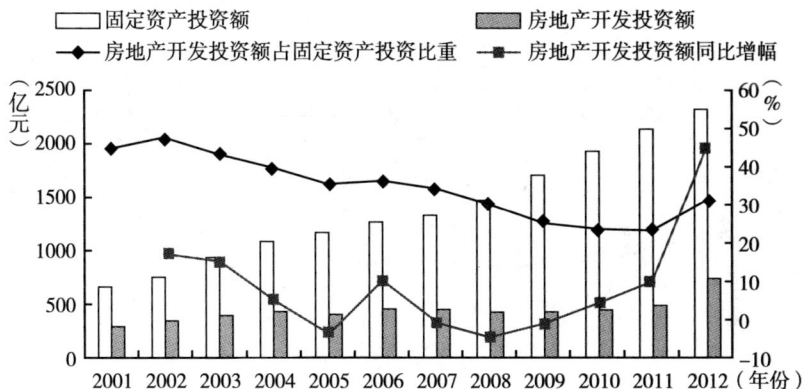

图 1　2001～2012 年深圳市房地产开发投资情况

资料来源：深圳市统计局。

（二）新建商品住宅价格先降后升，二手商品住宅价格稳中有升，新房、二手房价格持续倒挂

1. 全年新房价格指数先抑后扬，二手房价格指数稳中有升

从京、沪、穗、深 2012 年各月新建商品住宅价格指数趋势来看（见

① 数据来源：REICO。
② 数据来源：REICO。
③ 数据来源：REICO。

图2），上半年一线城市均延续上年末的下降态势，至6月份方重现升势。受持续的房地产调控政策影响，市场观望氛围浓重。2012年初，上海领跌一线城市，1~2月环比跌幅达2.12%，之后趋于稳定。京、沪、穗、深1~5月份分别累计下跌0.97%、2.79%、0.57%、1.26%，深圳跌幅第二，仅次于上海。

央行分别于2012年2月24日、5月18日两次下调存款准备金率，楼市产生向好预期；6月8日央行下调存贷款基准利率，一定程度上降低了购房者的房贷成本，刺激刚需购房入市，推动一线城市总体向暖，6月份皆止跌回升，并延续总体升势至年末，11月份环比升幅最大。京、穗、深全年分别累计上涨2.2%、2.8%、1.1%，广州涨势最大，而上海全年累计下跌1.6%。

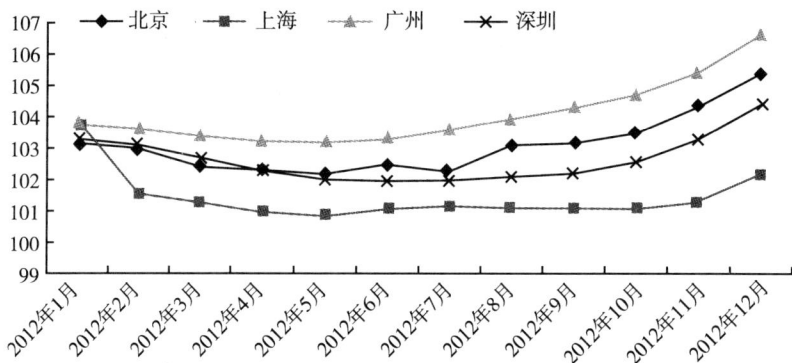

图2　2012年各月京、沪、穗、深新建商品住宅价格指数走势

注：定基以2010年价格为100。

资料来源：国家统计局。

二手商品住宅价格上半年缓解了上年末的跌势，受央行下调存款准备金率和存贷款基准利率政策的影响，年中开始集体回升，广州全年累计上涨3.8%，涨幅在一线城市中居首。

深圳二手商品住宅价格指数结束上年末的跌势，1~5月份走势平稳，仅3月环比上涨0.1%，不同于新房价格指数的下行走势。自6月起稳步缓升，与新房指数下半年的涨势相一致，全年累计上涨1.9%（见图3）。

对比一线城市 2012 年各月二手房价格指数，深圳走势最为平稳。北京二手房价格指数除 2 月份环比下跌 0.31% 外，全年持续缓升，累计上涨 2.3%。上海、广州二手房价格指数则与各自新房指数先抑后扬的走势相似，全年分别累计上涨 1.1%、3.8%。

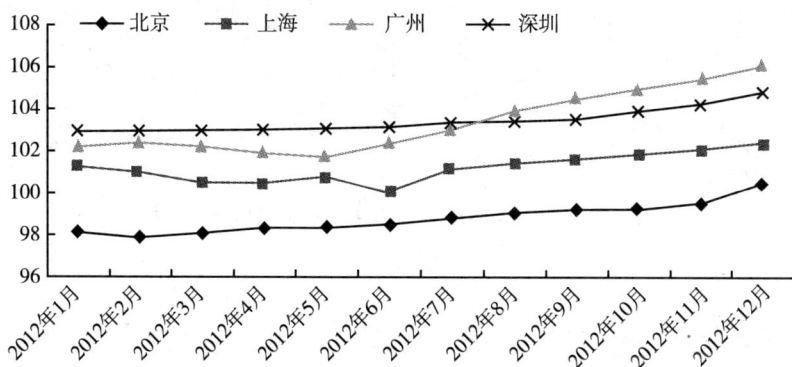

图 3　2012 年各月京、沪、穗、深二手房价格指数走势

注：定基以 2010 年价格为 100。

资料来源：国家统计局。

2. 近两年新房、二手房均价平稳，二手房反超新房

从深圳历年商品住宅交易价格来看（见图 4），2004～2007 年间，新房、二手房价格皆快速上涨，年均涨幅超过 30%，首破万元大关；2008 年受经济危机拖累，新房成交价格微降 0.86%，为 13255 元/平方米，二手房价格同比大降 13.7%，为 9177 元/平方米；2009 年和 2010 年受经济刺激政策影响，新房、二手房价格再度快速上扬，且年均上涨幅度再次超过 30%，分别突破 2 万元和 1.5 万元大关；2011 年在严厉的房地产调控政策影响下，新房价格同比下跌 6%，至 18992 元/平方米，而二手房价格依然保持强劲增速，首次突破 2 万元，同比上涨 25.67%，至 20442 元/平方米；2012 年央行两次降息的利好影响不敌市场观望情绪，新房、二手房销售价格同比基本不变，其中新房下降 0.5%，至 18900 元/平方米，二手房下降 0.6%，至 20315 元/平方米。新房售价连续两年下降，但降幅有所减小。二手房售价是 2009 年以来首次下降。

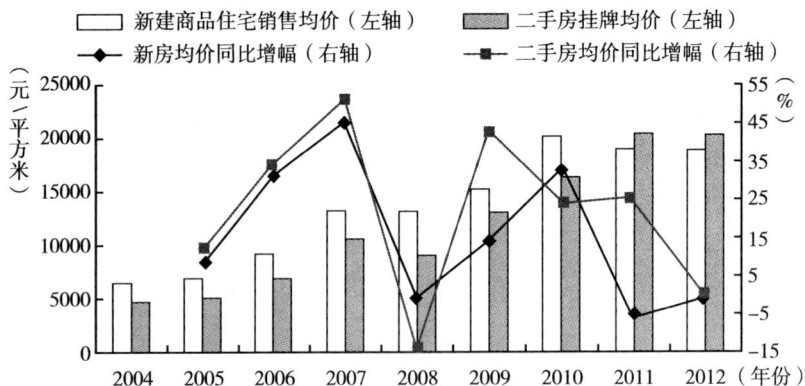

图4 2004~2012年历年二手房、新房销售均价对比

资料来源：深圳市统计局、深圳房地产信息网。

3. 新房与二手房价格倒挂，住宅租金持续微升

从2012年各月新房、二手房成交价格走势看（见图5），深圳全年住宅成交价格走势较为平稳，新房、二手房价格倒挂。对比年初，全年分别累计上涨6.32%和12.3%。

1~4月份新房成交价格小幅波动，累计微涨1.96%，而二手房成交价格连月下跌，累计跌幅为2.16%；新房价格于5月份开始一路走高，8月份达到全年最高价21560元/平方米，1~8月份累计上涨26.13%，9月以后快速下行；二手房价格

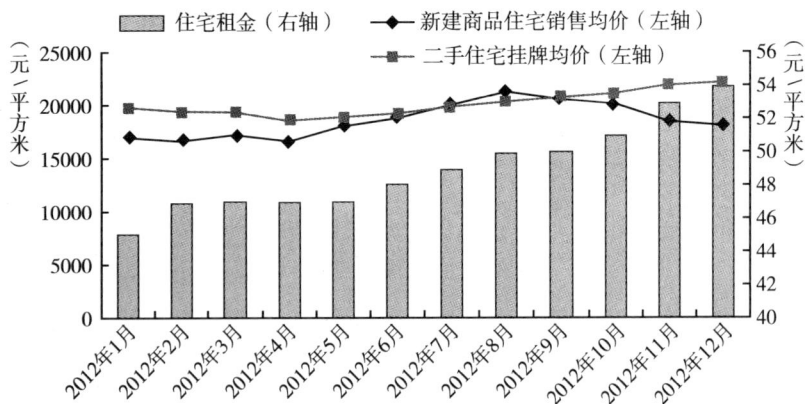

图5 2012年各月二手、新房销售价格走势

资料来源：深圳市规划和国土资源委员会、深圳市房地产信息网。

于 5 月份开始上涨，并维持涨势至年末。新房房价的涨速和跌速皆高于二手房。

从住宅租赁市场价格走势来看，住宅租金稳步上升，全年累计上涨 20%。2011 年上半年住宅租金由每月 45 元/平方米上涨至 48 元/平方米，累计涨幅达 6.67%；下半年住宅租金上涨较快，6～12 月份累计上涨 17.78%。可见深圳外来非户籍人口众多，住宅租赁市场需求强劲。

（三）新房成交量连续两年下跌后首次回升，新、老特区市场活跃程度迥异，小户型占据交易主流

1. 近两年销售、批售面积皆止跌骤涨

从历年新建商品住宅供需看（见图 6），2004～2007 年，新建商品住宅批售面积逐年递减，房价稳定攀升，居民自住投资意识增强，新建商品住宅供不应求；2007 年，受土地成交及住宅价格压制，新建商品住宅批售、销售双降，销售面积 500.4 万平方米，同比大降 29.1%，初步形成供大于需的格局；受美国次贷危机影响，2008 年底在多管齐下救市政策的刺激下，刚性及投资需求激增，致 2009 年供不应求，住宅面积吸纳率达 147.09%，为近年最高；2010 年批售及销售面积进一步下降；2011 年继续严格执行限购政策，年内存款准备金率持续数月上调，至历史最高 21.5%[①]等，一系列调控下，新建商品住宅批售面积仅 396.93 万平方米，同比下降 0.91%，销售面积 272.93 万平方米，同比下降 14.98%，再创新低。2012 年，受"两次降准，两次降息"的政策利好影响，批售面积、销售面积止跌上涨，批售面积为 490.87 万平方米，同比增长 23.67%，销售面积为 368.22 万平方米，同比增长 34.79%。

2. 新房供给充足，下半年远超上半年；上半年需求稳步增长，下半年波动攀升

对比 2012 年各月新房交易情况（见图 7），全年新房批售面积为 490.87 万平方米，销售面积为 368.22 万平方米。全年新房批售与销售面积比为 1.45∶1，吸纳率为 75%，相比于 2011 年的 69%，有所回升。

受 2012 年利好政策的影响，上半年除 3 月受政策影响明显，成交量达

---

① 自 1985 年统一调整后至今。

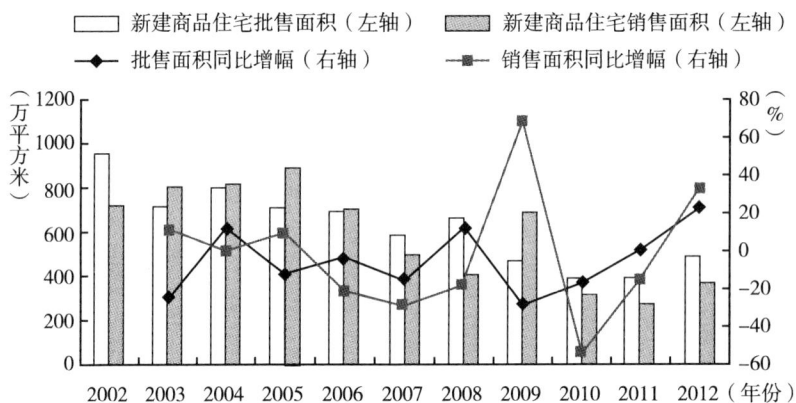

图6 2002～2011年新建商品住宅批售及销售面积走势

资料来源：深圳市规划和国土资源委员会、深圳市房地产信息网。

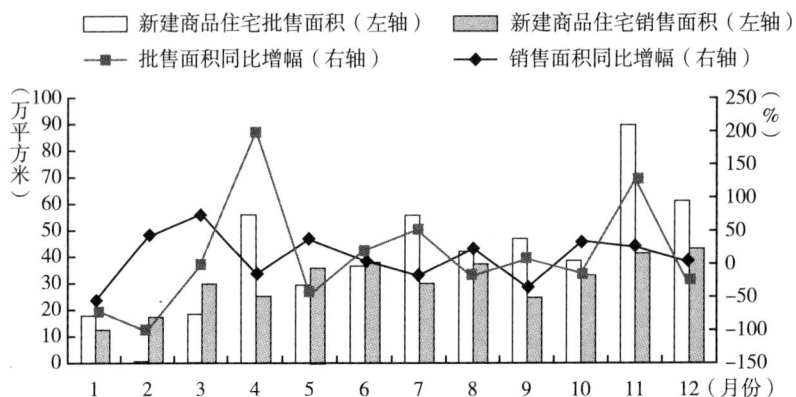

图7 2012年各月新建商品住宅批售、销售面积走势

资料来源：深圳市规划和国土资源委员会、深圳市房地产信息网。

30.23万平方米，同比骤升75.55%，呈现供不应求局面外，其余各月购买量逐月攀升。2月、3月、5月和6月出现供不应求的局面。7月，官方宣布坚持调控不放松，下半年各月成交量波动增长，或因买房者趋于理性，或因市场观望态度。9月之后，销售面积不断增加，12月达到最高，为43.07万平方米。全年批售面积波动较大，下半年的批售面积为332.98万平方米，远超上半年的 157.89 万平方米。11 月批售面积为全年最高，达 89.46 万平方米，环比增长 130.57%。

3. 新特区成一手房主力成交区，小户型受市场热捧

2012 年全年新建住宅成交量为 368.22 万平方米，宝安、龙岗约占 84.5%，分别为 179.2958 万平方米和 131.8713 万平方米，是一手房供应的绝对主力。对比 2012 年各区全年成交面积，南山、宝安为老、新特区成交量之首。龙岗新建住宅成交量攀升迅猛，分别于 3 月和 12 月的月成交量超过宝安。1～3 月，龙岗、宝安和南山三区成交量节节攀升，4 月份各区成交量骤降，龙岗降幅最大，环比降低 77.12%。5 月，成交量回升。从 6 月开始，宝安成交量波浪式下降。龙岗从 5 月开始下降，但 10 月起止降骤升，12 月达全年各区最高成交量。

从深圳市 2012 年、2011 年三种面积结构的成交量看（见表 1），一手房成交量以 90 平方米以下的小户型为主，全年成交量为 252.196 万平方米，同比增长 28.6%，占全年总交易量的 68.5%，同比下降 3.32 个百分点。90～144 平方米的改善型户型全年成交 54.471 万平方米，同比增长 36.5%，占全年总交易量的 14.8%，与上年所占比重持平。144 平方米以上的大户型成交量为 61.5 万平方米，同比增长 66.3%，全年成交量反超改善型户型，所占比重为 16.7%，同比增长 3.15%。大户型成交量反超改善型的主要原因是在南山、龙岗，大户型有巨大的需求。

从各区新房成交面积形态走势看，从全市小户型∶改善型∶大户型的比例为 4.1∶0.9∶1，大户型需求首次超过改善户型。各区市场特色各异。罗湖、福田、宝安、盐田四区是刚需为主，其次为改善性需求。南山因为前海的开发，投资性需求高过改善性需求，小户型∶改善型∶大户型的比例为 3.17∶0.59∶1。龙岗的比例则为 2.14∶0.64∶1，是关外投资性需求巨大的区域，主要是因为龙岗抢抓大学生运动会机遇，大力发展教育、医疗、文体等事业，如今教育硬件设施特区一体化水准有很大的提高，2012 年香港中文大学（深圳）已进驻龙岗。

表1　深圳市2012年、2011年三种面积结构成交量比例对比

单位：%

户型	2012年	2011年	同比增长
90平方米以下	68.50	71.82	-3.32
90~144平方米	14.80	14.62	0.17
144平方米以上	16.71	13.55	3.15

数据来源：深圳市规划和国土资源委员会、深圳市房地产信息网。

（四）二手房成交总量依旧下降，但仍超新房，逐月攀升现"金九"

1. 货币政策利好效果明显，二手房成交量不断攀升

对比历年二手商品住宅成交面积（见图8），2005~2007年成交量稳步上升；2008年受金融危机影响，仅成交435.85万平方米，同比下降53.19%；在2008年11月5日出台的"4万亿"扩大内需等一系列措施的刺激下，2009年二手房交易量达1395.83万平方米，同比大涨220.25%，初步确定二手房在市场交易中的主体地位；2010~2012年，二手房交易量不断下降。2012年，二手房成交面积为601.89万平方米，远超新房成交面积368.22万平方米。

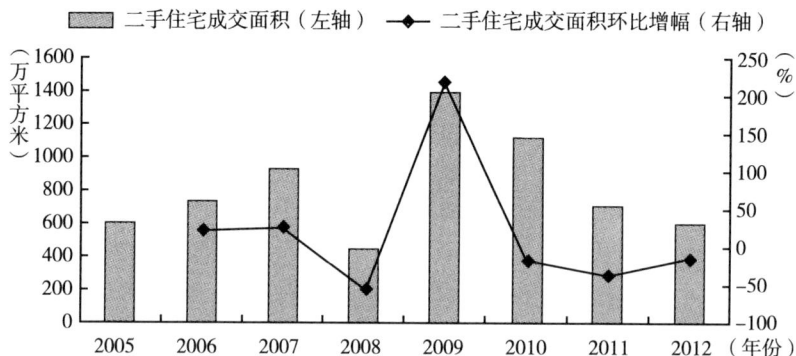

图8　2005~2012年历年二手住宅成交面积对比分析

数据来源：深圳市规划和国土资源委员会、深圳市房地产信息网。

从2012年各月交易来看，1~9月交易量一扫2011年下半年的颓势，不断攀升（见图9）。2012年，央行分别于2月24日和5月18日下调存款准备

金率,于 6 月 8 日和 7 月 6 日两次实施降息。受货币政策宽松的信号推动,2 月成交量为 17.24 万平方米,环比骤升 24.37%。3 月成交量更是环比骤升 143.42%。9 月的成交量为全年顶峰,达到 93.3 万平方米。10 月成交量大跌,环比骤降 56.93%。

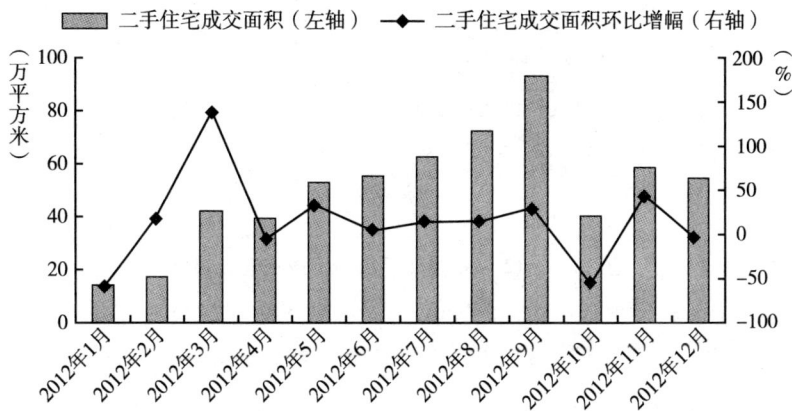

图 9　2012 年各月二手房住宅成交面积对比分析

资料来源:深圳市规划和国土资源委员会、深圳市房地产信息网。

2. 各区成交量同比下降,老特区仍高于新特区

对比 2011 年、2012 年各区二手房成交面积及套数,新特区中龙岗、宝安的成交面积和套数在各区之中分列第一、第二。老特区成交面积 340.33 万平方米,占全市成交总面积的 56.5%,套数约为 37461 套,占比为 57.3%。

3. 二手房/新房套数比全年基本平稳,罗湖、福田二手房成主力

从 2012 年各月二手房新房成交套数对比看(见图 10),全年的套数比基本处于 1~2 之间。深圳房地产市场中二手房已唱起主角。2 月二手房新房套数比 0.95,出现倒挂。随后,央行分别于 2 月 24 日和 5 月 18 日下调存款准备金率,于 6 月 8 日和 7 月 6 日两次实施降息。政策利好致二手房的成交量骤升,7、8、9 三个月的二手房新房成套比分别为 2.15、2.03、3.24。

从区域成交活跃度对比来看,罗湖二手房远超新房,二新房新房成交套数比达 15.88,同比下降达 50.6%。除盐田外,各区 2012 年全年的套数比均低于 2011 年。宝安最低,为 0.64。

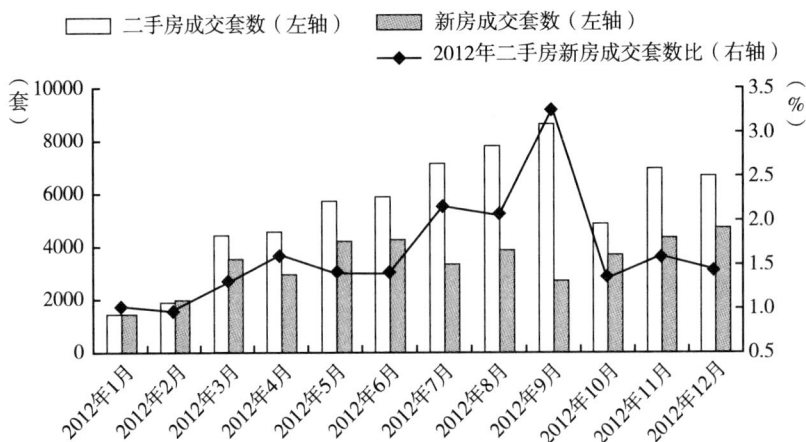

图10　2012年各月二手房新房成交套数对比

资料来源：深圳市规划和国土资源委员会、深圳市房地产信息网。

（五）写字楼市场福田引领全市，新建市场空置激增，二手市场均价、租金趋势迥异

1. 新建写字楼市场批售面积止跌大涨，销售面积跌幅减小

2012年，深圳写字楼总体空置率继续上升。新建写字楼批售面积同比激增33.9%，为19.4万平方米，销售面积为5.65万平方米，同比下跌11.4%，但跌幅降低。2012年，吸纳率继续下降，仅为29.13%（见图11）。

从新建写字楼历年成交均价看，除2008年经济危机导致其下降外，2005年后一路高歌猛涨，2010年受宏观调控影响，增速有所放缓。2011年以来，主要原因或为住宅市场调控所致，受整体经济的影响，福田、南山、罗湖三区的挂牌均价整体不断下降，但租金不断上涨。

2. 二手写字楼挂牌均价总体趋跌，租金岁末"翘尾"

2012年，全市二手写字楼挂牌均价呈波动下跌趋势，但罗湖、福田、南山各区呈不同态势，福田主导三区的升降趋势。福田写字楼市场引领全市，均价最高36158元/平方米，最高月份为3月，达到38958元/平方米，随后呈波浪下降。南山写字楼均价总体不断攀升，升多降少，与福田的均价不断接近，全年均价为33547元/平方米，年内最高价为8月的35501元/平方米。罗湖的

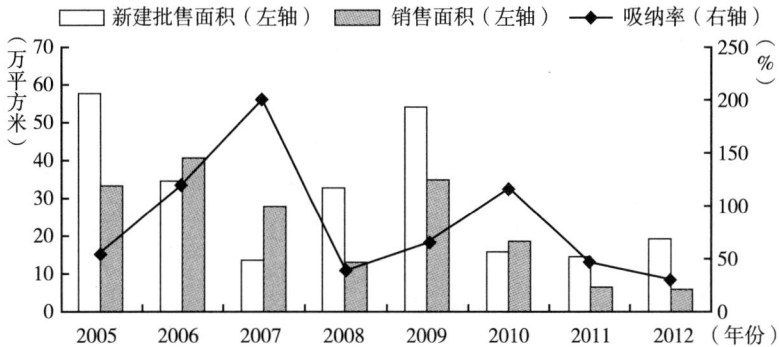

图 11　2005～2012 年历年新建写字楼市场新建批售、销售面积走势

资料来源：深圳市规划和国土资源委员会、深圳市房地产信息网。

整体趋势较平稳，3 月达到年内最高，均价为 24187 元/平方米，挂牌均价远落后于福田和南山。10 月之后，三区挂牌均价不断下降。此种情形与非住宅房产交易按评估价征税政策提高交易成本有关系。

全市租金趋势与挂牌均价不同，与非住宅房产交易按评估价征税政策提高销售成本有关。选择租写字楼增多，8 月之后呈上扬趋势。福田、南山和罗湖的全年均价分别为 125 元/平方米、104 元/平方米、97 元/平方米。福田租金遥遥领先，年内 3 月租金最高，为每月 130 元/平方米。南山写字楼租金均价波动较大，年末与福田租金差距减少。罗湖写字楼租金 10 月止跌激增，12 月达全年最高 106 元/（平方米·月），与年初相比，升幅为 11.6%。

（六）新建商业用房市场空置增多，二手市场价格上行

1. 新建商业用房供给激增，需求微增

新建商业用房批售面积于 2005 年达到峰值，而后一路振荡下滑。2012 年批售面积 92.18 万平方米，同比增长 238.9%。销售面积较 2011 年有所提升，达 23.88 万平方米，吸纳率为 25.9%，远低于 2011 年的 69.49%（见图 12）。

2. 二手商业市场挂牌均价总体波动上涨，租金岁末趋降

2012 年二手商业市场全市挂牌均价呈上升趋势，均价达 58593 元/平方米，同比增长 4.6%。老特区挂牌均价和租金均远高于新特区。罗湖、福田、

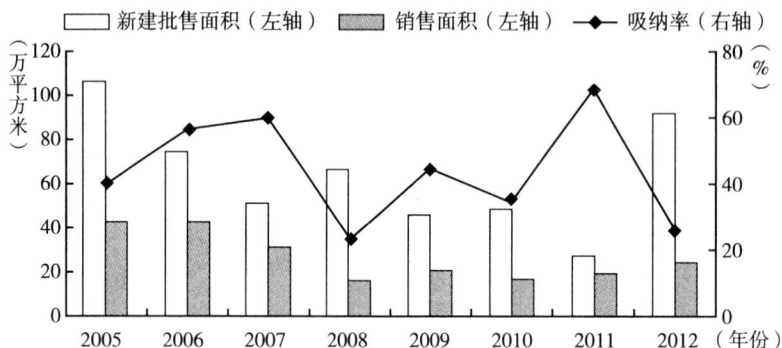

图 12　2005~2012 年历年新建商业用房市场新建批售、销售面积走势

资料来源：深圳市规划和国土资源委员会、深圳市房地产信息网。

南山的全年挂牌均价分别为 77515 元/平方米、73818 元/平方米、81118 元/平方米。新特区中宝安、龙岗的均价相差大，龙岗全年挂牌均价最低，为 34473 元/平方米，宝安全年挂牌均价上涨明显，与年初相比，增幅达 11.7%。从 2 月起，南山挂牌均价引领全市。

2012 年初，租金上扬趋势明显。罗湖租金为全市最高，全年均价为每月 390 元/平方米，但租金上涨之后两次跳水，分别为 3 月的 336 元/（平方米·月），环比下跌 28.96%，11 月的 283 元/（平方米·月），环比下跌 38.88%。南山租金市场震荡较大，7 月达到全年均价最高 330 元/（平方米·月），全年均价为 285 元/（平方米·月）。福田市场涨跌幅度相对较小，除 9 月微降外，全年稳步增长，全年均价为 282 元/（平方米·月）。宝安、龙岗全年租金市场较平稳，全年均价分别为 125 元/（平方米·月）和 91 元/（平方米·月）。

二　2012 年土地市场分析

（一）土地市场供给逐年下滑，整体成交率持续处于高位

2005~2012 年，深圳市挂牌土地出让面积大致呈波峰右移的正态分布（见图 13），成交率均值 82.8%，其中 2010 年度大幅增加，达近 8 年来的顶

峰，2011 年、2012 年有所回落，土地供应总量逐年下滑，原因主要有两点：一是由于深圳市城市经济的高速发展，城市建设新增用地供应总量逐年快速增加导致土地资源紧缺，现已告急；二是随着大规模城市更新、旧城改造运动，盘活的存量土地日益增加，2012 年城市更新释放的存量土地首次超过新增用地。2012 年出让面积达到 169 万平方米，较 2011 年减少 42.4%。从出让成交率看，2012 年出让土地合计 66 宗①，其中流拍 6 块，宗数成交率② 90.9%；成功出让面积 160 万平方米，面积成交率③ 94.3%，与 2011 年的 93.4% 大体持平，土地成交活跃。

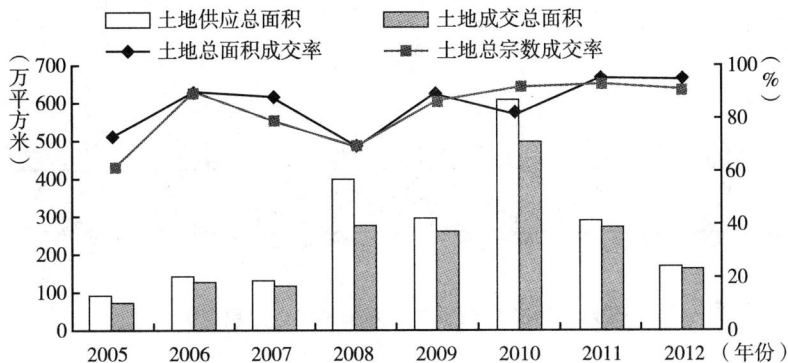

图 13 2005~2012 年深圳市土地总出让、成交情况

资料来源：深圳市规划和国土资源委员会。

（二）年内交易总量大幅下降，绝大部分以底价成交

2012 年，深圳市土地市场经历了低迷、解冻、复苏、繁荣四大阶段（见图 14），年初延续 2011 年的低迷态势；6 月、7 月火热回升，打破坚冰，7 月 4 号创造单日成交 14 宗地块的纪录；年末出现"翘尾"，11 月深圳土地市场迎来井喷，达到高潮。11~12 月，深圳共推 16 宗土地，截至 12 月 25 日，成交

---

① 同一宗地块重复拍卖计为一宗，如 A805 - 0050。
② 土地宗数成交率为土地成交宗数与土地出让宗数之比。
③ 土地面积成交率为土地成交面积与土地总面积之比。

土地 13 宗。

2012 年，全市共出让居住用地①10 宗，成交 8 宗，成交面积 41.5 万平方米，同比下跌 21%；商业办公用地②9 宗，成交 8 宗，成交面积 10.35 万平方米；工业、仓储用地 42 宗，成交 40 宗，成交面积 109.2 平方米，同比下降19.2%；其他类用地③4 宗，全部成交。从 2012 年土地市场总体情况看，全年土地供给总量大幅下降，市场活跃度先抑后扬，绝大多数地块均以底价成交。

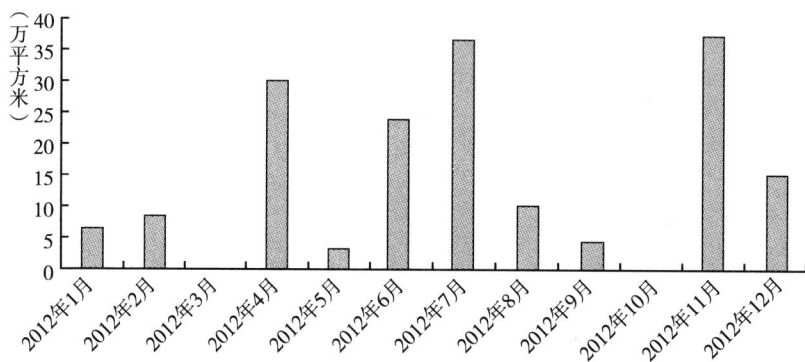

图 14　2012 年深圳市各月土地出让面积走势

数据来源：深圳市房地产信息网、深圳市规划和国土资源委员会。

（三）居住用地供给量和成交量双降，基本底价成交

2005 年以来，居住用地供应量经历 2008 年的小高峰后逐渐低迷，但成交量基本保持高位，2010 年、2012 年两年成交率均为 100%（见图 15）。在2012 年出让的 9 宗居住用地中，有 3 宗具有保障性质，流拍两宗均为安居型商品房用地，此为深圳市在 2010、2011 年成功出让 9 块安居型商品房用地后的首次流拍，两宗地块打破以往安居型商品房用地"定地价，竞房价"的潜规则，首次采用"定房价，竞地价"方式挂牌，但是挂牌以来因无人问津而惨遭流拍，究其原因，一是"定房价"模式使得原本微利的安居房雪上加霜，

---

① 包括纯居住用地、商住混合用地、工业捆绑居住用地。
② 包括商业服务设施用地、商业性办公用地。
③ 包括 2 块配套设施用地、1 块供应设施用地、1 块机场用地。

开发商承受市场风险压力倍增，拿地积极性不高；二是两宗地块均处于宝安、龙岗的偏远区域，交通、医疗、生活配套设施多不完善，存在诸多不便，总体需求量小，或者"供非所求"。

2012 年居住用地出让面积合计 45.1 万平方米，同比降低 23%。居住用地成交面积合计 41.5 万平方米，宗数成交率为 80%，面积成交率 92.1%，明显高于宗数成交率，但相对 2011 年同比 100% 的成交率尚有较大差距。面对深圳目前高速发展的房地产市场，这样的土地供给量无疑是杯水车薪，不过，近年来，由于城市更新的蓬勃发展，释放的用地量急剧增加，大大缓解市场供给和高房价的压力。

年度均价地王为宝安区尖岗山 A122 - 0341 居住用地，中海地产有限公司力挫群雄，以 20 亿元夺魁，平均楼面地价 10982.97 元/平方米，但是由于该地块以 BOT 模式捆绑公共建筑（深圳当代艺术馆和城市规划展览馆），开发商需要承担公共建筑及运营成本，若合计两馆代建费用、运营管理费用等，地块可售楼面均价则达 15294 元/平方米。

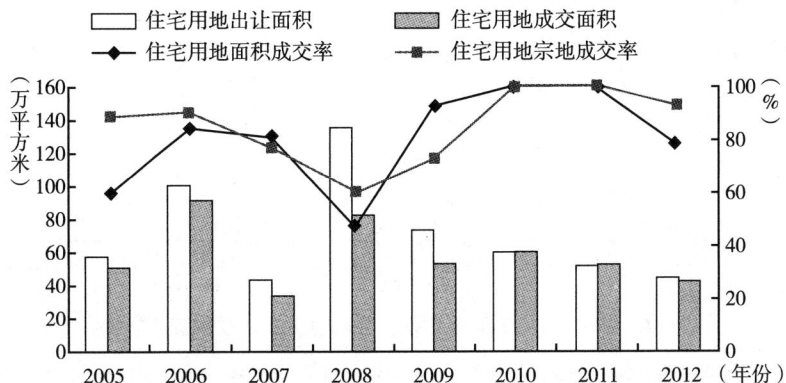

图 15　2005～2012 年深圳市居住用地出让面积走势

资料来源：深圳市房地产信息网、深圳市规划和国土资源委员会。

（四）商服、办公类用地供给量大幅减少，成交量强劲反弹

2012 年，商服、办公类用地（此处包括商业服务性用地、商业办公用地、综合用地中的商业用地部分）成交量强势反弹，一改 2011 年流拍过半的低迷

态势（见图16）。

2012年商业、办公类用地共推出9宗，出让面积10.7万平方米，同比剧降41.2%，成交8宗，合计10.35万平方米，同比大幅上涨50.1%。2012年面积成交率96.7%，同比剧增59个百分点；宗数成交率88.9%，同比上涨19个百分点。与上年度相比，2012年商业、办公类用地总量大幅减少，但面积、宗数成交率均同比大幅上升。从地理位置来看，成交的8宗地块中，有4宗地块位于南山后海中心区，其中T107－0028宗地因交通便捷、临近地铁站，在拍卖前后更是万众瞩目，最终华润集团以联合体形式斥资26.5亿元而使其成为囊中之物。南山区后海中心区因"大前海"① 概念炒作而备受关注，处于其中的商业地块自然也成为"香饽饽"，但由于出让的商业地块对竞买申请人的要求相对苛刻，符合条件的少之又少，因此年内出让的商业办公类用地基本以底价成交。

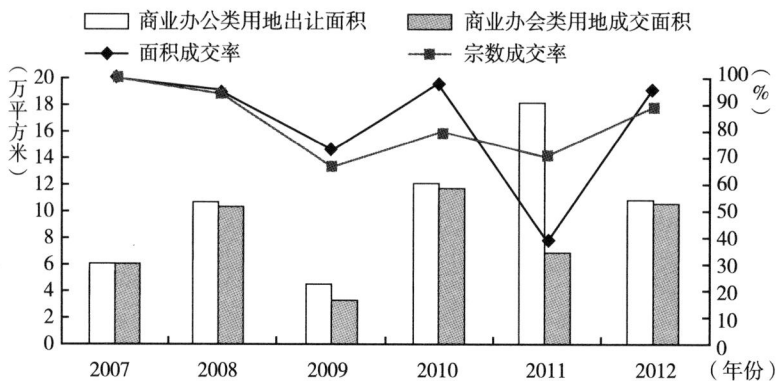

图16　2007～2012年商业办公类用地出让、成交面积走势

资料来源：深圳房地产信息网、深圳市规划和国土资源委员会。

（五）居住用地出让聚集关外，新区用地逐渐崭露头角

2012年深圳市居住用地主打市场还是关外（见图17），在成交的7宗地块中，5宗位于关外，成交面积占94%；2宗地块位于关内南山区后海中心

---

① 旧后海＋旧前海＋宝安中心区。

区，宗地规模较小，均在 1 公顷左右，关内居住用地处于持续紧缺状态。关外成交的 5 宗地块中，除龙华新区成交的一宗面积为 0.5 公顷的保障房地块外，坪山新区和宝安区在成交面积上几近平分秋色，反映新区建设开展得如火如荼，二线关等深圳特有的区位因素对居民购房意愿的影响逐渐降低。

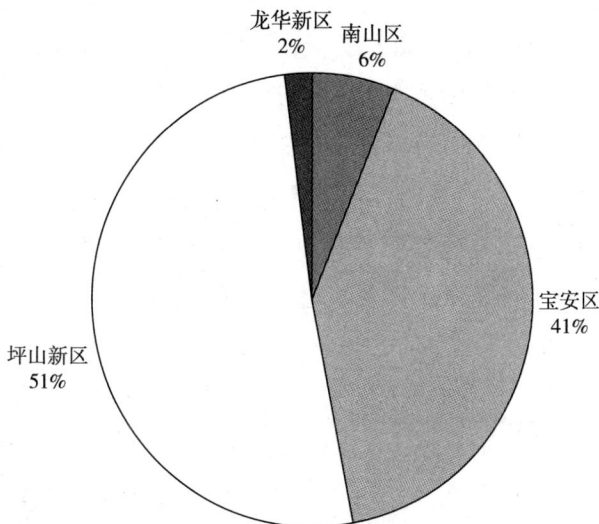

图 17　2012 年各区居住用地供应面积比例

资料来源：深圳市房地产信息网、深圳市规划和国土资源委员会。

（六）土地整备工作有序开展，整备地块质量明显提高

2012 年 10 月 29 日，深圳市成立国内第一个土地整备具体实施机构——土地整备局，负责统筹协调、指导深圳市的土地整备、房屋征（收）地及土地投融资等相关工作，开创国内土地整备及规划专项管理的先河。

土地整备工作已于 2011 年 7 月全面启动。根据《深圳市近期建设与土地利用规划（2011～2015）》，"十二五"期间，深圳市计划通过土地整备释放 150 平方公里建设用地。截至 2012 年 12 月，土地整备计划完成 65 平方公里，占总计划的 43.3%，整备移交的是优质的建设用地，以产业用地和公共配套、交通及市政设施用地为主，且 1 万平方米以上地块的面积占到总用地面积的 96.4%，整备土地质量较往年普遍提高。

三 2013 年房地产市场展望

（一）经济持续高速增长，强调质量型发展，房地产后劲有支撑

2012 年深圳 GDP 突破 2000 亿美元，增速 10% 左右，高于全国 7.8% 的增速。社会消费品零售总额突破 4000 亿元，人均可支配收入突破 4 万元。战略性新兴产业和现代服务业成为深圳经济发展的双引擎。重点扶持战略性新兴产业项目达 2000 多个，六大战略性新兴产业总体增速为经济增速的 2 倍以上，占本市生产总值的比重超过 25%；服务业占本市生产总值的比重提高到 56%，现代服务业占服务业的比重达 68%。增速方面，消费、投资分别高于 GDP 6.5 个和 2.3 个百分点。

2013 年初《深圳政府工作报告》提出，2013 年 GDP 的增长目标为 9%，推进经济发展由速度转向质量，政府将安排 30 亿元用于扶持 1000 个战略性新兴产业项目，斥资 20 亿元优化存量，推动转型升级。前海将引进 30 家以上的世界 500 强企业，实现利用外资 70 亿美元以上。

政府大力支持，经济运行良好，质量型发展推动，为深圳房地产市场发展提供有力的支持环境。

（二）住宅市场维持调控主基调，需求逐渐释放，市场具备继续温和回暖趋势

住宅市场方面，从政策背景看，2013 年仍将维持调控主基调，继续实施和完善差别化住房信贷、税收和限购政策，抑制投机投资性住房需求，支持合理自住和改善性需求等。同时，2012 年中国人民银行两次降低存款准备金率，两次降息。2012 年 9 月 28 日，深圳市住房公积金贷款政策正式实施，是房地产市场的又一个利好消息，加之国际背景下货币量化宽松格局影响，市场存在继续回暖趋势。

从房地产企业角度来看，2012 年成交量大幅增加，资金压力得以缓解，预计 2013 年资金相对充裕。随着新增投入的增加，积累库存压力将出现，去

库存化与资金链压力亦将再现。在刚性需求支撑下，2012 年商品房销售整体回暖。如政策层面保持稳定，预计 2013 年房价将稳中有升。

从供需层面看，据深圳房地产信息网统计，2012 年深圳住宅库存约 620 万平方米，面对市场逐步回暖，预计 2013 年入市的新房将有 500 万平方米左右，加上库存量，2013 年供应量合计 1100 万平方米左右。按 2012 年全年新房销售面积 368.22 万平方米计算，约需消化 3 年①。面对调控持续的局面，加之房地产市场供大于求，房价暴涨可能性较低。

（三）商业地产受评估价征税政策的影响大，南山商业、写字楼市场将再快速发展

2012 年 10 月 1 日，深圳实行"存量非住宅房交易按评估价征税政策"，加大交易成本，将对商业房地产成交量造成一定的影响。非住宅评估价征税后，成交量虽跌至冰点，跌幅超过 70%，最近两个月非住宅物业的价格却没有大的下跌。

2012 年整个市场商铺成交都处于被压缩的状态，评估价征税后二手铺成交量将存在缩小的倾向。但一手商铺、写字楼不受此政策影响，将存在一定的利好。

深圳将重点打造福田中心区、龙华核心区、后海中心区、留仙洞片区和深圳湾高新区等五个总部基地，是总部经济、产业升级、土地集约利用的重要空间载体。其中后三者均位于南山区，因此南山的商业、写字楼市场将得到快速发展。另外，2013 年深圳《政府工作报告》中还提出"推进华强北商圈改造升级"。

（四）居住用地或供需两旺，成交价格亦重拾升势

2012 年土地市场整体先抑后扬，上半年局势低迷，下半年强势反弹，开发商对后市预期较为乐观，拿地热情高涨，开始新一轮"储粮"。

从"量"层面来看，根据《2011～2015 深圳市住房建设规划》显示，

---

① 资料来源于深圳市房地产信息网。

2013 年居住用地供应规模 240.3 公顷，同比增长 25.8%。2013 年土地市场"开门红"，1 月份全市共出让 15 宗地块，为 2008 年以来的首个年初供地高峰，加之闲置土地处置新政出台，居住用地或供需两旺。

从"价"层面来看，根据深圳市规划和国土资源委员会 2013 年 1 月公布的新基准地价，与之前沿用的 2006 年公布价相比，各区居住用地有不同程度的上涨。2013 年首宗居住用地成功出让，吸引包括万科、金地、中信在内的 11 家知名房产企业，竞拍 62 次，溢价率达 43%。种种迹象表明，2013 年居住用地成交价将重拾升势。

（五）前海中心建设稳步推进，"土改"试点助力集体土地产业转型，城市更新已成供给主力

从城市区域发展看，前海中心区建设如火如荼。截至 2012 年底，前海填海工程已基本完成，15 平方公里土地完整面世，地上项目建设即将启动。2012 年底，中国人民银行批复《前海跨境人民币贷款管理暂行办法》，此政策利好将为前海开发提供重要的金融支撑。前海中心在可以预见的未来将大放异彩，同时将产生区域投资、消费需求激增等正外部效应。未来的高端居住需求将为区域房价走势埋下伏笔。

从土地制度看，2012 年 5 月国土资源部批准实施《深圳市土地管理制度改革总体方案》，深圳市酝酿两年的"土改"试点工作正式启动。根据《方案》，深圳将以"产权明晰、市场配置、节约集约、科学调控"为土地管理制度原则，核心是土地产权制度改革。2013 年 1 月，国土资源部特批深圳原农村集体经济组织继受单位合法工业用地可申请进入市场流通，申请以挂牌方式公开出（转）让土地使用权，此政策利好将搭建良好的平台，促进拥有土地的原农村集体与拥有先进技术的企业合作共赢，有利于提高土地利用价值、促进原农村股份有限公司产业转型升级，同时向市场发出信号：农村的集体土地可能会引入政府的参与，引发新一轮的楼市热潮。

放眼未来，城市更新将盘活深圳中心老城区大量的优质用地。2012 年深圳土地供应计划中，新增建设用地 800 公顷，存量建设用地 918 公顷，存量首次超过新增。以城市更新为代表的土地二次开发已成为土地供给的中流砥柱。

Commentary on Shenzhen's Real Estate Market in 2012 and Forecasts of 2013

Song Botong   Zhang Xian   Yan Ying   Wu Zhenxing

Abstract: Like many other cities in China, beginning with depression, Shenzhen's real estate market turns around at the end of 2012. In primary market, both the price and volume of residential market were rising. The price and volume of the office building market were both decreasing, and the vacancy rate was becoming higher. The commercial building market showed an increase of price and volume. In the secondary market, the residential and the office building markets were booming; the office building market decreased fluctuatingly. In the rental market, the rent of the residential and the office building market were increasing steadily; while the rent of the commercial building market decreased at first and then increased at the end. In the land market, the transaction of residential lands was at a base price. Mixed-used lands combining residence building and commercial building house were preferred. In land supply, orderly land development was carried out. The quality of the parcels was improved.

Looking into 2013, control policies of real estate market are expected to continue. It may have a slowly bullish trend in the market. The supply and demand of residential land may be heavy. The strike price of residential land may be higher. The Qianhai center is under construction. "Land reform" pilot will promote the collective land to transform an industry. The supply of land from urban renewal will be the main force.

Key Words: Shenzhen; Real Estate Market; Control Policies; Qianhai

B.18
2012 年重庆房地产市场分析
及 2013 年展望

陈德强 李丽君 梁 维 肖 莉*

摘 要：

本文回顾了重庆市 2012 年房地产市场的运行状况，详细分析了影响重庆市 2012 年房地产市场运行的主要因素，结合重庆市房地产市场的宏观及微观环境，预测了 2013 年重庆房地产发展态势。

关键词：

重庆 房地产市场 运行状况 展望

一 2012 年重庆市房地产市场特点

政策环境仍以调控为主的 2012 年，央行三次调低存款准备金率并在 6 月进行了三年半以来的首次降息等宏观政策的一系列预调微调等措施，为重庆房地产开发市场实现稳中有进的健康发展带来了契机。重庆房地产市场上半年还处于低谷期，下半年就处于波峰期，年初呈现了短暂的降温回调，但市场总体稳中有进，9 月份开始强劲反弹，使重庆市 2012 年总的开盘量与成交量在全国城市中表现突出。房地产市场宏观调控政策效果在 2011 年末初步显现并于

---

* 陈德强，重庆大学建设管理与房地产学院研究生导师，博士，副教授，城市发展与建筑技术集成实验室主任，主要致力于房地产经营与管理、财务管理、投资理财等方面的研究；李丽君，重庆大学建设管理与房地产学院硕士研究生，研究方向为财务管理；梁维，重庆大学建设管理与房地产学院硕士研究生，研究方向为房地产经营与管理；肖莉，重庆大学建设管理与房地产学院硕士研究生，研究方向为技术经济及管理。

2012 年持续，重庆市房地产开发投资增速逐渐平稳，国内贷款、企业自筹与回笼资金到位情况有所缓解，逐步优化，2012 年 9 月和 11 月两次冲高的态势，体现出重庆房地产开发市场的信心逐渐恢复。全年房地产开发投资达 2508.35 亿元，同比增长 24.5%。

（一）房地产供应市场分析

1. 房地产开发投资增速平稳，新开工面积增速降幅持续减小

2012 年重庆市固定资产投资运行平稳，并且稳中有升，从下半年开始增长速度基本上升到 23% 左右并持续到年末。2012 年固定资产投资的总量突破 9000 亿元。在固定资产投资平稳增长的过程中，房地产投资增速也近似同步平稳，逐步上升。2012 年上半年，重庆市房地产开发投资增速回落，下半年降幅不断减小，开发投资额渐趋平稳，且呈现稳中有进的趋势。2012 年 1～9 月，重庆市房地产开发投资 1751.44 亿元，同比增长 26.8%，这是自第二季度以来的最高点；1～12 月，重庆市房地产开发投资 2508.35 亿元，同比增长 24.5%，成为仅次于 3 月份和 9 月份的高点，总趋势实现了平稳前进的健康发展（见表 1）。房地产投资所占固定资产投资的比例依然延续上年的水平，在 27% 左右波动。

表 1　重庆市 2012 年度固定资产、房地产投资情况

2012 年	固定资产投资（亿元）	同比（%）	房地产投资（亿元）	同比（%）	房地产投资占固定资产投资的比例（%）
1～2 月	726.67	20.4	247.57	28.1	34.1
1～3 月	1402.12	22.7	436.62	31.5	31.1
1～4 月	2065.34	20.1	584.02	19.7	28.3
1～5 月	2842.17	20.7	783.25	20.1	27.6
1～6 月	3735.05	23.1	996.16	19.7	26.7
1～7 月	4509.73	21.1	1218.92	21.5	27.0
1～8 月	5349.99	22.6	1454.35	21.6	27.2
1～9 月	6324.97	23.7	1751.44	26.8	27.7
1～10 月	7267.78	23.1	1949.34	22.3	26.8
1～11 月	8264.33	23.2	2203.04	24.1	26.7
1～12 月	9380.00	22.9	2508.35	24.5	26.7

2012 年，重庆市新开工面积虽有下降，但降幅在持续减小，同时施工面积在平稳增长，为房地产开发投资增速平稳提供有力保证。2012 年全市商品房新开工面积 5813 万平方米，同比下降 14.8%，下降幅度较上半年减小 8.2 个百分点。其中商品住宅新开工面积 4345 万平方米，下降 16.7%，下降幅度较上半年减小 7.0 个百分点。2012 年，全市商品房施工面积 22009 万平方米，同比增长 7.9%，其中商品住宅施工面积 16998 万平方米，增长 6.7%。

2. 商品房竣工面积明显增长，住宅竣工面积所占比例上升

重庆市商品房屋竣工面积处于连年增长状态，但是年增长率的变动显著，其中商品住宅竣工面积年增幅变动幅度也不稳定。2012 年，商品房竣工面积增速有所加快，全年商品房竣工面积 3991 万平方米，同比增长 16.50%，其中住宅竣工面积 3386 万平方米，增长 19.80%，住宅竣工面积占商品房竣工面积的比例达到 84.86%，仍为房地产主要开发部分，响应住房刚性需求（见表 2）。

表 2　1997～2012 年重庆市房屋竣工面积分析

年份	房屋竣工面积		#住宅竣工面积		住宅竣工面积所占比例(%)
	数量(万平方米)	增长率(%)	数量(万平方米)	增长率(%)	
1997	460	30.68	358	29.71	77.83
1998	600	30.43	423	18.16	70.50
1999	620	3.33	439	3.78	70.81
2000	849	36.94	622	41.69	73.26
2001	1021	20.26	738	18.65	72.28
2002	1391	36.24	1034	40.11	74.34
2003	1677	20.56	1232	19.15	73.46
2004	1586	-5.43	1228	-0.32	77.43
2005	2210	39.34	1714	39.58	77.56
2006	2225	0.68	1700	-0.82	76.40
2007	2253	1.26	1769	4.06	78.52
2008	2368	5.10	1951	10.29	82.39
2009	2907	22.76	2385	22.25	82.04
2010	2627	-9.60	2180	-8.60	82.99
2011	3424	30.40	2827	29.70	82.55
2012	3991	16.50	3386	19.80	84.86

自 2010 年以来，中国房地产市场一直处于宏观调控状态，2012 年也不例外。巩固房地产调控成果，促进房价合理回归；调控房地产不放松，人人都要有住处；绝不让房地产调控反复；严格实施限购政策；已建保障房尽快入市，巩固房地产调控；住建部表示 2013 年将继续实施房产限购措施。这些都对房地产市场有所影响，于是各地地方政府采取微调措施，包括调整公积金贷款及上限、购房补贴、减免购房契税或退税等。在"限购""限贷"政策框架内，多地楼市政策频现"微调"，尤其在松绑公积金贷款方面，多地动作频频。2012 年 5 月 28 日，重庆市住房公积金管理中心宣布调高首套房公积金贷款政策。单人贷款限额由 20 万元提高到 40 万元，同时可贷比例由账户余额的 15 倍提高到 25 倍，并允许贷款职工补缴账户余额，这对于房地产市场的交易量保持平稳增长起到了助推作用。

3. 开发商增加土地储备，下半年土地交易升温

从 2012 年的土地成交数据来看，前半年走势相对平稳，下半年开始明显升温。2012 年的房地产市场也是如此，前半年销售还处于低谷期，后半年就处于波峰期。在临近年底还有一个多月时，大量房企资金回笼，开发商增加土地储备，为来年的项目开发做好准备。

据重庆市国土房管局数据显示，截至 2012 年 12 月 17 日，2012 年重庆成交了 333 宗土地，共计 2534 万平方米。其中，161 宗商业住宅类土地共计成交面积 1341 万平方米，最大可建面积达到 2797 万平方米，平均容积率为 2.08，而工业用地 161 宗，共计成交 109 万平方米。工业用地在两江新区政策的带动下表现较为活跃，从 2012 年主城各区域商住类土地成交数据来看，成交最多的不再是渝北区，而是新兴发展迅猛的北部新区。北部新区 2012 年总计成交 54 宗土地，占地面积达到 640 万平方米，占据全年土地供应面积的 47.74%。渝北区以 24 宗土地位居第二，成交面积为 223 万平方米。而渝中区仅 2 宗土地成交，成为成交最少的区域。渝中区可待开发土地较少，这也是其成交最少的原因。

2012 年重庆市的土地成交活跃还因为在 2011 年底，重庆市规划局规划了 21 个大型聚居区，规划总面积 404 平方公里，分布在主城各区，这些聚居区的开发打造，有效地带动了重庆市土地市场的发展，加上两江新区的日渐成熟、两路寸滩保税港区全面建成，以及轨道线的逐步开通，开发商看到了区域的价值，多种因素使土地市场活跃。

（二）房地产需求市场分析

1. 商品房销售面积年度变化平缓，2012 年增速维持较低水平

重庆市商品房销售面积年度变化幅度较大。2005~2012 年，重庆市商品房销售面积变化幅度分别是 51.84%、10.41%、59.47%、-19.17%、39.38%、7.80%、5.10%、-0.2%。自 2010 年调控以来，重庆市商品房销售面积增幅平缓，分别为 7.80%、5.10%、-0.2%。其中，重庆市商品住宅销售面积年度变化幅度更加显著，2007 年重庆市商品住宅销售面积增幅甚至达到 64.51%（见表 3）。

表 3　1997~2012 年重庆市商品房销售面积比较

年份	商品房销售面积		住宅销售面积		住宅销售面积所占比例（%）
	数量（万平方米）	增长率（%）	数量（万平方米）	增长率（%）	
1997	261	57.23	215	50.35	82.38
1998	417	59.77	360	67.44	86.33
1999	430	3.12	365	1.39	84.88
2000	580	34.88	491	34.52	84.66
2001	746	28.62	635	29.33	85.12
2002	1017	36.33	870	37.01	85.55
2003	1317	29.50	1133	30.23	86.03
2004	1329	0.91	1158	2.21	87.13
2005	2018	51.84	1792	54.75	88.80
2006	2228	10.41	2012	12.28	90.31
2007	3553	59.47	3310	64.51	93.16
2008	2872	-19.17	2670	-19.34	92.97
2009	4003	39.38	3771	41.24	94.20
2010	4314	7.80	3986	5.70	92.40
2011	4534	5.10	4063	1.90	89.63
2012	4522	-0.2	4105	1.0	90.77

2012 年重庆市商品房销售面积各月份比 2011 年各月份同比增速始终维持在"零增长"附近波动，最低增速为 − 4.0%，最高增速为 3.5%。全年重庆市商品房销售面积 4522.40 万平方米，同比增长 − 0.2%（见图 1）。并且从第三季度开始，销售面积快速增长，由上半年的波谷被拉到了全年的波峰时期，使重庆市的房地产市场在全国范围内明显活跃。其中，住宅仍是强劲需求，商品住宅销售面积为 4105.11 万平方米，达到商品房销售面积 4522.40 万平方米的 90.77%，住宅需求在下半年的集中释放为房地产市场的活跃带来了强大动力。

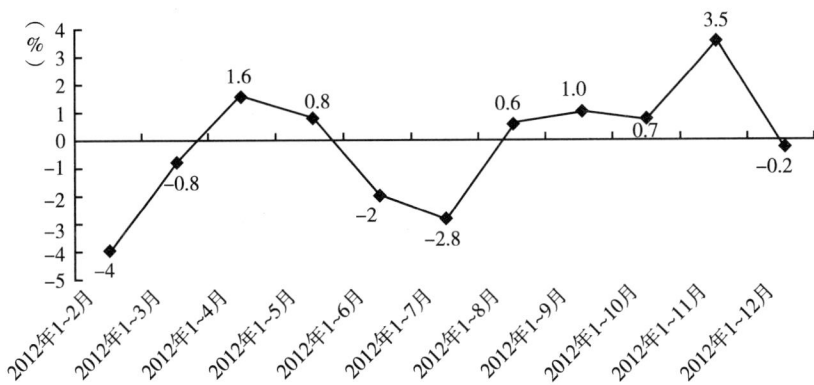

图 1　2012 年重庆市房屋销售面积同比增速

2. 商品房销售额持续平稳增长

重庆市商品房销售额年度变化幅度比较大。2007 年达到 91.29% 的最高年增长率，而随后 2008 年销售额下降 17.3%，随即 2009 年又冲高增长 72.22%。调控以来，2010 ~ 2012 的年增长率分别为 34.10%、16.20%、7.0%，增速放缓。其中从商品住宅销售额的趋势来看，重庆市也呈现类似态势，其中 2007 年高达 104.62%，虽然 2008 年度这一指标相比上一年度出现了负增长，为 − 17.73%，但 2009 年住宅销售额又比上一年提升 76.01%，而 2010 ~ 2012 年增长幅度有所下降，分别是 30.80%、13.3%、8.1%。由此可以看出，商品住宅销售额增幅年度变化也是比较大的，调控以来增幅下降，增长平稳（见表 4）。

表4 重庆市商品房销售额分析

年份	商品房销售额		住宅销售额	
	数量(亿元)	增长率(%)	数量(亿元)	增长率(%)
1997	31.3111	64.92	22.2376	52.83
1998	55.4786	77.19	41.7609	87.79
1999	59.1992	6.71	39.3569	-5.76
2000	78.3709	32.39	52.8698	34.33
2001	107.6534	37.36	71.9196	36.03
2002	158.1505	46.91	111.1929	54.61
2003	210.226	32.93	149.9915	34.89
2004	232.7978	10.74	181.728	21.16
2005	430.7679	85.04	340.6768	87.47
2006	505.685	17.39	418.698	22.90
2007	967.3125	91.29	856.7327	104.62
2008	800.0006	-17.30	704.8198	-17.73
2009	1337.76	72.22	1240.57	76.01
2010	1846.94	34.10	1610.64	30.80
2011	2146.09	16.20	1825.41	13.3
2012	2297.35	7.00	1972.42	8.1

从2012年重庆市商品房销售面积与销售额对比分析可以看出，总体上，重庆市2012年特别是临近年底，商品房销售面积增幅逐步增大，说明市场正在逐步回暖。本年度商品房销售面积增幅高于商品房销售额增幅，说明商品房成交量价格增长低于成交量的增长，即房价有所震荡，并没有出现明显的上涨（见图2）。

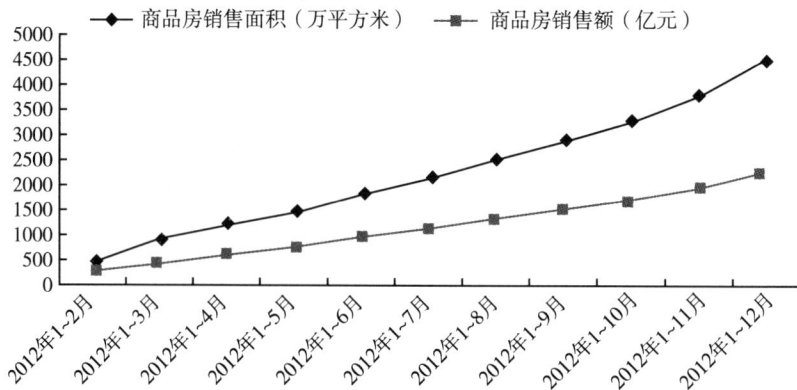

图2 2012年度重庆市商品房销售面积与销售金额对比分析

二 2012 年重庆市房地产市场影响因素分析

（一）宏观政策稳中趋紧

相比 2011 年严厉的调控政策，2012 年房地产调控政策稳中趋紧。2012 年货币政策适度宽松。中国人民银行在 2 月和 5 月两次下调存款准备金率 0.5 个百分点，两次降准后，大型金融机构存款准备金率降至 20%，中小型金融机构存款准备金率降至 16.5%；6 月 7 日，中国人民银行宣布金融机构存贷款基准利率分别下调 0.25 个百分点，随后在 7 月 5 日宣布进一步下调存款基准利率 0.25 个百分点，下调贷款基准利率 0.31 个百分点，调整后一年期存款利率为 3%，一年期贷款利率为 6%。两次降准、降息，增大了市场的流动性，在增加房地产市场资金需求的同时降低了房地产开发投资的成本，使房地产新增贷款持续增长。在货币政策适度放宽的同时，为保刚需抑投机，继续严格执行差别化信贷政策，下调首套房房贷利率、降低首套房首付比例，对首套房公积金松绑，而对于多套房贷款仍旧严格限制和停贷。在保障房建设方面，着重拓宽保障房建设融资渠道、加大资金支持力度、强调分配公平，切实支持保障性住房、满足中小套型普通商品住房消费，严格限制投资投机需求。在土地供应方面，继续推进土地管理制度改革，适时调整供地计划。2012 年，国土资源部屡次强调，要执行好现有土地供应政策，均衡供地、稳定地价、防违规用地、防异常交易，处置闲置土地和打击囤地炒地，稳定土地市场。宏观政策从基本面上决定了全国房地产市场的走向，也奠定了重庆房地产市场的基调。

（二）公积金新政助推，刚需爆发

2012 年，全国多个城市对住房公积金政策进行调整，总体方向是降低公积金提取和贷款门槛、提高使用率、扩大适用范围。重庆市住房公积金政策对象为国家机关、国有企业、城镇集体企业、外商投资企业、城镇私营企业及其他城镇企业、事业单位、民办非企业单位、社会团体及其在职职工，2012 年重庆住房公积金缴存比例统一为 12%。2012 年 2 月 28 日，异地缴存公积金可在重庆申请公积金贷款。2012年5月28日，重庆市住房公积金管理中心推出重庆市住房公积金松绑新政：贷款首付由30%降低到20%，贷款额度由20万元提高到40万元，允许夫妻参贷，一个家庭最高可贷80万元，可贷额度由账户余额的15倍提高到25倍，并允许贷款职工补缴账户余额，可贷额度期限由20年提高到30年并延长至退休后10年。异地缴存公积金可申请贷款的政策刺激了在外地工作而打算在重庆买房的购房者，而新政的推出，降低了刚需群体的购房门槛且减轻了刚需购房群体还款压力。尽管后来公积金新政被叫停，但此举对2012年重庆市住宅刚需市场拉动效果明显，自2012年5月以来，主城商品房成交量迈入上行通道，中小户型房地产市场尤其受到青睐，出现"刚需我凶猛"的重庆现象。

（三）保障性安居工程建设加速

重庆市实行由廉租房、公租房、经济适用房、危旧房改造、城中村改造、农民工公寓组成的"5+1"保障性住房供给模式。在推进保障房建设中，着力构建以公租房为主的保障体系，强调严格按照"三年开工、五年建成、七年配套成熟"的要求，建设上抓开工、求速度、严质量、保配套，分配上注公平。在廉租房建设方面，重庆市实行实物配租、租金补贴、租金核减加危房改造模式。

按照国家住房与城乡建设部的要求，2012年重庆市保障性安居工程建设目标任务为新开工保障性住房、棚户区（危旧房）改造住房共34.49万套，基本建成（含竣工）保障性住房、棚户区（危旧房）改造住房共23.19万套。截至2012年11月底，重庆市保障房（公租房）开工建设总量达3661.62万平方米58.07万套，2012年新开工建设1320万平方米36.15万套，新开工套数占目标任务的104.8%；已竣工面积为659.54万平方米11.29万套。重庆市保障房开工建设任务提前超额完成。

截至2012年9月底，重庆市已组织5次摇号配租，完成配租15.5万套，惠及40多万群众。已获配租人群中，进城务工人员占50%左右，住房困难城市原住民占40%左右，大中专毕业生占10%左右，90%多的入住家庭属于低收入对象。截至2012年底，完成12万套左右的交房任务，加上2011年已经交房的 8 万多套，可实现 20 万户居民入住。在廉租住房建设方面，2012 年重庆下达中央廉租住房保障专项补助资金 14697 万元，用于向区县暂未实施廉租住房实物配租且纳入廉租住房保障范围的家庭发放租赁补贴，共计发放租赁补贴 9.3 万户。

根据"十二五"发展规划，今后中央重点建设民生工程，持续加大对保障房建设的资金、土地及政策支持，保障房作为重庆主城二环时代 21 个居民聚居区的先行布局板块，将在有力推动主城城市化进程的同时促进重庆房地产市场供给结构的优化调整。

（四）新型城镇化建设健康发展

在城镇化建设进程中，重庆市当前及未来的发展重点依旧是统筹城乡区域协调发展。目前，重庆市已基本形成"主城、区域性中心城市、区县城、小城镇"的四级城镇体系和"一圈两翼"区域发展的两大格局，初步实现了基础设施和公共服务水平的"两大提升"。在此基础上，重庆市城镇化将站在新的发展起点上，进入集群发展、加速发展、提档升级的新型城镇化建设阶段。新型城镇化注重以人为本、城乡统筹、产城融合、集约发展和可持续发展。2012 年，重庆市继续以九大基础设施和主城十大商务集聚区建设为重点，有序推进城市拓展和功能开发。江北嘴中央商务区成为新地标，化龙桥、中央公园和悦来片区形象初显，其他片区规划建设全面展开。统筹解决区县用地、能源、融资等问题，推进区县中心城区与工业园区联动开发，一大批市政公用设施建成投用，小城镇建设提速。在城镇化重要组成部分的户籍制度改革方面，健全农民工转户机制，累计转户 359 万人。

在新型城镇化建设中重庆市提出"1 + 2 + 7 + 36"工业园区产城融合模式。"1"指两江新区，作为国家级新区，要发挥龙头带动作用，加快布建骨架路网、公共服务、能源保障、市政等基础设施，建设蔡家、御临等 9 个大型居民聚居区，优化开发江北嘴、礼嘉、悦来三大新城区，做强龙盛、水土、空港三大工业园，形成大产业、大功能、大人群的集聚态势。"2"指两路寸滩保税港区和西永综合保税区，依托水港、空港和渝新欧国际贸易大通道，突出口岸物流和中转分拨功能，建成国家重要的保税物流基地、加工贸易基地、服务贸易集聚区和内陆地区国际贸易枢纽。"7"指北部新区、重庆经开区、高新区、万州经开区、长寿经开区、万盛经开区、双桥经开区等7个国家级、市级开发区，7个开发区要推动新组团开发建设、老组团提档升级，一体化推进市政公用、生活服务等设施建设。"36"指36个特色工业园区，要处理好园区和城区关系，逐步提档升级为新城。远离老城的工业园区，要独立形成产业新城，紧靠老城的工业园区，要与老城实现产业功能和城市形态融合互动。"1+2+7+36"工业园区产城融合模式，对重庆市房地产市场供需结构、区域布局和业态升级产生重要影响。

此外，《中共重庆市委重庆市人民政府关于推进新型城镇化的若干意见》指出，到2015年，将重庆市常住人口由当前的55%提高到60%，到2020年提高到65%。房地产在城镇化过程中扮演两个协调作用：一是要与当地经济社会发展相协调，二是要与相关产业发展相协调，为相关产业发展提供工作场所和生产场所，为老百姓解决住有所居的问题。重庆农村人口较多，占常住人口的45%，重庆城镇化率年均增长2%左右，近11年每年约增加47万人。为实现"以人为本、城乡统筹"，《意见》强调要从根本上改变农民工每年候鸟式的迁徙，有序推动农民工在城镇落户。按照每年新增47万城镇人口、每人35平方米住房面积，重庆市每年新增城镇住房近1645万平方米，加上城镇原有人口的改善性需求和刚性需求，以及旧城改造、拆迁需求量，城镇化已成为重庆房地产市场的重要组成部分。

新型城镇化建设引导人口和产业聚集，对于一级二级土地开发、工业园区建设、住宅和商业配套建设需求巨大。重庆市城镇化建设提速提档阶段也是房地产市场转变结构、扩张规模阶段。

（五）重庆房产税实施效果初显

按照国务院部署，重庆市政府自2011年1月28日起，针对高端住房在重庆市主城区开展房产税改革试点，对独栋住房、新购住房价格超过主城九区新建商品住房建筑面积成交均价高2倍的住房，在重庆市"无户籍、无企业、无工作"人员所购第二套及以上的住房，开征房产税，通过对高档住房供应、需求、价格的调控，以期实现引导住房合理消费、优化商品房供应结构、遏制高档住房带动房价上涨的目标。2011 年重庆房产税起征点为 9941 元/平方米，2012 起征点为 12152 元/平方米。

2011 年重庆共征收房产税约 1 亿元，其 2011 年国有土地使用权出让收入为 801.5 亿元。房产税的实施对增加地方政府收入、摆脱土地财政的作用甚微，对引导合理住房需求，抑制投资性需求、增加刚需供应量作用显著。在需求方面，房产税实施后，重庆主城区多数高档商品住房项目访客量下降 30% ~ 50%，部分购房者改变了买大房、买高档房的消费观念。在供应方面，实施房产税以后，重庆市的开发商在拿地后，会更加倾向于做满足刚性需求的中低端商品房。房产税的实施对于改善重庆房地产市场供求结构、促进重庆房地产市场健康发展具有重要意义。

三 2013 年重庆市房地产市场发展形势展望

（一）调控格局不变，房价保持基本稳定

在持续超过两年半的新一轮调控政策作用下，我国房价过快上涨的势头已经得到初步遏制。但我国房价总体水平仍然偏高，加上居民保障性住房供应比例偏低，投资渠道受限，一旦放开调控，房地产市场很可能出现整体反弹和局部崩盘，这就要求中央坚持调控政策不动摇。2012 年，中央 60 次表态调控不会放松，15 次重申房价合理回归，4 次强调绝不让房价反弹，2 次追责放松楼市调控地区，从十八大和中央经济工作会议放出的信号也是继续坚持房地产市场调控政策不动摇。国家统计局发布的数据显示，2012 年 12 月，70 个大中城市中，有 54 个城市房价上涨，由此带来房价上涨预期，中央很可能再度给楼市调控加码，采取更严厉的措施。2013 年 2 月 20 日，国务院常务会议确定了五项加强房地产市场调控的政策措施。这表明，2013 年房地产市场整体调控格局不会变，既保证刚性需求和改善型需求的合理释放和有效满足，又严厉遏制投资、投机性需求。

在国际金融危机继续深化、国内经济逐渐放缓和通胀减轻的大背景下，央行自 2012 年 2 月以来，两次下调金融机构人民币存款准备金率，为刺激经济

增长，更在时隔三年半后，一个月内两次下调金融机构人民币存贷款基准利率。在我国内需明显不足的背景下，央行密集降准降息的行为凸显政府稳定经济增长的意图，也说明我国货币政策预调微调空间可能进一步打开。十八大报告提出居民收入翻番的目标，使这一趋势很可能延续到 2013 年，2013 年资金环境有望好于 2012 年。

从长期来看，十八大提出的 GDP 和居民收入翻番的目标和"新型城镇化"建设，都有利于扩大内需，将为房地产发展带来新机遇。而房价在经历 2012 年的小幅回升后，加上 2013 年货币环境的稳定，刚性需求和改善性需求还未完全释放，楼市环境似乎趋于良好。但我们不能低估中央政府调控楼市的坚定决心，如果房价继续保持上扬趋势，政府很可能出台更为严厉的政策。"国五条"政策的出台就是一个明显的信号，全国多地二手房市场交易火爆，相当一部分需求已经提前释放。严厉的调控政策带来的影响将在细则实施之后逐渐显现出来。在保障房方面，重庆计划于 2012 年底全面完成三年建设 4000 万平方米公租房的目标，2013 年保障房的持续供应会满足很多潜在购房者的住房需求。总体而言，"保持房价基本稳定"是 2013 年重庆市房地产市场发展的总体目标。

（二）商业地产呈多区域发展格局

城市价值决定楼市价值。近几年来，在国家中心城市的定位、保税港区和两江新区成立等重大利好信息不断冲击下，重庆的城市地位和价值迅速提升。重庆直辖市的特殊地位，也带来得天独厚的政策优势。随着两江新区规划出台，重庆商业投资机会凸显，加上政府发布新"国八条"，住宅市场受挤压，自 2010 年后，重庆商业地产投资一路上涨，成为各大房企竞争的新焦点。以长期持续收益为目标的商业地产，其价值需要一段较长（3~5 年）的时期才能凸现出来，所以 2013 年部分商业地产价值将得到初步体现，加上十八大提出建设"新型城镇化"，未来几年仍然是商业地产发展的黄金时期。

除了五大传统商圈仍是商业地产投资的热点外，重庆新的商业地产板块也在逐渐形成。两江新区作为重庆未来发展重点所在，其范围内的北部新区被定位为都市功能板块，用来发展商业和现代服务业，为商业地产发展夯实了基础。其中，照母山板块的良好环境将持续吸引大型房企进入该区域，礼嘉作为未来两江新区规划的商业中心和总部基地集聚地，可能引发一股热潮。在重庆"十二五"规划中，将大力推进江北嘴、龙盛、北部新区、悦来、空港新区和水土等两江新区六大核心区域快速发展，在未来几年，随着规划不断推进，这些区域也将成为商业地产投资的热点。由于慈母山隧道全线贯通、朝天门市场整体搬迁、新区区府的入驻、日本电机电子产业基地的建立还有微软软件人才培训基地的进入等，茶园新区也逐渐成为商业地产投资的新热点。其经济的快速发展将推进商业服务业发展，为商业地产发展奠定良好的基础。

根据 2012 年重庆市政府提出的商圈建设意见可以看出，重庆将新建十大新兴商圈，加快推进区县核心商圈、乡镇微型商圈等的建设。未来商圈格局将发生较大变化，新兴商圈纷纷向二环扩张。新兴商圈的商业地产，因城市发展原因，会形成一些物业价值洼地，吸引投资者投资。而随着城市化水平的不断提高，未来城市对商业地产的需要也会逐步扩大。商业地产必将随着城市和商圈的发展快速增值。2013 年以后，随着轨道交通的发展和两江新区、二环聚居区的建设，新兴商圈不断完善，新的商业板块逐渐形成，重庆商业地产将呈多区域发展格局。

（三）城镇集群带来发展新机遇，房地产企业走向转型之路

重庆处在城镇化水平超过 50% 的新阶段，按照城镇化发展规律，未来 5～10 年，重庆市城镇化仍将处于持续较快发展时期。市政府初步构建了四级城镇体系，辐射带动城乡和"一圈两翼"协调发展，并重点打造商务集聚区和大型聚居区，从主城向外延不断促进经济发展，带动商业和服务业的快速增长。

重庆市将打造四大城镇群，包括以江津、合川、永川为支撑的渝西城镇群，以涪陵、长寿为支撑的中部城镇群，由万州带动的渝东北城镇群和黔江带动的渝东南城镇群。四大城镇群的建设，将在未来促进城镇发展，为城镇经济增长提供重要推动作用。城镇经济的快速崛起，会促使住房需求不断增长，并以其一体化的规模经济、范围经济效应推动房地产向前发展，给房地产发展带来新的机遇。相应的，由于新型城镇化的大力推进和区域经济的兴起，房地产

投资会从核心城市向周边辐射，逐渐向二环甚至周边区县扩展。

房地产调控已经持续了两年半左右的时间，多数城市房价得到控制，房地产投资增速出现一定回落。2012年既是全国保障房集中上市时期，也是重庆保障房全面完成时期，未来保障房供应量将持续增加。同时，重庆市场经济发展势头良好，消费者需求不断增加。在这种背景下，房地产企业也面临着自身商业模式和业务发展的转型，开始涉足商业地产、旅游地产、养老地产等新型地产领域。重庆的商业地产自2010年开始进入上升时期，由于重庆两江新区、二环聚居区以及商圈建设等多项政策的提出，众多开发商瞄准了商业地产。2011年，重庆"十二五"规划提出建设国际知名旅游目的地，打造旅游品牌，完善旅游设施，也给旅游地产的发展带来契机。严厉的房地产调控政策，不仅打压了房价，也促使房地产业不断整合提升自己，同时，经济增长和相关产业的发展也给房地产企业提供了转型的契机，众多开发商纷纷走向转型之路。

（四）产业集群规划，促进房地产产业发展

城市的发展离不开工业，工业建设会推动城市经济发展。重庆正处在大力推进新型工业化建设阶段，积极打造产业集聚，优化产业结构，不断提高产业优势和创新能力。同时，2012年8月，重庆明确提出在"十二五"期间建成电子信息、汽车、装备、化工、材料、能源和消费品共7个千亿级产业集群和30个百亿级产业集群。9月，又提出推动"1+2+7+36"工业园区产城融合，在两江新区、保税港区和西永综合保区以及7个经济开发区、高新区和36个特色工业园区中推进基础设施建设，促进园区城市形态化，加速人口和产业集聚。由此可见，重庆具有坚实的工业基础和良好的增长势头，将促进重庆房地产业的不断发展。

重庆作为直辖市和全国五大中心城市之一，其工业发展的优势地位明显，将在未来吸引更多的开发商入驻。同时，到2017年，重庆市将建成千亿级园区15个，全部园区产值要超过百亿元，并且有望形成笔电、汽车和云计算3个千亿级优势产业集群。随着重庆新型工业化的不断推进和城市化进程不断加深，北部新区、保税港区、西永综合保区等区域将不断完善基础设施和配套服务，在未来几年内，重庆的房地产业将仍然保持良好的发展势头。

（五）继续推进绿色建筑节能发展

我国处于工业化、城镇化和新农村建设快速发展的背景下，这是深入推进建筑节能、加快发展绿色建筑面临的难得机遇。重庆在"十二五"规划中，已将实施建筑节能、发展绿色低碳建筑列为"十二五"时期建设"两型"社会的重要内容，绿色建筑将是重庆未来建筑的主导趋势。开展建筑节能和绿色建筑工作有利于实现低成本推动，建筑节能改造、绿色建筑、可再生能源建筑的应用既是扩大内需的良好途径，也将推动建筑产业发展方式的转变。

近年来，重庆市大力推进建筑节能，发展低碳绿色建筑，取得了一定的成果，有效改善了城市宜居环境。2012 年上半年，重庆市绿色生态住宅小区总数达到 31 个；截至 12 月底，重庆市已有 10 个项目、127 万平方米的公共建筑通过了绿色建筑评审，同时，重庆市悦来生态城上榜全国绿色生态城区。为加强建筑节能和绿色建筑的良好发展，重庆市还建成了重庆市建筑能耗监管平台，并全面启动绿色建筑系列标准编制工作，加强绿色建筑软件应用，以助推绿色建筑发展。未来几年，重庆还将着力推进既有公共建筑的节能改造，因地制宜地推动新建建筑走绿色建筑发展道路，并开展具有重庆特色的建筑节能与绿色建筑关键技术研究，从而实现城乡建设领域的科学发展。

The Situation of Chongqing's Real Estate Market in 2012 and the Tendency of 2013

Chen Deqiang   Li Lijun   Liang Wei   Xiao Li

Abstract：The thesis mainly reviewed the situation of Chongqing real estate market in 2012, and analyzed the main factors affecting the Chongqing real estate market in 2012. Besides, the thesis forecasted the trends of the Chongqing real estate market in 2013 according to the macro and micro environmental conditions.

Key Words：Chongqing; The Real Estate Market; Running State; Tendency

国际借鉴篇

International Experiences

B.19

货币政策视角下房地产金融
道德风险的中美比较

陈 北　Euel W. Elliott *

摘　要：

　　本文从时序角度分析了中美货币政策对各自房地产市场的影响，并且通过比较，试图发现道德风险因素在构成各自房价泡沫中的作用。针对中国人民银行 2012 年以来的存款准备金率下调，笔者在发现潜在房地产金融道德风险的同时，提出了大力发展中国征信业的解决办法与建议。

关键词：

　　存款准备金率　道德风险　美联储　央行　国债　MBS

本文旨在从货币政策与道德风险关系的角度研究中国如何从 2007 年美国

---

*　陈北，中国社会科学院世界经济与政治研究所助理研究员，中国人民大学金融学院博士候选人；尤尔·艾略特，经济学博士，美国得克萨斯州大学达拉斯分校经济与公共政策学院教授（Euel W. Elliott, Ph. D. Professor of Political Science and Public Policy, The University of Texas at Dallas）。

房价泡沫中汲取教训。为了明确研究问题，本文使用金融道德风险理论框架来检验中美之间的房地产政策。本文首先探讨什么是道德风险，而后分析此次房地产危机中，中国与美国房产政策所扮演的角色，进而分析这一角色最终引发的 2008 年金融危机和全球性经济大萧条。

金融道德风险这一概念在以往几年中被频繁地使用于美国政策决策、金融机构行为的失误等相关领域的话题中。真正的金融道德风险基本上可以这样界定，即某人、某政党、某公司、某金融机构甚至是某政府，如果他（它）可以避免信用风险，他（它）就会采取同本应该承担一切后果的行为截然不同的行为方式。这些所谓"不同的行为方式"所引发的潜在的金融成本最终由别人承担①。对这类行为背后想法的概念界定，就是所谓的"金融道德风险"②。这类风险往往难以控制，尤其是保险领域的"道德风险"通常以理性的行为方式为表象，不诚实的"理性人"总是假设"保险公司有足够的钱用以赔付"，殊不知，保险公司的保费来自有限的投保人③。

在美国，一个典型的关于金融道德风险的例子是购买联邦洪水保险。按照洪水保险条款，允许投保人定居在泛洪高发地区，并且保险可以覆盖与洪水相关的许多其他损失。如此一来，洪水保险无疑会鼓励人们致力于无须考虑承担全部金融与财务恶果的行为方式。导致的后果是，由于洪水保险的普遍适用性，该保险成为了一项在美国几乎无法改革的政治议题，如果试图阻碍这一项目，将会激起社会广泛且强有力的抗辩活动。

从 20 世纪 90 年代至 21 世纪初，公共政策鼓励极端性承担风险的行为同样发生在美国的房地产领域。尽管政策本身既不会创造房地产泡沫，也不会加剧危机的出现，但是房地产政策支持下的房地产市场引发了泡沫的出现与破灭。

本文第一部分按照如下内容展开：①探讨为什么把美国 2007 年房地产泡

---

① Dembe, Allard E. and Boden I. Leslie. Moral Hazard: A Question of Morality? New Solutions 2000 (10): pp. 257 - 279；由于不同的研究对道德风险的界定不同，本文下文中"道德风险"的概念即是此处所定义的"金融道德风险"的概念。

② Nouriel Roubini and Stephen Mihm. *Crisis Economics*. New York：Penguin Press，2010，p. 682.

③ Rejda, G. E. Principles of Risk Management and Insurance, 2008 (10e)：5 - 9. Boston San Francisico New York etc.：Greg Tobin.

沫的破灭归因于货币政策引发的道德风险问题；②检验美国政府支持美国房产所有权扩张的政策是如何引发道德风险的；③探讨新的金融工具与按揭资产证券化的创新在金融危机中充当怎样的角色。本文试图通过对道德风险属性的研究，为读者提供审视道德风险的更加全面的视角。

本文第二部分探讨中国房地产市场的道德风险问题，以及中美房地产政策的相似性；在结论部分（第三部分），本文探讨中国房地产政策决策者在后危机时代将如何从美国的危机中汲取经验与教训。

住房与房产在美国历史背景中具有重要的意义。"居者有其屋"已经根植于美国国民的文化之中。它是同个人主义、西方前沿的浪漫观（自由观）与自我实现等信仰紧密共生的事物，甚至可以追溯到1862年的《宅地法》。该法案得以顺利推行的一个重要原因是，政府为所有想在西部拓荒并建造住房的人提供160英亩（相当于65公顷）土地。但是，政府并没有直接涉足"纯粹为定居提供土地"这一领域。20世纪30年代情况发生了变化。大萧条后，作为美国福利社会的一部分，政府的政策致使众多机构直接鼓励与促使房产所有制的推行。下文将阐明推行与演变的过程。但是，总体而言，随着时间的推移，美国政府在各种政党集团的支持下，已经深深地卷入房地产市场之中。具有讽刺意味的是，一个自诩为纯粹的自由市场经济的国家，其政府的主要角色却驻足于住房政策领域①。

一 美联储在房地产与道德风险中的角色

现存道德风险的始作俑者当属美国联邦储备委员会主席团及其主席阿兰·格林斯潘。尽管格林斯潘主席在任期间获得了近乎传奇的声望，但毫无疑问的是，美国中央银行也创造了一个极具风险的经济环境②。

要更好地理解美联储的行为及其对市场的影响，就有必要回顾一下美国的经济历史与美联储的政策。20世纪70年代末至80年代初，美国经历了持续

---

① Wallison, Peter J. and Pinto, Edward J. *Free Fall: How Government Housing Policies Brought Down the Housing Market.* American Enterprise Institute, 2012, p. 3.

② Barry Ritholtz. Bailout Nation. New York: John Wiley and Sons, 2009.

的通货膨胀压力，同时伴随着低速的经济增长（经济学称之为"滞涨"）。从1979 年开始，当时作为美联储主席的保尔·沃克推动美联储采取了极具激进色彩的通胀保卫战，一时间货币供给紧缩，利率升至史无前例的水平。这一手段效果显著，到 80 年代初期，通胀压力得到明显缓解，美国从此开始了一段较长的低通胀时期，这一时期的价格指数保持在可接受的每年 2%～3% 的增速水平。

1987 年，阿兰·格林斯潘接替保尔·沃克执掌美联储伊始，就面临着1987 年 10 月份美国股票市场的恐慌。当时的股市在经历 80 年代持续实质性增长后，出现了 1987 年单日跌幅达到 25% 的恐慌性下挫。格林斯潘与美联储为了提振市场信心，采取了干预市场的做法，即通过降低利率向股市提供足够的流动性。值得一提的是，股市提振得以实现的标准严格界定在金融市场上，实体经济并未得到溢出效应，直到 1988 年才有所好转。格林斯潘就任美联储主席之前，美国经济在经历 1981～1982 年的萧条后，开始表现不俗，每年以超过 4% 的速度增长。

回溯历史可以发现美联储多次充当"山雨欲来风满楼"的角色。例如1997～1998 年东南亚金融危机爆发，美国长期资本管理公司为对冲基金经历的劫后余波，美国中央银行均对利率进行了干预；此后因预期电脑千年虫问题有可能造成美国股票市场瘫痪，美联储采取了先发制人的方式，向市场提供了不必要的流动性，而事实上并没有发生任何同电脑千年问题相关的金融风险。

此后，在 2000 年初的所谓国际互联网泡沫中，美联储继续充当干预流动性的角色；2001 年 "9·11" 事件致使世界贸易大楼和五角大楼遭遇袭击后，美联储再次进行公开市场操作，降低联储基金利率，以此促使利率降低。

最后，在经历了 2000～2001 年萧条、美国经济正处于复苏乏力之时（事实上，此时的美国经济在经历 2001 年恐怖袭击后已经开始加剧恶化），美联储再次上演降低利率，促使联储基金利率降至历史最低水平[①]。

上面的故事可以说明什么是金融道德。美联储每一次单独的干预行动都可能被认为是公正的。但是，美联储每一次救市的反应模式导致市场坚信格林斯

---

① Ritholtz，Barry. Bailout Nation. New York：John Wiley and Sons，2009.

潘与美联储总会在最后关头出手救助，这是问题的关键，即当股票市场和金融工具在保护实体经济免受通货膨胀或通货紧缩压力时，美联储也在关注与保护与股票市场和金融工具相关的资产价格。在 21 世纪最初的几年，住房市场与更广阔的市场之间存在着紧密的联系。

当住房市场繁荣、房价攀升时，更多的资金以个人购房和投资手段等方式流入住房领域。住房市场以及相关领域，如家居耐用商品市场，就会雇用越来越多的劳动力。当更多的资金涌入股票市场时，相继而来的就是推高地产建筑开发和家居耐用品等题材的股票价格①。

住房市场的繁荣还有另外一个作用，当房价在 21 世纪最初的几年上涨时，越来越多的美国人转向使用一种名为"最高限额房产信用贷款"（HELOCS）的金融工具②。该工具可以为更高的消费与更多的房产债务提供融资。这种形式的按揭再融资，可以在提供低息按揭的同时，为更多的消费性开支提供服务。

客观公正地讲，2005 年以前的市场已经适应了依赖美联储的保护，以避免经济与金融市场走下坡路的风险，其中的房地产市场就是一个重要的组成部分。许多人把这一模式归纳为"格林斯潘输出"③。一个"输出"就是一份期权合约，该合约给予拥有者权利——当拥有者知道预购价格时，可以特定的价格卖掉持有的股票或者库存。这种"输出"的持有者具备防范股票价格下跌的全部保险手段，事实上就是一种保险策略。把握与持有这种所谓的"输出"，就可以允许某些人在市场中承担他们最终可以无须承担的风险。依此类推，金融市场也相信不管出现怎样的下行金融风险，美联储最终都会出来为濒临死亡的流动性提供赡养方案④。在这样的市场环境中，房价的飞升高度似乎

---

① Ritholtz, Barry. Bailout Nation. New York：John Wiley and Sons；O'Driscoll Jr., Gerald P. 2009. The Financial Crisis：Origins and Consequences. Intercollegiate Review, 2009, pp. 4 – 12.

② Ritholtz, Barry. Bailout Nation. New York：John Wiley and Sons, 2009；O'Driscoll Jr., Gerald P. The Financial Crisis：Origins and Consequences. Intercollegiate Review, 2009, pp. 4 – 12.

③ Roubini, Nouriel and Mihm, Stephen. Crisis Economics. New York；Penguin Press, 2010, p. 56.

④ Miller, Marcus, Weller, Paul, and Lei Zhang. Moral Hazard and the U. S. Stock Market：Analyzing the "Greenspan Put". *Economics Journal*, 2002, pp. 171 – 186.

永远看不到尽头①。

图 1A 与图 1B 展示了联邦基金利率的变化趋势（美联储调控利率的主要传统手段）以及货币供应量。从 20 世纪 80 年代早期至今，在利率持续下降的同时，十年期国债收益从 90 年代至今也呈现持续下降的态势（见图 1B），而十年期国债收益正是描述按揭利率最为精准的利器。

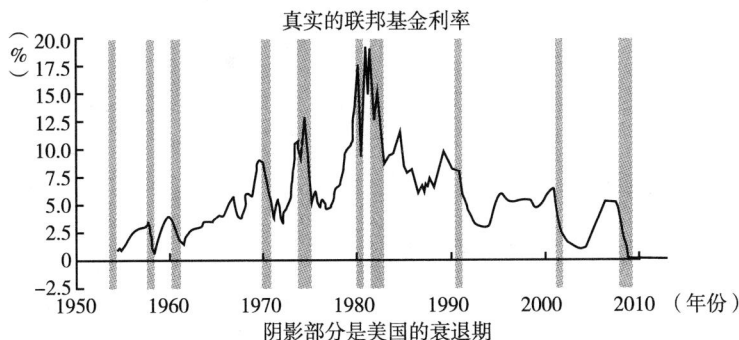

真实的联邦基金利率

阴影部分是美国的衰退期

图 1A 美国联邦基金利率（1950～2013）

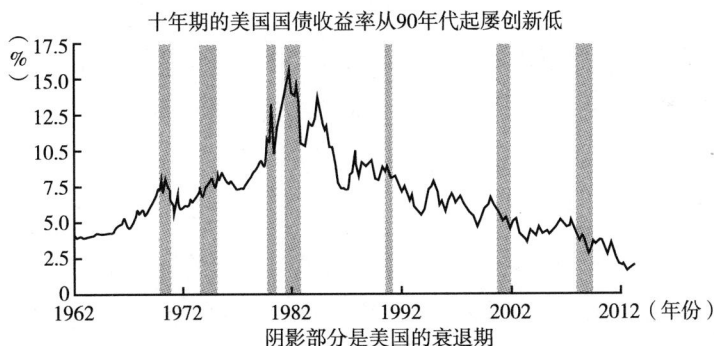

十年期的美国国债收益率从90年代起屡创新低

阴影部分是美国的衰退期

图 1B 美国十年期国债收益率时序图（1962～2013）

图 1 美国联邦基金利率与 10 年期国债收益

资料来源：美联储州董事会官方网站，http：//research. stlouisfed. org。

如果决策者和领导人可以更多关注货币政策以外的其他政策领域，美联储利率政策的负面作用本不该如此显著，但是贷款政策在过去的 15 年中已经发

---

① Ritholtz，Barry. Bailout Nation. New York：John Wiley and Sons，2009.

生了转变。事实上，这一转变早在 1978 年《社区再投资法案》（CRA）被采纳时就已经发生。该法案的初衷是鼓励银行为金融服务水平低下的地区提供贷款，但是最终招致滥用，并没有实现最初的目标。《社区再投资法案》得以通过的原因是，有些银行在贷款上对某些少数民族地区存在歧视性倾向。尽管《社区再投资法案》并没有要求银行和金融机构提供不合格贷款，但是实际上已成为倒逼贷款人支持问题项目的机制，而最终的收益却归激进分子及其同伙所有。银行面临贷款承诺的压力，因为不这样做不仅会给银行带来负面的公众形象，更重要的是会导致因不遵守《社区再投资法案》而遭受处罚[1]。

尽管《社区再投资法案》对传统金融服务低下的社区起到了一定的积极作用，但是并没实现决策者的初衷。多年的事实表明，美国成年人口的房产所有水平保持在 62% 左右，而少数民族社区并没有经历产权水平提高的过程。虽然"居者有其屋"在早期美国政治与文化中占据重要地位，但并未惠及少数民族社区。

在"可支付住房"（Affordable housing）政策的导向下，1992 年美国颁布了《房屋社区发展法案》，后来称之为 GSE（政府赞助企业）法案。该法案由美国住房与城市发展部执行，给日后的按揭市场带来了灾难性的后果。GSE 法案的执行破坏了传统的按揭保险标准，把按揭的标准交由房利美与房地美审核并裁定[2]。

房利美成立于大萧条之后的 1938 年，全称是联邦国家按揭协会；房地美创立于 1970 年，全称是联邦住房贷款按揭公司。二者均是政府赞助企业，其主要目的是通过提供流动性来扩张二级按揭市场，即通过按揭给有价证券进行背书，将住房按揭证券化，从而允许贷款方可以以此从事再贷款，进而在按揭市场中增加放款人的数量。

实现"可支付住房"的目标需要政府赞助企业即房利美与房地美的参与，由它们设定按揭的指标。起初按揭为贷款的 30%，购房者的收入被界定在社

---

① Wallison, Peter J. and Pinto, Edward J. Free Fall: How Government Housing Policies Brought Down the Housing Market. American Enterprise Institute, 2012.

② Wallison, Peter J. and Pinto, Edward J. Free Fall: How Government Housing Policies Brought Down the Housing Market. American Enterprise Institute, 2012.

区中等收入或者中等以下适度的某个水平上；此后的克林顿总统时期，标准增加到 42%（1995 年），2000 年达到 50%，2008 年再次上升到 56%；房利美与房地美规定的"特别可支付"的子目标是，贷款人的收入如果低于社区平均收入 80% 的水平，则可以按照 2.7% 的按揭进行贷款。事实上，贷款目标有时可以放宽到 60% 以下的收入水平[①]。

这些政策本身不会造成有害的后果。从原则上讲，个人或者家庭只要有适度的收入就有可能获得足够的信贷资源用于提交购房首付，并保持良好的信用记录。事实上，房利美与房地美所提供的贷款是完全可以接受的。同时，美国的按揭保险标准非常严格，按照高标准的信贷比率所执行的按揭，通常需要20% 的购房首付款。

但是，对于美国住房与城市发展部来说，传统的保险准则阻碍了其制定的"可支付住房"的宏伟蓝图。因此，随着时间的推移，政府赞助企业被迫逐渐放松起初设立的贷款标准。1994 年，房利美与房地美降低了购房首付的比例，最低甚至达到 3% 的水平；2000 年，两房被要求取消购房首付的要求，即购房者无须首付即可获得购房贷款。2008 年，两房总计担保的次级债与非次级债合计达到 1340 万美元[②]。许多按揭由中下收入阶层以及信用记录不佳、高负债以及就业前景不明朗的人士获得。

需要进一步指出的是，侵蚀严格信贷标准的现象并非仅仅发生在两房领域。1994 年，美国住房与城市发展部甚至支持联邦住房管理部与按揭银行家协会，力争把信贷标准进一步降低。这一努力的结果是，出台了为信用不佳的贷款人提供购房贷款的"公平借款最佳实践"协议。该协议最终被扩大为面向私营金融与住房产业实体的项目[③]。

---

① Wallison, Peter J. and Pinto, Edward J. Free Fall: How Government Housing Policies Brought Down the Housing Market. American Enterprise Institute, 2012.

② Wallison, Peter J. and Pinto, Edward J. Free Fall: How Government Housing Policies Brought Down the Housing Market. American Enterprise Institute, 2012.

③ Wallison, Peter J. and Pinto, Edward J. Free Fall: How Government Housing Policies Brought Down the Housing Market. American Enterprise Institute, 2012; Pinto, Edward J. Government Housing Policies in the Lead-Up to the Financial Crisis: A Forensic Study. Washington D. C.: American Enterprise Institute Press, 2011.

很显然，联邦政府在面向低收入阶层扩大购房消费群体的同时，降低了信贷风险的准则，引致了遗患无穷的风险——道德风险就此启动。不仅美国居民的财务暴露在道德风险之中，而且"可支付住房"的理想也面临威胁。

证券化和次级贷款现象是其中两个值得关注的问题。证券化发源于二级按揭市场，主要交易对象是与有价按揭贷款相关的证券与债券。银行或者按揭出售方将多种贷款分类并打包，而后出售。这些债券被称为"抵押支持债券"（MBS）或"债务抵押证券"（CDO）。从20世纪90年代至今，商业银行（包括房利美与房地美）的一项主要金融行为就是通过并购而后以"抵押支持债券"（MBS）的形式转手。总体来看，"抵押支持债券"是一种有利用价值的金融工具，可以降低任何一个贷款个体的金融风险。

但是，"抵押支持债券"（MBS）在运作中表现出两方面的问题。第一，MBS削弱了由银行创造、控制和提供运作方式的传统按揭模式，迫使银行承担因按揭而可能造成的风险。通过证券化，按揭被卖给投资人——银行，由银行来承担风险。在传统模式中，金融机构在贷款领域具有极强的动机，通常只选择优质的贷款对象；而证券化之后，金融机构将创造尽可能多的按揭作为业绩激励，并尽可能快地出售给可能的投资人。

第二个问题同决定债券收益与风险的能力有关。数以千计的按揭具有不同的衍生环境与各自的属性。与"抵押支持债券"（MBS）相关的风险定标与价格模型，因无法提供足够的期限而导致房产泡沫破灭。持有MBS的机构往往是最大的金融机构，在无法获得预期净利润的前提下，因房价崩盘而使"大而不能倒"（too big to fall）的问题骤然浮现，并最终匆匆交由政府出面埋单了结。

此外，与道德风险相关的另一个问题是高速增长的次级按揭市场，这也是导致2006～2007年"次贷危机"的原因之一。"次贷危机"仅仅是与房产泡沫有关的并且最终由房产泡沫破灭引发的众多危机之一。

1990～2008年，美国经历了次级贷款激增到危机爆发的过程。对于次级贷款增长原因的一个解释源于1982年国会通过的《选择按揭交易人法案》，该法案允许特定的债权人根据情况调整按揭比率。这一规定实际上为不合格的社区获得按揭打开了方便之门，同时也为非传统融资方式提供了便利。2004

年美国债券交易委员会改变了 2000 年《商品期货现代化法案》中对"抵押支持债券"（MBS）的衍生约束，允许提高举债额度，因此激活了由次级按揭贷款背书的债券市场。放款人开始向越来越多的较高风险贷款人发放贷款，其中甚至包括毫无征信档案记录的移民。

对于按揭的认证核实应该通过良好的征信记录与可靠的职业收入记录来保障，即收入状况与资产证明（SIVA）。仅仅凭借一纸收入证明则难以获得按揭，即所谓的无收入证明。但奇怪的是，现实中出现了一种"忍者"（NINJA）贷款，使得无资产无收入的个体也可以获得数十万美元价值的房产按揭①。美国住房贷款标准在这种情况下荡然无存。

加拿大是住房文化与理念与美国非常一致的国家，其政治体系在诸多方面与美国亦非常相似。但是加拿大在住房首付问题上坚持真实的指标，通常要求首付款占购房款的 20%；对于非首次购房者而言，银行对其购房置业往往采取更为严格的标准，即上调首付款额度。

与传统的 30 年期或 15 年期固定利率按揭比较，次级贷款在结构安排上迥然不同，其中许多贷款的利率是可以调整变化的。其中之一是 2/28 ARM（可调整利率按揭），用极低的门槛吸引购房者，并在两年后重新配置贷款。重置后的贷款可以高达 300 个基点。如果购房者手头有足够的现金储备，这样做没有问题；但是对于次级贷款人而言则通常行不通，他们很难付得起再融资的成本。其他形式的古怪贷款也不胜枚举，其中有一种叫做"专供住房逆抵押贷款利率"的贷款，购房者只要支付首付的利率就可以得到金融贷款支持；还有一种叫做"支付操作"贷款，购房者可以变动还贷金额，但是利率不能用作偿还本金②。

统计表明，1994 年次级贷款占按揭贷款的 5%，2006 年时上升至 20%，12 年中增长了 3 倍③。

次级贷款本身也很糟糕，有人把次级抵押按揭当作信誉良好的抵押贷款按揭，拼凑在一起，打包后转手作为 MBS 产品出售。创造贷款的金融实体并不

① Conway，Edward. Ninja Loans Explode on Subprime Frontline. The telegraph. March 3，2008.

② Ritholtz，Barry. Bailout Nation. New York：John Wiley and Sons，2009.

③ Wikipedia. com：Subprime Mortgages.

拥有这些衍生品，而是将它们卖给了投资人，使得次级按揭贷款在投资人之间反复交易。此时，贷款的首发人并没有出局退场，俗语叫做"背黑锅"，金融上叫做"背按揭"。这一概念适用于"尽快推销证券化贷款"的始作俑者[①]。这样一来，附加次级贷款的 MBS 就成了"烫手山芋"，一旦与住房相关的金融资产呈下行态势，MBS 的价值将会瞬间蒸发[②]。

美国政府的政策和金融机构在"次贷危机"中的角色，为研究道德风险提供了绝好的案例。很显然，从 20 世纪 80 年代起，美联储营造了过分的风险承担架势，并且在其后房价泡沫破裂的过程中，充当了重要角色，负有不可推卸的责任。美联储的作为实际上是用超低利率创造一种宏观经济环境。在这种环境中，美联储暗示金融机构和私人投资者以风险"或将不会发生"为底限，不断推高虚拟资产的价格，从而积累金融风险；再加上漫不经心的政策设计，让本没有经济能力为按揭进行保险的人成为房产拥有者，风险积累加剧；再加上滥用证券化，导致次级贷款与之如影随形，等等，所有这一切给美国乃至世界金融体系酝酿了一起"绝佳的风暴"！

二 中国房地产中的道德风险状况——以保障房为视角

本文在这一部分主要探讨中国房地产政策领域中的道德风险。首先，简要描述中国房产政策的历史沿革；然后，探讨中国与美国在道德风险问题上的异同。

1949 年新中国成立伊始，住房问题就成为政府主要关注的民生目标之一。在计划经济体制下，住房被视作一项社会福利。市场角色在这一民生问题上基本是缺失的。因此，新中国成立后相当一段时期内，住房质量的改善缺乏驱动力。房租只是名义上的提法，甚至无法覆盖基础的住房修缮。结果住房普遍短缺，居住状况持续恶化[③]。

① Roubini, Nouriel and Mihm, Stephen. Crisis Economics. New York: Penguin Press, 2010, pp. 65 – 66.

② Ritholtz, Barry. Bailout Nation. New York: John Wiley and Sons, 2009.

③ Dang, Lan, Sten, Qingyun and Luang, Lin. Housing Policy and Finance in China: A Literature Review (Prepared for U. S. Department of Housing and Urban Development), 2009, p. 2.

　　1978 年十一届三中全会以后，住房领域的改革开始提上议事日程，主要表现为有限领域内的私有化尝试，以及公共住房补贴等。1992 年邓小平南方视察之后，中国的住房市场化改革开始进入提速阶段，主要表现为城镇化以及住宅私有化的加速。1998 年，中国终结了住房实物分配，实施住房分配货币化，此后住房价格相应也发生了巨大的变化。因此学界有人认为，1998 年是中国住房市场化的元年①。相继而来的便是关于中国房地产泡沫的大讨论。这一问题成为中国改革进程中人们越来越关注的焦点。在最近的 10 年中，尤其是美国房地产泡沫出现后，这一讨论更是成为焦点，甚至在 2013 达沃斯年世界经济论坛上引起了不小的关注。

　　就房价而言，在过往的 20 年中，中国经济以每年大约 10 个百分点的速度持续增长，给中国尤其是城市居民带来了巨大福利。经济增长的成就辐射的领域非常广泛，影响了经济领域中几乎所有的部门。随着经济的持续增长，农村人口向城市转移，对城市住房存量造成压力。可以预计，中国城乡人口转移的态势将会持续多年。仅仅基于上述原因，中国房价的上涨就不应该认为是不可思议的事情。但是，如果中国房价泡沫与金融道德风险不幸关联在一起的话，问题的严重程度则完全可以与上述美国次贷危机相提并论。

　　尽管引发道德风险的因素不胜枚举，但是在中国，货币政策是引发房地产道德风险的重要因素之一。实现城镇化需要投资，而投资要求相对宽松的流动性。正是由于政府在货币政策上无法回避为流动性创造适度宽松环境的尴尬，导致近 20 年来中国的货币政策表现得十分暧昧。名义上所谓"适度从紧的"货币政策，操作中受到了"流动性泛滥"的冲击。由于这一点，中国与美国的表现异曲同工，所以道德风险问题才成为本文中美比较的焦点。

　　从世界经济史视角考察近年来人民币汇率的升值过程可以发现，在本币升值过程中，货币政策应保持在紧缩通道中运行，这是"二战"以后"后发经济体"取得最终成功所遵循的原则。为避免中国重蹈日本"广场协议"的覆辙，自东南亚金融危机后，中国央行一直在保持着稳健的同时，兼顾适度从紧

---

　　① 理论上货币政策工具在市场经济环境下才可以发挥最大效力。因此本文假设 1998 年以后中国进入房产市场化时代，以便于用统计数据说明问题与后续研究分析的展开。事实上，笔者认为，中国 1998 年的住房货币化改革在当时并不彻底。

的货币政策理念。1998～1999年末的央行降息（见图2）对房地产商业用房价格产生了影响，其价格从全国每平方米3170元上涨到每平方米3333元。尽管涨幅不大，但货币政策对房地产价格的影响效力已经初见端倪。此后银根一路从紧，直到2008年8月美国金融危机爆发后，银根从紧的货币政策理念开始出现动摇。

2008年10月以后货币政策出现异动。2009年3月18日，《国务院办公厅关于当前金融促进经济发展的若干意见》出台，央行的金融调控发生了180度逆转。这种变化一方面说明突如其来的全球金融危机对中国经济存在潜在威胁，迫使央行打乱了较长一段时期以来一贯奉行的适度从紧的宏观金融步骤，另一方面说明，前一阶段处于较宽松的货币政策下的中国经济，必然要面临比以往更加棘手的烦恼。如果处理失当，中国经济极有可能误入歧途。中国的房地产市场，正是在这样的货币政策下给中国经济倍增烦恼的一个因素。

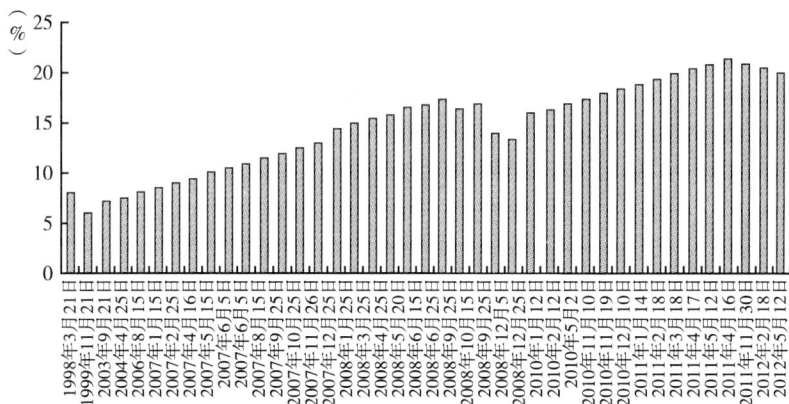

图2　中国存款准备金率调整图（1998～2012）

资料来源：中国人民银行与国家统计局网站数据整合。

2009年，政府从宏观调控出发稳定股市，沪指从2008年11月的1668点，一度攀升到接近3500点。与此同时，财政政策则不断向市场注入流动性，从2006年起，国债回购量大幅攀升。虽然中国债务市场规模小，未能有效反映经济走势，但是也可以感受到货币政策在对待房地产市场"打"与"托"的态度上所处的两难境地（见图3）。

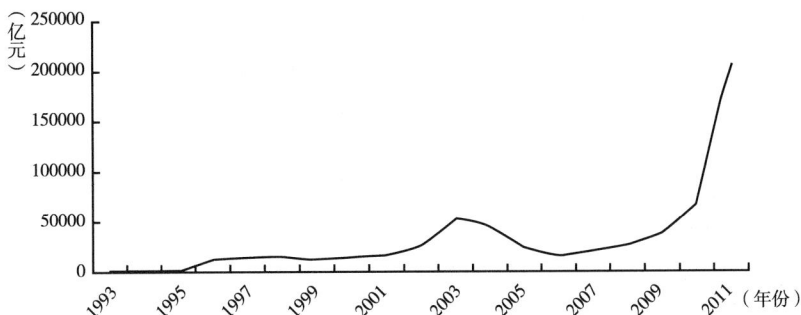

图3　1993～2011年中国国债回购时序图

资料来源：中宏教研支持系统——年度数据库金融部分，http://edu.macrochina.com.cn。

　　国债回购的结果一如1919～1929年美国股票市场交易量激增的结果。中国的流通市值增加"4万亿"的同时，增加了对货币的交易性需求，2009年财政赤字占GDP的比重接近3%。这是1998年东南亚金融危机后，中国财政刺激经济力度的3倍。另外，2009年M2增长了约30%，M1的增幅则超过了30%。而通常货币供应量的增长大体应等于GDP增长幅度与CPI增长幅度之和。由此可见，2009年货币扩张力度的目的是让经济增长向11%以上的方向冲击，而贷款增长力度则是向着16%的方向拉动。同时，由于中国贸易第四季度回暖且由负转正，加之全年经济实际增长8.5%，使得贸易受阻不足以解释天量信贷投放的去处。此外，以往人民币升值预期对助推房价的积极作用①，致使许多货币和贷款并没有进入实体经济，而是流向楼市、股市以及其他资产市场。这就是2009年房价出人意料高涨的原因。从年初的"保8"到CPI全年负增长看，货币供应量的增长原本不应该超过8%。如此分析，进入实体经济的货币供应大概只有1/3，并表现为经济增长；而其余的货币，在美元LIBOR与一年期央票发行利率仍存在利差的背景下，即便人民币没有出现大幅升值，也足以表明，大部分货币与贷款在实体经济外寻找投机机会，而房地产市场和股市恰恰是这些"游资"的最佳去处。在中国股市存在公认制度

---

① 陈北：《中国房地产发展如何应对金融海啸中的"保尔森"效应》，载牛凤瑞、李景国主编《中国房地产发展报告》(2009)，社会科学文献出版社，2009。

性设计缺陷、世界经济衰退大周期、美国率先实施量化宽松政策的多重背景下，人民币流动性被锁定在了较为安全的房地产领域，这就是2010年伊始，中国房价涨势难以遏制的原因。为此央行紧缩银根，并在此后连续12次加息，同时以国务院名义出台了所谓"最严厉的限购政策"。

然而从2011年4月以后，央行再次采取了降息策略，至今已经连降三次。此次适度放松如果在配套措施与处理上失当，中国的房价同样有可能进一步大幅反弹，尤其是一线城市的房地产价格。总之，对于"后发经济体"而言，适度从紧的货币政策如果难以长期保持，宏观经济就会出现紊乱；此时房地产若是国民经济的支柱产业，其国民经济表现也难以理性。

在中国房价持续上升的同时，另一个坏消息是中国的社会收入差距不断扩大。西南财经大学2010年的报告显示，中国当年的基尼系数已达0.61，而国际警戒水平是0.4，低迷经济周期中的全球平均水平是0.44，美国是0.37，欧盟国家普遍在0.3~0.35之间。尽管来自国家统计局的数据与西南财经大学的研究存在较大出入，但是不管怎样，中国政府已经认识到问题的严重性，并从2009年起开始大力推行保障房建设。如今保障房项目已经陆续完工，并逐步进入面向低收入阶层分配的高峰时期，这是中国政府实现国民"住有所居"的住房战略之举。然而其中的各种"道德风险"问题也开始渐渐浮现出来。

从金融视角考察保障房领域的道德风险问题，最直接的办法之一是观察股票市场中同"保障房"这一概念相关的股票价格的表现。从1998年至今，全国房屋当年新开工面积与当年新竣工面积，连续15年呈上升态势；与此同时，全国房地产企业数量，尤其是内资企业数量同样连续15年持续增长。房屋面积的增长表明市场对建筑材料的需求持续旺盛；而对企业数量的统计，则是试图把内资企业与中国A股市场结合在一起考察。其中的假设是，只要是内资企业，如果还是上市公司，则出现在A股市场上市的概率是百分之百。按照上述逻辑，与房屋建材密切相关的上市公司，近年来的业绩理应优于其他上市企业，即表现出战胜大盘的业绩。从2010年4月新"国十条"① 颁布至今，

---

① 《国务院办公厅关于促进房地产市场平稳健康发展的通知》（国办发〔2010〕4号）。

政府的房地产调控政策发挥了效力，在房地产板块受到严重利空消息影响的前提下，如果房地产开工面积、竣工面积与企业数量仍持续攀升，则可以推断，钢材、水泥等房屋建造必备建材应当大量流向保障房建设领域。如果A股市场中"保障房概念"板块中的建材企业业绩平平甚至表现不佳，即被市场击败，则有理由质疑在这一期间建造的保障房的质量是否合格，从而最终洞悉保障房的金融道德风险问题。具备了上述逻辑，接下来就是如何在中国的A股市场中选股，并观察这些股票近年来的表现。

首先观察全国房屋当年新开工面积与新竣工面积（见图4A），可以看出，自1997年起连续15年，房屋面积与时间之间均呈现增函数的关系特征。由此可见，房地产市场存在着对房地产开发企业的强烈需求。同一时间段内，房地产开发企业的数量与时间之间仍然保持明显的增函数关系（见图4B），尤其是内资企业数量的变化，15年的时间里增长了将近14倍。这两组数据可以说明中国的房地产市场总体表现为住房的供不应求。

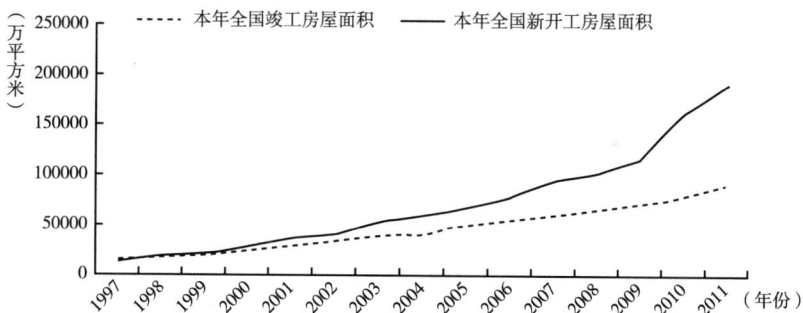

图4A 全国开工、竣工面积

资料来源：中宏教研支持系统——年度数据库房地产部分，http://edu.macrochina.com.cn。

这种供不应求对于房地产开发企业而言，理应表现为对房屋建筑基本材料的需求，即钢材、水泥、玻璃、电解铝等建材的市场需求在这段时期里也应该呈现供不应求的现象。为进一步说明问题，笔者把沪深股票市场中具备"保障房概念"的股票作为总体加以统计，发现在全部51只保障房概念股中，有27只股票属于沪深大盘成分股，即一半以上的保障房概念企

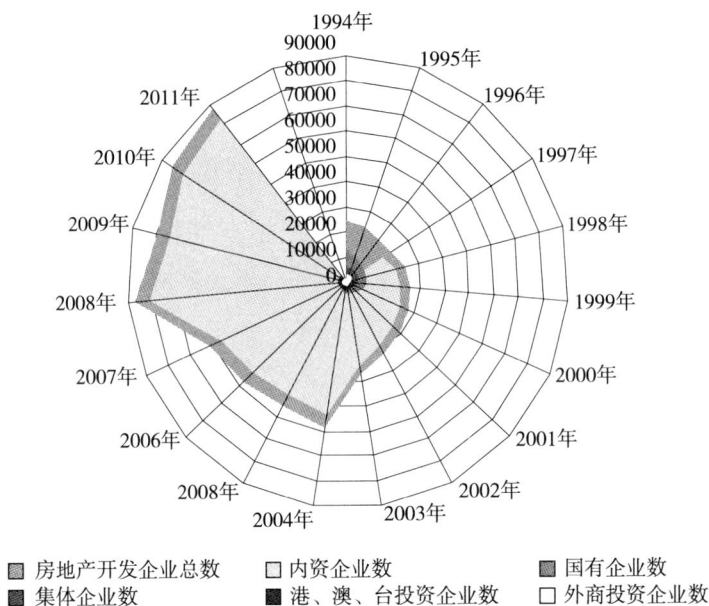

图4B 房地产企业数量变化

资料来源：中宏教研支持系统——年度数据库房地产部分，http：//edu. macrochina. com. cn。

业具备影响中国股市大盘指数的能力。其中纯粹的建材股票有5家，属于钢铁板块的股票有2家，属于水泥板块的也有2家，分别是新钢股份、西宁特钢、华新水泥、海螺水泥。其中的关系可参见图5。依据上述统计，从1997年至2011年，全国新开工房屋面积、当年竣工面积、内资企业个数在15年间持续增长，分别达到住房市场化元年水平的13.6倍、7.9倍、4.8倍。因此有理由认为，中国房地产基础建材市场发展理应非常成功，相应的股票价格亦应保持强劲的增长态势。尤其是作为大盘成分股中具备建筑题材的四只"保障房概念"股票——新钢股份、西宁特钢、华新水泥、海螺水泥。

然而这四只在中国A股市场同时具备保障房与大盘成分股概念的股票在市场的表现却差强人意。从近三年的表现看，这些建材股不仅没有跑赢大盘，反而被大盘击败。市场对建筑材料的需求减少或建材的价格下降难以解释上述现象的存在，统计数据也不支持上述假设。一个合理的解释是，在保障房建设

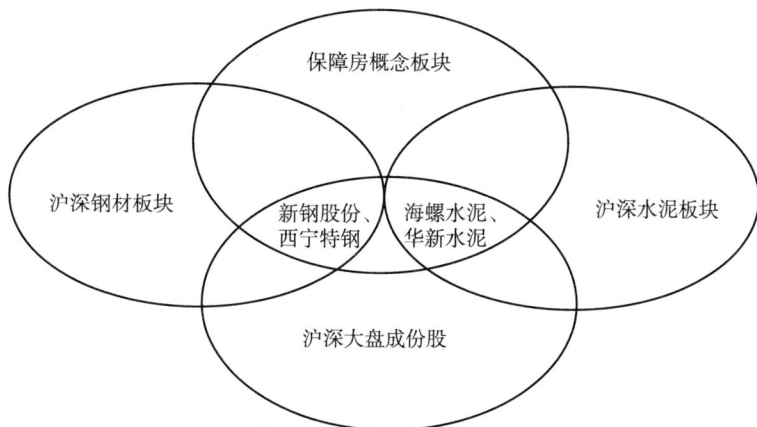

图5　四只独特的保障房概念股所属股票板块位置关系图

中，有相当比重的资金投入钢材与水泥的生产中，但并没有通过市场途径进入。如果这样的推断成立，那么这些建筑材料的质量如何得以保证就成为一个巨大的问号。中国住房与城乡建设部部长在十八大会议上已经公开承认保障房建设中发生过质量问题。值得注意的是，这些质量问题不是在房屋使用中而是在新建房屋中发现的。尽管监管部门曾提出避免在保障房建设中出现"楼房盖起来，干部倒下去"的现象，尽管房地产危机并没有发生，但是道德风险问题就此已经呈现出来。

　　保障房建设中的金融道德风险问题的完整解释就是，在有些企业与开发商看来，保障房投资是政府支持项目，由政府背书就意味着风险最终由政府埋单。央行2011年末的降息举措给企业和开发商传递出公共政策鼓励承担极端性信用风险的信息暗示，当中自然包括房屋的质量风险、银行贷款风险、房地产财务风险，甚至包括企业生产安全风险，等等，最终反映的是道德风险的积累。不难看出，这种金融道德风险的积累模式同美国模式如出一辙。银行如何审查房企的贷款、地方政府如何审查住房人资格、税务如何审计企业财务报表、社会如何监督企业与个人的征信水平等，相应的有关道德风险的故事很容易构想，有可能就在不远的将来发生。中国与美国的不同之处在于，美国因危机使得风险暴露出来，而中国的金融危机还在高速增长的GDP之下隐藏着。

三 道德风险，美国"亡羊"中国"补牢"

美国次贷危机之后，人们在反思危机时发现，作为货币政策工具之一的利率工具在调控宏观经济作用上的失效，是造成危机的主要根源之一。因此引发了学界对此问题的深深忧虑，道德风险积累的最终结果是世人都不愿意看到"大而不能倒"（too big to fall）。

于是人们考虑是否可以变换思路。既然累积起来的道德风险可以成为全球经济的"达摩克利斯之剑"，不如在这把利剑尚未高悬起来之际，就防微杜渐，把"大而不能倒"的道德风险消灭在萌芽之中。对于中国而言，房地产领域同美国最大的差异就是，房地产泡沫在中国没有出现过破灭，这恰恰是中国作为"后发国家"的优势所在。笔者认为，解决中国房地产领域的道德风险问题，在美国"亡羊"之后，汲取美国的前车之鉴，在坚持走市场化道路的前提下，当务之急应当从大力发展征信业入手开始"补牢"。所幸的是，中国政府已经开始着手将征信纳入市场化的社会信用体系的轨道上来①。

从上述分析中可以看到，中美从社会发展的长远角度来看，都在走强化市场作用的道路，两国的房产市场都会受到供需的影响。所不同的是，美国从《宅地法》开始，由"住有所居"逐步向"居有其屋"过渡，直到今天，仍有相当多的美国人民不论年龄、种族、职业，选择以租赁的方式居住。中国由于深受传统文化以及独特社会发展惯性的影响，国民在住房问题上一开始就倾向"居有其屋"这种房屋产权"一步到位"式的住房方式，更加激发房地产市场的蓬勃，更容易加剧房价泡沫。从这个意义上讲，中国更加不能接受道德风险积累到"大而不倒"的地步。根据美国的经验，加快征信业的发展，可以在房地产道德风险高发的领域——住房消费金融中的个人消费贷款领域，以市场方式构筑有效的"防火墙"。

---

① 《征信业管理条例》经 2012 年 12 月 26 日国务院第 228 次常务会议通过，2013 年 1 月 21 日中华人民共和国国务院令第 631 号公布。该《条例》分总则、征信机构、征信业务规则、异议和投诉、金融信用信息基础数据库、监督管理、法律责任、附则 8 章 47 条，自 2013 年 3 月 15 日起施行。

Sino-US Comparative Analysis of Real Estate Moral Hazard under the Perspective of Monetary Policy

Chen Bei   Euel W. Elliott

Abstract：This paper, from the perspective of time series analysis, explores the impact of monetary policy on the real estate market in both China and the United States. Through comparison, this paper discovers how those moral hazard factors constitute a role in their respective housing bubble. In particular, because the People's Bank of China reduced the deposit reserve ratio several times since 2012, this paper finds a potential real estate financial moral hazard and gives valuable suggestions to vigorous development of the credit reporting industry.

Key Words：Deposit Reserve Ratio；Moral Hazard；The Federal Reserve；The Central Bank；Treasury Bonds；MBS

B.20
在法国如何买地建房

张　威*

摘　要:

根据法国法规规定，包括居住在中国的中国人等具有四种资格的中国人具备在法国买地建房的条件。依靠的是严格的银行资金控制、完善的税务设计及完备的法律体系，法国房地产的管控环环相扣。法国有四种土地可以买卖，但只有"可建筑用地"可作为居住用地，在四种土地中价格最贵。在法国买地建房的经历和总结，或许能帮助人们了解法国的住房制度，并对中国住房制度建设有所启示。

关键词:

法国　买地建房　启示

我们来法国工作生活多年，在工作和生活稳定后，最近正在准备改善住房条件，体验了在法国住房置业相关的一系列制度政策和程序。介绍在法国如何买地建房的亲身经历，或许能让您对法国住房制度有较好了解，或许还能对中国国内住房制度建设有所启示。

一　中国人在法国买地建房的资格限制

作为一个中国人，到法国买地建房，需要具备一定的资格条件。

（1）在法国工作的中国人（一年居留或十年居留）。居留长短不是问题，唯一的限制条件是收入。如果是正常的工作居留，说明已经满足了外国人贷款

---

* 张威，硕士，旅法华人，法国南特市房地产公司工作。

的最低要求（拥有长期工作合同或1.5倍于法定最低工资），高出的越多，贷款越容易，而且利率可以越低。如果是两个人，则要看两个人的总收入，如果有孩子，负债率顶线会降低，以防止影响孩子的生活质量。

（2）学生（学生居留）。没有在法国银行贷款的权利，但是有拥有法国地产的权利，可以买房，甚至可以分期付款，但是条件比较苛刻，而且要冻结一笔不小的资金。目前，经常有有财力的中国家长给留学的孩子直接买房，以二手单元房为主。其优势是即使将来不自住甚至人不在法国，依旧拥有产权，可以随时变现或将其出租获得稳定的欧元收入，前提是有人在国外帮助打理，而且需要在法国缴纳房产税、居住税等。

（3）居住在中国的中国人。目前法国、德国等国家都推出了一些针对新兴经济体国家的房地产项目，以新建楼房为主，必须为购买者本人及家人居住，这种项目一般会与国内银行合作，可以贷款购房，但是需要冻结一部分资金在银行，购买者拥有完全产权，可以享受特殊签证，在居住期间除了不可以工作和投票外，可以享受所有和该国公民相同的福利（医疗、社保、孩子的免费教育等），但是需要在该国缴纳房产税、居住税等。

（4）投资。目前法国对房地产投资控制得比较严，并没有其他针对外国人的投资性的房产项目，唯一相关的是一些酒庄，把资产（主要是地产和品牌）以公司的形式转卖给外国人。目前以中国人、美国人和日本人为主，之后有些人将酒庄在允许的条件下改成了度假村等。

二　法国的房地产现状和相关政策

在法国买地建房要学习的东西很多，而且得从头学起。法国的房地产情况复杂，依靠的是严格的银行资金控制、完善的税务设计及完备的法律体系。房地产管控环环相扣，房地产交易安全，购房者也很理性、诚实。

在法国买房时所说的面积是使用面积，而且扣除阳台、地下室以及层高低于1.8米的地方，相较于中国买房时所说的建筑面积，有将近30%的差别；法国买房包括了土地的产权；房子的维护和修缮是法定的，甚至关于维护期也有法律参考，所以大多数房子都保养得很好。

（一）法国房地产现状

当前房地产市场很不景气，2012 年前 6 个月新屋开工数量较 2011 同期下降了 16%，销售数量则下降了 27%，其中个人别墅销售下降了 19%，主要原因还是经济危机，而且在 2012 年 8 月又提高了基于房屋销售利润的抽税，使新屋销售受到很大的冲击，直接导致大批小房地产公司在 2012 年倒闭。当然也不是哀声一片，好的方面则是贷款利率降到了历史新低，2012 年 12 月，10 年期房屋贷款利息降到 2.85%，20 年期降到 3.4%，均为历史低点。不过即使这样，根据法国官方统计，2012 年前 11 个月，新增房屋贷款较上年同期仍下降了 39.9%。主要原因是销售数量低，投资风险高，在这一年享受低利率的主要以个人居住和以出租为目的的小投资。①

房价连续增长 10 年后，在经济危机背景下，法国房价也普遍受到打压，成套居住区的新房房价有一个较明显的下降（法国巴黎以外地区平均下降 7%），其中一个主要原因是，各个城市为了增加财政收入，都新批了很多位于城区外的土地为可建筑用地。不过在大量负面的数字下埋没了一个重要却尽人皆知的原则，和世界任何国家一样，好地块、好房子价格只会涨不会降。

1. 买房

以巴黎为例，法国的华人习惯把巴黎分为小巴黎和大巴黎，小巴黎是真正的巴黎市，郊区 7 个省，统称大巴黎。与北京对应起来，小巴黎相当于东城区和西城区，加上郊区 7 个省相当于北京城六区。小巴黎的房价即使相对于法国人的收入也还是比较高的。尤其是最近 12 年，房价收入比从 2000 年的 1 上涨到 1.75，目前整个巴黎市房产平均价格在 8500 欧元/平方米左右，而法国家庭平均年收入为 42000 欧元，由此可见，如果想在巴黎买房子，还是有些压力的。巴黎近郊的房价为 3000 ~ 7000 欧元，均价 4000 欧元。巴黎郊区房价相对比较低。因郊区基础生活设施完善，法国人特别是结婚有孩子的家庭更爱在郊区买房，享受更好的生活环境。

---

① 数据来源：La Fédération des Promoteurs Immobiliers（FPI）。

2. 租房

2013 年新出台的法律，如果新屋符合最新的环境标准，投资金额在 30 万欧元以上，并且愿意将其以低于市场平均租金 20% 的价格出租，且出租年限不低于 9 年，投资者可以在出租期内享受 17% ~ 20% 的减税（5000 ~ 6000 欧元/年，6 万欧元封顶）[①]。

在法国有时对租客的保护甚至到了过分的程度，比如租客只需提前 1 ~ 3 个月通知房东即可结束合同，而房东却不能随意终止合同，如果签的是 3 年合同，房东就必须等到 3 年后合同到期；合同即使到期了也必须要有合理理由才能不再续签合同；不可随意涨房租，只能按照政府每年公布的指数调节房租；在冬天，房东不可赶走房客，即使房客没有付租金，等等。这些保护条款使得法国人对租房并没有什么排斥心理。

近 15 年巴黎的房价虽然上涨了，但还算在合理范围之内，和收入之间的比例没有变得太夸张。由于没有房价快速上涨的预期，很多年轻人更乐于租房而不是倾全家之力买房。

（二）法国买房相关政策

法国在全球属于税负较多的国家之一。在法国买房的手续费是比较高的，包括多种相关税费。

公证税： 二手房交易需要缴 7% 的公证费，新房需要缴 3% 的公证费，而这两笔钱中的一部分是给公证员的费用。大部分是以房产交易税的形式交给国家。这笔交易费用大大增加了法国炒房的难度。

土地税： 在房产持有的过程中，需要缴土地税，计算很复杂。首先由当地政府确定一个税率，一般是为 10% ~ 25%。然后根据 20 世纪 70 年代制定的一份规范对房子的出租价值进行评估，得出年出租价值 × 0.5 × 税率，在这份规范中，房子的出租价值随着通胀率上升，而不跟着市场租金上升。不过总的来说，法国的土地税要远远低于美国。另外，法国的土地税中除了建成房屋土地税外，还有未建房屋土地税以及空置房屋土地税。后两个税的税率都非常

---

① 这里说的出租是完全出租，不是出租一部分，自己住另一部分。

高，主要为了避免土地和房屋资源的浪费。在法国买房同时拥有土地所有权，但仍要缴高昂的地产税。

居住税：法国除了土地税，还有一个和买房没有直接关系的居住税。之所以说没有直接关系，是因为这个税由居住者缴纳。如果是买主自住，就由房主承担，如果是买房出租就由承租人承担。这个税大约等于一个月的房租并根据家庭的收入进行减免。

房租收入税：如果买房是为了出租，那么租金收入需要缴房产收入税。房产收入税稍微复杂一些，以带家具出租为例，假设一年租金收入 10000 欧元，在计算房产收入税时就要将租金×0.5 并入个人收入中纳税，最后纳税额为 1500 欧元。除此之外，还要缴另外三个税：普通社会保险捐税、社会保险债务偿还税、社会分摊金，共 680 欧元左右。

房产增值税：在法国有一个重要的概念就是常住或者主要住所，也就是长期居住的房子，一般以报税地址为准。度假房、出租房都属于次要住所，主要住所在售出时房产增值部分不需要缴纳房产增值税，而次要住所则需要缴纳，计算方法是：（房产售出价格－房产买入价格－买房时的公证费－其他有凭证的费用）×34%×（1－减税额度），其中 34% 为最新的房产增值税率，而减税额度则和持有时间有关，持有超过 5 年后每年减税 2%，超过 17 年每年减税 4%，超过 24 年每年减税 8%，直到 30 年则完全免增值税。

遗产税和赠予税：在法国，如父母将房产赠予子女或父母去世后子女继承房产也要缴税。根据最近的法律规定，子女在继承父母遗产时，每一方（父或母）都有 16 万欧元的免税额度，超过部分将根据累进制税率缴纳遗产税，55 万欧元的遗产（扣除免税额度后），大约缴 11 万欧元的遗产税。父母还可以通过生前赠予的方式将财产慢慢转移给子女，以减少遗产税，每 6 年可以转让一次，父母双方每 6 年各有向每个子女赠予 16 万欧元的额度，这个免税额度客观地说并不低，所以对于一般家庭，如果好好进行税务管理，并不会有太多的税务支出。

物业费：物业费在法国是比较重要的费用，一般公寓楼的业主们都会联合聘请专业公司来管理自己的物业，并为其支付物业费。如电梯的运行和维护、暖气热水、门房、公共地块的清洁等。和中国相比，法国的物业费比较高。在巴黎一套40平方米的小套房物业费为100～150欧元/月。这属于日常性费用，一般每隔一定年数还会有一些非日常性项目，如外墙粉刷（15年）、电梯维护、走廊粉刷等，这些项目都会在每年的业主委员会召开时由业主们投票决定是否进行，一旦通过，就需要一次性缴几百甚至几千欧元不等的物业费。

装修费用：法国装修费用也是一笔不能忽视的开销，这主要是法国人工比较贵的缘故。装修费高导致法国存在一些与中国不太相同的情况：①一般买房时，买家倾向于购买已经装修过的房子，装修不错的房子往往可以卖出更高的价格，而买家情愿多花些钱购买，也不愿意买毛坯房自己装修。②装修的人工费远高于材料费，使得法国人更倾向于自己装修，如在一个30平方米房子里安装地板，其中地板价格大约1000欧元，而安装地板人工费差不多也需要这些钱。很多法国人情愿多花500欧元购买质量更好、更容易安装的地板，即使是非专业人士，也只需要一个人工1～2天就能完成。类似刷墙、安装厨房等，很多法国人都会自己尝试完成。而装修材料公司也大量推出各种适合非专业人士使用的装修材料或工具，并辅以大量的教学视频，自己装修如此之流行以至于成为众多法国人的一种兴趣爱好，也独具法国特色。③配电的装修非常贵，由于法国配电装修需要有专门的资质，且要质保10年，所以收费很高，可能3天装修就要6000～8000欧元，一般法国人不太会自己装修，而是聘请专业公司来做。最终装修费用的多少取决于房子原本的状态、所用材料的质量以及装修队的资质，一般一套40平方米的小套房，状态一般，简约装修一下需要10000～15000欧元（不包括电）。

三　法国买地建房程序

（一）选区域

住惯中国城市的人第一反应肯定是交通要方便。法国人也一样，不过法国人和中国人的思维方式略有不同。中国人更偏向于公共交通方便，地铁站旁边的房子明显比要走一站地才能到地铁站的房子要贵。而对于法国人来讲，由于私家车的普及度很高，而且除了巴黎，城市都相对较小，一般一个城市就一条环城公路，环城公路周边、人口密度小、环境好、私密度高的卫星城才是首选，公共交通并不是一个重要的选项，甚至相反，没有公交的地方，那些处于社会底层的穷人无法到达，治安反而非常好。法国城市的富人区很少在大城市的中心区域。

笔者也按照这个思路开始找地。笔者及爱人两人工作的地方一个在南特东北部，一个在南部，于是，把搜索范围定在了城东的几个主要卫星城。

（二）选地

确定买房位置后，就是选择适合建房的土地。在法国一共有四种土地可以买卖。即可建筑用地、工业用地、娱乐设施用地、农业用地。对于个人来讲，只有第一种"可建筑用地"可以用来盖居住的房子，也是四种土地里面价格最贵的，而最后一种农业用地是严格禁止盖房的，但是有的农业用地也会写可建筑面积，那个面积上盖的房子只可以是谷仓之类的建筑，而不能住人。

可建筑用地主要有以下两种。

（1）成套地块中的一块，一个大地块切分出来的地，这种往往是地主或者地产公司将一块允许切分的大地切成若干小块销售，法国法律规定，切成三块以上就算成套，地主需要负责通水、通电、通排水，每块地正门前的道路不能少于 4 米以保证消防车可以通过等，另外，每个城市还会有单独的要求，比如在南特，切分下来的地块不能小于 80 平方米，而周边一些卫星城为了控制密度，则要求不能小于 600 平方米甚至 1000 平方米。这种地配套的水、电、排水等基础设施都已经做好，由于是统一修建的，摊到每块地上的成本低，所以这种地会便宜些，省心些。但是在这种地上盖房，往往会有更多的限制，房子的朝向、位置、外形甚至颜色都会被限制得比较死。

（2）独立的地块，除非在一些较偏远的小城或者乡下依然有新的单独地块销售，在市内或者近郊的卫星城中，大部分情况下是原地主将自己的一部分可切分且有可建筑面积的院子切下来卖。

在法国选地要注意以下一些方面。

A. 是否属于城区。

B. 是否属于临近大城市的卫星城（例如南特，是否属于 Nantes Métropolitain）。属于临近中心城市，会享受该城市的一些政策，如交通卡、孩子上学选学校等，但是一般地税比较高。其他区域的地税则会比较低。

C. 是否临街。临街的地，房子限高一般为 9 米，有的地方可以到 12 米，而不临街的地，则根据地块大小，各地规矩不同。如南特周边的城市一般为小于 400 平方米必须为平房；400～800 平方米可盖平顶双层，限高为 7 米；大于 800 平方米的限高为 8.3 米。

D. 是否已经通水、电和下水。

E. 可建筑面积。每个城市会把地块分成不同级别的区域，具体参见该城市的城市规划图，每个城市规定有所差异。

F. 建筑位置。地面上规定了可建筑区域，每块地都不一样，一定要去咨询，有些地很便宜，多数是因为可建筑的位置很差，比如过窄或者是 L 形。

G. 和邻居的空隙（也要具体参见该城市的城市规划图）。南特及周边城市，临街的地一般要求到地的边缘（前后左右）至少留出 3 米的空间，不临街的则为 5～7 米不等。如果地不是很大，光看地好像面积还可以，但是很可能房子要建在地的正中间，院子就被挤没了。

H. 地块的朝向。每块地都会有朝向的要求，朝向指的是房子大门一面的朝向，不能随便建，以防止与周边建筑不协调，影响城市形象。很多卖不出去的地都是因为这个，要么正面很窄，只能建个炮楼，要么朝向不好，只能坐东朝西等。

I. 是否有规定绿地面积。很多城市要求地上至少有一定面积的绿地，甚至会要求种树。绿地还好，如果地不大，种树会影响院子的使用面积以及采光。

J. 地块是否为洪水区、虫灾区、地震区等。靠近河、湖、海的城市都会有一部分地区划分为洪水区，这种区域的房子都要求为两层或多层且第一层不能有卧室，以防止洪水灾害，划分标准为过去一千年内洪水曾经达到过的位置。但一般不用担心，现在法国城市大部分都已经完成了保护设施，除非严重的天灾，不会有什么危险。虫灾主要指的是白蚁，虫灾区不建议修建木质结构房屋，但不是禁止，如果想建木质结构的房子，一定要注意这一项，销售不会你明说。法国大部分地区为地震区，这个会明确标注，萨克齐政府开始的新的建筑标准要求新建房屋都要达到抗 8 级地震的标准，在一定程度上增加了建筑成本。所有这些都会直接影响地价。

以上列举的诸条，都会直接影响地的价值和之后的建设，大部分可以参见该城市的城市规划图，可以在城市网站或者市政府要到，买地之前务必阅读这些条文，看看是否符合自己的需要。

要注意，好地卖得非常快，所以发现心仪的地块，要尽可能快地获得所有相关信息，如果符合自己的要求，最好尽快作出决定以掌握主动。一旦出现地产公司作为竞争对手，胜算会很低。还有就是不要追求投机，大块可以再分的地绝对是极其罕见，在地产公司等行业内部的人都很难拿到这样的地，更不要说普通买家了，不要浪费时间。

（三）购地

一切条件都满足了自己的需要，价格谈好，就可以进入购地程序。

第一阶段：达成口头决定。买卖双方先达成口头协定，即买方愿意以卖方的价格购买这个地块，理论上卖家会等买方的最终决定，保留这块地不卖，时间大概可以有一周，如果是块好地或者竞争对手比较多，就可能最多两天，甚至像笔者，只有 24 小时来做决定。这种协定没有法律效力，基本是靠人品。当然，买家占优势的时候，这个时间可以用来在最后犹豫的两块地上做价格上的最后争取，卖家则一般利用这个时间找公证机构准备预购的文件。

第二阶段：提供预购合同。最终作出购买决定后，卖家会给买家一个预购文件，上面有与这块地相关的所有详细信息，格式和内容是法律要求的，由公证律师出具，销售公司没有权利修改其中的内容，因此一定要仔细阅读这里的信息。一般会给买家留出一周的时间用来阅读各种条款。签字后，卖家需要支付定金支票，定金一般是总价的 5% ~ 10%，支票不会过账，等完款时与支付总价的余下部分一起过账。签字之后，这块地就不会再卖给别人，卖家会留给买家很长时间以完成贷款之类的事情，这个期限会写在预购合同中，3 ~ 6 个月不等，可以和公证律师商量，一旦超出期限，预付款就会没收，并且合同失效。到银行贷款的时候，银行会要求出示这个文件，这是一个必要条件。

第三阶段：银行贷款。在法国是可以零首付贷款的，但是代价是利率较高，而且对贷款人的信用和收入等要求都会比较苛刻。和所有地方一样，如果贷款人有固定工作（工作合同为长期合同），收入越高，工作时间越长，首付越高，贷款难度就越低，利率也可以降得较低。外国人，持有有效期一年的工作签证也可以贷款，只是利率会稍高些，因为银行认为风险较高，当然，如果收入较高，首付较高，也可以获得很好的利率。

另一个需要注意的是，贷款的额度是根据你全家收入决定的，银行会要求最高负载率（全家所有的贷款）不可超过两人总收入的40%，如果已工作年限长并且收入较高或者首付较高，这个界限可以提高到50%。不要有侥幸心理，所有的个人收入、缴税情况、负债情况银行都可以查到，税务局和银行都是联网的，在大型贷款的情况下，银行可以向政府相关机构咨询相关人的负债情况。在法国很难骗到贷款，再加上各种高昂的税费，有效地杜绝了恶性炒房的情况。

和银行谈贷款有两种途径：其一是自己去银行谈，如果已经是某一个银行的长期用户，有良好的信用记录，完全有可能谈到一个很不错的利率。其二是找贷款中介。贷款中介往往和各大银行都有联系，尤其是大型的贷款中介业务量很大，因此可以谈到很低的利率，一定低于市场平均利率。只需要向他们提供银行贷款需要的材料，他们回去完成所有的谈判，最后提供三个银行供你选择，为你分析其中的利弊，用户选定后，中介会去完成所有操作，并且分析和监控合同中的所有条文，用户只需要最后去银行签字完成贷款。中介费理论上是项目总价的3‰~5‰。另外，银行还会支付给中介佣金，如果项目大，而且用户的条件好，这种个人要支付的佣金甚至可以协商减免，因为条件越好风险越低，银行付给中介的费用越高。推荐找大型的贷款中介，可以节约很多时间，得到最好的利率，即使付一些佣金也是值得的。另一个推荐，最好能在这个时间把要建的房子也和建筑公司谈好，几个月的时间做这件事是绝对充裕的，然后把地和房子的贷款放在一起谈，节约时间，节约精力，还可以节省一笔可观的费用，还款的时候只有一笔账，也更清楚。

第四阶段：签订购地合同。贷款流程完成后，银行会出具一个同意贷款的证书，有这个证书就可以和卖地人去公证律师那里签署最后的购地合同，颁发地契。从签字那一刻起，这块地的所有权就归购买者，任何人包括卖地人再需要踏上这块地，都要经过购买者的允许。

（四）盖房

盖房同样要经历几个步骤。

第一步是设计，自己盖房的优势就是完全可以按照自己的需要定制你的房子，不要图便宜，一定要找专业的设计师来设计出图，原因有两点：第一，他可以作出符合法国建筑公司要求的图纸，并且可以立刻给出一个基本报价；第二，他了解所有本地政策，设计的时候会注意到所有必要的细节，避免很多麻烦。例如，如果地块属于有洪水风险的地区，政府会要求必须建造多层的房子且底层不可以有卧室；有白蚁的地区，需要增加防白蚁的设施且不能建造木质结构的房子；还有现在规定的防震要求以及节能要求等。所有这些，直接影响到建造之后房屋的安全以及价值。另外，不合理的设计根本拿不到政府的建筑许可，每一次申请许可都要等近两个月，还有一笔审核费用，每一次重新设计都要重新去评估技能级别，也需一笔不小的费用，约 1500 欧元，总之，修改图纸的时间和金钱成本都很高，因此，每个细节都要在设计这一步就完全考虑到，多花点钱找专业设计公司或者直接找建筑公司自己的设计师来设计，既节约时间又节约资金，他们要钱多是有道理的。

另外，上一步的时候已经说了，设计部分最好可以在银行贷款前完成，一般来讲，在设计师了解了所有需求后，第一张图大概两周就可以拿到，一般为平面图和一个内部的 3D 图，只要没有定稿，可以无数次修改，直到客户满意。如果是在建筑公司设计，定稿后，可以要求公司做一个成本预算，一般当天就可以拿到整个工程的报价，如果只是纯设计公司，则可以得到一个建筑成本的估价，如果满意了，就可以和设计公司或者建筑公司签约了，签约之后还可以继续改图，等最终满意后就可以让建筑公司准备申请建筑许可的材料，邀请第三方公司计算节能级别并且递交申请给本地市政府。注意，一旦材料递交审核，之后再想改图就很麻烦了，改图一般不需要花钱，但是每次修改都要重新递交审核和重新进行节能级别计算，都会产生上千欧元的附加开销以及两个月左右的等待时间。如果一切顺利，从开始设计一直到拿到建筑公司的工程报价，大约需要 10 周的时间，银行贷款也需要谈大约 2 个月，之前提到的预购合同中一般会留出 3~6 个月的时间去谈贷款，时间肯定是充裕的。

建筑公司的工程款一般要包括：建筑材料费用，建筑人工费用，申请工程许可的费用，节能等级测定费用，工程公示费用，工程保险，工程质量监管费用和工程过程监管费用等。有些不是必须的，但是最好都谈到工程款里，之后会少很多麻烦，下文中会详细介绍。

和建筑公司签约之后，建筑公司就会去准备各种文件，首先会得到一份关于工期和工程分期付款的文件，这个文件中会明确说明什么时间段完成那些工程，双方需要在此期间完成的事情，以及工程相关的款项和支付日期。付款一般分成五段，工程公司直接从银行划账，第一段是在地基完成的时候，完款20%；第二段是外墙立起以后，完款 20%；第三段是封顶之后，完款 20%；第四段是内部结构完成，完款 20%；最后完工交钥匙，用户验收、支付全款。将这个文件加上购地的预购合同交给银行，就可以完成贷款手续。

获得银行同意贷款的证明后，就可以去公证事务所签最终的购地合同、取得地契了。

第二步是盖房。拿到地契和银行的贷款合同，复印件交给建筑公司，用来申请建筑许可的所有文件就完整了。建筑许可的申请一般是由建筑商递交给地块所在市政府，审核时间为 2~3 个月，主要是审核结构是否合理（包括抗震能力、环保标准之类），与本地规划要求是否满足（包括外墙和房顶颜色，限高，朝向，和邻居院子的限距，绿地面积，树木种类及数量等），还有审核建筑公司的相关资质。

审核通过后，市政府会把许可发给建筑公司，接下来要有两个月的公示期，公示期间如果有人反对这个工程，工程则不能进行，需要政府出面协调，没有半年不会有结果。公示过程是，由建筑公司制作一个公示牌和一个公告，标明工程的内容，建筑公司，所有者，土地面积，所盖房屋的用途、高度、占地面积等。公示牌需立在地块边缘处面向街道，公告则张贴在市政府大厅，时间为两个月，费用为 250~500 欧元，一般这个费用由用户承担，如果之前和建筑公司谈好，可以免去。根据统计，约有 5% 的工程会遭到反对，主要原因为房屋的高度和窗户的方向影响邻居。在公示期间，其实可以完成很多事情，如果需要接水接电，因为已经有建筑许可，这期间就可以做了。需要注意的是，这里所说的接水接电都是指从公共网络接到地块边缘。地块内部的工程一般由建筑公司承担，但是水电公司都不会告诉用户，给的工程设计和报价都是一直入户的，建筑公司自己省事，用户不问的话也不会吭声，因此大量不知内情的用户都是花大价钱一直把管线修到房子门口，这个差价会有几千欧元。

公示到期当天，建筑公司会去市政府拿最终的开工许可，用户也可以得到一张，有了这张纸再有人反对也无效了，拿到之后即可开工。理论上，在工程款里面已经包括了工程的保险费用，如果没有，建筑公司会在开工前要求用户买保险，为的是防止建设过程中出现的各种意外，这个保险不是必需的，但是最好有，否则一旦工人出现受伤或者工程机械撞到邻居的房子，都会产生很大一笔费用，法律规定这个费用是由地产拥有者承担的。

开工前另一个要注意的是工程由谁监管。分为两部分，第一部分是质量监管，这个必须是由专业的第三方监管公司负责，建筑公司会负责完成相关手续，费用应该已经包含在工程款内。第二部分是过程监管，这个部分可以由用户自己完成，不过如果对工程过程不了解还是推荐让建筑公司派一个专业人员（工头）来负责，他会全程跟踪整个工程，用户只需要跟他沟通，不需要直接接触工人，有他在，工程速度会快很多，用户也省心，定价一般为一个人6个月的工资。

所有上面的条件具备即可开工了。开工之后，用户这边还有很多事情要做，因为所有细节都是由用户决定：外墙颜色，瓦的颜色，屋顶排水管道的颜色，窗户的材料及颜色，门的颜色及样式，屋内电源的数量和位置，天花板上光源的位置和数量，开关的位置，楼梯的样式及材质，热水器，上下水，甚至干衣机的排风口位置，等等，非常多。当然，如果钱足够，完全可以由装修公司完成这一切，但是在法国，这个价格是天价。完全从设计、采购到装修完成的报价不低于一个房子的建筑价格，即使一个简单的室内设计也要1万欧元以上；工程绝对是天价，一个200平方米房子的装修工程要4~5个月，即使仅仅是刷墙铺地板等简单的事情，报价也不会低于5万欧元（不包括来自东欧的众多黑工程队）。这就是绝大多数法国人选择自己来做这些工作，也是法国装修业很不景气的原因之一。

在建筑合同上工程时间一般为 12～18 个月，要看工程复杂程度，实际上用不了这么长的时间。以笔者为例，工程实际需要 8 个月。不要和中国的工程对比，因为即使是很大的建筑公司，你在工地上也看不到超过 5 个人的时候，这就是法国。关键是这种速度已经写在法国人的脑子里，当笔者说他们的房子需要 8 个月的时候，几乎所有法国人都说好快，而中国人则无法理解。

工程结束，用户验收后签字。这时用户可以获得几个文件，房子的产权证书，第三方监管公司出具的质量证书，第三方公司出具的节能评级证书，建筑公司提供的质量保证书（时限和内容是写在建筑合同中的）。

（五）装修

上文已经提到过，无论是单元楼还是个人别墅，在法国装修几乎都是自己完成，就一个原因——太贵，尤其是人工。为啥这么贵，因为每部分工作由不同工种完成，木匠是木匠公司的，泥瓦匠是泥瓦匠公司的，电工是电工公司的，而每个工种都有自己的执照，这个执照费用很高且很难拿到，甚至可以传给后代。现在门槛已经降低，有专门的学校提供课程，可以就职于专业的公司，但是获取这些工种独立经营的执照依旧很难，因此，他们每个小时的工作费用很高。以电工为例，更新一个 200 平方米房子的所有电线，需要一个电工大约一周的时间，费用会高达 15000 欧元以上。因此，几乎没有人会请人做，无论多费劲都自己来做。不过这也造就了法国人普遍个人动手能力很强，因为他们从小就看到自己的祖辈干着各种手艺活，一辈一辈下来，当有什么事情需要做的时候，他们的第一反应就是去看要怎么做、需要哪些工具，而不是像我们第一反应是找人做。他们的工具商店也是琳琅满目，一点没有国内五金店的那种凄凉，从来都是门庭若市，销售绝不亚于建材店、家具店。

现在网络发达了，各种手艺活在网上都能找到教学视频，买齐工具跟着做就行了，笔者很快也会加入这个队伍。唯一的缺点就是自己干很慢，周边的朋友装修两年还没完成的大有人在。

装修还有一个问题就是建材的环保标准。欧洲在环保标准上始终走在世界前列，基本没有在媒体上看到过像国内那样大量的关于建材环保问题的讨论。周边的人基本上都是装修之后几天就住到新房子里，询问过一些业内人士，他们都肯定地回复我，只要是在正规市场买的涂料、油漆、壁纸、地板，都不会对健康有任何不好的影响。而且所有建材的包装上都印有环保标准的评级，很多大牌子的产品，可挥发成分的含量和释放量也有明确标示，就像其他方面的商品一样，标示着法国制造的产品完全可以放心购买。

最后说一下厨房和卫浴，一般建筑商都会提供几个合作伙伴供用户选择，不过并不推荐这么做，因为价格很难谈，即使有所谓的内部合作价格也比自己去谈的高很多。自己买的话，渠道很多，从低端的大卖场到高端的专业品牌店，从独立元素的销售到整体设计，几十个品牌可以选择。以笔者为例，卫浴方面，马桶、淋浴和浴盆等元素都是按照功能的需要单独购买的，将来也需要自己来安装，比起建筑商推荐的产品功能和设计上都更符合自己的要求。所有相关的家具也是按照自己的要求设计制造，有很多这方面的公司，质量价格从低到高都有，坐下来仔细砍价，可以得到很不错的价格。厨房也和国内一样，先定整体厨房，然后按照自己的需要调整模块。卫浴和厨房的家居利润非常高，都可以大幅度砍价。

如果不是建筑商做卫浴和厨房，自己找公司做一定要注意，卫浴和厨房的设计一定要在房子主体施工之前，拿到设计的技术图纸后，要立刻把图纸交给建筑商，这样建筑商就能按照相关图纸安装冷暖水和下水的管道、煤气管道以及抽油烟机的排风管道（这个管道规定要一直通到屋顶，不可以横着从窗户出去），以及电源、开关和光源的位置。如果房子盖好之后再做改造又将是一笔上万欧元的开销，因为这两块里有很多工程不是个人可以完成的，比如煤气管道等，自己做风险很大。

How to Buy a Piece of Land and Build
a Property in France

Zhang Wei

Abstract：According to laws and legislations in France，four types of Chinese， including those Chinese living in China, are qualified to buy a piece of land and build a property in France. Relying on the strict control of bank funds, perfect design of taxes, and a complete legal system, the management and control of real estate in France are closely interlinked. Four types of land could be traded in France, but only "Land for construction" could be used for residential purpose, which is the most expensive land. The experience in buying a piece of land and building a property in France will be useful to understand the housing system in France, and offer some implications for China's housing system.

Key Words: France; Buy a Piece of Land and Build a Property; Implications

热 点 篇

Hot Topics

B.21

温州房地产市场：现象、数据及其分析

曹荣庆 等*

摘　要：

在房地产市场本轮的宏观调控过程中，作为市场经济发展比较充分的温州市场，经历了巨大的阵痛。基于温州特有的市场属性和投资冲动，这种阵痛并没有达成理想的调控效果，仍然高位运行的房地产市场预示着宏观调控还需要介入更多的社会因素，特别是民营经济的成长和发展将会在很大程度上决定着温州，进而也决定着房地产市场的合理发展。

关键词：

温州　房地产市场　宏观调控　高位均衡　合理价位

无论从哪个角度说，温州都是我国改革开放和市场经济建设的一个典型样板。"温州模式"在很大程度上涵盖了我国社会主义市场经济体制在不同阶段

---

* 曹荣庆：浙江师范大学经济研究所副所长，教授，主要从事区域经济学和公共经济学的研究。第二作者有浙江师范大学区域经济学硕士点的丁扬和余涛，行政管理学硕士点的陈晨和夏楠等人。

的探索与实践。也正因此，社会主义市场经济体制建设过程中所遇到的各种问题都在温州得到了集中体现，温州也最具备研究总结出解决这些问题的思路和对策体系的社会条件。

房地产市场的发展是我国社会主义市场经济建设过程中一个重要的环节，它既是国民经济的重要组成部分，也是人民幸福生活与和谐社会的重要基础。因此，对过去几年，特别是对 2012 年波涛汹涌中的温州房地产市场进行全面深入而客观的研究，将会更加深刻了解我国房地产市场的发展，以此为基础，也可以研究和总结我国房地产市场宏观调控的科学目标及正确路径。

一 现象：2012 年的温州房地产市场

作为"异质"于我国传统的社会主义计划经济体制的一个典型区域，温州所发生的事情，总是更多地被质疑甚至被批判，特别是在房地产市场发展的问题上，温州，更加准确地说是温州人的所作所为总是被推到风口浪尖上。

（一）媒体记载

在众多媒体的记载中，"腰斩"和"裸跳"是最吸引眼球的。"腰斩"的说法源于瓯海大道附近的一个楼盘，2009 年开盘时以 3 万多元/平方米的价格创下了当时温州楼市的房价新高，随后的一年里被爆炒到 6 万多元/平方米。现在的二手房报价却只有 3 万元/平方米左右。遭遇"腰斩"的还有代表温州市场最高价格水平的绿城鹿城广场，2010 年巅峰时二手房价格接近 10 万元/平方米，现在的成交价有些已经不到 5 万元/平方米了。

另外一个比较抓人眼球的"裸跳说"则来自一个网友的帖子。该帖子说，一女性炒房客跳楼自杀，因为她在绿城鹿城广场买了 28 套房子，买入价每平方米 7 万元，现在 5 万元/平方米也出不了手。一套房子就得赔进去 200 多万元，28 套房子总共要亏掉 5000 多万元，结果只好裸跳自杀。

（二）炒房团致企业空心化发展

2010 年 8 月初，在温州市上半年工业经济形势分析会上，中国人民银行温州市中心支行提交的一份《金融支持工业经济运行分析》报告指出，近年来越来越多的民营企业外迁和民间资金外流，温州已经出现"产业空心化"现象。以温州盛极一时的烟具行业为例，金属打火机产业曾经占据全国产量90%以上，鼎盛时有500多家企业，如今只剩下100家左右。而在这100家中，只有30余家的企业老板在专心经营。

事实正是如此，目前"大企业造楼、小企业炒房"已成为温州制造企业"产业空心化"的一个结局，由此也导致了温州市企业家"群体性不务正业"的现象。"2010温州市百强企业"中，除2家房地产公司和6家建筑公司外，其他40多家制造业企业无一不涉足房地产开发。此外，由制造业企业抱团成立的大型房地产开发公司，目前温州至少有7家，每家资金规模都超过30亿元。[①]

（三）高利贷经济促"跑跳一族"出现

由于企业家们"不务正业"现象的普遍存在，在这一轮的宏观调控过程中，温州的企业家们或"跳"或"跑"的大有人在。

温州企业家"跑路"现象始于2011年的4月份，截至2012年2月末，温州出走企业共234家，其中2012年1月份发生24家，2月份36家，涉及银行授信的出走企业152家，涉及银行授信余额总计40.72亿元，已基本形成不良贷款，占全市不良贷款余额的36.22%。温州银监局数据显示，2012年2月末，温州银行业金融机构不良贷款高达112.41亿元，不良贷款率为1.74%，已经8个月呈现上升态势，比上年6月末最低时的0.37%飙涨了370.27%。[②]

即使在当下，温州企业家所面临的内交外困也可以从《温州晚报》的公告栏中窥一斑而见全豹，差不多每一天的公告中都有半个版面的企业债务诉讼公告。[③]

为什么这么多温州企业家出现"跑路"？按照国人的传统观念，不到万不得已，不可能背井离乡，何况这种"跑路"也许永远都回不来了。从表面上来看，这其中的原因是欠债太多，还不起，只有跑，一跑了之；但是从相对较

---

① 《温州大企业造楼小企业炒房》，http://finance.qq.com/a/20100912/000558.htm。
② 《温州企业家频现跑路潮》，http://news.gtxh.com/news/20120411/tianjingangcaijiage_37175.html。
③ 《温州晚报》2012年12月21日，第20版。

深的层面上来看，温州的企业家群体性地抛弃实业进军房地产行业，从而导致实业空心化，然后再遭遇房地产市场的宏观调控，如此一来，温州企业大规模的资金链断裂最终被迫"逃"甚至"跳"也就在所难免了。

二 数据：温州房地产市场的真实面貌

尽管温州房价"腰斩"的说法有很大的真实性，但是从专业的角度看，其所蕴涵的信息是大大扩展了的。

（一）温州房地产市场的实际数据

根据房价网（http：//user. fangjia. com）提供的数据，温州房地产市场两年以来的房价变化如表1所示。

表1 温州市（及其下辖的瓯海区和乐清市）两年以来房地产市场价格发展趋势

单位：元/平方米

时间	温州	瓯海区	乐清市
2010 – 12 – 26	28000	28500	14800
2011 – 01 – 09	28200	30000	25000
2011 – 01 – 23	28999	30000	23500
2011 – 02 – 06	30000	32500	23500
2011 – 02 – 20	30000	32800	24500
2011 – 03 – 06	30000	33500	25000
2011 – 03 – 20	31500	35000	24500
2011 – 04 – 03	31500	35000	23500
2011 – 04 – 17	32000	35000	25000
2011 – 05 – 01	31500	32200	25000
2011 – 05 – 15	32000	33500	26500
2011 – 05 – 29	31000	31500	26000
2011 – 06 – 12	32000	32000	26000
2011 – 06 – 26	31500	33000	26000
2011 – 07 – 10	30000	35385	28080
2011 – 07 – 24	30000	32554	28000
2011 – 08 – 07	30000	32000	25760
2011 – 08 – 21	32000	35500	29000
2011 – 09 – 04	31000	32000	26500
2011 – 09 – 18	28000	27085	26037
2011 – 10 – 02	27600	25500	22038

时间	温州	瓯海区	乐清市
2011 - 10 - 16	30932	28818	22060
2011 - 10 - 30	30000	28000	18671
2011 - 11 - 13	28520	27821	15803
2011 - 11 - 27	28338	27643	15600
2011 - 12 - 11	29160	27324	13156
2011 - 12 - 25	30809	30240	12153
2012 - 01 - 08	28875	32685	12195
2012 - 01 - 22	28690	30097	12213
2012 - 02 - 05	29462	26966	12222
2012 - 02 - 19	30000	24809	12174
2012 - 03 - 04	27906	28818	12220
2012 - 03 - 18	27500	28633	12221
2012 - 04 - 01	27500	33398	12218
2012 - 04 - 15	26000	37078	12260
2012 - 04 - 29	26538	34496	12359
2012 - 05 - 13	28045	29534	12368
2012 - 05 - 27	27865	34449	12330
2012 - 06 - 10	26000	31746	12294
2012 - 06 - 24	27427	32216	12132
2012 - 07 - 08	24535	32974	12344
2012 - 07 - 22	23305	30962	12071
2012 - 08 - 05	24445	30949	12213
2012 - 08 - 19	23756	30909	12337
2012 - 09 - 02	24138	30408	12253
2012 - 09 - 16	24211	30413	12520
2012 - 09 - 30	24710	30691	12382
2012 - 10 - 14	22916	30306	12377
2012 - 10 - 28	22817	28864	12479
2012 - 11 - 11	22233	29275	12194
2012 - 11 - 25	19983	28138	12060
2012 - 12 - 09	21943	28146	12285
2012 - 12 - 23	24146	28613	12290
2012 - 12 - 30	23741	28667	12360

（二）实际数据说明的问题

从表1数据可以看出，温州的房地产市场在2012年确实经历了一个痛苦的调整过程，特别是在温州下辖的乐清市，进入2012年之后，房地产市场就几乎完全"死"掉了，其价格一直徘徊在12200元/平方米左右，上下幅度几乎没有超过 100 元。

但是，如果再认真深入地观察一下温州房地产市场发展，特别是对照性研究市场发展的各种数据，可以发现温州市房地产市场仍然盯牢在较高的价位上，由此生成其发展的特别"空间"。

表 2　2012 年温州市房地产价格与相关三个区域的比较

时间	2012 – 01 – 22	2012 – 02 – 19	2012 – 03 – 18	2012 – 04 – 29	2012 – 05 – 27	2012 – 06 – 24
浙江省温州市	28690	30000	27500	26538	27865	27427
浙江省杭州市	17272	17222	18604	17818	18095	19798
浙江省金华市	8159	8266	8333	8307	8281	8861
江西省赣州市	6730	6746	6734	6147	6055	6232
时间	2012 – 07 – 22	2012 – 08 – 19	2012 – 09 – 30	2012 – 10 – 28	2012 – 11 – 25	2012 – 12 – 30
浙江省温州市	23305	23756	24710	22817	19983	23741
浙江省杭州市	18609	18270	19491	20325	21120	19140
浙江省金华市	9376	10457	10092	9022	9343	9498
江西省赣州市	5804	5936	6179	6073	5698	6622

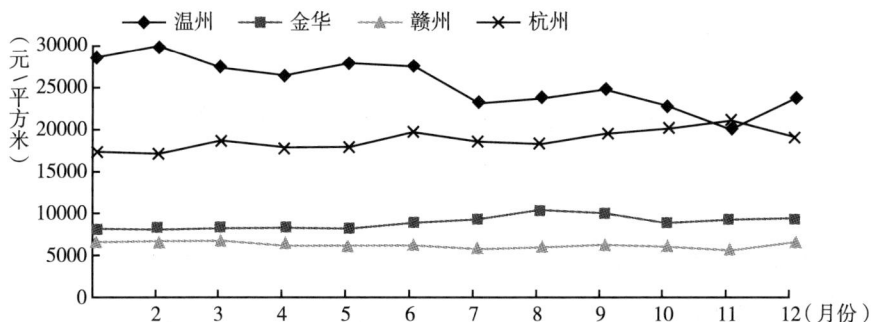

图 1　2012 年温州市与另外三个区域的房地产市场价格比较

2012 年温州市房地产市场 12 个月的平均价格为 25528 元/平方米，是浙江省省会杭州市（18814 元/平方米）的 1.36 倍，是其相邻的金华市（9000 元/平方米）的 2.84 倍，更是邻省江西省的经济强市赣州市（6246 元/平方米）的 4.09 倍。显而易见，这种在号称"史上最严厉"的宏观调控背景下形成的高位运行是不正常的。一种观点认为温州市房地产市场发展已经"竭泽而渔"，所有资源都集中在房地产市场上，因而这种高位运行显然不可持续，崩盘只是一个时间问题；另一种观点则认为温州房地产市场这种高位运行是其经济基础的自然体现，甚至如果价位再低探一点，就会有足够的需求力量把价格拉回到目前的高位上，因此目前的这种高位运行是一种最终的均衡结果。

笔者倾向于后一种观点，一则因为与全国的市场发展同步，温州市房地产市场2012年的"翘尾"非常典型，从2012年11月底到12月底的价格翘尾空间就达到了将近4000元/平方米；二则即使在目前的"寒冬"时期，温州市的塔吊也随处可见，市场动力跃然而出。

三 分析：温州房地产市场高位均衡的市场机制

温州房地产市场的这种高位均衡有其客观的社会基础，是以整个中国人口大国和居民房地产特殊偏好两个普遍性因素的拉动作用为基础，再加上温州充足的收入推动和强烈投资（机）拉动两个区域性因素而形成的一种客观结果。

（一）全国普遍性的需求拉动因素

温州房地产市场的高位均衡，首先是基于我国全国性的一些普遍性因素，主要有两点，一是巨额人口而形成的房价收入比严重偏高，二是我国居民对住房的强烈偏好而形成的巨大需求。

1. 严重偏高的房价收入比

一段时期以来，有关中美物价比较的话题经常引起公众的兴趣，特别是中美房价收入比的讨论更是搅动了众多人士的神经。然而细观之下可以发现，所有这些讨论几乎都有一种隔靴搔痒的感觉，都没有切中问题的本质。究其原因，是因为在现有的分析框架下，中美两国的人口规模对经济社会发展产生的影响并没有被考虑进来，在事实上，中美两国的人口规模对经济社会发展产生的影响却是有本质差异的。

首先，从对住房需求说，中国的人口是美国的4.36倍（2012年，中国人口总量为1338612968人，而美国则为307212123人），从某种角度上来说，中国房地产市场的需求力量是美国的4.36倍。其次，从劳动力市场看，同样由于中国人口是美国的 4.36 倍，可以相对简单地类推中国劳动力的供给也是美国的 4.36 倍，这样一来，中国劳动力的一般均衡价格就只能是美国的 22.94%，也即 1/5。这样两个反向的因素总合起来，可以相对地认为中国的房价收入比是美国的 20 倍左右。

2. 对住房的强烈偏好形成的需求拉动

从中美两国居民的住房需求看，中国居民的刚性需求和改善性需求都要比美国强烈得多。一般说来，因喜好迁徙的本性，再考虑到各种成本因素，更多的美国人倾向于租房居住。相反，中国人则往往"热土难移"，视背井离乡为一种苦难，因此，中国人绝大多数的个人财富都物化在房上，甚至很多人一参加工作就考虑购房，结婚则必须有新房作为前提，由此甚至形成了房地产市场中特殊的"丈母娘经济"。这些因素也在很大程度上拉升了中国房地产市场的需求力量。

（二）房地产市场发展的温州需求

作为中国社会主义市场经济体制建设的先行区，温州房地产市场不仅建构在全国房地产市场共同的特点上，更具有其独特的市场特点，其结果是对房地产市场需求力量的向上抬高。

1. 温州个人财富对房地产市场的需求推进

温州市场经济的发展有许多让专家们感到迷惑的地方，包括笔者所概括的"温州悖论"。[①]

所谓"温州悖论"，指的是温州有一个与人们通常看法相矛盾的事实：几乎所有的人都认为温州人非常有钱，但是温州 2011 年的人均国民生产总值在浙江省 11 个地市中位列倒数第三，仅高于衢州和丽水两市，即使是金华市〔52538 元／（人·年）〕也要比温州〔43132 元／（人·年）〕高出 9406 元／（人·年），比浙江全省的人均国民生产总值 59249 元／（人·年）更是低了 16000 多元／（人·年）。

但是这种"温州悖论"是可以解释的，其根源就在于温州市经济区经济

---

① 曹荣庆：《块状经济与"人口流动悖论"》，《中国人口科学》2008 年第 5 期。

与行政区经济的差异性。温州市的行政区共有 11786 平方公里 912.21 万人口
(2010 年底),下辖 3 个市辖区(鹿城区、龙湾区和瓯海区),代管 2 个县级市
(瑞安市和乐清市),辖 6 个县(洞头县、永嘉县、平阳县、苍南县、文成县
和泰顺县)。但是温州市的经济发展具有典型的块状特点,主要集中在市辖
区,以及县级市(包括个别县)的城关镇,因此温州市的经济发展存在着由
点(块)到面的不充分发育特点。事实上,在浙江省仅有的 3 个国家级贫困
县中,温州就占去了两个(文成和泰顺)。此外,浙江全省现有 361 个欠发达
乡镇,温州就有 139 个,占了 1/3 还多,也超过了全市 262 个乡镇的一
半多。①

温州存在着这种点与面的不协同性,而处于"点"上的居民的个人财富
构成了外界通常对温州的财富印象。与上述人均国民生产总值的倒数状态截然
不同,温州市 2011 年的城乡居民储蓄存款年末余额(3566 亿元)却在浙江全
省名列前茅(第三位),仅仅处在杭州和宁波之后,而且几乎与宁波市(3696
亿元)持平。谈到温州个人的财富,还有一点必须提到,这就是"温州人经
济"和"温州经济"的差异性。一般来说,目前温州市 750 万的户籍人口中,
大约有 200 万人在温州之外创业当老板,其中又有 40 万人在中国之外创业当
老板。这 200 多万在温州之外的区域创业经营的温州人所创造的财富大约相当
于列入统计范围的温州市的地区生产总值,也就是说,在统计数据中,温州市
的地区生产总值大约是 3500 亿元,真正由温州人掌控的财富却是大约 7000 亿
元。以这样一个概念来认识温州人的财富,那么坊间所流传的由温州人控制的
8000 亿 ~ 10000 亿元的"游资"是有现实依据的。

2. 温州人的市场本性拉动了房地产市场的特殊需求

温州人掌控的巨额财富是温州房地产市场高位均衡的必要条件,但温州的
房地产市场之所以能够企及如此的高位均衡,则是因为温州人还具备了一个充
要条件,也即温州人强烈的市场本性。

作为率先启动社会主义市场经济体制建设的区域,温州人的血液中内
在地流淌着市场经济的基因,而这又与温州的地理环境、历史和传统有很

---

① http://tieba.baidu.com/p/472044807.

大的关系。温州地处沿海，早在 1876 年，根据《中英烟台条约》的附约，就被开辟为对外通商口岸，这使温州有着久远的经商传统、开放传统和手工业制造技能，而且有广泛的海外关系，因此商业文化或者说市场经济文化较为发达。此外，温州总体上来说人多地少，生存空间极度局促，因此人们内心自然激荡着一种向外拓展生存空间的原始冲动。这样一种历史和文化传统，再加上这样一种外向性的冲动，就形成了温州人独步天下的市场观念和意识。

温州人血液中这种强烈的市场观念和意识附加在当代中国的经济形势和环境，自然就激发出了温州人近乎"疯狂"的投资理念。众所周知，在当代中国，一方面，温州人不仅拥有巨额的财富，而且拥有非常强烈的市场观念和意识；然而在另一方面，温州人巨额财富缺少足够的投资途径，于是寻找投资途径就成了温州人市场血液奔腾的目标导向，进而形成温州人强烈的投资意识。事实上，早在 20 世纪 90 年代初，温州人就进入了山西能源市场。当时，国内煤价低迷、煤矿效益不好，煤矿和矿山几乎无法从山西本地的银行得到贷款支持，而煤炭是高投入产业，山西煤老板们自有资金有限。温州人及时察觉了其中的投资机会，充分发挥了温州民资丰厚的优势，采用民间借贷的方法进一步筹集资金，全面深度地介入了山西每一个产煤的县市，几乎在每一个煤矿中，都活跃着温州人的身影。

几乎如出一辙，温州资本的触角悄悄地伸到了每一个有丰厚回报的行业，从煤炭到油田，从水电到棉花，甚至绿豆、生姜和大蒜……而温州人把触角伸进房地产市场并且形成"令人欢喜令人忧"的"炒房团"，在很大程度上也是两个因素共同作用的结果：一是前述的投资路径基于不同的原因、不同的机制都被堵死之后，温州人手中的"游资"必然要寻找一个合适的出口；二是房地产市场被公认是一个回报丰厚的投资领域，两个因素结合，构成了温州人对房地产市场一种特殊的需求，由此温州"游资"近乎疯狂地大举进入房地产市场也就再自然不过了。当然，作为"故土"的温州房地产市场，自然是温州"游资"重点关注的对象，由此温州房地产市场的高位均衡也就"在劫难逃"了。

四 结论与思考：未来可能的出路

通过上述的分析，关于温州的房地产市场，我们至少可以得出以下几个方面的结论，由此也可以引致我们作更深层面的反思。

（一）温州房地产市场，特别是住宅市场价格确实经历了大幅度的下跌

在2010年国务院出台一系列房地产市场宏观调控措施之后，温州的房地产市场陷入了全面萧条，其集中体现就是住宅市场价格大幅下降。当然，温州房地产市场价格下跌现象有两个表现层面：一是标准的"腰斩"，主要集中在高端楼盘，其典型是绿城鹿城广场，目前的成交价刚好是2010年巅峰时10万元/平方米的一半左右。另一是一定幅度的下跌，从面上的数据看，温州目前大约2.5万元/平方米住宅平均价格，比起2008～2009年的3.5万元/平方米也确实下降了很大的幅度。

然而问题在于，这种大幅度的价格下降之后又怎么样呢？温州的房地产市场价格维持在2.5万元/平方米左右，这仍然是一个让绝大多数人望而生畏的价格水平。在这样的价格水平上，不要说低收入群体，就是大多数的工薪阶层也难以相对简单地实现住房的理想。当然，温州可以归入我国房地产市场发展的一个"特区"，但是在经历这一轮的房地产市场宏观调控之后，房地产价格并没有回归到"合理"的水平上，中国仍然会有85%以上的家庭买不起房子。[①] 另外，在低收入群体的住房保障并不能得到有效保障的前提下，宏观调控政策的一个严重副作用就是我国整个房地产行业的停滞性发展，直至出现类似于温州房地产市场这种价格"腰斩"现象，进而拖累了整个国民经济的可持续发展。

（二）中国的房地产市场存在着"泡沫"吗？

目前，即使在严厉的宏观调控之后，某些区域甚至已经出现了价格上的

---

① http://news.163.com/10/1208/09/6NCF78IS00014AED.html.

"腰斩"现象，我国房地产市场存在着"泡沫"现象仍然是绝大多数人的共识。确实，从一般的角度看，在收入房价比超过十几甚至二十几的情况下，"泡沫"的结论是自然而然的。

然而，我国的房地产市场真的存在"泡沫"吗？从理论上来说，泡沫是一种水与汽的化学反应，其最为典型的特点是虚空，以及因此而导致的易破性。因此，如果确认我国房地产市场存在泡沫，那么正常的情况是稍微有逆向的调控政策，其虚空程度就会被挤出。然而当前中国的房地产市场，已经在"史上最严厉"的逆向宏观调控政策下支撑了两年多时间，尽管也出现了温州这样的价格"腰斩"现象，但其仍然高企的价格水平，特别是在这种"寒冬"背景下仍然不断的开工情况，以及 2012 年末的销售回温现象都说明我国房地产市场仍然具有强大的市场活力。事实上，以同样向度和力度的政策调控于其他行业，比如说中国最为兴旺的餐饮行业，如果限制本地人在饭店吃饭住宿，禁止外地人在饭店吃饭住宿，可以肯定中国将不会有一家餐馆酒店能够继续生存下来。估计不会有一个行业能够在这样的"寒冬"中还能继续生存下来，更不要说还有较强的市场活力了。

由前述可知，因为存在着人口的大国模型，我国的房价收入比必然要大大高于经济学中所谓的"正常水平"，然而因为绝大多数人有意无意地忽略了人口的大国模型这个中国最大的国情因素，都习惯于以这种"正常水平"来对中国的房地产市场作出判断，因此也就出现了大家都认为存在着严重的"泡沫"但这种"泡沫"却坚不可摧的结局。在这里，温州房地产市场的特殊性只不过是进一步加剧了中国房地产市场"泡沫"认识的矛盾性而已。

（三）中国房地产市场"合理价位"的自然回归

显而易见，中国房地产市场目前的价格水平远远不是我们所期待的"合理价位"，而矛盾性的"泡沫"现象则意味着这种"合理价位"的无解。

事实上，中国房地产市场"合理价位"的无解状态，完全是对目前房地产市场宏观调控政策的一种博弈性结果。如果目前房地产市场的宏观调控政策能够作出某种调整，也即把房地产市场划分成市场体系和计划体系两大部分，那么这种无解状态就会在很大程度上得到突破。第一，设定某个标准值，家庭收入在此值之上的归入市场体系，即通过房地产的产权市场解决住房问题；而在此值之下的家庭则纳入计划体系，由政府通过某种住房规则分配解决其住房问题。第二，归入市场体系的家庭完全由市场这只"看不见的手"来配置资源，也以此来调整其行为，政府的介入节点仅仅在于作为一般产业发展而必需的政府服务和调控。第三，纳入计划体系的居民家庭可以再细分为几个层次，在最低的层次上，居民可以零成本地得到政府的保障性住房。其他居民也根据其收入水平的变化而分层次地支付相应的租金来享受政府的住房福利，但是无论怎么划分这种层次，其住房保障的成本支出总量都是极其低廉的，都是其收入水平可以宽松支付的。第四，纳入计划体系的住房保障必须具有一个极其重要的特点，也即零产权。居民只有享受住房的权益，却没有权利分割甚至变现住房的产权，换句话说，计划体系的住房产权完全是由政府公有的，而不能纳入个人的私有体系。

在这样一种政策体系下，因为低收入群体的需求力量转移到计划体系，房地产市场的需求力量就在很大程度上被"釜底抽薪"，更加重要的是由此而形成对市场体系预期因素的"沉重打击"，因此即使市场体系完全由"看不见的手"自由发挥作用，其均衡点也必然在目前的基础上大大下移，最终形成我国房地产市场的"合理价位"。当然，由这个"合理价位"形成的我国居民房价收入比仍然要大大高于通常的国际水平。

（四）关注民资，给予民资战略出路，营造民营经济良好的成长环境

如果房地产市场宏观调控政策可以作出上述的调整，那么随着我国房地产市场"合理价位"的自然回归且保持相对稳定，造成目前我国房地产市场均衡价格大幅度上扬的一个重要因素——大量"游资"也会彻底失去对房地产市场的投机兴趣，由此真正建构我国房地产市场"长治久安"式的理性发展。

但是作为我国民营经济发展的一种自然结果，特别是以温州为代表的民营经济发展的一种原动力，大量的民间"游资"如何获得一个合理的自然的投资空间及其途径，将是我国国民经济发展在未来一个时期必须予以高度重视的战略问题。正是因为没有给予民间"游资"合理的自然的投资空间及其途径，或者从更高的战略角度上来说没有给予民营经济一个合理的成长和发展的战略空间，才导致了大量"游资"对房地产市场以及一系列领域的投机性倾注，从而导致了我国过去一段时间里经济生活中大量的不稳定波动。更加重要的是，随着温州民间"游资"在一系列领域中左冲右突的折腾而造成的巨额损耗，我国民营经济的发展遭遇了严重的危机，特别是其发展动力也遭遇了前所未有的削弱。[①] 这样一个经济发展格局，将造成我国国民经济发展总体效率的巨大损耗。

面对这种危机性局面，以放开目前绝大多数国资企业的垄断性控制为重点的国民经济战略转型，将是我国国民经济可持续发展的一个战略关键。而这样一个国民经济的战略转型，也会有效地促成我国房地产市场价格的合理回归，更会形成民营经济良好的成长环境和发展环境，最终形成我国国民经济总体上更加具有效率的可持续发展。

Wenzhou's Real Estate Market：Phenomenon，Datas and Analysis

Cao Rongqing et al.

Abstract：In the process of real estate regulation，Wenzhou，a city that has relatively developed market economic，has experienced the pain from the real estate. But because of Wenzhou's unique market property and investment impulsion，real estate regulation hasn't got its ideal regulative effect，the housing price is still

---

① 《企业家发问省委书记：为何倒下的都是中小民企》，http：//finance. qq. com/a/20130126/000529. htm？pgv_ ref = aio2012&ptlang = 2052。

high, which indicates that it needs more social factors to intervene during the process of macro-control, especially, the growth and development of private economic will decide Wenzhou's economic development largely, and the rational development of real estate market of china.

Key Words: Wenzhou; Real Estate Market; Macro-control; High Equilibrium; Reasonable Prices

B.22
美丽城市始于绿色房地产

罗 勇*

摘 要：

　　美丽城市让城市文明显得充满多样化与和谐的美感。当前，美丽城市首先应该考虑的一个关键性问题，是要使未来的城市建设与发展呈现绿色的气质；而推进绿色房地产是其中的一个重大战略步骤。推进绿色房地产是在美丽城市之新的发展观念上的重要探索。要从美丽城市的战略高度来规划绿色房地产的发展，将经济、社会和环境相协调的绿色发展思维充分地融入，使新时期的房地产发展比较以往的发展在思想上和战略上有明显的提高。

关键词：

　　绿色房地产　美丽城市　绿色房地产促进法

　　美丽城市所追求的真谛，远不止城市的思想和生活之规范与原则，而在于深化和维护人的生存意义的崭新源头，它让城市文明得以确立，并充满多样化与和谐的美感。随着改革开放不断深入和经济迅速增长，我国广大人民群众对发展意义的理解，对生活质量与生命内涵的诉求，日趋深化及全面性。美丽中国、美丽城市目标的提出，更进一步提升了民众的美好预期。

　　当前，美丽城市首先应该考虑的一个关键性问题，是要使未来的城市建设与发展呈现绿色的气质；而推进绿色房地产是其中的一个重大战略步骤。绿色房地产发展可以提高资源利用效率，促进经济增长方式的集约化，降低产业的

---

* 罗勇，博士，教授，中国社会科学院城市发展与环境研究所研究员，研究方向为城市可持续发展。

环境约束。同时，可有效地提升产业集群所涉及领域的技术含量和附加值，并有助于缓解消费能力的不均衡矛盾。绿色房地产强调经济、社会、资源环境三个领域方面的协调发展，注重发展领域的全面性和交叉性。

起步于绿色房地产的美丽城市发展战略，将带动城市化发展向更高的水平推进。美丽城市的建设依然离不开经济增长，但更强调的是在发展中追求经济效益、社会效益和环境效益的协调与统一。因而，必须突出推进绿色房地产发展的重要意义和基础性作用。唯有如此，才能适应我国美丽城市建设和发展的需要。

当前，在美丽城市的新的发展理念和发展背景下，绿色房地产的发展面临着更大的挑战。要从美丽城市的战略高度来规划绿色房地产的发展，将经济、社会和环境相协调的绿色发展思维充分地融入，使新形势下的房地产发展比较以往的发展在思想上和战略上有明显的提高。作为一种新时代的科学发展观，美丽城市将赋予绿色房地产新的发展意义，并在绿色房地产的发展目标、实施领域和产业体系等方面提供新的思路和启示。

一　创造绿色发展需求

城市绿色房地产主要是靠所在区域绿色发展的需求拉动的，这是城市绿色房地产发展的一个重要特点。

现阶段，绿色发展需求的拉动仍然依靠政府绿色发展的政策。城市绿色发展需要额外消耗相应的资源和成本，难免在某些方面或某种程度上影响城市的经济增长。绿色发展与传统经济增长的矛盾是市场经济的一个客观存在，这个矛盾在市场经济机制下没有自行解决的好办法。因此，先发展（先进）国家和地区不约而同走过的是"先污染、后治理"道路。绿色不是城市经济发展的天然目标，完全的市场竞争条件下难以创造出城市绿色发展的需求。绿色发展需求的创造必须依靠政府的针对性很强的政策措施，这是城市绿色发展的重要规律。

随着经济社会的发展和城市居民素质的提高，公众绿色参与和绿色发展诉求日益成为绿色发展需求的重要创造因素，在发展程度较高的城市和汲取了非绿色增长的教训、后发优势较强的发展中的城市地区更是如此。

城市政府应该想办法平衡和减少绿色发展对经济增长的影响。其中一种现实的做法是，以城市资源与环境能够承受的较低限度为标准，制定政府的绿色政策法规。然而，这种情况下的绿色发展需求拉动存在的问题是，需求的弹性较小，市场不充分，并给城市政府的执法与监督能力提出了较高的要求。

二　绿色房地产发展的拉动

城市应该制定系统、科学的绿色房地产发展标准与法规，拉动绿色房地产的发展。

稀缺性的资源环境状况，是制定绿色房地产发展标准与法规的基本依据，这是绿色房地产发展的内在规律。绿色房地产发展的法规标准不能偏离城市资源环境的实际价值，否则不利于房地产企业把绿色发展的成本内部化，引发"政府失灵"的损害。

城市资源环境的价格体系之真实与合理，是促进城市绿色房地产长期健康发育的重要依托。这个科学价格体系建立的重要实现途径，要借助资源环境的产权制度等一系列复杂的制度安排。在绿色发展的初级阶段，资源环境价格的一种表达方式就体现为政府的绿色房地产法规和标准。因此，政府相关政策的科学性对城市绿色房地产的长期健康发展至关重要。

在具体政策措施操作方面，应该尽可能地贴近市场，利用较为完善的市场机制，着重以经济政策措施为主而形成的政策组合，改善绿色需求弹性不足的缺陷，提高绿色政策措施的实施效率。比如，房地产领域资源消耗和减排的硬性标准可以与柔性的资源权和排污权交易相结合。

城市政府要加大对绿色房地产发展的直接财政投入，积极发展公共性的绿色房地产发展基础设施，努力解决跨地区的绿色房地产协调发展问题，不回避城市绿色房地产发展历史欠账问题，最大限度地拉动绿色房地产的发展。

政府要善于利用绿色补贴和优惠等政策杠杆，大力扶持和鼓励企业和民间资本投入绿色房地产发展，包括补助配套资金、利息补贴、相应税费减免等。

政府还要加强在绿色发展教育方面的投入，提升居民的绿色发展观念和觉悟，倡导"绿色消费"。绿色发展教育有助于把单纯的政策需求转变为公众绿色需求的自觉行动，城市绿色房地产发展的需求可以据此提升到更高一级的层次，形成城市绿色发展的长效机制。

三 房地产发展的有效绿色供给

绿色供给是城市绿色房地产发展中另一个不可或缺的组成因素。对绿色房地产有效供给的扶持，是城市绿色房地产发展至关重要的必要条件。

1. 支持城市绿色房地产业的发展

绿色政策拉动并不改变市场机制的正常规则，城市首先要为绿色房地产业的发展营造良好的市场氛围。绿色房地产企业必须在公平公正的市场条件下公平竞争，以保证绿色房地产发展相关产业和企业的健康成长。

绿色房地产发展相关产业的生产经营活动，具有显著的正的外部效应，为这些产业和企业提供特殊的优惠政策，是绿色发展公平原则的具体体现。政府应该发挥应有的职能，把支持城市绿色房地产业的发展作为改善"市场失灵"的必要手段。

2. 绿色房地产发展的科研优先

先进的绿色科技是绿色房地产业发展的重要支撑，绿色房地产科技是绿色房地产发展的基础和前提。必须加大力度推进绿色房地产发展的科技创新，以增强城市绿色发展供给的替代效应，提高绿色供给的效率。要清醒地认识到我们在绿色发展科技领域的不足与差距，加强绿色发展的基础研究和整体绿色发展技术体系的配套，尤其是在房地产领域的高效率利用物质资源技术、高性能防止污染技术、高效率利用能源技术，制定绿色发展基准指标和绿色房地产标准等方面，需要加大创新投入。国内现有先进的工业装备技术力量，也将有利于我们加快缩短与国际先进水平差距的进程。

要善于利用市场机制，迅速发展绿色房地产科技。当务之急是建立适应市场的绿色房地产研发管理运行系统。应加强技术交流和科研成果的推广。要在建立绿色房地产发展的技术市场基础上，大力推进绿色房地产发展新技术与新成果的实际推广和具体应用，使绿色创新在城市房地产领域能够扎实落地。

绿色房地产政策拉动的发展特征，凸显政府对绿色科技直接投入的必要性和重要意义。政府尤其要强化对绿色房地产关键科技的专项投入，这些关键性的投入将产生倍增绿色房地产发展有效供给的乘数效果，极大地促进绿色房地产产业人员素质的提升，把绿色房地产发展推向更高的发展层次。重大绿色房地产发展创新课题和基础研究领域是当前政府投入的聚焦点。政府可采取专项科技基金、风险投资、债券和股权等多种形式，以改善和提高绿色房地产科技资金投入的管理水平和效率。

四　制定《绿色房地产促进法》

如果要把绿色房地产发展的法律法规体系较为完整地建立起来，借鉴国际经验，我们应该做到如下几项工作。

1. 在《环境保护法》总则中对绿色房地产作出原则规定和说明，在分则中单列绿色房地产发展的相关规定，并在减排、污染防治、资源节约、生态保护等章节中进行具体规定。

2. 讨论制定《绿色房地产促进法》，规定绿色房地产的基本方针、指导思想、基本原则、具体的法律制度和责任，并与《清洁生产促进法》等法律法规相衔接。

3. 在《政府采购法》《税收征管法》和《商业银行法》等相关配套法律法规中，体现扶持和激励绿色房地产发展的内容。

4. 以推进绿色房地产发展为目的，制定和完善相关条例和部门行政规章。政府可以在法律的框架内专门制定相关条例，并在条例的指导下，制定或完善有利于绿色房地产发展的部门行政规章。

5. 各城市还应该根据自己的发展实际，因地制宜地制定绿色房地产发展的地方法规、单行条例和其他行政规章，创造绿色房地产发展的先机。

应该尽快制定《绿色房地产促进法》，以绿色发展的战略思想，指导美丽城市发展战略的制定和实施。当前房地产调控之时，正是促进绿色房地产发展之机。把绿色发展的重点领域和优先项目纳入房地产调控，应该成为新时期城市化发展战略的重中之重。

The Beautiful City Begins with Green Real Estate

Luo Yong

Abstract: The critical matter of the beautiful city is the green sublimation of the construction and development of the city, the green real estate is a key strategic step. The real estate integrates green development thinking: harmonious economy、society and environment, will promote the construction of the beautiful city and beautiful China effectively.

Key Words: Green Real Estate; Beautiful City; Green Real Estate Promote Law

B.23

农民工住房问题：症结与出路

黄顺江　海倩倩*

摘　要：

住房是农民工融入城市的第一道门槛，也是到 2020 年全面建成小康社会的最大障碍。我国正处于城镇化中期阶段，还在快速推进过程中，在一个相当长的时期内，住房紧缺仍将是主基调。根据我国国情，解决农民工住房难题的根本出路，主要有两条：一是大力建设保障性住房，将农民工逐步纳入城镇住房保障体系；二是规范利用城中村和近郊区的农房。在现阶段，农房是解决各大城市农民工住房难题的现实路径，也是促进城乡统筹发展的重要手段。城市政府应加强对农房的管理，规范租赁行为，使其成为农民工住房的主渠道。

关键词：

农民工　住房　农房

农民工是改革开放后新生的产业工人，为我国城镇建设和经济发展作出了巨大贡献。但是，由于农民工的社会地位和收入水平，他们很难融入所工作的城市，从而将城乡二元社会结构带进了城市内部，给城市管理和社会建设带来了很多问题。

农民工融入城市的难题，最基本的就难在住房上。如果有了属于他们自己的住房，农民工就可以在一个城市里扎下根来，安家置业，从而逐渐融入城市社会，并以极大的热情去建设和发展这个城市。如果没有属于自己的住房，他们只能在城

---

* 黄顺江，博士，中国社会科学院城市发展与环境研究所副研究员，主要从事城市化研究；海倩倩，江西财经大学 2007 级学生，房地产经营管理专业。

市里暂时栖身，最终要回到自己在农村的老家去。在这样的情况下，他们在一个城市里待下去的唯一目的，就是挣钱。由于没有自己可以安身立命的住房，农民工很容易从一个城市迁移到另一个城市。要想让他们尽快地融入城市，第一位的就是使其在城市里拥有住房。所以，住房是农民工融入城市的第一道门槛。

一 农民工居住现状

农民工是改革开放后市场经济条件下的新生事物。由于农村改革成功，农业生产效率得到大幅度提升，粮食产量快速增长，不仅一举扭转了我国粮食长期短缺的局面，还使一大批农业劳动力富余出来。从 20 世纪 80 年代初期开始，部分农业劳动力就陆续地从农业生产领域中游离出来，到城镇去打工。之后，随着农业生产现代化的推进，有越来越多的农民加入去城镇打工的队伍中。直到现在，除了老人、妇女、儿童和残障人之外，农村里的青壮年劳动力基本上都到城镇打工去了。据估计，目前我国农民工总数约在 2.6 亿人以上。

然而，农民工在城市里的居住状况却非常糟糕。大量的社会调查资料表明，农民工在城市里打工居住的方式，主要有两种：一是住单位集体宿舍，二是自己租房。前者大多是免费的，而后者则基本上要靠自费。在 20 世纪 90 年代及以前，由于农民工多在老家附近打工，"离土不离乡"，早出晚归，回家居住者多。部分离开家乡到外地打工的，大多住在由雇主提供的房屋（包括住在工地上临时搭建的简易棚房），而自己租房居住的很少（比例通常在 10% 左右）。然而，进入 21 世纪以来，农民工自己租房居住的比例大幅度上升。多地的调查结果表明，农民工租房居住者已超过住单位宿舍的人数。在有些城市，农民工自己租房的比例甚至接近 70%。例如，2004 年浙江工商大学公共管理学院的学生在杭州、温州、台州、嘉兴、绍兴、宁波和金华 7 个地区发放的 718 份调查问卷显示，有 49.79% 的农民工与别人一起租房子居住，36.35% 的农民工住在单位提供的集体宿舍，还有 11.03% 的人住在临时搭建的简易工棚里[①]。2006 年复旦大学人口研究所对上海市农民工进行的抽样调查

[①] 张戈：《农民工生存状况调查》，《浙江人大》2005 年第 1 期。

（样本数为 1026 份）结果表明，农民工住出租房者占 68.0%，住单位宿舍的占 15.6%①。2008~2009 年湖北大学商学院对武汉市 480 名农民工进行的抽样调查中，农民工自行租房的比例超过 60%，住用人单位提供的住房比例为 31%②。2011 年国家统计局对全国 31 个省（自治区、直辖市）899 个县 7500 多个村近 20 万名农民工的调查结果表明，与他人合租住房的占 19.3%，独立租赁住房的占 14.3%，二者合计占 33.6%，超过了由雇主或单位提供宿舍 32.4% 的比例③。

无论住单位集体宿舍，还是自己租房居住，农民工的住房条件通常都是一个城市里最差的：要么多人合住在一起，拥挤不堪，要么房子简陋或居住环境恶劣，如地下室、城中村、郊区农民房或简易棚房等，生活设施不全甚至根本没有。例如，2005~2006 年住房与城乡建设部先后对 18 个省（区、市）务工人员的住房状况展开调查，深圳市务工人员住所人均建筑面积为 6.8 平方米（不包括违章建筑），住集体宿舍者人均建筑面积仅为 5.0 平方米，还有 300 万务工人员居住在城中村及其他违章建筑中；重庆市务工人员租住的房屋中有 46% 不同程度地存在着阴暗潮湿和安全隐患，17% 没有自来水，61% 不附带卫生间，57% 不带厨房；调查还发现，各地建筑施工企业务工人员的居住条件尤为简陋，许多仍使用大工棚、大通铺，一个房间一般居住 10 人左右，有的甚至超过 20 人，普遍不具备洗浴等基本生活设施④。

总之，农民工在城市里的居住状况一直很差，至今没有多大改善。这在改革开放初期还是可以忍受的，因为当时人们的生活水平和居住条件普遍较差。但是，到了今天，人们的生活水平已经大幅度提高，城乡居住条件有了显著改善，全国人民正在奔向全面小康，而农民工却仍然是城市里最蜗居一族，这种状况就不能再忽视了。尤其是，过去农民工多是单身，居住条件差一点问题不

① 王桂新、沈建法、刘建波：《中国城市农民工市民化研究——以上海为例》，《人口与发展》2008 年第 14 卷第 1 期。
② 黄烈佳、童心、王勇：《武汉市农民工住房现状调查分析及其保障对策探讨》，《湖北经济学院学报》（人文社会科学版）2010 年第 7 卷第 2 期。
③ 国家统计局：《2011 年我国农民工调查监测报告》，2012 年 4 月 27 日，http://www.stats.gov.cn/tjfx/fxbg/t20120427_402801903.htm。
④ 国务院研究室课题组：《中国农民工调查报告》，中国言实出版社，2006。

大，而现在却有着越来越多的农民工举家随迁，其居住需求中更多地体现出家庭生活的需要，对住房面积、生活设施、周边教育环境等的要求不断提高①。可以说，今天的农民工住房已不再是一个简单的居住条件的问题，而是一个严重的社会问题。

二　农民工住房问题的症结

农民工属于社会最底层，就业状况差，工资收入低。不同城市的调查结果表明，农民工月工资收入大多在 2000 元左右。这样的收入状况，在中小城市生活还过得去，但在北京、上海、广州、深圳等大城市，就得节俭度日。

另外，农民工工作不稳定，多是临时性的，需要经常转换工作。而在他们转换工作的间隙，是没有收入的。而且，农民工的工资大多是计时或计件，在停工、歇工或假日期间是没有收入的。这就迫使他们必须节制支出，留存相当一部分钱，以维持无收入时段的基本生活。

同时，农民工大多负有养家糊口的责任。虽然他们的收入微薄，但也不能全部用于自己消费。一般来说，农民工的住房支出每月 200 ~ 300 元，占其工资收入的 20% 左右。例如，调查显示，2010 年北京农民工住房月租金平均支出 262 元，占其月工资收入的 26.9%②。

收入低，再加上节俭生活，农民工只能选择居住条件差一点的住房。尤其是在物价、房价和房租不断上涨的形势下，更是如此。所以，工资收入低是农民工居住条件恶劣的根本原因。要想改善农民工的住房条件，最根本的一条就是不断提高农民工工资收入水平。

然而，要普遍地提高农民工工资，却是一个非常严肃而复杂的事情，不是可以随意做到的，这涉及城镇化的基本问题。按照刘易斯的二元经济理论，之所以会出现城镇化，是因为工业（新兴产业）和农业（传统产业）两大部门之间劳动生产率出现了巨大差异。所谓劳动生产率，简单地说就是经济效益。

---

① 董昕：《中国农民工住房问题的历史与现状》，《财经问题研究》2013 年第 1 期。
② 张智：《对北京市农民工住房情况的调查研究》，《中国房地产金融》2010 年第 7 期。

经济效益的差异，导致工业和农业两大部门之间的劳动力报酬（即工资收入）拉开了距离。正是工资收入上的差距，吸引着农业部门劳动力源源不断地转移到工业部门中去（这种农业劳动力向工业部门大规模的转移过程，其经济效应就是工业化，社会效应正是城镇化）。然而，农业劳动力到工业部门就业所获得的工资收入，往往是以农业部门的收入水平为基础的：通常只是略高于其原在农业部门的收入水平，但又低于城镇现有工人的工资水平（因为就业市场是高度竞争的，如果农业劳动力要求与城镇现有工人一样的工资，自身就没有竞争优势了，很难找到工作）。工业化和城镇化的效益，就是工业经济收益与劳动力报酬之差（当然还要扣除资金、技术及生产成本）。显然，农民工工资水平越低，工业化和城镇化的效益就越高。这就是说，农民工作为一支庞大的产业工人队伍，而且是全社会最基层的劳动大军，其工资水平取决于国家整体的工业经济效益状况。在工业技术和收益水平一定的条件下，要想保持工业化和城镇化较快的进展速度，农民工工资就不可能无限度地提高。同时，农民工工资还受现行农业经济状况及其劳动报酬水平的影响。如果农业劳动报酬一直很低（证明农业部门容纳的劳动力仍然是富余的），则农民在工业部门就业的工资水平就难有提升的动力。所以，农民工工资受制于国民经济尤其是工业经济整体的发展水平，在当前工业化和城镇化仍在快速推进的形势下，是难以指望农民工整体的工资水平有大幅提升空间的。如果强行提高农民工工资水平，将危害国家的工业化和城镇化进程。

当然，导致农民工工资收入偏低，还有社会、政治上的原因。在计划经济时期，为了社会安定和便于管理，我国实行严格的城乡二元管理体制。一方面，政府管理的重点是城市，而农村基本上是自治的；另一方面，政府发展和建设的，也主要是城市，而农村则基本上是自给自足的。在当时，由于政府（尤其是中央政府）掌握着全部生产资料，全国一盘棋，工资水平是统一的（农民的收入水平也通过计划调配大体上保持着比较均衡的局面），城乡居民在收入水平和生活条件上没有大的差距。但改革开放后，在市场经济环境中，劳动力和生产要素是流动的，却仍旧保持着城乡二元管理体制，就对农民的发展带来很大制约。一方面，市场经济发展的趋势自然是经济资源逐渐向城市尤其是大城市集中，这就导致农村不可避免地会发展滞后甚至走向衰退；另一方面，由于农村居民被贴上了农民的标签，他们到城镇里打工挣钱，自然就会出现被歧视甚至遭排挤的现象，因为城市居民及政府在观念上就认为农民本应在农村劳动，而不该跑到城市里来抢工作。再加上农民工大多保持着农村的生活习惯，语言上与城里人很难沟通，难以为城里人所接纳。在这样的情况下，农民工在城市里打工，就不能挑三拣四，对工资也不能有过高要求。这也是影响农民工收入难以提高的现实因素。

总之，农民工住房难题，从根本上说是工资水平长期偏低造成的。导致农民工工资偏低的基本因素，是受制于经济发展总体水平和发展阶段，但同时也受到我国特殊国情——城乡二元社会结构的影响。因而，在当前条件下，要想使农民工收入水平有大幅度的提高，使他们能够负担得起在城市里租用或购买体面住房，是不现实的。

三 农民工住房问题的解决之道

事实上，任何一个国家，在快速城市化过程中，都会遇到住房紧缺的难题。无论英、美等发达国家，还是现在的巴西、印度等发展中国家，在各自的城市化过程中，都出现过同样的情况。在许多国家，住房紧缺程度更甚，曾出现了大片的贫民窟。可以说，住房紧张是城市化过程中的一个通病。

目前，我国正处于城市化中期阶段，城市化进程还在加速推进，每年都有1000多万农民转变为城镇人口。在一个相当长的时期内，农民工住房困难的局面是不可能有显著改观的。根据西方国家的经验，农民工住房难题，只能通过民生建设的方式，在一个较长的时段内逐步地加以缓解。而且，这一问题越早着手解决，效果越好。如果置之不理，长期拖延下去，则会积重难返，其造成的不良社会后果将是非常严重的。

党的十八大提出到2020年全面建成小康社会。农民工作为我国城市社会中一支新生的劳动大军，其居住状况的好坏将成为小康社会的严峻考验。可以说，农民工住房是未来一个时期我国民生建设的最大难题，也是最艰巨的任务。

根据我国国情，在目前条件下，农民工住房问题的解决之道，主要有两方面：一是将农民工逐步纳入城镇住房保障体系，二是支持农民工规范使用农房。

（一）农民工纳入城镇住房保障体系

党的十八大报告明确指出，促进农业转移人口市民化。为此，城市政府就必须转变思想认识，把农民工当作市民社会中的一员，将其住房纳入城镇住房保障体系逐步地加以解决。

根据当前农民工收入状况和各个城市保障性住房供应形势，解决农民工住房难题，应遵循以下几项原则。

原则一：先租房，后买房。在当前和今后一个时期，各个城市的房价将会是坚挺的。高高在上的房价，与农民工工资收入之间存在着巨大的落差。以北京为例，城区房价普遍在每平方米 3 万元以上，而农民工月工资一般在 2000元左右。一个普通农民工不吃不喝把工资全部积存下来，也需要上百年才能够买到一套中等大小的住房。在这样的形势下，即使是政府提供的保障性住房，房价也不可能低到让普通农民工都可以购买的地步（否则，政府也承受不起那样巨大的财政负担）。一个稳妥的办法，就是鼓励农民工在城市里先租房安下身来，待其经济实力接近于买房时，政府再去帮助他们购买经济实惠的政策性住房，如经济适用房、限价房等，最终拥有自己独立的住房。当然，农民工租房也是不容易的，需要政府帮助解决，将其需求逐步纳入城市公租房和廉租房的供给渠道。

原则二：先家庭，后单身。当前，我国正处于城镇化快速推进过程中，农民工数量庞大。在这样的形势下，应分清轻重缓急，首先要考虑的是有孩子的农民工家庭的住房问题，而单身农民工的住房可以推后一步解决。而且，单身年轻人正处于闯世界的时期，游走于多个城市之间也是正常的，政府不应号召年轻农民工早早地在城市里安家，而是鼓励其先打拼，待有了一定的经济实力之后才在城市里买房安家。

原则三：先来者，先得房。农民工住房难题是非常沉重的，而任何一个城市的能力都是有限的，不可能一下子全部解决掉。在这样的形势下，一个城市应优先考虑那些在本市打工时间长、对城市发展和建设已作出重大贡献的农民工及其家庭的住房问题。为此，可以按照农民工在一个城市里连续稳定工作年限的长短来安排优先顺序。例如，在 2015 年之前，可以考虑在本市连续工作 10 年以上农民工家庭的住房问题；2020 年之前，应考虑在本市连续工作 5 年以上农民工家庭的住房；2025 年前，再考虑在本市连续工作 3 年以上农民工家庭的住房。

按照以上原则和步骤，各个城市的农民工就可以逐步地纳入城镇住房保障体系，其住房难题也就有望慢慢地得到解决。

（二）支持农民工规范使用农房

尽快着手解决农民工住房难题，是各个城市政府义不容辞的责任。大力发展保障性住房，并将农民工住房纳入保障性住房供应体系，当然是一个好办法，政府应下大力气去做。然而，从现实情况看，这一办法实际上起不了多大作用，起码在近 10 年内是难以见到成效的。原因是，政府的财力毕竟有限，仅各个城市中低收入户籍家庭的住房难题就解决不了，根本顾及不到农民工。即使在中央政策的引导下和社会舆论的压力下，各个城市不得不着手解决农民工住房问题，也只能是象征性地、陆续地解决一少部分人的住房问题。而对于大多数农民工而言，只能另寻他途。目前一个比较有效的办法，就是充分利用农房，缓解农民工的住房难题。

这里所说的农房，不是一般的农房，而是指城市内部（城中村）或周边郊区农村的房屋。由于快速的城市化进程，这些村庄在空间地域上已与城市联结在一起，甚至被城市包围，成为市区的一部分。而这些村庄上的房屋，虽然仍属于农村房屋，但实际上已进入城市住房之列。

但是，按照我国现行的房地产政策，农村房屋是不能进入城市住房市场的。因而，农房就成为城市住房市场上的一个灰色地带。可以说，任何一个城市，这一灰色地带都是存在的。尤其是在大城市周边，都存在着一个长期潜行且规模巨大的农房市场。广为社会各界所关注的小产权房，就是其中的一种。

由于条件及财力有限，农房通常是由农民或村集体自行建造的。因而，农房一般比较简朴，不规范，拥挤杂乱，配套设施严重不足。与城市正规房屋相比，农房要明显地差上一个档次。正因为如此，农房比正规住房要便宜得多。正因为便宜，农房就成为城市农民工住房市场上的首选。例如，北京农民工有63%居住在城中村中的农房或房主自行搭建的房屋以及郊区农村的农房中①。事实上，长期以来我国农民工在工资收入水平很低的情况下之所以能够在城市里栖下身来（而没有大量地流落街头），主要得益于农房为他们提供了可以暂时栖身的住所。应该说，农房，尤其是农民房，为我国的城镇化进程作出了巨大的贡献。

目前，农民工住房难题的解决，仍然需要倚重农房。农房完全是由农民自主建设和管理的，不需要政府任何投入，也不占用国有土地。同时，各个城市的郊区和城中村农民及村集体，也大多是通过农房开发来获得经济收入的。因而，将农房纳入城市农民工住房主渠道，既可以减轻政府压力，又能够促进农民增收和村集体的发展，一举两得。而且，农房存量巨大，潜力无限，各个城市均处于农房的包围之中。更重要的是，农房成本低，价格便宜，接近于农民工的承受能力。所以，充分利用并规范使用农房对解决我国城市农民工住房难题最具现实性。

当然，农房确实存在着很多问题，如设施条件不全，周边环境差，质量参差不齐，甚至存在着安全隐患，以及不合规、不合法等问题。对此，政府应正视现实，既不能一概否定，也不可全盘接受。在当前我国城乡发展差距巨大、城镇化快速推进的形势下，农房存在着某些方面的欠缺是难免的。可以说，这是由我国现阶段的发展水平所决定的。

当前政府需要做的，是转变认识，加强管理，规范农房的建设和使用，以保证农民工居住在生活条件基本具备且安全的农房里。

一是规范农房建设秩序。政府规划和建设管理部门，应把城中村和城市周边农村的房屋建设纳入管理范围。城中村和周边农村的房屋建设，应符合城乡规划和建筑规范，严格控制建筑密度和高度。原则上，非正规建筑队伍施工的楼房，不得超过三层。

---

① 张智：《对北京市农民工住房情况的调查研究》，《中国房地产金融》2010年第7期。

二是摸清农房家底。政府建设和房屋管理部门，应对城中村和城市周边的农房进行普查，建档立案，并着重排查和整治存在着严重质量问题尤其是安全隐患的农房。

三是推行农房使用许可证制度。政府建设和房屋管理部门在对城中村及城市周边农房进行普查的基础上，对符合居住使用要求的农房，发给使用许可证。不符合居住使用要求的农房，只能用作非居住用房。

四是规范农房租赁市场。只有获得使用许可的房屋，才能够用于出租和居住使用。严禁未获得使用许可的房屋进入租赁市场。为保证农民工最基本的居住空间，应尽量抑制多人或多户合租农房的租赁活动。

五是积极维护农房租赁双方的合法权益。凡是获得使用许可的农房，其租赁活动是合法的，租赁双方的正当权益均应得到法律的保护。

六是积极推广集体土地租赁房建设。各个城市可推广北京等地的试点经验，大力支持郊区农村在集体建设用地上建造公共租赁住房，并以较低的租金配租给农民工居住使用。

七是加强对小产权房的清理。各地政府应根据国家政策，认真清理小产权房。原则上，小产权房不管出售与否，仍归所在土地的村集体所有。未出售的小产权房，可转化为集体土地租赁房。

八是支持农民工家庭长期租住农房。凡是农民工家庭租住农房的，租赁期限可放宽到 20 年，而且还可以长期续租。

九是加快户籍制度改革和社会建设步伐，让农民工及其家庭享受到与普通市民同样的各种公共服务。尤其是使用农房的农民工家庭，在其子女受教育方面，应与普通市民同等对待，以促使他们尽快融入城市。

总之，让农民工安居乐业是推动农民工市民化进程的关键一步。在我国城镇化仍在快速推进的形势下，要解决好农民工住房这一艰巨任务，仅靠政府提供的保障性住房是远远不够的，还必须调动郊区农民及村集体的积极性，通过农房来满足城市农民工对住房的巨大需求。当然，政府的责任并不能因此而减轻。从长远看，发展保障性住房，仍然是解决农民工住房难题的主导方向。

Research on Peasant Workers' Housing

Huang Shunjiang   Hai Qianqian

Abstract：Housing is the first step for peasant workers' citizenization. Urban houses, however, are usually in short supply during rapid urbanization. There are two ways to meet house needs of peasant workers：one is to integrate peasant workers into urban public housing system, the other is to support them to utilize rural houses around cities. Rural houses in or around a city are enough to meet peasant workers' needs. Urban governments should pay more attention to rural houses and try to normalize rental market.

Key Words：Peasant Worker；Housing；Rural House

权威报告　热点资讯　海量资源

当代中国与世界发展的高端智库平台

皮书数据库 www.pishu.com.cn

　　皮书数据库是专业的人文社会科学综合学术资源总库，以大型连续性图书——皮书系列为基础，整合国内外相关资讯构建而成。包含七大子库，涵盖两百多个主题，囊括了近十几年间中国与世界经济社会发展报告，覆盖经济、社会、政治、文化、教育、国际问题等多个领域。

　　皮书数据库以篇章为基本单位，方便用户对皮书内容的阅读需求。用户可进行全文检索，也可对文献题目、内容提要、作者名称、作者单位、关键字等基本信息进行检索，还可对检索到的篇章再作二次筛选，进行在线阅读或下载阅读。智能多维度导航，可使用户根据自己熟知的分类标准进行分类导航筛选，使查找和检索更高效、便捷。

　　权威的研究报告，独特的调研数据，前沿的热点资讯，皮书数据库已发展成为国内最具影响力的关于中国与世界现实问题研究的成果库和资讯库。

皮书俱乐部会员服务指南

1. 谁能成为皮书俱乐部会员？

- 皮书作者自动成为皮书俱乐部会员；
- 购买皮书产品（纸质图书、电子书、皮书数据库充值卡）的个人用户。

2. 会员可享受的增值服务：

- 免费获赠该纸质图书的电子书；
- 免费获赠皮书数据库100元充值卡；
- 免费定期获赠皮书电子期刊；
- 优先参与各类皮书学术活动；
- 优先享受皮书产品的最新优惠。

社会科学文献出版社　皮书系列
SOCIAL SCIENCES ACADEMIC PRESS (CHINA)
卡号：0879145250982412
密码：

（本卡为图书内容的一部分，不购书刮卡，视为盗书）

3. 如何享受皮书俱乐部会员服务？

（1）如何免费获得整本电子书？

　　购买纸质图书后，将购书信息特别是书后附赠的卡号和密码通过邮件形式发送到pishu@188.com，我们将验证您的信息，通过验证并成功注册后即可获得该本皮书的电子书。

（2）如何获赠皮书数据库100元充值卡？

　　第1步：刮开附赠卡的密码涂层（左下）；

　　第2步：登录皮书数据库网站（www.pishu.com.cn），注册成为皮书数据库用户，注册时请提供您的真实信息，以便您获得皮书俱乐部会员服务；

　　第3步：注册成功后登录，点击进入"会员中心"；

　　第4步：点击"在线充值"，输入正确的卡号和密码即可使用。

皮书俱乐部会员可享受社会科学文献出版社其他相关免费增值服务

您有任何疑问，均可拨打服务电话：010-59367227　QQ:1924151860

欢迎登录社会科学文献出版社官网(www.ssap.com.cn)和中国皮书网（www.pishu.cn）了解更多信息

社会科学文献出版社

"皮书"起源于十七、十八世纪的英国，主要指官方或社会组织正式发表的重要文件或报告，多以"白皮书"命名。在中国，"皮书"这一概念被社会广泛接受，并被成功运作、发展成为一种全新的出版形态，则源于中国社会科学院社会科学文献出版社。

皮书是对中国与世界发展状况和热点问题进行年度监测，以专家和学术的视角，针对某一领域或区域现状与发展态势展开分析和预测，具备权威性、前沿性、原创性、实证性、时效性等特点的连续性公开出版物，由一系列权威研究报告组成。皮书系列是社会科学文献出版社编辑出版的蓝皮书、绿皮书、黄皮书等的统称。

皮书系列的作者以中国社会科学院、著名高校、地方社会科学院的研究人员为主，多为国内一流研究机构的权威专家学者，他们的看法和观点代表了学界对中国与世界的现实和未来最高水平的解读与分析。

自 20 世纪 90 年代末推出以经济蓝皮书为开端的皮书系列以来，至今已出版皮书近 800 部，内容涵盖经济、社会、政法、文化传媒、行业、地方发展、国际形势等领域。皮书系列已成为社会科学文献出版社的著名图书品牌和中国社会科学院的知名学术品牌。

皮书系列在数字出版和国际出版方面成就斐然。皮书数据库被评为"2008~2009 年度数字出版知名品牌"；经济蓝皮书、社会蓝皮书等十几种皮书每年还由国外知名学术出版机构出版英文版、俄文版、韩文版和日文版，面向全球发行。

2011 年，皮书系列正式列入"十二五"国家重点出版规划项目；2012 年，部分重点皮书列入中国社会科学院承担的国家哲学社会科学创新工程项目；一年一度的皮书年会升格由中国社会科学院主办。

法 律 声 明

　　"皮书系列"（含蓝皮书、绿皮书、黄皮书）由社会科学文献出版社最早使用并对外推广，现已成为中国图书市场上流行的品牌，是社会科学文献出版社的品牌图书。社会科学文献出版社拥有该系列图书的专有出版权和网络传播权，其 LOGO（ ▌ ）与"经济蓝皮书"、"社会蓝皮书"等皮书名称已在中华人民共和国工商行政管理总局商标局登记注册，社会科学文献出版社合法拥有其商标专用权。

　　未经社会科学文献出版社的授权和许可，任何复制、模仿或以其他方式侵害"皮书系列"和 LOGO（ ▌ ）、"经济蓝皮书"、"社会蓝皮书"等皮书名称商标专用权的行为均属于侵权行为，社会科学文献出版社将采取法律手段追究其法律责任，维护合法权益。

　　欢迎社会各界人士对侵犯社会科学文献出版社上述权利的违法行为进行举报。电话：010-59367121，电子邮箱：fawubu@ssap.cn。

社会科学文献出版社

社长致辞

我们是图书出版者，更是人文社会科学内容资源供应商；

我们背靠中国社会科学院，面向中国与世界人文社会科学界，坚持为人文社会科学的繁荣与发展服务；

我们精心打造权威信息资源整合平台，坚持为中国经济与社会的繁荣与发展提供决策咨询服务；

我们以读者定位自身，立志让爱书人读到好书，让求知者获得知识；

我们精心编辑、设计每一本好书以形成品牌张力，以优秀的品牌形象服务读者，开拓市场；

我们始终坚持"创社科经典，出传世文献"的经营理念，坚持"权威、前沿、原创"的产品特色；

我们"以人为本"，提倡阳光下创业，员工与企业共享发展之成果；

我们立足于现实，认真对待我们的优势、劣势，我们更着眼于未来，以不断的学习与创新适应不断变化的世界，以不断的努力提升自己的实力；

我们愿与社会各界友好合作，共享人文社会科学发展之成果，共同推动中国学术出版乃至内容产业的繁荣与发展。

社会科学文献出版社社长
中国社会学会秘书长

2013 年 1 月

　　"皮书"起源于十七、十八世纪的英国，主要指官方或社会组织正式发表的重要文件或报告，多以"白皮书"命名。在中国，"皮书"这一概念被社会广泛接受，并被成功运作、发展成为一种全新的出版形态，则源于中国社会科学院社会科学文献出版社。

　　皮书是对中国与世界发展状况和热点问题进行年度监测，以专家和学术的视角，针对某一领域或区域现状与发展态势展开分析和预测，具备权威性、前沿性、原创性、实证性、时效性等特点的连续性公开出版物，由一系列权威研究报告组成。皮书系列是社会科学文献出版社编辑出版的蓝皮书、绿皮书、黄皮书等的统称。

　　皮书系列的作者以中国社会科学院、著名高校、地方社会科学院的研究人员为主，多为国内一流研究机构的权威专家学者，他们的看法和观点代表了学界对中国与世界的现实和未来最高水平的解读与分析。

　　自 20 世纪 90 年代末推出以经济蓝皮书为开端的皮书系列以来，至今已出版皮书近 800 部，内容涵盖经济、社会、政法、文化传媒、行业、地方发展、国际形势等领域。皮书系列已成为社会科学文献出版社的著名图书品牌和中国社会科学院的知名学术品牌。

　　皮书系列在数字出版和国际出版方面成就斐然。皮书数据库被评为"2008~2009 年度数字出版知名品牌"；经济蓝皮书、社会蓝皮书等十几种皮书每年还由国外知名学术出版机构出版英文版、俄文版、韩文版和日文版，面向全球发行。

　　2011 年，皮书系列正式列入"十二五"国家重点出版规划项目，一年一度的皮书年会升格由中国社会科学院主办；2012 年，部分重点皮书列入中国社会科学院承担的国家哲学社会科学创新工程项目。

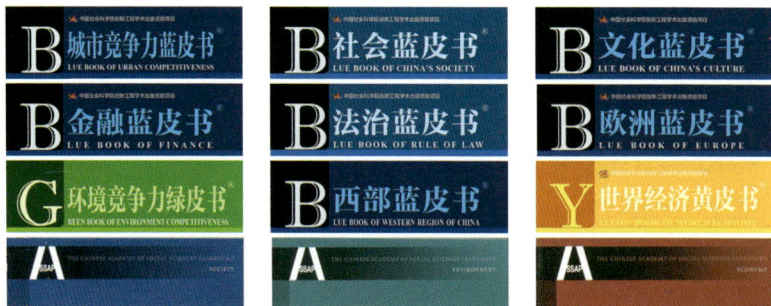

B 城市竞争力蓝皮书	B 社会蓝皮书	B 文化蓝皮书
B 金融蓝皮书	B 法治蓝皮书	B 欧洲蓝皮书
G 环境竞争力绿皮书	B 西部蓝皮书	Y 世界经济黄皮书

经 济 类

经济类皮书涵盖宏观经济、城市经济、大区域经济，
提供权威、前沿的分析与预测

经济蓝皮书

2013 年中国经济形势分析与预测（赠阅读卡）

陈佳贵　李　扬／主编　　2012 年 12 月出版　　估价：59.00 元

◆　本书课题为"总理基金项目"，由著名经济学家陈佳贵、李扬领衔，联合数十家科研机构、国家部委和高等院校的专家共同撰写，其内容涉及宏观决策、财政金融、证券投资、工业调整、就业分配、对外贸易等一系列热点问题。本报告权威把脉中国经济 2012 年运行特征及 2013 年发展趋势。

世界经济黄皮书

2013 年世界经济形势分析与预测（赠阅读卡）

王洛林　张宇燕／主编　　2013 年 1 月出版　　估价：59.00 元

◆　2012 年全球经济复苏步伐明显放缓，发达国家复苏动力不足，主权债务危机的升级以及长期的低利率也大大压缩了财政与货币政策调控的空间。本书围绕因此而来的国际金融市场震荡频发、国际贸易与投资增长乏力等经济问题对世界经济进行了分析展望。

国家竞争力蓝皮书

中国国家竞争力报告 No.2（赠阅读卡）

倪鹏飞／主编　　2013 年 4 月出版　　估价：69.00 元

◆　本书运用有关竞争力的最新经济学理论，选取全球 100 个主要国家，在理论研究和计量分析的基础上，对全球国家竞争力进行了比较分析，并以这 100 个国家为参照系，指明了中国的位置和竞争环境，为研究中国的国家竞争力地位、制定全球竞争战略提供参考。

城市竞争力蓝皮书

中国城市竞争力报告 No.11（赠阅读卡）

倪鹏飞 / 主编　　2013 年 5 月出版　　估价 :69.00 元

◆　本书由中国社会科学院城市与竞争力中心主任倪鹏飞主持编写，汇集了众多研究城市经济问题的专家学者关于城市竞争力研究的最新成果。本报告构建了一套科学的城市竞争力评价指标体系，采用第一手数据材料，对国内重点城市年度竞争力格局变化进行客观分析和综合比较、排名，对研究城市经济及城市竞争力极具参考价值。

城市蓝皮书

中国城市发展报告 No.6（赠阅读卡）

潘家华　魏后凯 / 主编　　2013 年 8 月出版　　估价 :59.00 元

◆　本书由中国社会科学院城市发展与环境研究所主编，以聚焦新时期中国城市发展中的民生问题为主题，紧密联系现阶段中国城镇化发展的客观要求，回顾总结中国城镇化进程中城市民生改善的主要成效，并对城市发展中的各种民生问题进行全面剖析，在此基础上提出了民生优先的城市发展思路，以及改善城市民生的对策建议。

农村绿皮书

中国农村经济形势分析与预测 (2012~2013)（赠阅读卡）

中国社会科学院农村发展研究所　国家统计局农村社会经济调查司 / 著

2013 年 4 月出版　　估价 : 59.00 元

◆　本书对 2012 年中国农业和农村经济运行情况进行了系统的分析和评价，对 2013 年中国农业和农村经济发展趋势进行了预测，并提出相应的政策建议，专题部分将围绕某个重大的理论和现实问题进行多维、深入、细致的分析和探讨。

西部蓝皮书

中国西部经济发展报告 (2013)（赠阅读卡）

姚慧琴　徐璋勇 / 主编　　2013 年 7 月出版　　估价 :69.00 元

◆　本书由西北大学中国西部经济发展研究中心主编，汇集了源自西部本土以及国内研究西部问题的权威专家的第一手资料，对国家实施西部大开发战略进行年度动态跟踪，并对 2013 年西部经济、社会发展态势进行预测和展望。

宏观经济蓝皮书

中国经济增长报告 (2012~2013)（赠阅读卡）

张 平 刘霞辉/主编　2013年7月出版　估价：69.00元

◆　本书由中国社会科学院经济研究所组织编写，独创了中国各省（区、市）发展前景评价体系，通过产出效率、经济结构、经济稳定、产出消耗、增长潜力等近60个指标对中国各省（区、市）发展前景进行客观评价，并就"十二五"时期中国经济面临的主要问题进行全面分析。

经济蓝皮书春季号

中国经济前景分析——2013年春季报告（赠阅读卡）

陈佳贵 李 扬/主编　2013年5月出版　估价：59.00元

◆　本书是经济蓝皮书的姊妹篇，是中国社会科学院"中国经济形势分析与预测"课题组推出的又一重磅作品，在模型模拟与实证分析的基础上，从我国面临的国内外环境入手，对2013年春季及全年经济全局及工业、农业、财政、金融、外贸、就业等热点问题进行多角度考察与研究，并提出政策建议，具有较强的实用性、科学性和前瞻性。

就业蓝皮书

2013年中国大学生就业报告（赠阅读卡）

麦可思研究院/主编　王伯庆/主审　2013年6月出版　估价：98.00元

◆　大学生就业是社会关注的热点和难点，本书是在麦可思研究院"中国2010届大学毕业生求职与工作能力调查"数据的基础上，由麦可思公司与西南财经大学共同完成的2013年度大学毕业生就业及重点产业人才分析报告。

国际城市蓝皮书

国际城市发展报告 (2013)（赠阅读卡）

屠启宇/主编　2013年1月出版　估价：69.00元

◆　国际城市蓝皮书是由上海社会科学院城市与区域研究中心主办、世界经济研究所国际政治经济学研究室协办的关于国际城市发展动态的年度报告，力求为中国城市发展的决策者、操作者、研究者和关注者把握与借鉴国际城市发展动态、规律和实践，提供及时、全面、权威的解读。

社会政法类

社会政法类皮书聚焦社会发展领域的热点、难点问题，
提供权威、原创的资讯与视点

社会蓝皮书

2013年中国社会形势分析与预测（赠阅读卡）

汝 信 陆学艺 李培林/主编 2012年12月出版 估价：59.00元

◆ 本书为中国社会科学院核心学术品牌之一，荟萃中国社会科学院等众多学术单位的原创成果。本年度报告结合中共"十八大"会议精神，深入探讨中国迈向更加公平、公正的全面小康社会的路径。

法治蓝皮书

中国法治发展报告 No.11(2013)（赠阅读卡）

李 林/主编 2013年3月出版 估价：85.00元

◆ 本书是中国社会科学院法学研究所精心打造的年度报告。在多篇法治国情调研报告中，着力分析中国在立法、依法行政、预防与惩治腐败等方面的进展，并提出原创性箴言。

教育蓝皮书

中国教育发展报告 (2013)（赠阅读卡）

杨东平/主编 2013年3月出版 估价：59.00元

◆ 本书由著名教育学家杨东平担任主编，直面当前教育改革中出现的教育公平、高校教育结构调整、义务教育均衡发展、学校布局调整与校车系统建设等热点、难点问题，提供极具价值的学者建言。

社会建设蓝皮书

2013 年北京社会建设分析报告（赠阅读卡）

陆学艺　唐　军　张　荆/主编　2013 年 5 月出版　估价：69.00 元

◆　本书由著名社会学家陆学艺领衔主编，依据社会学理论框架和分析方法，对北京市的人口、就业、分配、社会阶层以及城乡关系等社会学基本问题进行了广泛调研与分析，对广受社会关注的住房、教育、医疗、养老、交通等社会热点问题做了深刻了解与剖析，对日益显现的征地搬迁、外籍人口管理、群体性心理障碍等进行了有益探讨。

政治参与蓝皮书

中国政治参与报告 (2013)（赠阅读卡）

房　宁/主编　2013 年 7 月出版　估价：58.00 元

◆　本书是国内第一本运用社会科学数据对"中国公民政策参考"进行持续研究的年度报告，依据全国性问卷调查数据，对中国公民的政策参与客观状况和政策参与主观状况作了总体说明，并对不同性别、不同年龄、不同学历、不同政治面貌、不同职业、不同区域、不同收入的公民群体的政策参与客观状况和主观状况作了具体说明。

社会心态蓝皮书

中国社会心态研究报告 (2012~2013)（赠阅读卡）

王俊秀　杨宜音/主编　　2012 年 12 月出版　　估价：59.00 元

◆　本书由中国社会科学院社会学研究所社会心理研究中心编撰，从社会感受、价值观念、行为倾向等方面对于生活压力感、社会支持感、经济变动感受、微博使用行为、心理危机干预等问题，用社会心理学、社会学、经济学、传播学等多种学科的方法角度进行了调查和研究，深入揭示了我国社会心态状况。

城乡统筹蓝皮书

中国城乡统筹发展报告 (2013)（赠阅读卡）

程志强　潘晨光/主编　　2013 年 3 月出版　　估价：59.00 元

◆　全书客观地总结了各地城乡统筹发展进程中的经验，详细论述了统筹城乡经济社会发展的理论基础，从多个角度对新时期加快我国城乡统筹发展进程进行了深入的研究与探讨。

环境绿皮书

中国环境发展报告 (2013)（赠阅读卡）

杨东平 / 主编　　2013 年 4 月出版　　估价 :69.00 元

◆　本书由民间环保组织"自然之友"组织编写,由特别关注、生态保护、宜居城市、可持续消费以及政策与治理等版块构成,以公共利益的视角记录、审视和思考中国环境状况,呈现2013 年中国环境与可持续发展领域的全局态势,用深刻的思考、科学的数据分析 2012 年的环境热点事件。

环境竞争力绿皮书

中国省域环境竞争力发展报告(2010 ~ 2012)（赠阅读卡）

李建平　李闽榕　王金南 / 主编　　2013 年 3 月出版　　估价 :148.00 元

◆　本报告融马克思主义经济学、环境科学、生态学、统计学、计量经济学和人文地理学等理论和方法为一体,充分运用数理分析、空间分析以及规范分析与实证分析相结合的方法,构建了比较科学完善、符合中国国情的环境竞争力指标评价体系,对中国内地 31 个省级区域的环境竞争力进行全面、深入的比较分析和评价。

反腐倡廉蓝皮书

中国反腐倡廉建设报告 No.3（赠阅读卡）

李秋芳 / 主编　　2013 年 8 月出版　　估价 : 59.00 元

◆　本书从"惩治与专项治理、多主体综合监督、公共权力规制、公共资金资源资产监管、公职人员诚信管理、社会廉洁文化建设"六个方面对全国反腐倡廉建设进程与效果进行了综述,结合实地调研和问卷调查,反映了社会公众关注的难点焦点问题,并从理念和举措上提出建议。

行业报告类

行业报告类皮书立足重点行业、新兴行业领域，
提供及时、前瞻的数据与信息

金融蓝皮书

中国金融发展报告 (2013)（赠阅读卡）

李 扬　王国刚/主编　2012 年 12 月出版　　估价：59.00 元

◆　本书由中国社会科学院金融研究所主编，对 2012 年中国
金融业总体发展状况进行回顾和分析，聚焦国际及国内金融
形势的新变化，解析中国货币政策、银行业、保险业和证券
期货业的发展状况，预测中国金融发展的最新动态，包括投
资基金、保险业发展和金融监管等。

房地产蓝皮书

中国房地产发展报告 No.10（赠阅读卡）

潘家华　李景国/主编　2013 年 5 月出版　　估价:69.00 元

◆　本书由中国社会科学院城市发展与环境研究所组织编写，
秉承客观公正、科学中立的原则，深度解析 2012 年中国房地
产发展的形势和存在的主要矛盾，并预测 2013 年中国房价走
势及房地产市场发展大势。观点精辟，数据翔实，对关注房
地产市场的各阶层人士极具参考价值。

住房绿皮书

中国住房发展报告 (2012~2013)（赠阅读卡）

倪鹏飞/主编　2012 年 12 月出版　　估价:69.00 元

◆　本书从宏观背景、市场体系和公共政策等方面，对中国
住房市场作全面系统的分析、预测与评价。在评述 2012 年
住房市场走势的基础上，预测 2013 年中国住房市场的发展变
化；通过构建中国住房指数体系，量化评估住房市场各关键
领域的发展状况；剖析中国住房市场发展所面临的主要问题
与挑战，并给出政策建议。

旅游绿皮书

2013 年中国旅游发展分析与预测（赠阅读卡）

张广瑞　刘德谦　宋　瑞／主编　　2013 年 5 月出版　　　　估价 :69.00 元

◆　本书由中国社会科学院旅游研究中心组织编写，从 2012 年国内外发展环境入手，深度剖析 20112 年我国旅游业的跌宕起伏以及背后错综复杂的影响因素，聚焦旅游相关行业的运行特征以及相关政策实施，对旅游发展的热点问题给出颇具见地的分析，并提出促进我国旅游业发展的对策建议。

产业蓝皮书

中国产业竞争力报告 (2013) No.3（赠阅读卡）

张其仔／主编　　2013 年 12 月出版　　估价 :79.00 元

◆　本书对中国产业竞争力的最新变化进行了系统分析，对 2012 年中国产业竞争力的走势进行了展望，对各省、56 个地区和 44 个园区的产业国际竞争力进行了评估，是了解中国产业竞争力、各地产业竞争力最新变化的支撑平台。

能源蓝皮书

中国能源发展报告 (2013)（赠阅读卡）

崔民选／主编　　2013 年 7 月出版　　估价 :79.00 元

◆　本书结合中国经济面临转型的新形势，着眼于构建安全稳定、经济清洁的现代能源产业体系，盘点 2012 年中国能源行业的运行和发展走势，对 2012 年我国能源产业和各行业的运行特征、热点问题进行了深度剖析，并提出了未来趋势预测和对策建议。

文 化 传 媒 类

文化传媒类皮书透视文化领域、文化产业，
探索文化大繁荣、大发展的路径

文化蓝皮书

中国文化产业发展报告 (2012~2013)（赠阅读卡）

张晓明　胡惠林　章建刚 / 主编　2013 年 1 月出版　估价 :59.00 元

◆　本书是由中国社会科学院文化研究中心和文化部、上海
交通大学共同编写的第 10 本中国文化产业年度报告。内容
涵盖了我国文化产业分析及政策分析，既有对 2012 年文化
产业发展形势的评估，又有对 2013 年发展趋势的预测；既有
对全国文化产业宏观形势的评估，又有对文化产业内各行业
的权威年度报告。

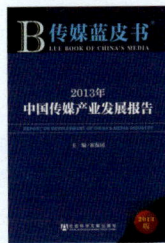

传媒蓝皮书

2013 年：中国传媒产业发展报告（赠阅读卡）

崔保国 / 主编　　2013 年 4 月出版　　估价 :69.00 元

◆　本书云集了清华大学、人民大学等众多权威机构的知名
学者，对 2012 年中国传媒产业发展进行全面分析。剖析传
统媒体转型过程中，中国传媒界的思索与实践；立足全球传
媒产业发展现状，探索我国传媒产业向支柱产业发展面临的
路径；并为提升国际传播能力提供前瞻性研究与观点。

新媒体蓝皮书

中国新媒体发展报告 No.4(2013)（赠阅读卡）

尹韵公 / 主编　　2013 年 5 月出版　　估价 :69.00 元

◆　本书由中国社会科学院新闻与传播研究所和上海大学合
作编写，在构建新媒体发展研究基本框架的基础上，全面梳
理 2012 年中国新媒体发展现状，发表最前沿的网络媒体深度
调查数据和研究成果，并对新媒体发展的未来趋势做出预测。

国别与地区类

国别与地区类皮书关注全球重点国家与地区，
提供全面、独特的解读与研究

国际形势黄皮书

全球政治与安全报告 (2013)（赠阅读卡）

李慎明 张宇燕 / 主编 　2012 年 12 月出版 　估价 :59.00 元

◆ 　本书是由中国社会科学院世界经济与政治研究所精心打造
的又一品牌皮书，关注时下国际关系发展动向里隐藏的中长期
趋势，剖析全球政治与安全格局下的国际形势最新动向以及国
际关系发展的热点问题，并对 2013 年国际社会重大动态作出
前瞻性的分析与预测。

美国蓝皮书

美国问题研究报告 (2013)（赠阅读卡）

黄 平 　倪 峰 / 主编 　2013 年 6 月出版 　估价 :69.00 元

◆ 　本书由中华美国学会和中国社会科学院美国研究所组织编
写，从美国内政、外交、中美关系等角度系统论述 2013 年美
国政治经济发展情况，既有对美国当今实力、地位的宏观分析，
也有对美国近年来内政、外交政策的微观考察，对观察和研究
美国及中美关系具有较强的参考作用。

欧洲蓝皮书

欧洲发展报告 (2012~2013)（赠阅读卡）

周 　弘 / 主编 　2013 年 3 月出版 　估价 :79.00 元

◆ 　欧洲长期积累的财政和债务问题，终于在世界金融危机的
冲击下转变成主权债务危机。在采取紧急应对危机举措的同时，
欧盟还提出一系列经济治理方案。正当欧盟内部为保卫欧元而
苦苦奋战之时，欧盟却在对外战线上成功地完成对利比亚的一
场战争。关注欧洲蓝皮书，关注欧盟局势。

地方发展类

地方发展类皮书关注大陆各省份、经济区域，
提供科学、多元的预判与咨政信息

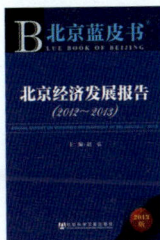

北京蓝皮书

北京经济发展报告 (2012~2013)（赠阅读卡）

赵　弘 / 主编　　2013 年 5 月出版　　估价 : 59.00 元

◆　本书是北京蓝皮书系列之一种，研创团队北京市社会科学院紧紧围绕北京市年度经济社会发展的目标，突出对北京市经济社会发展中全局性、战略性、倾向性的重点、热点、难点问题进行分析和预测的综合研究成果。

北京蓝皮书

北京社会发展报告 (2012~2013)（赠阅读卡）

戴建中 / 主编　　2013 年 6 月出版　　估价 : 59.00 元

◆　本书是北京蓝皮书系列之一种，研创团队以北京市社会科学院研究人员为主，同时邀请北京市党政机关和大学的专家学者参加。本书为北京市政策制定和执行提供了依据和思路，为了解中国首都的社会现状贡献了丰富的资料和解读，具有一定的影响力，因持续追踪社会热点问题而引起广泛的关注。

上海蓝皮书

上海经济发展报告 (2013)（赠阅读卡）

沈开艳 / 主编　　2013 年 1 月出版　　估价 :59.00 元

◆　本书是上海蓝皮书系列之一种，围绕上海如何实现经济转型问题展开，通过对复苏缓慢的国际经济大环境、趋于紧缩的国内宏观经济背景的深入分析，认为上海迫切需要解决而又密切相关的现实问题是"增长动力转型"与"产业发展转型"两大核心。

上海蓝皮书

上海社会发展报告 (2013)（赠阅读卡）

卢汉龙　周海旺 / 主编　　2013 年 1 月出版　估价 : 59.00 元

◆　本书是上海蓝皮书系列之一种，围绕机制创新、社会政策、社会组织等方面，对上海近年来的社会热点问题进行了调研，在总结现有状况及成因的基础上，提出了一些建议与对策，关注了上海的主要社会问题，可为决策层制订相关政策提供借鉴。

河南蓝皮书

河南经济发展报告 (2013)（赠阅读卡）

喻新安 / 主编　　2013 年 1 月出版　估价 : 59.00 元

◆　本书是河南蓝皮书系列之一种，由河南省社会科学院主持编撰，以中原经济区"三化"协调科学发展为主题，深入全面地分析了当前河南经济发展的主要特点以及 2012 年的走势，全方位、多角度研究和探讨了河南探索"三化"协调发展的举措及成效，并对河南积极构建中原经济区建设提出了对策建议。

甘肃蓝皮书

甘肃省经济发展分析与预测 (2013)（赠阅读卡）

朱智文　罗　哲 / 主编　　2012 年 12 月出版　估价 : 69.00 元

◆　本书是甘肃蓝皮书系列之一种，近年来甘肃经济社会发展的年度综合性研究成果之一，是对不同时期甘肃省实现区域创新和改革开放的年度总结。全书以特有的方式将经济运行情况、预测分析、政策建议三者结合起来，在科学分析经济发展形势的基础上为甘肃未来经济发展做出了科学预测及提出政策建议。

经济类

城市竞争力蓝皮书
中国城市竞争力报告No.11
著(编)者:倪鹏飞 2013年5月出版 / 估价:69.00元

城市蓝皮书
中国城市发展报告NO.6
著(编)者:潘家华 魏后凯 2013年8月出版 / 估价:59.00元

城乡一体化蓝皮书
中国城乡一体化发展报告(2013)
著(编)者:汝 信 付崇兰 2013年8月出版 / 估价:59.00元

低碳发展蓝皮书
中国低碳发展报告(2012~2013)
著(编)者:齐 晔 2013年7月出版 / 估价:69.00元

低碳经济蓝皮书
中国低碳经济发展报告(2013)
著(编)者:薛进军 赵忠秀 2013年7月出版 / 估价:98.00元

东北蓝皮书
中国东北地区发展报告(2013)
著(编)者:张新颖 2013年8月出版 / 估价:79.00元

发展和改革蓝皮书
中国经济发展和体制改革报告No.6
著(编)者:邹东涛 2013年7月出版 / 估价:75.00元

国际城市蓝皮书
国际城市发展报告(2013)
著(编)者:屠启宇 2013年1月出版 / 估价:69.00元

国家竞争力蓝皮书
中国国家竞争力报告No.2
著(编)者:倪鹏飞 2013年4月出版 / 估价:69.00元

宏观经济蓝皮书
中国经济增长报告(2012~2013)
著(编)者:张 平 刘霞辉 2013年7月出版 / 估价:69.00元

减贫蓝皮书
中国减贫与社会发展报告
著(编)者:黄承伟 2013年7月出版 / 估价:59.00元

金融蓝皮书
中国金融发展报告(2013)
著(编)者:李 扬 王国刚 2012年12月出版 / 估价:59.00元

经济蓝皮书
2013年中国经济形势分析与预测
著(编)者:陈佳贵 李 扬 2012年12月出版 / 估价:59.00元

经济蓝皮书春季号
中国经济前景分析——2013年春季报告
著(编)者:陈佳贵 李 扬 2013年5月出版 / 估价:59.00元

经济信息绿皮书
中国与世界经济发展报告(2013)
著(编)者:王长胜 2012年12月出版 / 估价:69.00元

就业蓝皮书
2013年中国大学生就业报告
著(编)者:麦可思研究院 王伯庆 2013年6月出版 / 估价:98.00元

民营经济蓝皮书
中国民营经济发展报告No.10(2012~2013)
著(编)者:黄孟复 2013年9月出版 / 估价:69.00元

农村绿皮书
中国农村经济形势分析与预测(2012~2013)
著(编)者:中国社会科学院农村发展研究所
国家统计局农村社会经济调查司
2013年4月出版 / 估价:59.00元

企业公民蓝皮书
中国企业公民报告NO.3
著(编)者:邹东涛 2013年7月出版 / 估价:59.00元

企业社会责任蓝皮书
中国企业社会责任研究报告(2013)
著(编)者:陈佳贵 黄群慧 彭华岗 钟宏武
2012年11月出版 / 估价:59.00元

区域蓝皮书
中国区域经济发展报告(2012~2013)
著(编)者:戚本超 景体华 2013年4月出版 / 估价:69.00元

人口与劳动绿皮书
中国人口与劳动问题报告No.14
著(编)者:蔡 昉 2013年6月出版 / 估价:69.00元

生态城市绿皮书
中国生态城市建设发展报告(2013)
著(编)者:李景源 孙伟平 刘举科 2013年3月出版 / 估价:128.00元

西北蓝皮书
中国西北发展报告(2013)
著(编)者:杨尚勤 石 英 王建康 2013年3月出版 / 估价:65.00元

西部蓝皮书
中国西部发展报告(2013)
著(编)者:姚慧琴 徐璋勇 2013年7月出版 / 估价:69.00元

长三角蓝皮书
全球格局变化中的长三角
著(编)者:王 战 2013年6月出版 / 估价:69.00元

中部竞争力蓝皮书
中国中部经济社会竞争力报告(2013)
著(编)者:教育部人文社会科学重点研究基地
南昌大学中国中部经济社会发展研究中心
2013年10月出版 / 估价:59.00元

中部蓝皮书
中国中部地区发展报告(2013~2014)
著(编)者:喻新安 2013年10月出版 / 估价:59.00元

中国省域竞争力蓝皮书
中国省域经济综合竞争力发展报告(2012~2013)
著(编)者:李建平 李闽榕 高燕京
2013年3月出版 / 估价:198.00元

中小城市绿皮书
中国中小城市发展报告(2013)
著(编)者:中国城市经济学会中小城市经济发展委员会
《中国中小城市发展报告》编纂委员会
2013年8月出版 / 估价:98.00元

珠三角流通蓝皮书
珠三角流通业发展报告(2013)
著(编)者:王先庆 林至颖 2013年8月出版 / 估价:69.00元

社会政法类

殡葬绿皮书
中国殡葬事业发展报告(2013)
著(编)者:朱 勇 李伯森 2013年3月出版 / 估价: 59.00元

城市生活质量蓝皮书
中国城市生活质量指数报告(2013)
著(编)者:张 平 2013年7月出版 / 估价:59.00元

城乡统筹蓝皮书
中国城乡统筹发展报告(2013)
著(编)者:程志强、潘晨光 2013年3月出版 / 估价:59.00元

创新蓝皮书
创新型国家建设报告(2012~2013)
著(编)者:詹正茂 2013年7月出版 / 估价: 69.00元

慈善蓝皮书
中国慈善发展报告(2013)
著(编)者:杨 团 2013年7月出版 / 估价:69.00元

法治蓝皮书
中国法治发展报告No.11(2013)
著(编)者:李 林 2013年3月出版 / 估价:85.00元

反腐倡廉蓝皮书
中国反腐倡廉建设报告No.3
著(编)者:李秋芳 2013年8月出版 / 估价:59.00元

非传统安全蓝皮书
中国非传统安全研究报告(2012~2013)
著(编)者:余潇枫 2013年7月出版 / 估价:69.00元

妇女发展蓝皮书
福建省妇女发展报告(2013)
著(编)者:刘群英 2013年10月出版 / 估价:58.00元

妇女发展蓝皮书
中国妇女发展报告No.5
著(编)者:王金玲 高小贤 2013年5月出版 / 估价:65.00元

妇女教育蓝皮书
中国妇女教育发展报告No.3
著(编)者:张李玺 2013年10月出版 / 估价:69.00元

公共服务蓝皮书
中国城市基本公共服务力评价(2012~2013)
著(编)者:侯惠勤 辛向阳 易定宏 出版 / 估价:55.00元

公益蓝皮书
中国公益发展报告(2013)
著(编)者:朱健刚 2013年5月出版 / 估价:78.00元

国际人才蓝皮书
中国海归创业发展报告(2013)No.2
著(编)者:王辉耀 路江涌 2013年6月出版 / 估价:69.00元

国际人才蓝皮书
中国留学发展报告(2013) No.2
著(编)者:王辉耀 2013年8月出版 / 估价:59.00元

行政改革蓝皮书
中国行政体制改革报告(2013)No.3
著(编)者:魏礼群 2013年3月出版 / 估价:69.00元

华侨华人蓝皮书
华侨华人研究报告(2013)
著(编)者:丘 进 2013年5月出版 / 估价:128.00元

环境竞争力绿皮书
中国省域环境竞争力发展报告(2010~2012)
著(编)者:李建平 李闽榕 王金南
2013年3月出版 / 估价:148.00元

环境绿皮书
中国环境发展报告(2013)
著(编)者:杨东平 2013年4月出版 / 估价:69.00元

教师蓝皮书
中国中小学教师发展报告(2013)
著(编)者:曾晓东 2013年3月出版 / 估价:59.00元

教育蓝皮书
中国教育发展报告(2013)
著(编)者:杨东平 2013年2月出版 / 估价:59.00元

金融监管蓝皮书
中国金融监管报告2013
著(编)者:胡 滨 2013年5月出版 / 估价:59.00元

科普蓝皮书
中国科普基础设施发展报告(2013)
著(编)者:任福君 2013年4月出版 / 估价:79.00元

口腔健康蓝皮书
中国口腔健康发展报告(2013)
著(编)者:胡德渝 2013年12月出版 / 估价:59.00元

老龄蓝皮书
中国老龄事业发展报告(2013)
著(编)者:吴玉韶 2013年4月出版 / 估价:59.00元

民间组织蓝皮书
中国民间组织报告(2012~2013)
著(编)者:黄晓勇 2013年4月出版 / 估价:69.00元

民族蓝皮书
中国民族区域自治发展报告(2013)
著(编)者:郝时远 2013年7月出版 / 估价:98.00元

女性生活蓝皮书
中国女性生活状况报告No.7(2013)
著(编)者:韩湘景 2013年10月出版 / 估价:78.00元

气候变化绿皮书
应对气候变化报告(2013)
著(编)者:王伟光 郑国光 2013年11月出版 / 估价:59.00元

汽车社会蓝皮书
中国汽车社会发展报告(2013)
著(编)者:王俊秀 2013年6月出版 / 估价:59.00元

青少年蓝皮书
中国未成年人新媒体运用报告(2012~2013)
著(编)者:李文革 沈 杰 季为民
2013年7月出版 / 估价:69.00元

人才竞争力蓝皮书
中国区域人才竞争力报告(2013)
著(编)者:桂昭明 王辉耀 2013年2月出版 / 估价:69.00元

人才蓝皮书
中国人才发展报告(2013)
著(编)者:潘晨光 2013年8月出版 / 估价:79.00元

人权蓝皮书
中国人权事业发展报告No.3(2013)
著(编)者:李君如 2013年11月出版 / 估价:98.00元

社会保障绿皮书
中国社会保障发展报告(2013)No.6
著(编)者:王延中 2013年4月出版 / 估价:69.00元

社会工作蓝皮书
中国社会工作发展报告(2012~2013)
著(编)者:蒋昆生 戚学森 2013年7月出版 / 估价:59.00元

社会管理蓝皮书
中国社会管理创新报告No.2
著(编)者:连玉明 2013年9月出版 / 估价:79.00元

社会建设蓝皮书
2013年北京社会建设分析报告
著(编)者:陆学艺 唐 军 张 荆
2013年5月出版 / 估价:69.00元

社会科学蓝皮书
中国社会科学学术前沿(2012~2013)
著(编)者:高 翔 2013年9月出版 / 估价:69.00元

社会蓝皮书
2013年中国社会形势分析与预测
著(编)者:汝 信 陆学艺 李培林
2012年12月出版 / 估价:59.00元

社会心态蓝皮书
中国社会心态研究报告(2012~2013)
著(编)者:王俊秀 杨宜音 2012年12月出版 / 估价:59.00元

生态文明绿皮书
中国省域生态文明建设评价报告(2013)
著(编)者:严 耕 2013年10月出版 / 估价:98.00元

食品药品蓝皮书
食品药品安全与监管政策研究报告(2013)
著(编)者:唐民皓 2013年6月出版 / 估价:69.00元

世界创新竞争力黄皮书
世界创新竞争力发展报告(2012~2013)
著(编)者:李建平 李闽榕 赵新力
2013年11月出版 / 估价:79.00元

世界社会主义黄皮书
世界社会主义跟踪研究报告(2012~2013)
著(编)者:李慎明 2013年3月出版 / 估价:99.00元

危机管理蓝皮书
中国危机管理报告(2013)
著(编)者:文学国 范正青 2013年12月出版 / 估价:79.00元

小康蓝皮书
中国全面建设小康社会监测报告(2013)
著(编)者:潘 璠 2013年11月出版 / 估价:59.00元

形象危机应对蓝皮书
形象危机应对研究报告(2013)
著(编)者:唐 钧 2013年9月出版 / 估价:118.00元

舆情蓝皮书
中国社会舆情与危机管理报告(2013)
著(编)者:谢耘耕 2013年8月出版 / 估价:78.00元

政治参与蓝皮书
中国政治参与报告(2013)
著(编)者:房 宁 2013年7月出版 / 估价:58.00元

宗教蓝皮书
中国宗教报告(2013)
著(编)者:金 泽 邱永辉 2013年7月出版 / 估价:59.00元

行业报告类

保健蓝皮书
中国保健服务产业发展报告No.2
著(编)者:中国保健协会　中共中央党校
2013年7月出版 / 估价:198.00元

保健蓝皮书
中国保健食品产业发展报告No.2
著(编)者:中国保健协会
　　　中国社会科学院食品药品产业发展与监管研究中心
2013年3月出版 / 估价:198.00元

保健蓝皮书
中国保健用品产业发展报告No.2
著(编)者:中国保健协会　2013年3月出版 / 估价:198.00元

保险蓝皮书
中国保险业竞争力报告(2013)
著(编)者:罗忠敏　2013年7月出版 / 估价:89.00元

餐饮产业蓝皮书
中国餐饮产业发展报告(2013)
著(编)者:中国烹饪协会　中国社会科学院财经战略研究院
2013年5月出版 / 估价:60.00元

测绘地理信息蓝皮书
中国地理信息产业发展报告(2013)
著(编)者:徐德明　2013年12月出版 / 估价:98.00元

茶业蓝皮书
中国茶产业发展报告 (2013)
著(编)者:李闽榕　杨江帆　2013年11月出版 / 估价:79.00元

产权市场蓝皮书
中国产权市场发展报告(2012~2013)
著(编)者:曹和平　2013年12月出版 / 估价:69.00元

产业安全蓝皮书
中国保险产业安全报告(2013)
著(编)者:李孟刚　2013年10月出版 / 估价:59.00元

产业安全蓝皮书
中国产业外资控制报告(2012~2013)
著(编)者:李孟刚　2013年10月出版 / 估价:69.00元

产业安全蓝皮书
中国金融产业安全报告(2013)
著(编)者:李孟刚　2013年10月出版 / 估价:69.00元

产业安全蓝皮书
中国轻工业发展与安全报告(2013)
著(编)者:李孟刚　2013年10月出版 / 估价:69.00元

产业安全蓝皮书
中国私募股权产业安全与发展报告(2013)
著(编)者:李孟刚　2013年10月出版 / 估价:59.00元

产业安全蓝皮书
中国新能源产业发展与安全报告(2013)
著(编)者:北京交通大学中国产业安全研究中心
2013年3月出版 / 估价:69.00元

产业安全蓝皮书
中国能源产业安全报告(2013)
著(编)者:北京交通大学中国产业安全研究中心
2013年3月出版 / 估价:69.00元

产业安全蓝皮书
中国海洋产业安全报告(2012~2013)
著(编)者:北京交通大学中国产业安全研究中心
2013年3月出版 / 估价:59.00元

产业蓝皮书
中国产业竞争力报告(2013) NO.3
著(编)者:张其仔　2013年12月出版 / 估价:79.00元

电子商务蓝皮书
中国城市电子商务影响力报告(2013)
著(编)者:荆林波　2013年5月出版 / 估价:69.00元

电子政务蓝皮书
中国电子政务发展报告(2013)
著(编)者:洪　毅　王长胜　2013年9月出版 / 估价:59.00元

杜仲产业绿皮书
中国杜仲种植与产业发展报告(2013)
著(编)者:胡文臻　杜红岩　2013年8月出版 / 估价:78.00元

房地产蓝皮书
中国房地产发展报告No.10
著(编)者:魏后凯　李景国　2013年5月出版 / 估价:69.00元

服务外包蓝皮书
中国服务外包发展报告(2012~2013)
著(编)者:王　力　刘春生　黄育华
2013年9月出版 / 估价:89.00元

工业设计蓝皮书
中国工业设计发展报告(2013)
著(编)者:王晓红　2013年7月出版 / 估价:69.00元

会展经济蓝皮书
中国会展经济发展报告(2013)
著(编)者:过聚荣　2013年4月出版 / 估价:65.00元

会展蓝皮书
中外会展业动态评估年度报告(2013)
著(编)者:张 敏　2013年8月出版 / 估价:68.00元

基金会蓝皮书
中国基金会发展报告(2013)
著(编)者:刘忠祥　2013年7月出版 / 估价:79.00元

基金会绿皮书
中国基金会发展独立研究报告(2013)
著(编)者:基金会中心网　2013年11月出版 / 估价:49.00元

交通运输蓝皮书
中国交通运输业发展报告(2013)
著(编)者:崔民选　王军生　2013年6月出版 / 估价:69.00元

金融蓝皮书
中国金融发展报告(2013)
著(编)者:李 扬　王国刚　2012年12月出版 / 估价:59.00元

金融蓝皮书
中国金融中心发展报告(2012~2013)
著(编)者:王 力　黄育华　2013年10出版 / 估价:59.00元

金融蓝皮书
中国商业银行竞争力报告(2013)
著(编)者:王松奇　2013年10月出版 / 估价:79.00元

金融监管蓝皮书
中国金融监管发展报告(2013)
著(编)者:胡 滨　2013年5月出版 / 估价:59.00元

科学传播蓝皮书
中国科学传播报告(2013)
著(编)者:詹正茂　2013年6月出版 / 估价:69.00元

口岸生态绿皮书
中国口岸地区生态文化发展报告No.1(2013)
著(编)者:胡文臻　刘 静　2013年8月出版 / 估价:78.00元

"老字号"蓝皮书
中国"老字号"企业发展报告No.3(2013)
著(编)者:张继焦　丁惠敏　黄忠彩
2013年10月出版 / 估价:69.00元

"两化"融合蓝皮书
中国"两化"融合发展报告(2013)
著(编)者:曹淑敏　工业和信息化部电信研究院
2013年8月出版 / 估价:98.00元

流通蓝皮书
湖南省商贸流通产业发展报告No.2
著(编)者:柳思维　2013年10月出版 / 估价:75.00元

流通蓝皮书
中国商业发展报告(2012~2013)
著(编)者:荆林波　2013年4月出版 / 估价:89.00元

旅游安全蓝皮书
中国旅游安全报告(2013)
著(编)者:郑向敏　谢朝武　2013年5月出版 / 估价:78.00元

旅游绿皮书
2013年中国旅游发展分析与预测
著(编)者:张广瑞　刘德谦　宋 瑞
2013年5月出版 / 估价:69.00元

贸易蓝皮书
中国贸易发展报告(2013)
著(编)者:荆林波　2013年5月出版 / 估价:49.00元

煤炭蓝皮书
中国煤炭工业发展报告No.5(2013)
著(编)者:岳福斌　2012年12月出版 / 估价:69.00元

煤炭市场蓝皮书
中国煤炭市场发展报告(2013)
著(编)者:曲剑午　2013年8月出版 / 估价:79.00元

民营医院蓝皮书
中国民营医院发展报告(2013)
著(编)者:陈绍福　王培舟　2013年9月出版 / 估价:89.00元

闽商蓝皮书
闽商发展报告(2013)
著(编)者:李闽榕　王日根　林 琛
2013年3月出版 / 估价:69.00元

能源蓝皮书
中国能源发展报告(2013)
著(编)者:崔民选　2013年7月出版 / 估价:79.00元

农产品流通蓝皮书
中国农产品流通产业发展报告(2013)
著(编)者:贾敬敦　王炳南　张玉玺　张鹏毅　陈丽华
2013年7月出版 / 估价:98.00元

期货蓝皮书
中国期货市场发展报告(2013)
著(编)者:荆林波　2013年7月出版 / 估价:69.00元

企业蓝皮书
中国企业竞争力报告(2013)
著(编)者:金 碚　2013年11月出版 / 估价:79.00元

汽车蓝皮书
中国汽车产业发展报告(2013)
著(编)者:国务院发展研究中心产业经济研究部
　　　　中国汽车工程学会　大众汽车集团(中国)
2013年7月出版 / 估价:79.00元

人力资源蓝皮书
中国人力资源发展报告(2012~2013)
著(编)者:吴 江　田小宝　2013年6月出版 / 估价:69.00元

软件和信息服务业蓝皮书
中国软件和信息服务业发展报告(2013)
著(编)者:洪京一　工业和信息化部电子科学技术情报研究所
2013年6月出版 / 估价:98.00元

商会蓝皮书
中国商会发展报告 No.5 (2013)
著(编)者:黄孟复　2013年8月出版 / 估价:59.00元

商品市场蓝皮书
中国商品市场发展报告(2013)
著(编)者:荆林波　2013年7月出版 / 估价:59.00元

私募市场蓝皮书
中国私募股权市场发展报告(2013)
著(编)者:曹和平　2013年10月出版 / 估价:69.00元

体育蓝皮书
中国体育产业发展报告(2012~2013)
著(编)者:江和平　张海潮　2013年5月出版 / 估价:69.00元

投资蓝皮书
中国投资发展报告(2013)
著(编)者:杨庆蔚　2013年3月出版 / 估价:79.00元

物联网蓝皮书
中国物联网发展报告(2013)
著(编)者:黄桂田　张全升　2013年10月出版 / 估价:80.00元

西部工业蓝皮书
中国西部工业发展报告(2013)
著(编)者:方行明　刘方健　姜　凌　等
2013年7月出版 / 估价:69.00元

西部金融蓝皮书
中国西部金融发展报告(2013)
著(编)者:李忠民　2013年10月出版 / 估价:69.00元

信息化蓝皮书
中国信息化形势分析与预测(2013)
著(编)者:周宏仁　2013年7月出版 / 估价:98.00元

休闲绿皮书
2013年中国休闲发展报告
著(编)者:刘德谦　唐兵　宋瑞
2013年5月出版 / 估价:59.00元

中国林业竞争力蓝皮书
中国省域林业竞争力发展报告No.3(2012~2013)（上下册）
著(编)者:郑传芳　李闽榕　张春霞　张会儒
2013年8月出版 / 估价:139.00元

中国农业竞争力蓝皮书
中国省域农业竞争力发展报告No.2（2010~2012）（上下册）
著(编)者:郑传芳　宋洪远　李闽榕　张春霞
2013年7月出版 / 估价:128.00元

中国总部经济蓝皮书
中国总部经济发展报告(2013~2014)
著(编)者:赵　弘　2013年9月出版 / 估价:69.00元

住房绿皮书
中国住房发展报告(2012~2013)
著(编)者:倪鹏飞　2012年12月出版 / 估价:69.00元

资本市场蓝皮书
中国场外交易市场发展报告(2012~2013)
著(编)者:高　峦　2013年2月出版 / 估价:79.00元

文化传媒类

传媒蓝皮书
2013年：中国传媒产业发展报告
著(编)者:崔保国　2013年4月出版 / 估价:69.00元

创意城市蓝皮书
北京文化创意产业发展报告(2013)
著(编)者:张京成　王国华　2013年3月出版 / 估价:69.00元

创意城市蓝皮书
青岛文化创意产业发展报告(2013)
著(编)者:马　达　2013年5月出版 / 估价:69.00元

动漫蓝皮书
中国动漫产业发展报告(2013)
著(编)者:卢　斌　郑玉明　牛兴侦
2013年4月出版 / 估价:69.00元

广电蓝皮书
中国广播电影电视发展报告(2013)
著(编)者:庞井君　2013年6月出版 / 估价:88.00元

广告主蓝皮书
中国广告主营销传播趋势报告N0.8
著(编)者:中国传媒大学广告主研究所
　　　　中国广告主营销传播创新研究课题组
　　　　黄升民　杜国清　邵华冬
2013年11月出版 / 估价:98.00元

纪录片蓝皮书
中国纪录片发展报告(2013)
著(编)者:何苏六　2013年10月出版 / 估价:78.00元

两岸文化蓝皮书
两岸文化产业合作发展报告(2013)
著(编)者:胡惠林　肖夏勇　2013年7月出版 / 估价:59.00元

全球传媒蓝皮书
全球传媒产业发展报告(2013)
著(编)者:胡正荣　2013年1月出版 / 估价:79.00元

视听新媒体蓝皮书
中国视听新媒体发展报告(2013)
著(编)者:庞井君　2013年6月出版 / 估价:69.00元

文化创新蓝皮书
中国文化创新报告(2013)No.4
著(编)者:于　平　傅才武
2013年7月出版 / 估价:79.00元

文化蓝皮书
中国文化产业发展报告(2012~2013)
著(编)者:张晓明　胡惠林　章建刚
2013年1月出版 / 估价:59.00元

文化蓝皮书
中国城镇文化消费需求景气评价报告(2013)
著(编)者:王亚南　2013年5月出版 / 估价:79.00元

文化蓝皮书
中国公共文化服务发展报告(2013)
著(编)者:于　群　李国新　2013年10月出版 / 估价:98.00元

文化蓝皮书
中国文化消费需求景气评价报告(2013)
著(编)者:王亚南　2013年6月出版 / 估价:79.00元

文化蓝皮书
中国乡村文化消费需求景气评价报告(2013)
著(编)者:王亚南　2013年6月出版 / 估价:79.00元

文化蓝皮书
中国中心城市文化消费需求景气评价报告(2013)
著(编)者:王亚南　2013年5月出版 / 估价:79.00元

文化品牌蓝皮书
中国文化品牌发展报告(2013)
著(编)者:欧阳友权　2013年6月出版 / 估价:75.00元

文化软实力蓝皮书
中国文化软实力研究报告(2013)
著(编)者:张国祚　2013年7月出版 / 估价:79.00元

文化遗产蓝皮书
中国文化遗产事业发展报告(2013)
著(编)者:刘世锦　2013年9月出版 / 估价:79.00元

文学蓝皮书
中国文情报告(2012~2013)
著(编)者:白　烨　2013年1月出版 / 估价:59.00元

新媒体蓝皮书
中国新媒体发展报告No.4(2013)
著(编)者:尹韵公　2013年5月出版 / 估价:69.00元

移动互联网蓝皮书
中国移动互联网发展报告(2013)
著(编)者:官建文　2013年4月出版 / 估价:79.00元

国别与地区类

G20国家创新竞争力黄皮书
二十国集团（G20）国家创新竞争力发展报告(2013)
著(编)者:李建平　李闽榕　赵新力
2013年12月出版 / 估价:118.00元

澳门蓝皮书
澳门经济社会发展报告(2012~2013)
著(编)者:郝雨凡　吴志良　2013年4月出版 / 估价:69.00元

德国蓝皮书
德国发展报告(2013)
著(编)者:李乐曾　郑春荣　2013年5月出版 / 估价:69.00元

东南亚蓝皮书
东南亚地区发展报告(2013)
著(编)者:王　勤　2013年11月出版 / 估价:59.00元

东盟蓝皮书
东盟发展报告(2013)
著(编)者:黄兴球　庄国土　2013年11月出版 / 估价:59.00元

俄罗斯黄皮书
俄罗斯发展报告(2013)
著(编)者:李永全　2013年9月出版 / 估价:69.00元

非洲黄皮书
非洲发展报告No.15(2012~2013)
著(编)者:张宏明　2013年7月出版 / 估价:79.00元

港澳珠三角蓝皮书
粤港澳区域合作与发展报告(2012~2013)
著(编)者:梁庆寅　陈广汉　2013年8月出版 / 估价:59.00元

国际形势黄皮书
全球政治与安全报告(2013)
著(编)者:李慎明　张宇燕　2012年12月出版 / 估价:59.00元

韩国蓝皮书
韩国发展报告(2013)
著(编)者:牛林杰　刘宝全　2013年6月出版 / 估价:69.00元

拉美黄皮书
拉丁美洲和加勒比发展报告(2012~2013)
著(编)者:吴白乙 2013年5月出版 / 估价:79.00元

美国蓝皮书
美国问题研究报告(2013)
著(编)者:黄 平 倪 峰 2013年6月出版 / 估价:69.00元

欧亚大陆桥发展蓝皮书
欧亚大陆桥发展报告(2012~2013)
著(编)者:李忠民 2013年10月出版 / 估价:59.00元

欧洲蓝皮书
欧洲发展报告(2012~2013)
著(编)者:周 弘 2013年3月出版 / 估价:79.00元

日本经济蓝皮书
日本经济与中日经贸关系发展报告(2013)
著(编)者:王洛林 张季风 2013年5月出版 / 估价:79.00元

日本蓝皮书
日本发展报告(2013)
著(编)者:李 薇 2013年5月出版 / 估价:59.00元

上海合作组织黄皮书
上海合作组织发展报告(2013)
著(编)者:李进峰 吴宏伟 2013年7月出版 / 估价:79.00元

世界经济黄皮书
2013年世界经济形势分析与预测
著(编)者:王洛林 张宇燕 2013年1月出版 / 估价:59.00元

香港蓝皮书
香港发展报告(2013)
著(编)者:薛凤旋 2013年6月出版 / 估价:49.00元

新兴经济体蓝皮书
金砖国家发展报告(2013)——合作与崛起
著(编)者:林跃勤 周 文 2013年3月出版 / 估价:69.00元

亚太蓝皮书
亚太地区发展报告(2013)
著(编)者:李向阳 2013年1月出版 / 估价:59.00元

印度蓝皮书
印度国情报告(2012~2013)
著(编)者:吕昭义 2013年9月出版 / 估价:59.00元

越南蓝皮书
越南国情报告(2013)
著(编)者:吕余生 2013年7月出版 / 估价:65.00元

中亚黄皮书
中亚国家发展报告(2013)
著(编)者:孙 力 2013年6月出版 / 估价:79.00元

地方发展类

北部湾蓝皮书
泛北部湾合作发展报告(2013)
著(编)者:吕余生 2013年7月出版 / 估价:79.00元

北京蓝皮书
北京公共服务发展报告(2012~2013)
著(编)者:张耘 2013年3月出版 / 估价:65.00元

北京蓝皮书
北京经济发展报告(2012~2013)
著(编)者:赵弘 2013年5月出版 / 估价:59.00元

北京蓝皮书
北京社会发展报告(2012~2013)
著(编)者:戴建中 2013年6月出版 / 估价:59.00元

北京蓝皮书
北京文化发展报告(2012~2013)
著(编)者:李建盛 2013年4月出版 / 估价:69.00元

北京蓝皮书
中国社区发展报告(2013)
著(编)者:于燕燕 2013年6月出版 / 估价:59.00元

北京旅游绿皮书
北京旅游发展报告(2013)
著(编)者:鲁 勇 2013年10月出版 / 估价:98.00元

北京律师蓝皮书
北京律师发展报告NO.3(2013)
著(编)者:王隽 周塞军 2013年9月出版 / 估价:70.00元

北京人才蓝皮书
北京人才发展报告(2012~2013)
著(编)者:张志伟 2013年5月出版 / 估价:69.00元

城乡一体化蓝皮书
中国城乡一体化发展报告·北京卷(2012~2013)
著(编)者:张宝秀 黄序 2012年7月出版 / 估价:59.00元

大湄公河次区域蓝皮书
大湄公河次区域合作发展报告(2012~2013)
著(编)者:刘 稚 2013年4月出版 / 估价:69.00元

甘肃蓝皮书
甘肃省经济发展分析与预测(2013)
著(编)者:朱智文 罗 哲 2012年12月出版 / 估价:69.00元

甘肃蓝皮书
甘肃省社会发展分析与预测(2013)
著(编)者:安文华　包晓霞　2012年12月出版 / 估价:69.00元

甘肃蓝皮书
甘肃省舆情发展分析与预测(2013)
著(编)者:陈双梅　郝树声　2012年12月出版 / 估价:69.00元

甘肃蓝皮书
甘肃省县域社会发展分析与预测(2013)
著(编)者:魏胜文　柳　民　曲　玮
2012年12月出版 / 估价:69.00元

甘肃蓝皮书
甘肃省文化发展分析与预测(2013)
著(编)者:刘进军　周晓华　2012年12月出版 / 估价:69.00元

关中天水经济区蓝皮书
中国关中—天水经济区发展报告(2013)
著(编)者:李忠民　2013年7月出版 / 估价:59.00元

广东外经贸蓝皮书
广东对外经济贸易发展研究报告(2012~2013)
著(编)者:陈万灵　2013年3月出版 / 估价:65.00元

广西北部湾经济区蓝皮书
广西北部湾经济区开放开发报告(2013)
著(编)者:广西北部湾经济区规划建设管理委员会办公室
　　　广西社会科学院　广西北部湾发展研究院
2013年7月出版 / 估价:69.00元

广州蓝皮书
2013年中国广州经济形势分析与预测
著(编)者:庾建设　郭志勇　沈　奎
2013年6月出版 / 估价:69.00元

广州蓝皮书
2013年中国广州社会形势分析与预测
著(编)者:易佐永　杨　秦　顾涧清
2013年7月出版 / 估价:69.00元

广州蓝皮书
广州城市国际化发展报告(2013)
著(编)者:朱名宏　2013年4月出版 / 估价:59.00元

广州蓝皮书
广州创新型城市发展报告(2013)
著(编)者:李江涛　2013年4月出版 / 估价:59.00元

广州蓝皮书
广州经济发展报告(2013)
著(编)者:李江涛　刘江华　2013年4月出版 / 估价:69.00元

广州蓝皮书
广州农村发展报告(2013)
著(编)者:李江涛　汤锦华　2013年4月出版 / 估价:59.00元

广州蓝皮书
广州汽车产业发展报告(2013)
著(编)者:李江涛　杨再高　2013年4月出版 / 估价:59.00元

广州蓝皮书
广州商贸业发展报告(2013)
著(编)者:陈家成　王旭东　荀振英
2013年4月出版 / 估价:69.00元

广州蓝皮书
广州文化创意产业发展报告(2013)
著(编)者:甘　新　2013年3月出版 / 估价:59.00元

广州蓝皮书
中国广州城市建设发展报告(2013)
著(编)者:董　皞　冼伟雄　李俊夫
2013年8月出版 / 估价:69.00元

广州蓝皮书
中国广州科技与信息化发展报告(2013)
著(编)者:庾建设　谢学宁　2013年8月出版 / 估价:59.00元

广州蓝皮书
中国广州文化创意产业发展报告(2013)
著(编)者:王晓玲　2013年8月出版 / 估价:59.00元

广州蓝皮书
中国广州文化发展报告(2013)
著(编)者:徐俊忠　汤应武　陆志强
2013年8月出版 / 估价:69.00元

贵州蓝皮书
贵州法治发展报告(2013)
著(编)者:吴大华　2013年4月出版 / 估价:69.00元

贵州蓝皮书
贵州社会发展报告(2013)
著(编)者:王兴骥　2013年4月出版 / 估价:59.00元

海峡经济区蓝皮书
海峡经济区发展报告(2013)
著(编)者:李闽榕　王秉安　谢明辉（台湾）
2013年10月出版 / 估价:78.00元

海峡西岸蓝皮书
海峡西岸经济区发展报告(2013)
著(编)者:福建省人民政府发展研究中心
2013年7月出版 / 估价:85.00元

杭州都市圈蓝皮书
杭州都市圈经济社会发展报告(2013)
著(编)者:辛　薇　2013年7月出版 / 估价:59.00元

河南经济蓝皮书
2013年河南经济形势分析与预测
著(编)者:刘永奇　2013年2月出版 / 估价:65.00元

河南蓝皮书
2013年河南社会形势分析与预测
著(编)者:刘道兴　牛苏林　2013年1月出版 / 估价:59.00元

河南蓝皮书
河南城市发展报告(2013)
著(编)者:谷建全　王建国　2013年1月出版 / 估价:69.00元

河南蓝皮书
河南经济发展报告(2013)
著(编)者:喻新安　2013年1月出版 / 估价:59.00元

河南蓝皮书
河南文化发展报告(2013)
著(编)者:谷建全　卫绍生　2013年3月出版 / 估价:69.00元

黑龙江产业蓝皮书
黑龙江产业发展报告(2013)
著(编)者:于 渤　2013年5月出版 / 估价:69.00元

黑龙江蓝皮书
黑龙江经济发展报告(2013)
著(编)者:曲 伟　2013年5月出版 / 估价:69.00元

黑龙江蓝皮书
黑龙江社会发展报告(2013)
著(编)者:艾书琴　2013年1月出版 / 估价:65.00元

湖南城市蓝皮书
城市社会管理
著(编)者:罗海藩　2013年5月出版 / 估价:59.00元

湖南蓝皮书
2013年湖南产业发展报告
著(编)者:梁志峰　2013年5月出版 / 估价:89.00元

湖南蓝皮书
2013年湖南法治发展报告
著(编)者:梁志峰　2013年5月出版 / 估价:79.00元

湖南蓝皮书
2013年湖南经济展望
著(编)者:梁志峰　2013年5月出版 / 估价:79.00元

湖南蓝皮书
2013年湖南两型社会发展报告
著(编)者:梁志峰　2013年5月出版 / 估价:79.00元

湖南县域绿皮书
湖南县域发展报告No.2
著(编)者:朱有志　袁 准　周小毛
2013年7月出版 / 估价:69.00元

江苏法治蓝皮书
江苏法治发展报告No.2(2013)
著(编)者:李 力　龚廷泰　严海良
2013年7月出版 / 估价:88.00元

京津冀蓝皮书
京津冀区域一体化发展报告(2013)
著(编)者:文 魁　祝尔娟　2013年3月出版 / 估价:89.00元

经济特区蓝皮书
中国经济特区发展报告(2013)
著(编)者:陶一桃　钟 坚　2013年3月出版 / 估价:89.00元

辽宁蓝皮书
2013年辽宁经济社会形势分析与预测
著(编)者:曹晓峰　张 晶　张卓民
2013年1月出版 / 估价:69.00元

内蒙古蓝皮书
内蒙古经济发展蓝皮书(2012~2013)
著(编)者:黄育华　2013年7月出版 / 估价:69.00元

浦东新区蓝皮书
上海浦东经济发展报告(2013)
著(编)者:左学金　陆沪根　2012年12月出版 / 估价:59.00元

青海蓝皮书
2013年青海经济社会形势分析与预测
著(编)者:赵宗福　2013年3月出版 / 估价:69.00元

人口与健康蓝皮书
深圳人口与健康发展报告(2013)
著(编)者:陆杰华　江捍平　2013年10月出版 / 估价:98.00元

山西蓝皮书
山西资源型经济转型发展报告(2013)
著(编)者:李志强　容和平　2013年3月出版 / 估价:79.00元

陕西蓝皮书
陕西经济发展报告(2013)
著(编)者:杨尚勤　石 英　裴成荣
2013年3月出版 / 估价:65.00元

陕西蓝皮书
陕西社会发展报告(2013)
著(编)者:杨尚勤　石 英　江 波
2013年3月出版 / 估价:65.00元

陕西蓝皮书
陕西文化发展报告(2013)
著(编)者:杨尚勤　石 英　王长寿
2013年3月出版 / 估价:59.00元

上海蓝皮书
上海传媒发展报告(2013)
著(编)者:强 荧　焦雨虹　2013年1月出版 / 估价:59.00元

上海蓝皮书
上海法治发展报告(2013)
著(编)者:潘世伟　叶 青　2012年12月出版 / 定价:69.00元

上海蓝皮书
上海经济发展报告(2013)
著(编)者:沈开艳　2013年1月出版 / 估价:59.00元

上海蓝皮书
上海社会发展报告(2013)
著(编)者:卢汉龙　周海旺　2013年1月出版 / 估价:59.00元

上海蓝皮书
上海文化发展报告(2013)
著(编)者:蒯大申　2013年1月出版 / 估价:59.00元

上海蓝皮书
上海文学发展报告(2013)
著(编)者:陈圣来 2013年1月出版 / 估价:59.00元

上海蓝皮书
上海资源环境发展报告(2013)
著(编)者:张仲礼 周冯琦 2013年1月出版 / 估价:59.00元

上海社会保障绿皮书
上海社会保障改革与发展报告(2012~2013)
著(编)者:汪 泓 2013年1月出版 / 估价:65.00元

深圳蓝皮书
深圳经济发展报告(2013)
著(编)者:吴 忠 2013年5月出版 / 估价:69.00元

深圳蓝皮书
深圳劳动关系发展报告(2013)
著(编)者:汤庭芬 2013年5月出版 / 估价:69.00元

深圳蓝皮书
深圳社会发展报告(2013)
著(编)者:吴 忠 余智晟 2013年11月出版 / 估价:69.00元

温州蓝皮书
2013年温州经济社会形势分析与预测
著(编)者:胡瑞怀 王春光 2013年1月出版 / 估价:69.00元

武汉城市圈蓝皮书
武汉城市圈经济社会发展报告(2012~2013)
著(编)者:肖安民 2013年5月出版 / 估价:59.00元

武汉蓝皮书
武汉经济社会发展报告(2013)
著(编)者:刘志辉 2013年5月出版 / 估价:59.00元

扬州蓝皮书
扬州经济社会发展报告(2013)
著(编)者:张爱军 2013年1月出版 / 估价:78.00元

长株潭城市群蓝皮书
长株潭城市群发展报告(2013)
著(编)者:张 萍 2013年6月出版 / 估价:69.00元

浙江蓝皮书
浙江金融业发展报告(2013)
著(编)者:刘仁伍 2013年4月出版 / 估价:69.00元

浙江蓝皮书
浙江民营经济发展报告(2013)
著(编)者:刘仁伍 2013年4月出版 / 估价:59.00元

浙江蓝皮书
浙江区域金融中心发展报告(2013)
著(编)者:刘仁伍 2013年4月出版 / 估价:79.00元

浙江蓝皮书
浙江市场经济发展报告(2013)
著(编)者:刘仁伍 2013年4月出版 / 估价:79.00元

郑州蓝皮书
2012~2013年郑州文化发展报告
著(编)者:王 哲 2013年5月出版 / 估价:69.00元

中国省会经济圈蓝皮书
合肥经济圈经济社会发展报告No.4(2012~2013)
著(编)者:王开玉 等 2013年7月出版 / 估价:79.00元

中原蓝皮书
中原经济区发展报告(2013)
著(编)者:刘怀廉 2013年3月出版 / 估价:68.00元

社会科学文献出版社
SOCIAL SCIENCES ACADEMIC PRESS (CHINA)

社会科学文献出版社成立于 1985 年，是直属于中国社会科学院的人文社会科学专业学术出版机构。

成立以来，特别是 1998 年实施第二次创业以来，依托于中国社会科学院丰厚的学术出版和专家学者两大资源，坚持"创社科经典，出传世文献"的出版理念和"权威、前沿、原创"的产品定位，走学术产品的系列化、规模化、数字化、国际化、市场化经营道路，社会科学文献出版社先后策划出版了著名的图书品牌和学术品牌"皮书"系列、《列国志》、"社科文献精品译库"、"全球化译丛"、"气候变化与人类发展译丛"、"近世中国"等一大批既有学术影响又有市场价值的图书。

在国内原创著作、国外名家经典著作大量出版的同时，社会科学文献出版社长期致力于中国学术出版走出去，先后与荷兰博睿出版社合作面向海外推出了《经济蓝皮书》、《社会蓝皮书》等十余种皮书的英文版；此外，《从苦行者社会到消费者社会》、《二十世纪中国史纲》、《中华人民共和国法制史》等 11 种著作入选新闻出版总署"经典中国国际出版工程"。

面对数字化浪潮的冲击，社会科学文献出版社力图从内容资源和数字平台两个方面实现传统出版的再造，并先后推出了皮书数据库、列国志数据库、中国田野调查数据库等一系列数字产品。

在新的发展时期，社会科学文献出版社结合社会的需求、自身的条件以及行业的发展，提出了新的创业目标：精心打造人文社会科学成果推广平台，发展成为一家集图书、期刊、声像电子和数字出版物为一体，面向海内外高端读者和客户，具备独特竞争力的人文社会科学内容资源经营商和海内外知名的专业学术出版机构。

中国皮书网

发布皮书研创资讯，传播皮书精彩内容
引领皮书出版潮流，打造皮书服务平台

栏目设置：

☐ 资讯：皮书动态、皮书观点、皮书数据、 皮书报道、皮书新书发布会、电子期刊

☐ 标准：皮书评价、皮书研究、皮书规范、皮书专家、编撰团队

☐ 服务：最新皮书、皮书书目、重点推荐、在线购书

☐ 链接：皮书数据库、皮书博客、皮书微博、出版社首页、在线书城

☐ 搜索：资讯、图书、研究动态

☐ 互动：皮书论坛

www.pishu.cn

中国皮书网依托皮书系列"权威、前沿、原创"的优质内容资源，通过文字、图片、音频、视频等多种元素，在皮书研创者、使用者之间搭建了一个成果展示、资源共享的互动平台。

自2005年12月正式上线以来，中国皮书网的IP访问量、PV浏览量与日俱增，受到海内外研究者、公务人员、商务人士以及专业读者的广泛关注。

2008年10月，中国皮书网获得"最具商业价值网站"称号。

2011年全国新闻出版网站年会上，中国皮书网被授予"2011最具商业价值网站"荣誉称号。

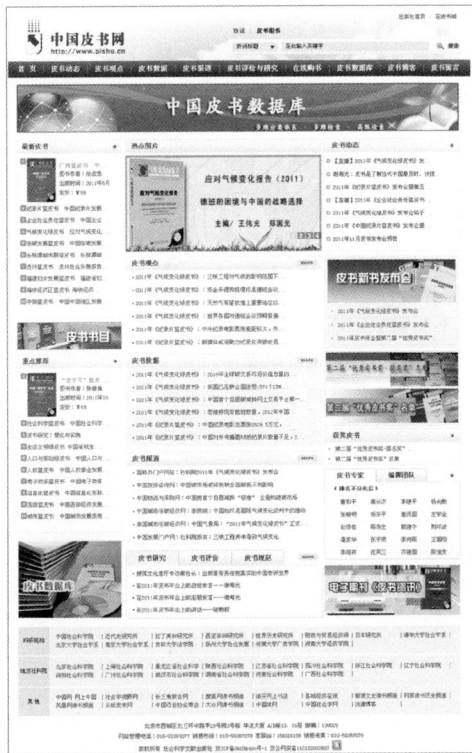

权威报告　热点资讯　海量资源

当代中国与世界发展的高端智库平台

皮书数据库 www.pishu.com.cn

皮书数据库是专业的人文社会科学综合学术资源总库，以大型连续性图书——皮书系列为基础，整合国内外相关资讯构建而成。包含七大子库，涵盖两百多个主题，囊括了近十几年间中国与世界经济社会发展报告，覆盖经济、社会、政治、文化、教育、国际问题等多个领域。

皮书数据库以篇章为基本单位，方便用户对皮书内容的阅读需求。用户可进行全文检索，也可对文献题目、内容提要、作者名称、作者单位、关键字等基本信息进行检索，还可对检索到的篇章再作二次筛选，进行在线阅读或下载阅读。智能多维度导航，可使用户根据自己熟知的分类标准进行分类导航筛选，使查找和检索更高效、便捷。

权威的研究报告，独特的调研数据，前沿的热点资讯，皮书数据库已发展成为国内最具影响力的关于中国与世界现实问题研究的成果库和资讯库。

皮书俱乐部会员服务指南

1. 谁能成为皮书俱乐部会员？

- 皮书作者自动成为皮书俱乐部会员；
- 购买皮书产品（纸质图书、电子书、皮书数据库充值卡）的个人用户。

2. 会员可享受的增值服务：

- 免费获赠该纸质图书的电子书；
- 免费获赠皮书数据库100元充值卡；
- 免费定期获赠皮书电子期刊；
- 优先参与各类皮书学术活动；
- 优先享受皮书产品的最新优惠。

阅 读 卡

3. 如何享受皮书俱乐部会员服务？

（1）如何免费获得整本电子书？

购买纸质图书后，将购书信息特别是书后附赠的卡号和密码通过邮件形式发送到 pishu@188.com，我们将验证您的信息，通过验证并成功注册后即可获得该本皮书的电子书。

（2）如何获赠皮书数据库100元充值卡？

第1步：刮开附赠卡的密码涂层（左下）；

第2步：登录皮书数据库网站（www.pishu.com.cn），注册成为皮书数据库用户，注册时请提供您的真实信息，以便您获得皮书俱乐部会员服务；

第3步：注册成功后登录，点击进入"会员中心"；

第4步：点击"在线充值"，输入正确的卡号和密码即可使用。

皮书俱乐部会员可享受社会科学文献出版社其他相关免费增值服务

您有任何疑问，均可拨打服务电话：010-59367227　QQ:1924151860

欢迎登录社会科学文献出版社官网(www.ssap.com.cn)和中国皮书网（www.pishu.cn）了解更多信息